독학사 3·4단계
영어영문학과
고급영어

시대에듀

INTRO
머리말

학위를 얻는 데 시간과 장소는 더 이상 제약이 되지 않습니다. 대입 전형을 거치지 않아도 '학점은행제'를 통해 학사학위를 취득할 수 있기 때문입니다. 그중 독학학위제도는 고등학교 졸업자이거나 이와 동등 이상의 학력을 가지고 있는 사람들에게 효율적인 학점 인정 및 학사학위 취득의 기회를 줍니다.

학습을 통한 개인의 자아실현 도구이자 자신의 실력을 인정받을 수 있는 스펙인 독학사는 짧은 기간 안에 학사학위를 취득할 수 있는 지름길로써 많은 수험생들의 선택을 받고 있습니다.

이 책은 독학사 시험을 준비하는 수험생들이 단기간에 효과적인 학습을 할 수 있도록 다음과 같이 구성하였습니다.

01 단원 개요
핵심이론을 학습하기에 앞서 각 단원에서 파악해야 할 중점과 학습목표를 정리하여 수록하였습니다.

02 핵심이론
시험에 출제될 수 있는 내용을 '핵심이론'으로 수록하였으며, 이론 안의 '더 알아두기' 등을 통해 내용 이해에 부족함이 없도록 하였습니다.
※ 본문 172~177쪽, 263~269쪽의 내용(제2편 제6장 화법)은 2025년부터 평가영역에서 제외되었으므로, 학습 시 참고하시기 바랍니다.

03 실전예상문제
해당 출제 영역에 맞는 핵심포인트를 분석하여 구성한 '실전예상문제'를 수록하였습니다.

04 추록
2025년 시험부터 적용되는 개정 평가영역에 따라 시험을 대비할 수 있도록 관련 내용을 '추록'으로 수록하였습니다.

05 최종모의고사
최신 출제 유형을 반영한 '최종모의고사(2회분)'를 통해 자신의 실력을 점검해 볼 수 있도록 하였습니다.

고급영어는 중급영어보다 수준 높은 어휘, 문법, 문장구조, 읽기, 쓰기에 대한 폭넓은 이해와 정확한 영어 사용 능력을 요구합니다. 중급영어의 학습 내용과 이해를 토대로 고급영어의 세부 분야를 꼼꼼하게 준비해 나가길 바랍니다. 이 책은 여러분들이 최적화된 학습법을 찾고 정확한 영어 사용 능력을 갖추어 가는 과정에 있어서 유용한 기틀이 될 것입니다.

여러분들의 도전과 열정을 지금처럼 언제나 응원하며, 여러분들의 장대한 여정에 함께하고자 합니다. 여러분들의 노력과 열정은 반드시 값진 결과로 돌아올 것입니다.

편저자 드림

Bachelor's Degree
Examination for
Self-Education

BDES
독학학위제 소개

독학학위제란?

「독학에 의한 학위취득에 관한 법률」에 의거하여 국가에서 시행하는 시험에 합격한 사람에게 학사학위를 수여하는 제도

- 고등학교 졸업 이상의 학력을 가진 사람이면 누구나 응시 가능
- 대학교를 다니지 않아도 스스로 공부해서 학위취득 가능
- 일과 학습의 병행이 가능하여 시간과 비용 최소화
- 언제, 어디서나 학습이 가능한 평생학습시대의 자아실현을 위한 제도
- 학위취득시험은 4개의 과정(교양, 전공기초, 전공심화, 학위취득 종합시험)으로 이루어져 있으며, 각 과정별 시험을 모두 거쳐 학위취득 종합시험에 합격하면 학사학위 취득

독학학위제 전공 분야 (11개 전공)

※ 유아교육학 및 정보통신학 전공: 3, 4과정만 개설
   (정보통신학의 경우 3과정은 2025년까지, 4과정은 2026년까지만 응시 가능하며, 이후 폐지)
※ 간호학 전공: 4과정만 개설
※ 중어중문학, 수학, 농학 전공: 폐지 전공으로, 기존에 해당 전공 학적 보유자에 한하여 2025년까지 응시 가능

※ 시대에듀는 현재 4개 학과(심리학과, 경영학과, 컴퓨터공학과, 간호학과) 개설 완료
※ 2개 학과(국어국문학과, 영어영문학과) 개설 진행 중

www.sdedu.co.kr

INFORMATION

독학학위제 시험안내

과정별 응시자격

단계	과정	응시자격	과정(과목) 시험 면제 요건
1	교양	고등학교 졸업 이상 학력 소지자	• 대학(교)에서 각 학년 수료 및 일정 학점 취득 • 학점은행제 일정 학점 인정 • 국가기술자격법에 따른 자격 취득 • 교육부령에 따른 각종 시험 합격 • 면제지정기관 이수 등
2	전공기초		
3	전공심화		
4	학위취득	• 1~3과정 합격 및 면제 • 대학에서 동일 전공으로 3년 이상 수료(3년제의 경우 졸업) 또는 105학점 이상 취득 • 학점은행제 동일 전공 105학점 이상 인정(전공 28학점 포함) • 외국에서 15년 이상의 학교교육과정 수료	없음(반드시 응시)

응시방법 및 응시료

- 접수방법 : 온라인으로만 가능
- 제출서류 : 응시자격 증빙서류 등 자세한 내용은 홈페이지 참조
- 응시료 : 20,700원

독학학위제 시험 범위

- 시험 과목별 평가영역 범위에서 대학 전공자에게 요구되는 수준으로 출제
- 독학학위제 홈페이지(bdes.nile.or.kr) ➡ 학습정보 ➡ 과목별 평가영역에서 확인

문항 수 및 배점

과정	일반 과목			예외 과목		
	객관식	주관식	합계	객관식	주관식	합계
교양, 전공기초 (1~2과정)	40문항×2.5점 =100점	–	40문항 100점	25문항×4점 =100점	–	25문항 100점
전공심화, 학위취득 (3~4과정)	24문항×2.5점 =60점	4문항×10점 =40점	28문항 100점	15문항×4점 =60점	5문항×8점 =40점	20문항 100점

※ 2017년도부터 교양과정 인정시험 및 전공기초과정 인정시험은 객관식 문항으로만 출제

합격 기준

■ 1~3과정(교양, 전공기초, 전공심화) 시험

단계	과정	합격 기준	유의 사항
1	교양	매 과목 60점 이상 득점을 합격으로 하고, 과목 합격 인정(합격 여부만 결정)	5과목 합격
2	전공기초		
3	전공심화		6과목 이상 합격

■ 4과정(학위취득) 시험 : 총점 합격제 또는 과목별 합격제 선택

구분	합격 기준	유의 사항
총점 합격제	• 총점(600점)의 60% 이상 득점(360점) • 과목 낙제 없음	• 6과목 모두 신규 응시 • 기존 합격 과목 불인정
과목별 합격제	매 과목 100점 만점으로 하여 전 과목(교양 2, 전공 4) 60점 이상 득점	• 기존 합격 과목 재응시 불가 • 1과목이라도 60점 미만 득점하면 불합격

시험 일정

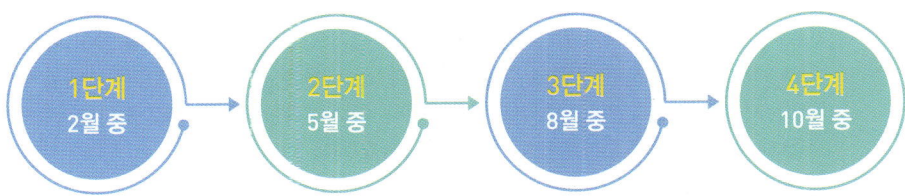

1단계 2월 중 → 2단계 5월 중 → 3단계 8월 중 → 4단계 10월 중

■ 영어영문학과 3단계 시험 과목 및 시간표

구분(교시별)	시간	시험 과목명
1교시	09:00~10:40(100분)	고급영문법, 미국문학개관
2교시	11:10~12:50(100분)	영어발달사, 고급영어
중식 12:50~13:40(50분)		
3교시	14:00~15:40(100분)	20세기 영미소설, 영어통사론
4교시	16:10~17:50(100분)	20세기 영미시, 영미희곡 Ⅱ

※ 시험 일정 및 세부사항은 반드시 독학학위제 홈페이지(bdes.nile.or.kr)를 통해 확인하시기 바랍니다.
※ 시대에듀에서 개설되었거나 개설 예정인 과목은 빨간색으로 표시하였습니다.

STUDY PLAN
독학학위제 단계별 학습법

1단계 | 평가영역에 기반을 둔 이론 공부!
독학학위제에서 발표한 평가영역에 기반을 두어 효율적으로 이론을 공부해야 합니다. 각 장별로 정리된 '핵심이론'을 통해 핵심적인 개념을 파악합니다. 모든 내용을 다 암기하는 것이 아니라, 포괄적으로 이해한 후 핵심내용을 파악하여 이 부분을 확실히 알고 넘어가야 합니다.

2단계 | 시험 경향 및 문제 유형 파악!
독학사 시험 문제는 지금까지 출제된 유형에서 크게 벗어나지 않는 범위에서 비슷한 유형으로 줄곧 출제되고 있습니다. 본서에 수록된 이론을 충실히 학습한 후 '실전예상문제'를 풀어 보면서 문제의 유형과 출제의도를 파악하는 데 집중하도록 합니다. 교재에 수록된 문제는 시험 유형의 가장 핵심적인 부분이 반영된 문항들이므로 실제 시험에서 어떠한 유형이 출제되는지에 대한 감을 잡을 수 있을 것입니다.

3단계 | '실전예상문제'를 통한 효과적인 대비!
독학사 시험 문제는 비슷한 유형들이 반복되어 출제되므로, 다양한 문제를 풀어 보는 것이 필수적입니다. 각 단원의 끝에 수록된 '실전예상문제'를 통해 단원별 내용을 제대로 학습하였는지 꼼꼼하게 확인하고, 실력을 점검합니다. 이때 부족한 부분은 따로 체크해 두고, 복습할 때 중점적으로 공부하는 것도 좋은 학습 전략입니다.

4단계 | 복습을 통한 학습 마무리!
이론 공부를 하면서, 혹은 문제를 풀어 보면서 헷갈리고 이해하기 어려운 부분은 따로 체크해 두는 것이 좋습니다. 중요 개념은 반복학습을 통해 놓치지 않고 확실하게 익히고 넘어가야 합니다. 마무리 단계에서는 '최종모의고사'를 통해 실전연습을 할 수 있도록 합니다.

COMMENT
합격수기

> 저는 학사편입 제도를 이용하기 위해 2~4단계를 순차로 응시했고 한 번에 합격했습니다.
> 아슬아슬한 점수라서 부끄럽지만 독학사는 자료가 부족해서 부족하나마 후기를 쓰는 것이 도움이 될까 하여
> 제 합격전략을 정리하여 알려드립니다.

#1. 교재와 전공서적을 가까이에!

학사학위 취득은 본래 4년을 기본으로 합니다. 독학사는 이를 1년으로 단축하는 것을 목표로 하는 시험이라 실제 시험도 변별력을 높이는 몇 문제를 제외한다면 기본이 되는 중요한 이론 위주로 출제됩니다. 시대에듀의 독학사 시리즈 역시 이에 갖추어 중요한 내용이 일목요연하게 압축·정리되어 있습니다. 빠르게 훑어보기 좋지만 내가 목표로 한 전공에 대해 자세히 알고 싶다면 전공서적과 함께 공부하는 것이 좋습니다. 교재와 전공서적을 함께 보면서 교재에 전공서적 내용을 정리하여 단권화하면 시험이 임박했을 때 교재 한 권으로도 자신 있게 시험을 치를 수 있습니다.

#2. 시간확인은 필수!

쉬운 문제는 금방 넘어가지만 지문이 길거나 어렵고 헷갈리는 문제도 있고, OMR 카드에 마킹까지 해야 하니 실제로 주어진 시간은 더 짧습니다. 앞부분에 어려운 문제가 있다고 해서 시간을 많이 허비하면 쉽게 풀 수 있는 뒷부분 문제들을 놓칠 수 있습니다. 문제 푸는 속도가 느려지면 집중력도 떨어집니다. 그래서 어차피 배점은 같으니 아는 문제를 최대한 많이 맞히는 것을 목표로 했습니다.
① 어려운 문제는 빠르게 넘기면서 문제를 끝까지 다 풀고 ② 확실한 답부터 우선 마킹한 후 ③ 다시 시험지로 돌아가 건너뛴 문제들을 다시 풀었습니다. 확실히 시간을 재고 문제를 많이 풀어 봐야 실전에 도움이 되는 것 같습니다.

#3. 문제풀이의 반복!

여느 시험과 마찬가지로 문제는 많이 풀어 볼수록 좋습니다. 이론을 공부한 후 예상문제를 풀다 보니 부족한 부분이 어딘지 확인할 수 있었고, 공부한 이론이 시험에 어떤 식으로 출제될지 예상할 수 있었습니다. 그렇게 부족한 부분을 보충해 가며 문제 유형을 파악하면 이론을 복습할 때도 어떤 부분을 중점적으로 암기해야 할지 알 수 있습니다. 이론 공부가 어느 정도 마무리되었을 때 시계를 준비하고 모의고사를 풀었습니다. 실제 시험시간을 생각하면서 예행연습을 하니 시험 당일에는 덜 긴장할 수 있었습니다.

학위취득을 위해 오늘도 열심히 학습하시는 수험생 여러분에게도 합격의 영광이 있으시길 기원하면서 이만 줄입니다.

PREVIEW

이 책의 구성과 특징

01 단원 개요

핵심이론을 학습하기에 앞서 각 단원에서 파악해야 할 중점과 학습목표를 확인해 보세요.

02 핵심이론

평가영역을 바탕으로 꼼꼼하게 정리된 '핵심이론'을 통해 꼭 알아야 하는 내용을 명확히 파악해 보세요.

※ 본문 172~177쪽, 263~269쪽의 내용 (제2편 제6장 화법)은 2025년부터 평가 영역에서 제외되었으므로, 학습 시 참고하시기 바랍니다.

03 실전예상문제

'핵심이론'에서 공부한 내용을 바탕으로 '실전예상문제'를 풀어 보면서 문제를 해결하는 능력을 길러 보세요.

04 추록

개정 평가영역을 분석하여 반영한 '추록'을 통해 추가된 내용을 학습해 보세요.

05 최종모의고사

'최종모의고사'를 실제 시험처럼 시간을 정해 놓고 풀어 보면서 최종점검을 해 보세요.

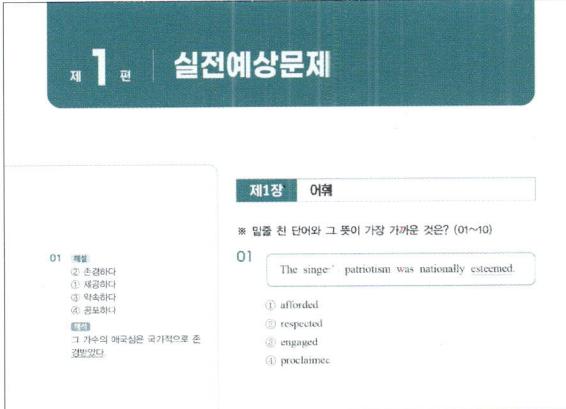

CONTENTS
목차

핵심이론 + 실전예상문제

제1편　어휘 및 관용어
제1장 어휘 · 003
제2장 관용어 · 050
실전예상문제 · 060

제2편　문법
제1장 일치 · 087
제2장 어순 · 093
제3장 시제 · 101
제4장 품사 · 114
제5장 준동사(비정형동사) · 148
제6장 화법 · 172
제7장 특수구문 · 178
실전예상문제 · 198

제3편　독해
제1장 글의 종류 및 목적 · 281
제2장 주제 파악 : 주제문, 제목, 중심소재 · · · · · · · · · · · · · · · · · · 282
제3장 내용 파악 : 요지, 내용 일치 및 불일치 · · · · · · · · · · · · · · 284
제4장 세부 사항 파악 : 지시어 찾기, 문맥 이해, 무관한 문장 찾기 · · · 285
제5장 논리적 추론 : 빈칸 추론, 순서 배열 및 문장 삽입, 요약문 완성 · · · 287
제6장 문장 전환, 영문 국역, 영작 · 290
실전예상문제 · 292

추록(2025년 시험부터 추가되는 내용)

추록 Ⅰ 제1편 어휘 및 관용어 · 377
추록 Ⅱ 제2편 문법 · 413
추록 Ⅲ 제3편 독해 (1) · 435
추록 Ⅳ 제3편 독해 (2) · 447

최종모의고사

최종모의고사 제1회 · 465
최종모의고사 제2회 · 476
최종모의고사 제1회 정답 및 해설 · 488
최종모의고사 제2회 정답 및 해설 · 495

이성으로 비관해도 의지로써 낙관하라!

-안토니오 그람시-

제1편

어휘 및 관용어

제1장 어휘
제2장 관용어
실전예상문제

합격을 꿰뚫는 학습 가이드

제 1 편 어휘 및 관용어

영어 공부에서 어휘가 중요하다는 말은 우리 주변에서 어렵지 않게 들을 수 있다. 문법, 읽기, 듣기뿐 아니라 말하기에서도 어휘는 중요한 역할을 한다. 어휘력을 키우는 가장 효과적인 방법은 관심·연상·반복이다. 익숙한 단어나 새로운 단어에 관심을 갖고 그것의 의미와 품사를 확인하며 학습한다. 이후 학습한 단어를 연상하면서 쉽게 기억나는 단어와 그렇지 않은 단어를 확인하여 정리한다. 이러한 연상의 과정을 두세 번 반복한다. 어휘는 학습자들의 관심과 애정을 원한다. 어휘 학습에 필자가 전하는 학습법을 적용해 보면서 관심과 애정을 기울여 보길 추천한다.

> **필자 추천 어휘 학습법**
> 첫째, 단어는 여러 번 쓰고 보고 읽으면서 암기한다.
> 둘째, 3일·7일·15일 후 외웠던 단어들을 연상하며, 기억이 나지 않는 단어들은 찾아보고 확인하고 정리하며 다시 기억한다. 3-7-15를 기억하자!
> 셋째, 이후 외웠던 단어를 틈틈이 반복해서 연상하며 기억한다.

제 1 장 | 어휘

| 단원 개요 |

독학사 시험을 포함한 여러 시험에서 자주 출제되었던 어휘를 중심으로 알파벳 순서로 정리하였다. 각 단어의 의미를 익히고, 각 단어의 동의어와 반의어를 학습한다.

| 출제 경향 및 수험 대책 |

알파벳 순서로 정리해 놓은 빈출 어휘를 순서대로 살펴보면서 단어의 의미가 잘 기억나지 않거나 단어 자체가 생소한 어휘를 중심으로 표시하면서 학습한다. 단어에 관심을 갖고 여러 번 연상하고 반복하여 학습하면 반드시 자신의 것으로 만들 수 있을 것이다. 자신을 믿고 지금 바로 시작해보자!
※ 이론과 문제 속 'V'는 동사를 의미한다(예 Ving, V의 PP 등).

제1절 동의어와 반의어

동 동의어 / 반 반의어

1 'a'로 시작하는 어휘의 동의어와 반의어

(1) ab-

어휘	의미	동의어/반의어
abashed	당황한, 부끄러운	동 embarrassed, perplexed, confused 반 gratified, pleased(기뻐하는)
aberrant	정도에서 벗어난, 탈선적인, 특이한	동 weird, extraordinary, bizarre 반 normal, general(정상적인, 보편적인)
abet	선동하다, 부추기다	동 instigate, promote, provoke, stir 반 prohibit, ban(금지하다)
abeyance	중지, 정지	동 suspension, halt, discontinuation 반 continuation(지속)
abide	지속하다, 지키다	동 maintain, last, remain, keep, protect 반 abase, degrade(낮추다, 깎아내리다)
abject	비참한, 절망적인	동 pitiful, tragic, depressed, miserable, humiliating 반 good, terrific, joyful(좋은, 즐거운)
aboriginal	원주민의, 토착의	동 native, indigenous, autochthonous 반 foreign(이국적인, 외국의)
abortive	1)실패한, 무산된, 2)유산한(태아), 3)쓸모없는	동 unsuccessful, void, futile, useless 반 successful, prosperous(성공한, 번영하는)
aboveboard	1)분명한, 2)공명정대한	동 clear, obvious, fair 반 colored, unfair(치우친, 불공정한)

어휘	의미	동의어/반의어
abrogate	폐지하다, 무효화하다	동 abolish, scrap, block, repeal 반 set up, establish(세우다)
abscond	종적을 감추다	동 leave, disappear 반 appear(나타나다)
absolute	절대적인, 완전한	동 complete, perfect 반 relative, comparative(상대적인)
absorb	1)흡수하다, 받아들이다, 2)빼앗다	동 soak, accept, take away, steal 반 disclaim, refuse(거절하다)
abstain	삼가다, 자제하다	동 refrain, forbear, persevere 반 indulge(탐닉하다)

(2) ac- ~ af-

어휘	의미	동의어/반의어
accessible	접근하기 쉬운, 이용 가능한	동 available, adjacent 반 inaccessible(접근하기 어려운)
accommodate	1)수용하다, 2)맞추다	동 embrace, take in, include 반 exclude, drive out(배척하다)
accord	1)일치, 조화, 2)협정	동 agreement, harmony 반 discord(불일치, 불화)
acquiesce	묵인하다, 묵묵히 따르다	동 consent, yield, comply, accede 반 object(반대하다), reveal, disclose(폭로하다)
acquired	후천적인, 습득한	동 learned 반 inherent, inborn, innate(선천적인, 타고난)
acrid	신랄한, 자극적인	동 acrimonious, harsh, bitter, biting 반 mild, gentle(온화한, 부드러운)
acumen	통찰력, 예리함, 혜안	동 insight, vision, wisdom, wit 반 bluntness, insensibility(둔함, 무감각)
adamant	완고한, 단호한	동 stubborn, firm, determined, strict, stern 반 irresolute, flexible(융통성 있는)
adduce	제시하다, 인용하다	동 suggest, quote, cite 반 plagiarize(도용하다, 표절하다)
adept	능숙한, 정통한	동 accustomed, skillful, experienced 반 awkward, inexperienced(서투른, 어색한)
ad hoc	임시의	동 temporary, tentative 반 permanent(영구적인)
adjunct	부수적인	동 supplement, auxiliary 반 pivotal(중추적인)
ado	소동, 야단법석	동 fuss, commotion, rumpus 반 silence, tranquility(고요함, 평온)
adolescent	청소년기(의), 미숙한	동 teenager, immature 반 adult(성인), mature(성숙한)

어휘	의미	동의어/반의어
adroit	솜씨 좋은, 빈틈없는	동 sensitive, delicate, skillful, perfect 반 clumsy(서투른)
adulate	아첨하다, 비위를 맞추다	동 coax, flatter, cajole, wheedle 반 have a whim(내키는 대로 하다)
adulterate	(불순물을) 섞다, 품질을 떨어뜨리다	동 debase, degrade, lower 반 refine(정제하다)
advocate	옹호하다	동 support, encourage, favor 반 impugn, blame, criticize, object(비난하다, 반대하다)
affable	상냥한, 붙임성 있는	동 sociable, friendly, benign 반 aggressive, reserved(공격적인, 쌀쌀맞은)
affliction	고통, 괴로움	동 pain, suffering, torment, agony 반 relief(편안함)

(3) ag- ~ an-

어휘	의미	동의어/반의어
aggrandize	확대하다, 강화하다	동 enlarge, expand, magnify 반 cut down, diminish, reduce(줄이다, 감소하다)
agile	민첩한, 기민한	동 rapid, quick, animated, swift 반 sluggish(느린)
agitate	동요시키다, 선동하다	동 stir, prompt, shake 반 appease, soothe, calm, placate(달래다, 진정시키다)
agnostic	불가지론의, 회의적인	동 skeptical, nescient 반 confident(자신감 있는, 확신하는)
agony	고통, 고뇌	동 pain, sadness, grief, distress 반 happiness, bliss(행복)
ail	괴롭히다, 고통을 주다, 병을 앓다	동 bully, harass, bother 반 alleviate(완화하다)
alacrity	민첩, 활기	동 agile, nimble, vitality, energy 반 lag, tardiness(지체, 지각)
alienate	멀리하다, 따돌리다, 분리하다	동 separate, segregate, detach, dissociate 반 associate, attach(연결시키다, 붙이다)
align	1)정렬시키다, 2)제휴하다	동 affiliate, combine, conjoin 반 disperse, breakup(갈라지다, 흩어지게 하다)
allay	경감하다, 달래다	동 soothe, relax 반 stress, pressure(압박을 주다)
allot	할당하다, 배분하다	동 share, distribute 반 confiscate(몰수하다)
allude	암시하다	동 imply, implicate 반 specify(구체적으로 명시하다)
ally	동맹, 연합국	동 cooperation 반 rival, competition(경쟁)

단어	뜻	유의어/반의어
aloof	무관심한, 냉담한	동 passive, indifferent, uninterested 반 interested(관심 있는)
amalgamate	통합하다, 융합하다	동 integrate, converge, merge 반 disintegrate, separate(분리하다)
ambidextrous	1)양손잡이의, 2)손재주 있는, 3)교활한	동 both-handed, handy, talented, dexterous, deceitful 반 left-handed(왼손잡이의), right-handed(오른손잡이의), straightforward, frank(솔직한)
ambience	분위기, 환경, 주위	동 atmosphere 반 center(중심)
ambivalent	양면가치의, 불안정한	동 dubious, contradictory, incompatible 반 compatible(양립할 수 있는), concrete(확고한)
ameliorate	개선하다, 개량하다	동 advance 반 worsen(악화시키다), hinder(막다)
amendment	개정, 변경	동 revision, reform 반 adherence, persistence(고수, 지속)
amiable	호감을 주는, 상냥한	동 friendly, mild, generous, intimate 반 unfriendly(불친절한)
amicable	우호적인, 평화적인	동 peaceful, considerate 반 hostile, aggressive(적대적인, 공격적인)
amnesty	사면, 용서하다	동 forgive 반 punish(벌주다)
amplify	확대하다, 확장하다	동 increase, expand, strengthen 반 reduce(줄이다)
analogous	유사한	동 akin, similar 반 different(다른)
animosity	원한, 악의, 적대감	동 hostility, enmity, abhorrence 반 hospitality, goodwill(호의)
annex	합병하다, 병합하다	동 merge, affiliate 반 disengage(풀다, 해방하다)
annihilate	전멸시키다, 압도하다	동 destroy, remove 반 defeat(패배하다)
anonymous	익명의	동 pseudonymous, unknown, unidentified, unspecified 반 onymous, named(이름을 밝힌)
antipathy	반감, 혐오	동 hostility, opposition 반 sympathy(공감, 동정)

(4) ap- ~ aw-

어휘	의미	동의어/반의어
apathy	냉담, 무관심	동 indifference, unconcern, inattention 반 concern, attention(관심)
apocryphal	거짓의, 외경의	동 fake, bogus, counterfeit 반 authentic(진짜의)
appease	달래다	동 ease, relieve 반 exasperate, annoy(악화시키다, 분노하게 하다)
applause	박수갈채, 성원	동 praise, acclamation 반 rebuke(비난, 질책)
appreciate	1)인정하다, 2)감사하다, 3)감상하다, 4)이해하다	동 acknowledge, admire, grasp 반 disregard, depreciate(인정하지 않다, 경시하다)
apprehension	1)이해, 2)두려움, 불안	동 understanding, concern, fear 반 misunderstanding(오해), stability(안정)
apprentice	견습생, 수습생	동 amateur 반 master, professional(장인, 전문가)
appropriate	적절한	동 proper, right, reasonable 반 inappropriate, improper(부적절한)
artful	교묘한, 교활한	동 skillful, tricky, sneaky, deceitful 반 stupid, silly(멍청한, 어리석은)
artless	꾸밈없는, 자연 그대로의	동 natural, innocent, genuine, naive 반 artificial, man-made(인공의)
ascribe	~ 탓으로 돌리다	동 attribute, accredit, impute 반 admit, acknowledge(인정하다)
assail	공격하다	동 attack, abuse 반 defend(방어하다)
assent	동의하다, 찬성하다	동 agree, approve, accord 반 dissent(반대하다)
assiduous	근면한, 부지런한	동 diligent, industrious 반 lazy(게으른)
asymmetrical	비대칭적인, 불균형의	동 dissymmetrical 반 symmetrical, balanced(대칭적인, 균형적인)
atrophy	퇴화(하다), 쇠퇴(하다), 감퇴(하다)	동 weaken, degenerate, deteriorate 반 strengthen, intensify(강화하다)
attentive	세심한, 주의 깊은	동 interested, careful, alert 반 careless(부주의한)
attenuate	희석하다, 약하게 하다	동 undermine, mitigate 반 intensify(강화하다)
audacious	대담한, 무례한	동 bold, brave, reckless 반 timid, shy(소심한)

어휘	의미	동의어/반의어
audible	들리는, 들을 수 있는	동 be heard 반 inaudible(들리지 않는)
augment	증가(하다), 증대(하다)	동 increase, reinforce 반 diminish, reduce(줄이다)
auspicious	길조의, 행운의	동 favorable, fortunate 반 unfortunate(불길한)
avid	열렬한, 탐욕스러운	동 eager, greedy 반 passive, humble(소극적인, 소박한)
awe	경외, 두려움	동 fear, homage, shock 반 ignorance(무시)

2 'b'로 시작하는 어휘의 동의어와 반의어

어휘	의미	동의어/반의어
baffle	좌절시키다	동 obstruct, block, disappoint 반 succeed(성공하다)
baleful	해로운, 재앙의	동 detrimental, catastrophic, disastrous 반 beneficial(이로운)
banal	진부한, 평범한	동 mundane, ordinary, normal 반 creative, original(독창적인)
banish	추방하다	동 oust, ostracize 반 take in, accept(수용하다, 받아들이다)
banter	악의 없는 농담	동 badinage 반 mockery(조롱, 비웃음)
behold	눈여겨보다, 주시하다	동 gaze, watch 반 ignore(간과하다)
belittle	하찮게 보다, 축소하다	동 ignore, disregard, underestimate 반 overstate(과장하다)
bellicose	호전적인	동 belligerent 반 peaceful(평화로운)
benign	친절한, 자비로운	동 kind, friendly, polite 반 sinister, malignant, merciless(불길한, 무자비한)
berate	꾸짖다, 훈계하다	동 admonish, criticize, scold 반 praise(칭찬하다)
bewilder	당황하게 하다	동 frustrate, perplex 반 self-possessed, calm(차분한, 침착한)
bias	편견, 선입견	동 unfair, unjust, one sided, partial 반 fairness(공평, 공정)

어휘	의미	동의어/반의어
bliss	기쁨, 행복	동 joy, happiness, blessing 반 sadness, grief, sorrow, misfortune(불행)
blithe	1)즐거운, 2)경솔한	동 merry, casual, careless 반 sorrowful(슬픈), careful, prudent(신중한, 분별 있는)
blunt	1)솔직한, 2)무딘, 둔감한	동 honest, dull, tedious 반 fake(거짓된), sharp, keen(예리한)
bona fide	진실한, 진짜의	동 authentic, real 반 bogus, counterfeit(가짜의)
boon	1)혜택, 2)유쾌한	동 benefit, bliss 반 unpleasant, obnoxious(불쾌한)
breach	위반하다, 부수다	동 disobey, break 반 observe(준수하다)
brisk	활기찬, 활발한	동 energetic, active 반 dull(지루한)
brittle	부서지기 쉬운	동 fragile, vulnerable, feeble 반 solid, tight(단단한)
buoyant	1)부력이 있는, 뜨는 2)쾌활한	동 float, cheerful 반 sunken(가라앉은, 침몰한)
byzantine	복잡한	동 intricate 반 simple(간단한)

3 'c'로 시작하는 어휘의 동의어와 반의어

어휘	의미	동의어/반의어
cajole	부추기다, 구슬리다	동 flatter, tempt, entice 반 soothe(진정시키다)
calamity	재앙, 재난	동 disaster, scourge, havoc, catastrophe 반 bless, benediction(축복)
camouflage	위장, 속임	동 disguise, mask, veil 반 frankness, candidness(솔직함, 정직)
capacious	널찍한, 도량이 큰	동 large, broad, extensive 반 narrow(좁은)
capitulate	항복하다, 저항을 그만두다	동 surrender, yield 반 resist(저항하다)
capricious	변덕스러운	동 unstable, volatile, unpredictable, changeable 반 regular(규칙적인), stable(안정된)
carnivorous	육식성의	동 meat-eating 반 herbivorous(초식성의)

단어	뜻	동의어/반의어
castigate	꾸짖다, 징계하다	동 criticize, abuse, punish 반 praise(칭찬하다)
casual	일상적인, 격식을 차리지 않는	동 informal, relaxed 반 formal(격식의)
chaotic	혼란스러운, 혼돈의	동 disorderly, chaos, turmoil, confusion 반 organized, arranged(정돈된)
choleric	화를 잘 내는	동 hot-tempered, volatile 반 calm(차분한, 침착한)
chronic	만성적인	동 constant, continuous, persistent 반 acute(급성의)
circumference	원주, 주위, 주변	동 circuit, perimeter, periphery 반 hub, center(중심)
circumlocution	완곡한 표현	동 euphemism, litotes 반 direct speech(직접 화행)
cleave	쪼개다, 분열시키다	동 break, separate, split 반 congregate, gather, collect(모으다)
coarse	거친, 조잡한	동 harsh, rough 반 smooth, tender(부드러운)
coercion	강제, 강압	동 enforcement, force 반 freedom, liberty(자유)
coherent	일관된, 논리 정연한	동 consistent, logical, rational 반 incoherent, incongruous(앞뒤가 맞지 않는, 조화되지 않는)
cohesive	응집력 있는	동 sticky, organized 반 loose, unbound(엉성한, 헐거운)
collude	담합하다, 미리 짜다	동 conspire, connive, collogue 반 cooperate(협업하다)
commemorate	기념하다	동 celebrate, congratulate 반 forget(잊다), ignore(무시하다)
commensurate	동등한, 상응하는	동 equivalent, compatible, comparable 반 incompatible(양립할 수 없는)
commiserate	가엽게 여기다, 불쌍히 여기다	동 pity, sympathize 반 be apathetic(무관심하다, 냉담하다)
commotion	소란, 동요	동 turmoil, disorder 반 peace, tranquility(평화, 고요, 평정)
competent	유능한, 적임의	동 qualified, capable, talented 반 incompetent, incapable(무능한)
comprise	구성하다, 포함하다	동 include, contain 반 exclude(배제하다)
compromise	타협하다, 양보하다	동 negotiate, agree 반 confront(대항하다, 맞서다)

어휘	의미	동의어/반의어
conceal	숨기다	동 hide 반 reveal(밝히다, 드러내다)
concession	양보, 용인	동 yield, recognition, admit 반 competition(경쟁), rejection, disapproval(거부)
conducive	도움이 되는, 공헌하는	동 helpful 반 inconducive, detrimental(해로운)
conform	순응하다, 따르게 하다	동 comply, follow 반 reject, refuse(거부하다, 거절하다)
congruent	일치하는	동 congruous, consistent 반 inconsistent(일치하지 않는)
conscientious	양심적인, 성실한	동 honest, sincere 반 wicked(부도덕한)
conscious	알고 있는, 의식의	동 aware, cognizant 반 unconscious(무의식의)
consolidate	강화하다, 합병하다	동 strengthen 반 weaken(약화시키다)
conspicuous	눈에 띄는, 분명한	동 clear, unique, marked 반 ordinary(평범한)
contemplate	심사숙고하다	동 scrutinize, think about 반 ignore(간과하다)
contravene	위반하다, 모순되다	동 violate, contradict 반 observe(준수하다)
curtail	줄이다, 삭감하다	동 shorten, diminish 반 increase(늘리다)

4 'd'로 시작하는 어휘의 동의어와 반의어

어휘	의미	동의어/반의어
damp	습기 찬, 축축한	동 dank, moist 반 dry(마른)
dapper	단정한, 활기 있는	동 dandy 반 untidy(단정하지 않은)
debase	떨어뜨리다	동 degrade 반 value(가치 있게 여기다)
debilitate	약화시키다	동 weaken 반 strengthen(강화시키다)
debunk	가면을 벗기다, 폭로하다	동 reveal, disclose 반 conceal(숨기다)

단어	뜻	유의어 / 반의어
deceptive	거짓의, 기만하는, 현혹하는	동 deceitful, dazzling, delusive 반 truthful, authentic(진실의, 사실의)
decipher	해독하다, 암호를 풀다	동 decode, solve 반 encode(암호화하다)
decompose	분해하다	동 separate, dissect, disintegrate 반 assemble, unite(조립하다, 모으다)
deduce	연역(추론)하다	동 stem, derive, extract, infer 반 induce(유인하다, 유발하다)
deduct	공제하다, 감하다	동 subtract, reduce 반 add(더하다)
defect	1)결점, 2)도망가다, 이탈하다	동 flaw, demerit 반 perfection(완벽)
defer	1)연기하다, 보류하다, 2)따르다, 존중하다	동 withhold, observe, follow, admire 반 perform(수행하다), refuse(거부하다)
deft	능숙한, 솜씨 좋은	동 skillful, proficient 반 clumsy, awkward(서투른, 어색한)
defy	거부하다, 도전하다	동 resist, challenge, oppose 반 recognize, acknowledge(승인하다, 인정하다)
degenerate	타락한, 변질한	동 corrupt, unjust, degraded 반 correct(옳은), improved(개선된)
dehydrate	건조시키다	동 dry 반 water, wash(물을 뿌리다, 빨다)
delineate	(자세하게) 묘사하다	동 describe, depict 반 summarize(요약하다)
delinquency	의무 불이행, 비행, 범죄	동 crime, debt, default 반 beneficence(선행)
delusion	망상, 환상	동 illusion, paranoia 반 reality(현실)
demolish	파괴하다, 부수다	동 destroy, break, devastate 반 establish(세우다)
denounce	비난하다	동 condemn, criticize 반 commend, praise(칭찬하다)
deploy	배치하다, 전개시키다	동 arrange, develop, revolve 반 withdraw(철수하다)
depreciate	경시하다, 가치를 저하시키다	동 lower, demote, degrade 반 appreciate, enhance(감사하다, 높이다)
derelict	1)유기된, 2)무책임한	동 abandoned, delinquent, remiss 반 faithful(충실한)
deter	방해하다, 저지하다	동 ban, block, oppose 반 permit, approve(허용하다)

단어	뜻	유의어/반의어
deteriorate	악화하다	동 aggravate, deprave, worsen 반 ameliorate, improve(개선하다)
detest	혐오하다	동 hate, disgust, despise 반 adore(흠모하다)
detrimental	해로운	동 harmful, lethal, fatal 반 beneficial, helpful, profitable(이로운)
dilapidated	황폐한	동 desolate 반 fertile(비옥한)
distress	고통, 고민, 재난	동 anxiety, calamity, anguish, agony, affliction 반 stability, peace(안정, 평온)
diminutive	소형의	동 tiny, minimal 반 immense(거대한)
dire	매우 심각한	동 serious, awful, spooky 반 trivial(사소한)
discard	버리다	동 remove, leave 반 adopt(채택하다)
discern	분별하다, 식별하다	동 identify, detect, recognize 반 confuse(혼동하다), miss(이해하지 못하다)
disclaim	포기하다, 기권하다	동 abandon, discard, renounce, relinquish 반 keep(지키다)
discrepancy	불일치, 차이, 모순	동 difference, disagreement, discordance 반 harmony(조화)
disparage	비방하다, 깔보다	동 minimize, despise, mock 반 regard(~으로 여기다, 존중하다), praise(칭찬하다)
durable	내구성이 있는, 견고한	동 hard, reliable, stable 반 fragile(깨지기 쉬운)
dwindle	줄다, 작아지다	동 diminish 반 augment, increase(증가하다)

5 'e'로 시작하는 어휘의 동의어와 반의어

어휘	의미	동의어/반의어
eavesdrop	도청하다	동 wiretap, overhear 반 hear(경청하다)
eccentric	별난, 기괴한	동 unconventional, peculiar 반 common(평범한)
edify	교화하다, 계발하다	동 enlighten, instruct, cultivate
eerie	기분 나쁜, 으스스한	동 awful, dire, appalling 반 pleasant, enjoyable(유쾌한, 즐거운)
egocentric	자기중심의	동 selfish, self-centered, conceited 반 altruistic, self-effacing(이타적인, 겸손한)
elicit	이끌어내다	동 draw out, derive, provoke 반 conceal, hide, suppress(숨기다, 감추다, 생각 등을 버리다, 억누르다)
elusive	파악하기 어려운	동 unidentifiable, ambiguous 반 understandable(이해할 만한)
embark	1)(차, 비행기 등에) 타다, 2)착수하다	동 get on, get to, set out 반 disembark, get off(내리다)
embody	구체화하다	동 incorporate, represent 반 envisage, predict(상상하다, 예측하다)
emend	교정하다, 수정하다	동 amend, reform, improve 반 be mistaken(실수하다), become erroneous(틀리다, 잘못되다)
empathy	공감	동 appreciation, sympathy 반 antipathy(반감)
empirical	경험적인, 실증적인	동 experiential, concrete 반 theoretical(이론적인)
emulate	모방하다, 필적하다	동 mirror, imitate, mimic, follow, struggle 반 create(창조하다)
encroach	침해하다, 잠식하다	동 invade, break in, infringe 반 defend, protect(보호하다)
enervate	약화시키다, 빼앗다	동 weaken, debase, deprive 반 strengthen(강화하다), return(돌려주다)
engrave	새겨 넣다, 조각하다	동 carve, stamp, mark 반 erase(지우다)
engross	열중시키다, 집중시키다	동 absorb, immerse, captivate 반 distract(산만하게 하다)
entangle	뒤얽히게 하다	동 complicate, twist, embroil 반 disentangle(풀다, 해방하다)

enumerate	열거하다, 세다	동 list, count 반 estimate(추정하다)
equivalent	동등한	동 even, same, correspond to 반 different, distinct(다른, 독특한)
equivocal	중의적인, 모호한	동 ambiguous 반 correct(정확한)
esteem	존중하다, 존경하다	동 admire, respect 반 ignore(무시하다)
evacuate	비우다, 피난시키다	동 empty, withdraw 반 attack(공격하다), deploy(배치하다)
evade	회피하다	동 avoid, escape, flee 반 confront(직면하다), admit(인정하다)
evaporate	증발하다(사라지다), 기화시키다	동 disappear, fade 반 liquify(액화시키다)
exacerbate	악화시키다	동 deteriorate, worsen 반 ameliorate, improve(개선시키다)
exasperate	화나게 하다	동 annoy, provoke, irritate 반 appease(달래다)
excavate	발굴하다	동 mine, dig 반 cover(덮다), bury(묻다)
exemplary	모범적인, 훌륭한	동 ideal, typical, representative 반 culpable(비난받을 만한)
exempt	면제된, 면제하다	동 liberate, exonerate 반 impose(부과하다)
exhaustive	철저한, 포괄적인	동 complete, comprehensive, extensive 반 rough(대충의), fractional(단편적인)
exhilarate	활력을 주다	동 boost, cheer, elevate, revive 반 discourage(낙담시키다)
explicate	상세하게 설명하다	동 expound, explain, interpret, specify
exponent	옹호자, 대표자	동 supporter, representative 반 opponent(반대자)
expropriate	수용하다, 몰수하다	동 deprive, take away, steal 반 protect(지키다)
exquisite	섬세한, 훌륭한, 세련된	동 elaborate, excellent 반 coarse(거친)
extravagant	낭비하는, 사치스러운, 무모한	동 excessive, reckless 반 frugal, thrifty(검소한, 절약하는)
extrinsic	비본질적인, 부수적인	동 secondary, supplementary, accidental 반 intrinsic, native(본질적인)
extroverted	외향적인	동 sociable, outgoing 반 introverted(내향적인)

6 'f'로 시작하는 어휘의 동의어와 반의어

어휘	의미	동의어/반의어
fabricate	조작하다, 위조하다, 제작하다	동 assemble, formulate, contrive 반 demolish, destroy, ruin(무너뜨리다, 파괴하다)
facade	(건물의) 정면	동 front 반 rear, reverse(뒷면)
fallow	미개간의, 교양 없는	동 uncultivated 반 cultivated(개간의)
feeble	연약한, 허약한, 희미한	동 thin, weak, vulnerable 반 strong(강한), apparent(분명한)
felicity	적절함, 절묘하게 어울림	동 appropriateness 반 inappropriateness(부적절함)
ferocious	잔인한, 사나운	동 cruel 반 generous(관대한, 인자한)
fidget	초조해 하다	동 hesitate, be restless, fret, fuss, fiddle 반 calm(진정시키다, 차분하게 하다)
figurative	1)비유적인, 수식이 많은, 2)표상의	동 rhetorical(비유적인), implicated(함축된), represented (표상의) 반 simile(직유), literal(문자 그대로의)
flammable	가연성의	동 combustible 반 nonflammable(비가연성의)
flaunt	과시하다, 자랑하다	동 show off, boast 반 condescend(겸손하게 굴다)
flinch	주춤하다, 물러서다	동 escape, avoid, balk, cower 반 confront(맞서다)
flourish	번창하다	동 nourish, prosper, grow, advance 반 fail(실패하다)
fluctuate	오르내리다, 불안정하다	동 wave, unstable 반 maintain(유지하다), stable(안정적인)
folly	어리석은	동 stupid, ridiculous 반 smart, bright(똑똑한, 총명한)
forbear	자제하다, 삼가다	동 restrain, refrain
foreshadow	예시하다, 징조를 보이다	동 suggest, illustrate, foretell 반 epitomize(축약하다), conceal(보이지 않게 하다)
forsake	버리다, 단념하다	동 leave, stop, quit, give up 반 keep, maintain, continue(유지하다, 지속하다)
fraudulent	사기의, 속이는	동 fake, false, counterfeit 반 credible(믿을 수 있는)
fraught	~로 가득 찬	동 full, filled 반 vacant, void(비어 있는)

futile	무익한, 쓸모없는	동 useless 반 useful(유용한)

7 'g'로 시작하는 어휘의 동의어와 반의어

어휘	의미	동의어/반의어
galvanize	자극하여 ~하게 하다	동 stimulate 반 repress, stifle(억압하다), demotivate(의욕을 꺾다)
generic	총칭적인, 일반적인	동 general, universal, common 반 specific(특정한, 구체적인)
genocide	대량 학살	동 holocaust, massacre, slaughter
gist	요점, 요지	동 point, crux, hinge 반 edge(주변, 가장자리)
gratuitous	무료의, 대가 없는	동 free, gratis, no charge 반 charge, paid(유료의)
gregarious	사교적인	동 sociable, social, friendly 반 unscciable(비사교적인)
grumble	불평하다	동 complain 반 agree, accord(동의하다)

8 'h'로 시작하는 어휘의 동의어와 반의어

어휘	의미	동의어/반의어
habitable	거주할 수 있는	동 inhabitable, livable, fertile 반 poor, barren(거주할 수 없는)
habitual	습관적인	동 fixed, confirmed, regular 반 temporary(일시적인)
hack	마구잡이로 자르다, 짧게 줄이다	동 cut, shorten 반 plant(심다), lengthen(늘리다)
halt	멈추다, 중단하다	동 stop, suspend 반 persist(지속하다)
havoc	대파괴, 황폐	동 disaster, devastation 반 protection(보호), fertility(비옥함)
hectic	바쁜	동 busy 반 relaxed, easygoing(느긋한)

어휘	의미	동의어/반의어
heedless	부주의한, 무분별한	동 imprudent, impatient, foolish 반 prudent, careful(신중한)
heterodox	이단의	동 heretical, unorthodox 반 orthodox(정교도의)
hiatus	중단, 단절	동 discontinuation, pause 반 continuation(연속)
homage	경의, 존경	동 respect, esteem 반 disdain, scorn(경멸)
homogeneous	균질의	동 alike, compatible, equal, the same kind 반 heterogeneous, dissimilar(이질의)
hospitable	환대하는, 호의적인	동 charitable, friendly 반 hostile, aggressive(적대적인)
hover	맴돌다, 주저하다	동 drift, linger, hesitate 반 set, determine(정하다, 결심하다)
hyperbole	과장법	동 exaggeration, overstatement 반 circumlocution, euphemism, litotes(완곡어법)
hypertension	고혈압	동 high blood pressure, hyperglycemic 반 hypotension, low blood pressure(저혈압)
hypocrite	위선자	동 double-faced, pharisee
hypothesis	가설	동 theory, idea, speculation

9 'i'로 시작하는 어휘의 동의어와 반의어

어휘	의미	동의어/반의어
idiosyncratic	특이한	동 special, peculiar, unique 반 general(보편적인)
ignite	점화하다	동 fire, scorch, burn 반 extinguish(끄다)
ignoble	비열한, 천한	동 ignominious, mean, hypocritical 반 sincere(진실한)
imminent	급박한, 임박한, 충동적인	동 immediate, urgent, impending, impetuous 반 relaxed, laid-back(느긋한)
impair	손상시키다	동 deteriorate, damage 반 recover(복원시키다)
impassive	무표정의, 태연한	동 indifferent, insensitive, callous, apathetic 반 responsive(반응하는)
impeach	탄핵하다, 비난하다	동 scold, accuse, impute, blame 반 exonerate(면제하다)

impede	저해하다, 지연시키다	동 hinder, control, block 반 allow(허용하다)
impertinent	무례한, 건방진	동 impolite, arrogant, haughty, indiscreet 반 polite(예의 바른)
impinge	침해하다	동 invade 반 protect(보호하다)
implicit	암시적인	동 implicated, insinuated 반 explicit(명시적인)
implore	간청하다	동 demand, request, beg 반 refuse(거절하다)
impotent	무력한, 무기력한	동 weak, vulnerable 반 potent(유력한, 강력한)
impoverish	가난하게 하다	동 deplete, use up, ruin 반 enrich(부유하게 하다)
impromptu	즉흥적인, 즉석의	동 immediate, makeshift, instantaneous, extemporaneous 반 careful, reasonable, rational, stable(신중한)
impunity	벌을 면함	동 exemption, absolution 반 punishment(벌, 처벌)
impute	~에게 책임을 돌리다	동 attribute, accuse, ascribe 반 undertake(책임을 맡다)
inadvertent	경솔한, 부주의한	동 careless, negligent, casual, reckless 반 advertent, deliberate, prudent(신중한)
inalienable	양도할 수 없는	동 inviolable, nontransferable 반 acquired(습득한), alienable(양도할 수 있는)
incarnate	구체화하다, 실현하다, 표현하다	동 embody, revive, materialize, externalize 반 simplify(단순화하다)
inception	개시, 시초	동 initiative 반 end(종결)
incessant	끊임없는, 연속되는	동 ceaseless, continuous, consecutive 반 finite(유한한)
increment	증가, 증대	동 increase, growth, gain 반 decrement(감소)
incur	초래하다	동 trigger, cause
indispensable	반드시 필요한, 필수적인	동 required, essential, necessary 반 redundant, extra(불필요한, 여분의)
indolent	게으른, 나태한	동 lazy, idle, sluggish 반 diligent(부지런한)
indulge	탐닉하다, 누리다	동 be addicted to
inept	부적절한	동 improper, inappropriate 반 proper(적절한)

inert	활발하지 못한, 비활성의	동 dead, dull, passive 반 active, animated(활발한, 생생한)
inevitable	불가피한, 필연적인	동 imperative, necessary, unavoidable 반 avoidable(피할 수 있는), accidental, coincidental(우연의)
inexorable	냉혹한, 무정한	동 harsh, ruthless, relentless 반 lenient, generous(관대한)
inflict	(고통, 형벌, 부담 등을) 가하다, 부과하다	동 beat, force, impose, infringe 반 protect, guard(막다, 보호하다)
ingest	받아들이다	동 accept, take in 반 refuse, reject(거부하다)
inordinate	과도한, 지나친	동 excessive, exorbitant 반 adequate, suitable(적당한)
inquisitive	호기심이 많은	동 interested, curious, questioning 반 indifferent(무관심한)
insinuate	넌지시 말하다, 빗대다	동 imply, hint, implicate 반 direct speech(직접 말하기)
instill	서서히 주입시키다, 스며들게 하다	동 inject, implant, infuse 반 exclude(배척하다, 내쫓다)
intercede	중재하다, 조정하다	동 mediate, arbitrate, negotiate 반 coerce(강요하다)
intermittent	간헐적인	동 irregular, disconnected 반 incessant(연속되는)
interrogate	심문하다	동 ask, question 반 answer(답하다)
intertwine	뒤얽히게 하다	동 entangle, embroil 반 disentangle(풀다, 풀리다)
intervene	방해하다, 조정하다	동 obstruct, intercede
intimidate	위협하다, 협박하다	동 threaten, scare, frighten, browbeat 반 oblige(친절하게 대하다), soothe(달래다)
intriguing	흥미를 자아내는	동 amusing, entertaining 반 boring, tedious(지루한)
inveigh	통렬하게 비난하다	동 criticize 반 compliment(칭찬하다), support(지지하다)
invert	뒤집다	동 reverse, turn
ire	분노, 격노, 노여움	동 anger, rage, resentment, fury 반 pleasure, joy, entertainment(즐거움, 기쁨)
irreverent	불손한, 불경한	동 arrogant, insolent, impolite, secular 반 kind, polite(친절한), reverent(숭배하는)
irrevocable	돌이킬 수 없는, 취소할 수 없는	동 irreversible, irreparable 반 revocable, reversible(돌이킬 수 있는)

10 'j~l'로 시작하는 어휘의 동의어와 반의어

(1) j-

어휘	의미	동의어/반의어
jargon	전문 용어, 허튼소리	동 lingo, slang, vernacular 반 standard(표준, 표준어), silence(침묵)
jaunty	쾌활한	동 lively, active 반 gloomy(우울한)
jejune	무미건조한, 볼모의	동 sterile, barren 반 fertile(비옥한)
jeopardy	위험, 위기	동 danger, risk, hazard 반 safety(안전)
jest	농담, 익살	동 joke, trick 반 work(수고, 노력)
jot down	간단히 적다	동 write down 반 expatiate, improve, enhance(상세히 설명하다, 상술하다, 상세하게 하다)
jurisdiction	사법권	동 authority 반 impotence, powerlessness(무기력함), lawlessness(무법상태)

(2) k-

어휘	의미	동의어/반의어
karma	업보, 인연, 숙명	동 fate, tie, bond 반 bad relationship(악연)
kernel	핵심, 중심, 요점	동 key, core, point, center 반 exterior, outside, surface(벗어난, 외부, 표면)
knack	요령, 기교	동 skill, dexterity, genius 반 ineptness(서투름), inability(무능력), disinclination(마지못해 함)
knave	악당	동 villain, caviler, bastard, gangster 반 supporter, protagonist(지지자, 후원자) friend(친구)

(3) l-

어휘	의미	동의어/반의어
laconic	간결한	동 simple, brief, concise 반 long-winded, lengthy(장황한)
laden	짐을 지고 있는	동 loaded, burdened

어휘	의미	동의어/반의어
lag	지연, 지체	동 delay 반 punctuality(시간 엄수, 정확함)
lame	절뚝거리는, 절름발이의	동 crippled
latitude	위도, 허용 범위	동 range, extent, scope 반 longitude(경도)
lenient	관대한, 너그러운	동 generous, compassionate 반 strict(엄격한)
liability	취약함, 경향	동 vulnerability, risk 반 strength(강인함)
libertine	방탕한	동 dissipated, profligate, immoral, corrupt 반 moral(도덕적인)
limb	수족, 사지	동 the arms and legs
limber	유연한	동 flexible 반 stiff(뻣뻣한)
linger	남아 있다, 꾸물거리다	동 remain, lag
listless	열의 없는, 기운 없는	동 inactive, lazy 반 active(적극적인)
literal	글자 그대로의, 있는 그대로의	동 actual, unvarnished 반 figurative(비유적인)
literate	읽고 쓸 줄 아는	동 educated, knowledgeable, cultured 반 illiterate(문맹의)
litigate	법정에서 다투다, 소송하다	동 sue, bring a lawsuit
loathe	질색하다, 혐오하다	동 dislike, detest, hate 반 like(좋아하다)
lofty	숭고한	동 grand, noble, elevated 반 shallow(천박한)
loquacious	수다스러운	동 talkative 반 taciturn, silent(과묵한)
lucrative	수지맞는, 돈이 되는	동 profitable 반 unprofitable(수익을 못 내는)
lure	유혹하다	동 allure, tempt, seduce, entice

11 'm~n'으로 시작하는 어휘의 동의어와 반의어

(1) m-

어휘	의미	동의어/반의어
maelstrom	큰 동요, 대혼란	동 agitation, tremble, whirlpool 반 peace(평화)

maintenance	보수 관리, 정비, 유지, 지속	동 repair, retention
malady	병폐, 폐해	동 disease, illness, disorder
malcontent	불만 있는	동 malcontented, dissatisfied, discontented 반 content(만족스러운)
malnutrition	영양실조	동 hunger, starvation, undernourishment 반 nutrition(영양)
meager	빈약한, 불충분한	동 thin, limited, insufficient, dried-up 반 sufficient, enough(충분한)
menace	위험, 위협, 협박	동 risk, threat, danger, hazard 반 safety(안전)
mercantile	상업의, 상인의	동 manufacturing, trade, economic, financial, commercial 반 non-for-profit(비영리의)
mercurial	변덕스러운	동 whimsical 반 constant(일관된, 한결같은)
methodical	조직적인, 질서정연한	동 organized, regular, controlled 반 disorderly(무질서한)
mindful	마음을 기울이는, 관심을 두는	동 thoughtful, considerate 반 indifferent(무관심한)
mingle	섞다, 어울리다	동 mix, unite, merge, blend 반 separate, detach, secede(떨어지다)
mischievous	장난이 심한, 짓궂은, 해를 끼치는	동 naughty, delinquent, wicked 반 helpful, beneficial(유익한)
modulate	조절하다	동 control, adjust, regulate, attune 반 set(고정 상태로 설정하다), leave alone(내버려 두다, 방치하다. 간섭하지 않다)
mollify	누그러뜨리다, 달래다	동 appease, soothe, placate 반 stimulate(자극하다)
monetary	통화의, 화폐의	동 budgetary
monolithic	단일체의, 획일적인	동 monotone, uniform, standardized 반 various, different(다양한)
moralistic	도덕적인, 엄격한	동 moral, strict 반 immoral(비도덕적인)
morbid	병적인, 무서운	동 horrible, ailing, dreadful 반 sound(건전한), friendly(친근한)
mordant	신랄한, 독설적인	동 sarcastic, ironical 반 favorable(우호적인)
mortal	죽을 운명의, 치명적인	동 lethal, deadly 반 immortal(불멸의)
mortify	굴욕감을 주다	동 embarrass, shame, humiliate 반 praise, commend(칭찬하다)

어휘	의미	동의어/반의어
muddle	혼란, 당황, 혼란스럽게 하다	동 confusion, perplex 반 mitigate(완화시키다)
multifaceted	다면적인, 다재다능한	동 various, versatile 반 simple(단순한)
multilateral	다자간의, 다각적인	동 multiple
munificent	후한, 아낌없이 주는	동 liberal, lavish, magnanimous 반 stingy, frugal(인색한)
murky	어두운, 애매한	동 ambiguous, muddy 반 bright, clear(밝은, 명백한)
myriad	무수히 많은	동 a number of, numerous, a lot of 반 handful(소수의)

(2) n-

어휘	의미	동의어/반의어
nag	잔소리하다	동 talk idle, scold 반 praise(칭찬하다)
nebulous	흐릿한, 모호한	동 hazy, noncommittal 반 apparent, obvious(명백한)
negate	부정하다	동 deny 반 conform, fit(순응하다, 일치하다, 맞다)
nibble	조금씩 갉아먹기, 서서히 잠식하다	동 trickle
novice	초심자	동 apprentice, beginner, newcomer 반 experienced(경력자), expert(전문가)
noxious	유해한	동 harmful, poisonous, hazardous, toxic 반 nontoxic(무해한)
nudge	팔꿈치로 살짝 찌르다, 주의를 끌다	동 elbow
nullify	무효로 하다	동 abolish, annul, revoke, retract, veto 반 validate(유효하게 하다)

12 'o'로 시작하는 어휘의 동의어와 반의어

어휘	의미	동의어/반의어
obese	비만의, 살찐	동 fat, chubby 반 skinny, slender(날씬한)
obfuscate	혼란스럽게 하다	동 embarrass, confuse, bewilder 반 clear(명확하게 하다)

obliging	친절한, 자상한	동 friendly, kind, favorable 반 blunt, gruff(퉁명스러운)
obsession	사로잡힘, 강박관념	동 compulsion, preoccupation, paranoia 반 lightheart(편안한 마음)
obsolete	쓸모없게 된, 구식의	동 old, old-fashioned, outmoded, useless 반 current, new, up-to-date(최신의)
obtrude	강요하다, 참견하고 나서다	동 interfere, intrude, force, enforce
obviate	미연에 방지하다, 제거하다	동 counteract, interfere, prevent, rule out, deter 반 support, assist, aid(지원하다)
odious	혐오스러운	동 hatred, abhorrent 반 agreeable(상냥한)
offbeat	별난, 색다른	동 peculiar, odd 반 normal(평범한)
offhand	즉석의, 부주의한	동 instant, immediate, careless 반 discreet, prudent(신중한)
optimistic	낙관적인	동 positive, upbeat, rosy, promising 반 pessimistic(비관적인)
offset	상쇄하다	동 make up for, compensate for, redeem 반 owe(빚지다)
omen	전조, 징조	동 sign, presage, harbinger 반 result(결말)
omnipotent	전능한	동 almighty, unrestricted 반 impotent(무력한)
omniscient	무엇이든 알고 있는	동 wide knowledge, erudite 반 ignorant(무식한)
onerous	부담스러운, 성가신	동 cumbersome 반 preferable, likable(선호하는, 마음에 드는)
onset	공격, 습격	동 attack, invasion 반 defense(방어)
opportune	시기적절한	동 timely, seasonable 반 untimely(때 아닌)
oracle	예언자	동 foreteller
orator	연설가	동 addresser, speaker 반 addressee, hearer(청자)
ornament	장식품	동 decoration, garnish
outcast	추방자, 버림받은 자	동 purgee
outgrowth	1)결과, 파생물, 2)성장, 자라남	동 outcome, offshoot, enlargement 반 cause(원인), basis(근거), depression(침체)
outlaw	불법화하다, 금지하다	동 ban, prohibit, forbid 반 law-abiding(법을 지키는)

어휘	의미	동의어/반의어
overbearing	거만한	동 arrogant, stuck-up, haughty 반 humble, unassuming(겸손한)
overhaul	정밀 검사하다	동 inspect, look into
oversee	감독하다, 감시하다	동 supervise, monitor

13 'p'로 시작하는 어휘의 동의어와 반의어

어휘	의미	동의어/반의어
pacify	진정시키다, 달래다	동 solace, soothe, consolate 반 stir(동요시키다)
palatable	맛있는	동 delicious, eatable 반 tasteless(맛없는)
palatial	호화로운	동 luxury, lavish, gorgeous 반 humble, modest(소박한)
pallid	창백한	동 pale 반 ruddy(혈색이 좋은)
pandemic	전국적으로 퍼지는, 전국적으로 유행하는 병	동 cosmopolitan 반 endemic(풍토병의, 국지적으로 유행하는 병)
paragon	모범, 본보기	동 model, example, sample
paramount	가장 중요한	동 primary, main, prime 반 trivial, insignificant(하찮은)
paranoid	편집증의	동 obsessive 반 confident(확신하는)
parasite	기생충	동 worms
parsimonious	인색한	동 thrifty, niggardly 반 extravagant(사치스러운)
patronize	1)잘난 척하다, 2)후원하다	동 look down on, advocate, espouse
pedestrian	보행자	동 walker, passerby 반 driver(운전자)
pejorative	경멸적인	동 derogatory, contemptuous, disdainful 반 respectful(존경하는)
pellucid	명료한, 투명한	동 transparent, lucid, limpid 반 obscure, indistinct(불분명한)
pensive	생각에 잠긴	동 absorbed, thoughtful, preoccupied 반 frivolous(경솔한)
perennial	다년생의, 계속하는, 영구적인	동 permanent, constant, lasting 반 temporary(일시적인)

perforate	관통하다	동 penetrate, pierce 반 stop, close, fill up(막다)
peripheral	주변의, 주위의	동 marginal, surrounding 반 central(중심의)
permeate	스며들다	동 percolate, infiltrate
perpetuate	영속시키다	동 last, endure 반 limited, finite(유한한)
persecute	학대하다	동 harass, oppress, torture, suppress 반 support(지지하다)
perspire	땀 흘리다, 노력하다	동 sweat, endeavor, effort, strive
pertinent	관련 있는, 적절한	동 connected, related, proper 반 improper(부적절한)
pervade	퍼지다	동 spread, permeate
phony	가짜의, 허위의	동 fake, bogus, pseudo 반 genuine(진실된, 진짜의)
pilgrimage	순례	동 religious journey
pivot	중심, 축	동 center, hub 반 peripheral(주변)
placid	차분한, 침착한	동 peaceful, quiet, relaxed 반 anxious(불안한)
platitude	진부함	동 flatness, axiom, cliche 반 novelty, freshness, creation(새로움)
plausible	타당한, 그럴듯한	동 rational, reasonable, acceptable 반 unclear(명확하지 않은)
plight	곤경, 궁지	동 predicament, trouble
plummet	폭락하다	동 collapse, plunge 반 skyrocket, soar(폭등하다)
poignant	신랄한, 통한의, 날카로운	동 bitter, pitiful, severe, pointed, fierce 반 cheerful(밝은), unemotional, dull, blunt(무딘)
premonition	예감, 징후, 전조	동 portent, hunch
presumptuous	주제넘은, 뻔뻔스러운	동 impertinent, arrogant 반 modest, humble(겸손한)
prevalent	널리 퍼진, 유행하는	동 popular, general, pervasive 반 limited, restricted(국한된), unusual(흔치 않은), unpopular(인기 없는)
profane	신성모독의, 세속적인	동 vicious, corrupt 반 sacred(신성한)
proliferate	증식하다	동 propagate, reproduce, breed 반 decrease, shrink, lessen(줄다, 줄이다)
prolific	다산의, 다작의	동 fertile, productive 반 barren(불모의)

어휘	의미	동의어/반의어
protract	연장하다	동 prolong, extend 반 shorten(단축하다)
puberty	사춘기	동 adolescence, immaturity 반 maturity(성숙)
pulverize	분쇄하다, 부수다	동 shatter, crumble, grind, shred 반 build, create, proliferate(증식하다)
punitive	처벌의, 형벌을 과하는, 가혹한	동 punishing, penal, correctional, disciplinary

14 'q~r'로 시작하는 어휘의 동의어와 반의어

(1) q-

어휘	의미	동의어/반의어
quaff	단숨에 들이켜다	동 gulp 반 sip(한 모금씩 마시다)
quarry	채석하다	동 mine, dig, excavate 반 bury(묻다)
quash	진압하다	동 conquer, suppress 반 liberate(해방하다)
quell	억누르다, 소멸시키다	동 quench, oppress 반 grant(허가하다, 인정하다), support(지지하다)
quest	탐구하다, 탐색하다	동 explore
queue	줄, 줄을 서다, 줄 서서 기다리다	동 line
quirk	변덕, 급변	동 fickleness, caprice, whim, aberration 반 normality, usualness(항상, 일상)
quixotic	공상적인, 열광적인	동 enthusiastic, excited 반 realistic(현실적인)

(2) r-

어휘	의미	동의어/반의어
ragged	남루한, 너덜너덜한	동 tattered 반 refined(세련된), brand-new(완전 새것인)
rally	재결집하다	동 gather, get together 반 disperse(흩어지다)
rapacious	탐욕스러운	동 avaricious, voracious, greedy, avid 반 controlled, satisfied, resected(절제하는)
rapport	조화관계, 신뢰감	동 harmony, cooperation, agreement 반 disharmony(부조화)

단어	뜻	동의어/반의어
rapture	환희	동 pleasure, blessing 반 discontent(불만)
ratify	비준하다, 승인하다	동 sanction, accept, support, endorse 반 oppose, reject(반대하다, 거절하다)
rationale	이론적 근거, 원리, 타당성	동 rationality, validity, reasonability 반 irrationality(비합리)
ravage	황폐화, 파괴	동 destruction, ruin, devastation 반 establishment(설립)
reap	수확하다, 성과를 거두다	동 harvest, yield 반 sow(씨 뿌리다)
rebut	반박하다	동 refute, counter, dispute 반 accept(수용하다)
recapitulate	요약하다	동 summarize, recap
recede	물러가다, 멀어지다, 줄다	동 withdraw, reduce, decrease, fade 반 proceed(진행하다), increase(늘다)
reckless	무모한, 분별없는	동 risky, foolish 반 sensible, discriminate, discernible(분별력 있는)
reckon	셈에 넣다, 심하다, 측정하다	동 count, measure 반 guess, suppose(추측하다, 가정하다)
recount	자세히 이야기 하다	동 narrate, describe, depict 반 summarize(줄이다, 요약하다)
recruit	모집하다, 뽑다	동 adopt, employ 반 fire(해고하다)
redemption	속죄, 구제	동 salvation, relief 반 constraint(구속)
redress	시정하다, 바로잡다	동 correct, revise 반 mistake(실수하다)
refractory	다루기 힘든, 순종하지 않는	동 unmanageable, disobedient 반 docile(다루기 쉬운)
regressive	역행하는, 퇴보하는	동 retreated, backward, setback 반 progressive(진보하는)
reincarnation	환생, 재생	동 rebirth, revival 반 death(죽음)
reminisce	추억하다	동 recall, retrospect, recollect 반 forget(잊다), disregard(외면하다)
remorse	후회, 양심의 가책	동 anguish, regret, repentance 반 happiness(행복), indifference(무관심), mercilessness(무자비함)
repatriate	본국으로 송환하다	동 send back
repeal	폐지하다, 철회하다	동 withdraw, abolish, scrap 반 enact(제정하다, 시행하다)

단어	뜻	유의어/반의어
replenish	채우다, 보충하다	동 provide, supply, furnish, fill up 반 empty(비우다)
replete	가득 찬, 충만한	동 sufficient, enough 반 deficient(부족한)
replicate	복제하다	동 duplicate 반 invent(창작하다)
reprehend	꾸짖다, 책망하다	동 reproach, reprimand, criticize, blame 반 compliment(칭찬하다)
reprieve	집행을 유예하다	동 suspend, defer 반 execute(집행하다)
resilient	회복하는, 탄력 있는	동 elastic, flexible 반 rigid, stiff(경직된)
resolute	단호한, 결연한	동 firm, determined, decisive 반 indecisive, irresolute(우유부단한)
resonant	울려 퍼지는, 공명하는	동 resounding, reverberant
resourceful	1) 기지가 있는, 2) 자원이 풍부한	동 skillful, ingenious, fertile 반 rare(희박한)
respiration	호흡	동 breathing
resurrect	부활시키다	동 revive 반 extinct, disappear, die(소멸하다, 사라지다)
retard	지체시키다, 늦추다	동 delay, prolong, postpone, protract 반 improve, promote(개선시키다, 촉진하다)
retention	보유, 보존, 보류	동 maintenance, possession, hold 반 annulment(폐지)
retrospective	회고의, 소급하는	동 recollective, reflective, contemplative, introspective 반 prospective(장래의, 잠재적인)
revere	숭배하다, 경외하다	동 respect, admire, esteem 반 loathe(싫어하다), ignore(무시하다)
revoke	취소하다, 무효로 하다	동 cancel, strike off, withdraw 반 implement, enforce(시행하다)
rift	불화, 균열	동 discordance, rupture, cleft 반 harmony(조화)
roam	배회하다	동 wander
robust	강한, 강건한	동 sturdy, strong, powerful, robust 반 weak, feeble(약한)
rudimentary	초보의, 기본의	동 elementary, basic 반 advanced(고등의), professional(전문적인)
ruminate	곰곰이 생각하다, 되새기다	동 retrospect, reflect, look back 반 overlook, disregard(간과하다, 외면하다)

15 's'로 시작하는 어휘의 동의어와 반의어

어휘	의미	동의어/반의어
sagacious	현명한, 총명한	동 sage, smart, wise, intelligent, rational 반 irrational(비합리적인)
sanguine	낙천적인, 명랑한	동 optimistic, positive, encouraging 반 pessimistic(비관적인)
sanitation	위생	동 hygiene 반 insanitary(비위생의)
sardonic	냉소적인	동 sneer, ironic, sarcastic, cynical 반 respectful(존경하는)
saturate	포화시키다, 흠뻑 적시다	동 moisten, soak, wet 반 parch, dry(마르다, 말리다)
savvy	정통한, 수완, 재치	동 shrewd, learned, veteran 반 awkward, clumsy(서투른)
scant	부족한	동 lack, short 반 sufficient(풍족한)
secluded	은둔한, 격리된	동 remote, isolated, quarantined, deserted 반 mingled(어울리는)
secrete	1)분비하다, 2)감추다	동 excrete, produce, conceal 반 reveal(드러내다)
sedentary	앉아서 하는	동 seated 반 migratory(이동하는)
seemly	적절한, 알맞은	동 suitable, proper, appropriate 반 unseemly(부적절한)
segment	단편, 구획, 부분	동 part, fraction, portion 반 whole(전체)
self-righteous	독선적인	동 opinionated 반 considerate(배려하는)
senile	노쇠한, 노망난	동 old, aged, superannuated 반 youthful(젊은)
sensible	분별 있는, 지각 있는	동 prudent, careful, cautious 반 indiscreet(무분별한)
sensuous	감각적인, 민감한, 관능적인	동 sensual, voluptuous 반 countrified(촌스러운, 세련되지 못한)
shabby	남루한, 초라한	동 tattered, threadbare 반 luxurious(사치스러운, 고급의)
shrewd	예리한, 날카로운	동 acute, keen, sharp 반 blunt, insensitive(무감각한)
sinister	불길한	동 bad, unfortunate 반 fortunate(행운의)

단어	뜻	유의어/반의어
skimp	절약하다, 인색하게 굴다	동 save, spare, value 반 squander(낭비하다)
slaughter	도살, 살육, 도살하다	동 massacre, butchery
smuggle	밀수하다, 밀반입하다	동 run contraband 반 import(수입하다)
solace	위안, 위로	동 comfort, consolation, relief 반 grief(슬픔)
solicit	간청하다, 탄원하다	동 request, ask for, call for 반 refuse, reject(거절하다)
sparse	희박한	동 scarce, wanting, lacking, limited 반 dense(밀집된)
speculate	추측하다, 숙고하다	동 guess, estimate, predict, forecast
spur	자극, 격려	동 stimulation, stimulus 반 abandonment(포기)
squabble	시시한 말다툼	동 fight, dispute
stagnant	침체된, 정체된	동 inactive, stationary, congested 반 active, energetic(활동적인), recovered(회복된)
stark	완전한, 현격한	동 evident, extreme, harsh 반 proper(적절한)
sterile	불모의	동 barren 반 fertile(비옥한)
stigma	낙인, 오명, 불명예	동 stain, damage, taint 반 respect, homage(경의, 존경)
stipulate	규정하다, 약정하다	동 regulate, make provision 반 cancel(취소하다, 무효화하다)
stout	강건한, 튼튼한	동 strong 반 weak(허약한)
strenuous	열심인, 노력하는	동 energetic, dynamic, animated 반 idle, sluggish(게으른)
stricken	시달리는, 심하게 영향 받는	동 suffered, troubled, harassed 반 liberated(해방된, 자유로운), unaffected(영향을 받지 않는)
stumble	비틀거리다	동 hesitate, stagger 반 continue, straighten(쭉 뻗어있다, 곧게 하다)
subdue	1)정복하다, 진압하다, 2)완화하다	동 conquer, curb, suppress 반 resist(저항하다), liberate, release(해방시키다)
subpoena	소환장	동 summons, citation
subsidiary	보조의, 보조금의	동 assistant, supported 반 main(주된)
substantial	1)실질적인, 실체적인, 2)상당한	동 actual, practical, considerable 반 spiritual(영적인)

어휘	의미	동의어/반의어
succinct	간결한, 간명한	동 brief, condensed, compact 반 lengthy, long-winded(장황한)
supercilious	얕보는, 거만한	동 arrogant, impolite 반 humble(겸손한)
suppliant	애원자, 탄원하는, 애원하는	동 beggar, seeker, petitioner, pleading, entreating
surmount	극복하다, 넘어서다	동 overcome, master, dominate 반 fail(실패하다)
surrogate	대리, 대용	동 deputy, substitution, proxy
surveillance	감시, 감독	동 monitoring, watch, supervision 반 avoidance, evasion(회피)
susceptible	영향 받기 쉬운, 취약한	동 subject, sensitive, vulnerable 반 immune(면역의)
symmetrical	대칭의, 균형 잡힌	동 equal, fit, proportioned, balanced 반 asymmetrical(비대칭의)
synchronize	동시에 일어나다, 일치시키다	동 coincide, harmonize, concur, adjust 반 disharmonize, disaccord, discord(일치하지 않다)
synthetic	합성의, 인조의	동 artificial, factitious 반 analytic(분석의), real, natural(실제의, 자연의)

16 't'로 시작하는 어휘의 동의어와 반의어

어휘	의미	동의어/반의어
tacit	암묵적인	동 implied, implicit, unvoiced 반 explicit(명시적인)
tactics	전술, 전략	동 strategy
tactful	1) 재치 있는, 2) 조심스러운	동 diplomatic, thoughtful, skillful, adroit, politic 반 tactless, unrefined(무뚝뚝한, 재치 없는)
tangible	실체적인, 구체적인, 명백한	동 manifest, substantial 반 intangible(무형의)
taper	점점 적어지다	동 weaken, dilute 반 strengthen(강화하다, 강해지다)
tardy	꾸물거리는	동 dilatory, lazy 반 diligent(부지런한)
tautological	동어 반복의	동 repetitive, iterative
tedious	지루한	동 boring, dull, long-winded 반 interesting, entertaining(재미있는)
temperament	기질, 성향	동 attitude, nature, personality, disposition

단어	뜻	유의어/반의어
temperate	절제된, 온화한	동 controlled, gentle, mild 반 excessive(과도한)
temporal	시간의, 세속적인, 일시적인	동 mundane, worldly, temporary, momentary 반 immaterial, spiritual, lasting, permanent(영속적인)
tenacious	완강한, 집요한	동 stubborn, opinionated, intractable, dogged, obstinate 반 flexible(유연한)
tentative	임시의, 시험적인	동 temporary, provisional 반 confirmed(확정된)
tenuous	얇은, 희박한, 미약한	동 feeble, frail, brittle 반 stout(강건한), certain(확실한)
testament	유언, 증거	동 will, proof, evidence, testimony 반 contradiction(반박)
tether	매다, 속박하다	동 tie, restrict, confine 반 release(풀어주다)
threshold	입구, 시초, 발단	동 entrance, outset 반 end(종료)
toil	노고, 수고, 수고하다	동 effort, hard-work 반 luck(운, 요행)
torment	고통, 고뇌	동 pain, suffering, agony 반 happiness(행복)
tractable	다루기 쉬운	동 controllable, yielding, obedient, docile 반 unwieldy, unmanageable(다루기 어려운)
tremendous	엄청난, 거대한, 굉장한	동 enormous, massive, excessive, extraordinary 반 trivial, minor(사소한, 작은)
tranquil	조용한, 평온한	동 calm, quiet, peaceful, placid 반 agitated(동요하는)
transcend	넘다, 초월하다	동 surpass, exceed, excel, overshadow 반 fall behind(뒤처지다), fail, surrender(굴복하다)
transcribe	필기하다, 옮겨 적다	동 copy, translate, render, represent
transgress	넘다, 벗어나다, 위반하다	동 violate, contravene, breach, defy, infringe 반 observe(준수하다)
transient	일시적인	동 temporary, transitory, momentary 반 permanent(영구적인)
transition	전이, 변천, 과도기	동 changeover, change, alteration, transformation, conversion 반 sameness(동일함), stagnation(침체), idleness(게으름, 정체)
transmit	발송하다, 옮기다	동 send, transfer, transport, remit 반 receive(수신하다)
traverse	통과하다	동 cross, pass, transverse 반 block(막다)

어휘	의미	동의어/반의어
trespass	침해하다	동 invade, intrude, infringe, encroach, offend 반 keep(지키다)
trickle	조금씩 흐르다	동 drip, leak 반 pour(붓다)
trigger	유발하다	동 cause, induce, prompt 반 complete, terminate(종결하다)
truncate	일부를 줄이다	동 shorten 반 lengthen(늘리다)
turbulent	사나운, 동요하는	동 uncontrolled, disorderly, furious, destructive, raging 반 still, quiet(잔잔한)
turmoil	소동, 혼란	동 agitation, uproar, tumult, unrest 반 tranquility, calmness(평온)
turnover	전복, 회전율, 이즈률	동 rollover, the unemployment rate, rotate, revolve
tyranny	폭정, 횡포	동 dictatorship, oppression, authoritarianism, autocracy 반 democracy(민주주의)

17 'u~z'로 시작하는 어휘의 동의어와 반의어

(1) u-

어휘	의미	동의어/반의어
ubiquitous	어디에나 있는	동 omnipresent, widespread, universal, prevalent
unanimous	만장일치의	동 harmonious, consent, concordant 반 opposing(반대하는)
unassuming	겸손한	동 humble, polite 반 presumptuous, arrogant(건방진)
unbridled	억제되지 않는	동 unrestricted 반 restricted, restrained(억제된)
unarmed	비무장의	동 weaponless, unarmored, demilitarized 반 armed(무장한)
unattended	방치된, 단독의	동 disregarded, alone, solitary 반 attended(관심 받는)
unconditional	무조건적인, 절대적인, 무제한의	동 absolute, unrestricted 반 conditional(조건적인)
underestimate	과소평가하다	동 depreciate, undervalue, devaluate 반 overestimate(과대평가하다)
underlying	기저에 있는, 근원적인	동 basic, fundamental, central 반 peripheral(주변의)

undermine	손상시키다	동 damage, ruin, spoil 반 protect(지키다)	
underpin	지지하다	동 support, advocate 반 oppose(반대하다)	
understate	줄여 말하다	동 euphemize 반 overstate(과장해서 말하다)	
undertake	1)맡다, 책임지다, 보증하다, 2)착수하다	동 guarantee, commence	
undo	1)풀다, 해결하다, 2)망치다	동 unfasten, open, untie, spoil 반 band, tie(매다, 묶다)	
undue	1)부당한, 과도한, 2)기한이 되지 않은	동 improper, excessive, inapt 반 proper, adequate(적절한, 적당한)	
uneven	1)불규칙한, 평평하지 않은, 2)홀수의	동 inconsistent, asymmetric, odd, rugged 반 even(평평한, 짝수의)	
unfold	펴다, 펼치다	동 spread, open, expand, extend 반 fold(덮다)	
unilateral	일방적인	동 one-sided, one-way 반 bilateral, interpersonal(상호적인)	
unload	짐을 내리다	동 discharge, unburden, unship, unlade 반 load(짐을 싣다)	
unprecedented	전례 없는	동 uncommon, unexampled, new, unique 반 customary, standard, commonplace, normal(일반적인)	
unquenchable	억누를 수 없는, 채울 수 없는	동 insatiable, rapacious, avaricious, covetous 반 controllable, governable, tractable(통제 가능한)	
unscrupulous	비양심적인	동 unprincipled, conscienceless 반 scrupulous(양심적인)	
unseemly	부적당한, 어울리지 않는	동 improper, unbecoming, indecent 반 proper, suitable, fitting(적당한)	
unsettled	불안정한, 미해결의	동 unstable, floating 반 stable, settled(안정된)	
untapped	미개발의	동 undeveloped 반 developed(개발된)	
unwholesome	건강에 해로운, 유해한	동 harmful, unhealthy, hurtful, detrimental 반 conducive(도움이 되는)	
upbeat	낙관적인, 상승 기조	동 optimistic 반 downbeat(감퇴)	
uphold	지지하다	동 support 반 withhold(억제하다)	
uprising	반란, 폭동	동 rebellion, revolt, insurrection 반 obedience, peace(온화), harmony(조화)	

어휘	의미	동의어/반의어
uproar	소란, 소동	동 commotion, turmoil, chaos, jumble 반 calm, silence(고요), agreement(조화)
uproot	뿌리째 뽑다, 근절하다	동 eradicate, exterminate, extirpate, annihilate 반 remain, stay(남아있다, ~인 채로 있다), bear(참다), ratify(통과시키다)

(2) v-

어휘	의미	동의어/반의어
vacillate	망설이다	동 hesitate 반 decide(결정하다)
valid	타당한	동 legal, solid, proper, relevant 반 invalid(타당하지 않은)
validate	정당성을 입증하다, 승인하다	동 sanction, approve, admit, verify 반 contradict, disprove, veto(거부하다)
vanquish	격파하다, 정복하다	동 beat, defeat, crush, conquer, oust 반 give in, surrender, yield, lose(굴복하다)
vapor	증발하다	동 evaporate, vaporize 반 liquify(액화하다)
varnish	니스를 바르다, 광택을 내다	동 polish 반 dull, dim(흐릿한), uncover(덮개를 벗기다, 노출시키다)
vehement	격렬한, 격정적인	동 intense, passionate, enthusiastic, earnest 반 quiet(차분한)
venerate	숭배하다	동 admire, honor, esteem, respect 반 contempt, ignore(경시하다)
veracious	정직한, 틀림없는	동 honest, straightforward 반 deceptive(속이는)
verbose	장황한	동 lengthy, talkative, wordy 반 brief(간결한)
verdict	평결, 판정, 판단	동 decision, sentence, judgment, adjudication 반 accusation(고발, 기소)
vernacular	지방어, 방언	동 dialect 반 standard language(표준어)
versatile	다재다능한	동 omnipotent, all-around 반 incapable(무능한)
vex	짜증나게 하다	동 annoy, irritate, displease 반 please(즐겁게 하다)
vicinity	근처, 주변	동 proximity, environs, neighborhood 반 center(중심)
void	1)무효의, 무효로 하다, 2)공허감	동 abolish, annul, repeal, abrogate 반 valid(타당한, 유효한)

어휘	의미	동의어/반의어
volatile	휘발성의, 불안정한	동 unstable, unpredictable, whimsical, changeable 반 stable(안정적인)
volition	결단, 의지, 의욕	동 will, resolution, determination 반 antagonism, hatred, aversion(반목, 증오, 반감)
voracious	탐욕스러운	동 greedy, ravenous 반 humble, modest(검소한, 소박한)
vulgar	저속한, 상스러운	동 coarse, impolite, uncivilized, unmannerly 반 polite(예의 바른)
vulnerable	취약한, ~하기 쉬운	동 susceptible, feeble, dependent, sensitive 반 guarded, strong, secure, safe(강한, 안정적인)

(3) w-

어휘	의미	동의어/반의어
wag	흔들다	동 wave, shake, sway
wail	통곡하다	동 lament 반 compliment(호의를 표하다), praise(칭찬하다), be happy(행복하다)
waive	포기하다, 미루다	동 abandon, renounce, withhold, suspend 반 approve(인정하다), keep(유지하다), carry out(수행하다)
wane	약해지다	동 fade, sink, decrease 반 strengthen(강해지다)
wary	경계하는, 조심하는	동 alert, careful, cautious, attentive 반 careless, inconsiderate, inattentive(부주의한)
wayward	제멋대로의	동 willful, stubborn 반 obedient(순종적인)
weary	피곤한, 지친	동 tired, exhausted, dull, worn 반 refreshing(상쾌한)
whimsical	변덕스러운	동 capricious, irregular 반 quiet(차분한)
wholesome	건전한, 유익한	동 sound, desirable, healthful 반 futile, useless(무익한)
willful	고의적인, 고집 센	동 intentional, stubborn, perverse, headstrong 반 flexible(우연한), unwilling, involuntary(본의 아닌)
wither	시들다, 쇠퇴하다	동 decline, weaken, disappear, wane 반 blossom(피다)
withhold	보류하다	동 retain, suppress, maintain, keep 반 withdraw(철회하다)
wretched	비참한, 불행한	동 depressed, tragic, desperate, pitiful 반 blessed, comforted, bright, joyful(행복한)

(4) x-

어휘	의미	동의어/반의어
xenophobia	외국인 혐오, 독재	동 dictatorship, disgust of the foreigner 반 democracy, socialism(평등한 취급)

(5) y-

어휘	의미	동의어/반의어
yarn	1)실, 2)허풍, 허풍스러운 이야기	동 thread, fleece, falseness
yeast	효모, 발효	동 fungus, ferment

(6) z-

어휘	의미	동의어/반의어
zealous	열심인, 열성적인	동 active, burning, intense, eager, ambitious 반 apathetic, dispassionate, indifferent(냉담한)
zest	열정, 흥미	동 eagerness, heartiness 반 apathy(냉담), boredom, dullness(지루함)

제2절 파생어 및 복합어

(1) absolve : 면제하다, 용서하다

파생어	복합어
• n. absolution 용서, 면죄 • a. absolved 면제된	• absolve from 면제하다 • absolve oneself of responsibility for ~의 책임 회피를 하다

(2) absorb : 몰입하다, 흡수하다

파생어	복합어
• n. absorption 흡수, 몰입 • n. absorbability 흡수가능성 • a. absorbent 흡수성의	• absorb water 수분을 흡수하다 • absorb sugar 당을 섭취하다

(3) accede : 응하다, 동의하다

파생어	복합어
• n. accession 취득, 계승 • a. accessible 접근할 수 있는, 사용하기 쉬운	accede to ~에 응하다

(4) accident : 사고, 재난

파생어	복합어
• a. accidental 우연한, 우발적인 • ad. accidentally 우연하게	• traffic accident 교통사고 • meet with an accident 사고를 당하다

(5) acquire : 얻다, 인수하다, 배우다

파생어	복합어
• n. acquisition 인수, 습득 • n. acquirement 취득 • n. acquest 취득재산 • a. acquired 습득된	• acquire a greater importance 한층 더 중요하다 • acquire a language 언어를 습득하다

(6) adapt : 적응하다, 각색하다 〔중요〕

파생어	복합어
• n. adaptation 적응 • n. adaptability 적응성 • a. adaptable 융통성 있는 • a. adaptive 적응할 수 있는	• adapt to ~에 적응하다 • adapt oneself to ~에 익숙해지다

(7) adopt : 채택하다, 입양하다, 도입하다 〔중요〕

파생어	복합어
• n. adoption 입양 • n. adoptee 양자 • a. adopted 입양된 • a. adoptive 채용의, 입양으로 맺어진	• adopt a child 입양하다 • adopt a new strategy 새로운 전략을 채택하다

(8) appreciate : 감사하다, 고마워하다, 이해하다

파생어	복합어
• n. appreciation 이해, 감사 • a. appreciative 감사하는 • a. appreciable 상당한	appreciate someone's ability 능력을 높이 평가하다

(9) apprehend : 이해하다, 체포하다

파생어	복합어
• n. apprehension 불안, 이해 • a. apprehensive 불안한 • a. apprehensible 이해할 수 있는	apprehend the significance of the matter 사태의 심각성을 이해하다

(10) argue : 주장하다, 논쟁하다

파생어	복합어
• n. argument 논쟁, 주장 • a. argumentative 논쟁을 좋아하는 • a. arguable 논란의 여지가 있는	• argue about ~에 대해 논쟁하다 • argue for ~에 찬성하다 • argue it away 설파하다

(11) attend : 참석하다, 주의하다, 돌보다

파생어	복합어
• n. attention 집중, 관심 • n. attendance 참석, 돌봄 • n. attendant 승무원, 참석자 • a. attentive 주의깊은, 세심한	• attend to ~을 돌보다, 시중들다 • attend a concert 콘서트에 참석하다

(12) bring : 가지고 다니다, 가져다주다, 데려오다

파생어	복합어
• n. brought-on 타 지역에서 들어온 • a. well-brought-up 교육을 잘 받은 • a. brought 키워온, 불러온, 데려온	• bring + 목적어 + round(around) 목적어를 설득시키다 • bring with ~가 ~을 가져오다 • bring back to ~로 회복시키다

(13) commit : 저지르다, 약속하다, 전념하다

파생어	복합어
• n. committee 위원회 • n. commission 위원회, 수수료, 의뢰 • n. commitment 몰입, 약속, 헌신 • a. committed 헌신적인, 기울어 있는	• commit a suicide 자살하다 • commit a crime 범죄를 저지르다 • commit oneself to ~에 전념하다/헌신하다 • commit a mistake(a faux) 실수하다 • commit a fraud on 사기 행각을 벌이다

(14) compare : 비교하다, 비유하다

파생어	복합어
• n. comparison 비교 • a. comparative 상대적인 • a. comparable 비교할 만한 • ad. comparatively 상대적으로	• compare with 비교하다 • compare A to B A를 B에 비유하다

(15) compete : 경쟁하다, 참가하다

파생어	복합어
• n. competition 경기, 경쟁 • n. competence 능력, 권한 • n. competitor 경쟁자 • a. competitive 경쟁의 • a. competent 능력 있는 • ad. competitively 경쟁적으로	• compete for ~을 위해 경쟁하다 • compete one on one 일대일로 승부를 겨루다

(16) complement : 보완하다

파생어	복합어
• n. complement 보완 • a. complementary 보충의, 보완의	gene complement 유전자 보체

(17) compliment : 칭찬하다

파생어	복합어
• n. compliment 칭찬 • a. complimentary 칭찬하는	compliment on ~에 대해 칭찬하다

(18) comprehend : 이해하다, 알아보다

파생어	복합어
• n. comprehension 이해 • a. comprehensive 포괄적인 • a. comprehensible 이해할 수 있는, 알기 쉬운	comprehend its meaning 그 의미를 이해하다

(19) confide : 비밀을 털어놓다, 신뢰하다

파생어	복합어
• n. confidence 신뢰, 자신감 • a. confident 자신 있는 • a. confidential 비밀의 • ad. confidently 자신 있게 • ad. confidentially 은밀하게	• confide in 비밀을 털어놓다 • confide oneself to someone 의지하다

(20) confirm : 확인하다, 확정하다

파생어	복합어
• n. confirmation 확인, 입증 • a. confirmed 확인된	confirm one's reservation 예약 여부를 확인하다

(21) conform : 일치하다, 순응하다

파생어	복합어
• n. conformity 일치, 적합 • n. conformance, conformability 순응, 일치 • n. conformation 구조, 형태 • a. conformable 일치한, 적합한	• conform to ~에 부합되다 • conform with ~을 따르다, 준수하다

(22) consider : 고려하다, 여기다, 간주하다 중요

파생어	복합어
• n. consideration 고려, 이해 • a. considered 여겨진 • a. considering 고려하면 • a. considerable 상당한 • a. considerate 사려 깊은 • ad. considerably 상당히 • ad. considerately 상냥하게	• consider it done 바로 처리하다 • consider a sin 죄악시하다

(23) contribute : 기여하다, 기부하다, 공헌하다

파생어	복합어
• n. contribution 공헌, 기여, 기부 • n. contributor 공여자, 기부자 • a. contributory 기여하는	• make a large(an important) contribution of(to) ~에 커다란(중요한) 기여를 하다 • contribute to ~에 기여하다 • do little to contribute to ~에 거의 도움이 되지 않다

(24) credible : 믿을 수 있는 〔중요〕

파생어	복합어
• n. credibility 진실성 • n. incredulity 불신 • a. incredible 놀라운 • a. credulous 속기 쉬운 • a. incredulous 의심 많은 • ad. incredibly 놀랍게 • ad. incredulously 수상쩍게	• credibility gap 불신감, 단절 • street credibility 최신 유행 • say something incredible 황당한 말을 하다 • be credulous 남의 말을 잘 믿다

(25) defer : 연기하다, 경의를 표하다

파생어	복합어
• n. deference 경의, 존경 • n. deferment 연기 • a. deferential 경의를 표하는	defer payment 지불을 연기하다

(26) determine : 결정하다, 결심하다

파생어	복합어
• n. determination 결심 • n. determinacy 결정성 • n. determiner 한정사 • n. indeterminacy 미결정성 • a. determined 결정된 • a. indeterminate 애매한 • a. predetermined 예정된	determine the precise nature of ~의 본질을 확인하다

(27) dispose : 폐기하다, 처리하다, 처분하다

파생어	복합어
• n. disposition 성향, 기질 • n. disposal 처리, 처분 • a. disposable 처분할 수 있는 • a. disposed 경향이 있는	dispose of ~을 버리다, 처분하다

(28) economy : 경제, 경기

파생어	복합어
• n. economics 경제학 • a. economical 경제적인 • a. economic 경제의 • a. uneconomic 낭비하는 • ad. economically 경제적으로 • v. economize 절약하다	• global economy 세계 경제 • economy of scale 규모의 경제

(29) equal : 동등한, 같은

파생어	복합어
• n. equity 평등 • n. equality 평등, 공정 • n. equation 방정식 • n. equator 적도 • v. equate 동일시하다 • v. equalize 평등하게 하다	• equal to ~와 같은 • equal in ~라는 점에서 대등하다

(30) exhaust : 배출하다, 지치다, 소모시키다

파생어	복합어
• n. exhaustion 고갈, 소진 • a. exhausted 다 써버린, 소모된 • a. exhaustive 포괄적인	• exhaust fumes 배기가스 • exhaust system 배기장치

(31) expand : 확대하다, 확장하다

파생어	복합어
• n. expansion 확장, 확대 • n. expanse 팽창 • a. expansive 광범위한 • a. expandable 확장할 수 있는	expand the market share 시장 점유율을 늘리다

(32) expend : 소비하다, 쓰다 중요

파생어	복합어
• n. expense 비용 • n. expenditure 지출 • a. expensive 비싼 • a. expendable 희생될 수 있는 • ad. expensively 비싸게	• spare no expense in ~에 지출을 아끼지 않다 • run up an expense 비용이 들다 • retrench expenditure 비용을 줄이다 • hold down expenditure 지출을 억제하다 • expendable supplies 소모품

(33) extend : 확장하다, 연장하다

파생어	복합어
• n. extension 확장 • n. extent 정도 • a. extended 확장된 • a. extensive 포괄적인	extend a welcome to ~을 환영하다

(34) favor : 찬성하다, 선호하다

파생어	복합어
• a. favorable 호의적인 • a. favorite 선호하는	• be in favor of ~에 우호적이다 • vote in favor of ~에 찬성 투표를 하다

(35) gen- / ingen- 중요

파생어	복합어
• n. genius 천재 • n. genesis 기원 • n. generosity 관대함 • a. genuine 진짜의 • a. generous 관대한 • a. ingenuous 순진한 • a. ingenious 독창적인	generous to ~에게 후한

(36) impress : 감명을 주다, 감동시키다

파생어	복합어
• n. impress 인상 • n. impression 인상, 흉내 • a. impressive 인상적인 • a. impressed 감명받은 • a. impressionable 감수성이 풍부한 • ad. impressively 놀랄 정도로	• impress upon ~에게 명심하게 하다 • impress on one's mind 마음에 인상을 주다

(37) inform : 알리다, 통보하다

파생어	복합어
• n. information 정보 • n. informant 밀고자 • a. informed 잘 아는 • a. informative 유익한 • a. uninformative 유익하지 않은 • a. uninformed 모르는 • v. misinform 오보를 전하다	• inform of ~을 알려주다 • inform by letter 서면으로 통지하다

(38) manage : 관리하다, 운영하다, 다루다

파생어	복합어
• n. management 관리 • n. manager 관리인 • a. manageable 처리하기 쉬운 • a. managerial 경영의	• manage to find ~을 찾는 데 성공하다 • manage off 간신히 떼어내다

(39) -mous 중요

파생어	복합어
• a. anonymous, cryptonymous, pseudonymous 익명의 • a. unanimous 만장일치의 • a. synonymous 동의어의 • a. antonymous 반의어의 • a. homonymous 동음이의의 • a. endogamous 동종 수정의(동조 결혼의) • a. eponymous 이름의 시조가 된	• an anonymous donation 익명의 기부 • unanimous agreement 만장일치 • unanimous in one's praise of 입을 모아 칭찬하는

(40) persuade : 설득하다, 납득시키다

파생어	복합어
• n. persuasion 설득 • n. persuasiveness 설득력 있음 • a. persuasive 설득력 있는 • a. persuadable 설득할 수 있는 • ad. persuasively 설득력 있게	persuade someone to do 누군가에게 ~을 하도록 설득하다

(41) prospect : 전망, 가능성, 방향 중요

파생어	복합어
• a. prospective 잠재적인, 장래의 • a. prosperous 번창하는	• prospect for oil 석유의 시굴을 하다 • be in prospect 가망이 있다

(42) rely : 의존하다, 의지하다

파생어	복합어
• n. reliance 신뢰, 의존 • n. reliability 신뢰성 • a. reliable 믿을 만한 • a. reliant 의존하는 • ad. reliably 의지할 수 있게, 확실하게	• rely on 의존하다 • rely on oneself 자립하다

(43) respect : 존중하다, 존경하다 중요

파생어	복합어
• a. respected 존경받는 • a. respective 각각의 • a. respectable 존경할 만한 • a. respectful 존경하는 • a. irrespective 고려하지 않는 • ad. respectfully 공손하게 • ad. respectably 상당히	• respect for ~ 때문에 존경하다 • with(in) respect to ~에 관한 • in every respect 모든 관점에서

(44) respond : 반응하다, 대응하다

파생어	복합어
• n. responsibility 책임, 의무 • n. response 반응, 응답 • n. respondent 응답자, 피고 • a. responsive 반응하는 • a. responsible 책임 있는 • a. unresponsive 둔한, 감응이 더딘	• respond to ~에 대응하다 • respond in kind 같은 식으로 답변하다

(45) sense : 감각, 느끼다, 감지하다 중요

파생어	복합어
• n. sensor 감지 장치 • n. sensitivity 감수성 • n. sensitiveness 예민함, 신경과민 • a. sensitive 감성적인, 섬세한 • a. sensible 합리적인, 현명한 • a. sensory 감각의 • a. insensitive 무감각한 • a. nonsensical 무의미한, 부조리한 • a. senseless 어리석은 • ad. sensitively 민감하게 • ad. sensibly 분별력 있게	• common sense 상식 • do not make sense 이치에 맞지 않다 • sixth sense 직감

(46) succeed : 성공하다, 계승하다(뒤를 잇다) 〔중요〕

파생어	복합어
• n. success 성공 • n. succession 계속, 승계 • n. successor 후임자 • a. successful 성공적인 • a. successive 연속적인 • a. unsuccessful 실패한	• succeed in 성공하다 • succeed to 계승하다

(47) understand : 이해하다, 깨닫다

파생어	복합어
• n. understanding 이해, 공감 • n. misunderstanding 오해 • a. understanding 이해심 있는 • a. understandable 이해할 수 있는	• understand trap 빈틈이 없다 • not quite understand 완전히 이해하지는 못하다

(48) vary : 다양하다, 달라지다

파생어	복합어
• n. variety 다양성 • n. variation 변화, 변이 • n. variant 변형 • n. variance 가변성 • a. variable 변할 수 있는 / n. 변수 • a. various 다양한 • a. varied 다양화된	• vary from 벗어나다 • vary in ~이 여러 가지다 • vary from A to B A에서 B까지 다양하다

(49) week : 주, 주간

파생어	복합어
• n. midweek 주중 • a. weekly 매주의 • a. weeklong 한 주간 지속되는	• every week 매주 • in a week or so 일주일쯤 지나서 • the other week 지난주에

제 2 장 | 관용어

| 단원 개요 |
제2장에서는 빈출 숙어를 유형별로 세분화해서 정리하였으며, 빈출 관용어 표현과 기억할 만한 관용어구를 정리하였다.

| 출제 경향 및 수험 대책 |
빈출 숙어를 살펴보면서 숙어의 의미가 잘 기억나지 않거나 숙어 자체가 생소한 경우를 중심으로 해당 표현을 표시하면서 학습한다. 숙어 구성 요소를 중심으로 세분화한 유형을 참고하면서 생소한 표현 위주로 연상과 반복을 통해 학습한 내용을 정리한다.

제1절 빈출 숙어

1 유형 1 : 동사 + 전치사

표현	의미
agree to/with	~에 동의하다
comply with	(규칙, 법 등을) 준수하다, 받아들이다, 지키다(= adhere to)
differ from/in	~와/~에서 다르다
interfere with	방해하다
contribute to	~에 공헌하다
consist of	~로 구성되다(= be composed of)
dispose of	폐기하다
enroll in	~에 등록하다
benefit from	~로부터 혜택을 입다
allow for	참작하다, 고려하다
refrain from	삼가다
apologize for	~에 대해 사과하다
compensate for	~에 대해 보상하다/보충하다(= make up for)
deal with	다루다
refer to	참고하다
carry out	실행하다
participate in	~에 참가하다
register for	~에 등록하다(= enroll in)
correspond to/with	~에 부합하다
proceed with	계속하다, 진행하다

subscribe to	구독하다
lag behind	뒤처지다
apply to/for	~에 적용되다/~에 지원하다
account for	설명하다, 차지하다(= occupy)
take advantage of	이용하다
keep track of	기록하다
comment on	~에 대해 언급하다
dispose of	처리하다
sign up for	신청하다(= put in for)
concentrate on	~에 집중하다(= focus on)
depend on	~에 의존하다(= rely on, count on, fall back on, be dependent on)
come into effect	효력이 발생하다
fill in/out	작성하다
depart from	출발하다
complain about	~에 대해 불평하다
put up with	참다
prevent A from B	A가 B를 못하도록 하다
succeed in/to	~에 성공하다/계승하다
collaborate with/on	~에 관해 협력하다(= cooperate with/on)
check A for B	B에 대해 A를 점검하다
protect A from B	A를 B로부터 보호하다
prevent(= stop, hinder, keep) A from Ving	A가 ~하는 것을 금지하다
respond(= reply, react) to	~에 응답하다
specialize in	~을 전문으로 하다
talk about/with/to	~에 관하여/~와 함께/~에게 이야기하다
look forward to Ving	~하는 것을 기대하다
object to Ving	~에 반대하다
set about	시작하다, 착수하다
turn down	거절하다(= reject)
engage in	관여하다, 몰입하다(= be involved in)
come from	~에서 오다, 시작하다(= originate from)

2 유형 2 : be + 형용사 + 전치사 (중요)

표현	의미
be amazed(= surprised, astonished, shocked, alarmed, frightened) at	~에 놀라다
be afflicted with	~에 시달리다, ~에 걸리다, 고통 받다, 괴로워하다 (= be distressed with, be suffered from)
be attracted to	마음이 끌리다, 매력적이다(= appeal)
be based on	~에 토대를 두다
be capable of Ving	~할 수 있다
be covered with	~로 덮여 있다
be disappointed with	~에 실망하다
be exposed to	~에 노출되다
be filled with	~로 가득 차다
be interested in	~에 흥미를 갖다
be pleased with	~에 기뻐하다
be used(= accustomed) to Ving	~에 익숙하다
be aware(= conscious) of Ving	인식하다
be compared to/with	~와 비교되다 *compare A to/with B A를 B와 비교하다
be affiliated with	~와 제휴되다
be limited to	~에 제한되다
be appreciative of	감사하다
be known to	~에게 알려져 있다
be know for	~로 유명하다
be known as	~로서 알려지다
be responsible for	~에 대해 책임을 지다(= take responsibility for)
be associated with	~와 연관되다(= be related with, be involved in, be concerned with)
be satisfied(= contented) with	~에 만족하다
be eligible for	~에 대한 자격이 있다(= be entitled to)
be famous(= known) for	~로 유명하다
be equipped with	~을 갖추고 있다
be consistent with	~에 일관되다
be ideal(= suitable) for	~에 적합하다
be subject to	~하기 쉽다, ~에 취약하다(= be susceptible to)
be familiar with	~에 친숙하다
be faced with	~에 직면하다(= be confronted with/by)

표현	의미
be equal to	~와 동등하다
be superior to	~보다 우수하다
be inferior to	~보다 열등하다
be dedicated(= devoted, committed) to	~에 몰입(헌신)하다 *dedicate(= devote, absorb) oneself to ~에 몰입(헌신)하다
be different from	~와 다르다
be absent from	~에 결석하다
be present at	~에 참석하다(= attend to)
be relevant to	~에 적절하다, ~와 관련되다

3 유형 3 : be + 형용사 + to부정사 중요

표현	의미
be able to	~할 수 있다
be unable to	~할 수 없다
be about to	막 ~하려고 하다
be designed(= intended) to	~하도록 되어 있다
be eager to	~하기를 열망하다
be eligible to	~할 자격이 있다
be expected to	~할 것으로 예상되다
be hesitant to	~하는 것을 망설이다
be likely(= liable, apt) to	~할 것 같다
be pleased(= delighted) to	~하게 되어 기쁘다
be ready to	~할 준비가 되다
be reluctant to	~하기를 꺼리다
be scheduled to	~할 예정이다
be due to	~할 예정이다, ~ 때문이다
be sure(= certain) to	반드시 ~하다
be supposed to	~하기로 예정되다
be willing to	기꺼이 ~하다 *feel free to 마음껏 ~하다

4 유형 4 : 명사 + 전치사

표현	의미
access to	~의 접근, 이용
advantage over	~보다의 장점
reason(= cause) for	~에 대한 이유
respect for	~에 대한 존중
dispute over	~에 관한 토론/논쟁
request for	~에 대한 요구
question about	~에 관한 질문
concern over/about	~에 관한 걱정
standard for	~에 대한 기준
demand for	~에 대한 수요
lack of	~의 부족
agreement with	~에 대한 협의
information on	~에 대한 정보
tax on	~에 부과되는 세금
business with	~와의 거래
influence(= effect, impact) on	~에 대한 영향력
problems with	~의 문제
contribution to	~에 대한 기여
advances in	~의 진보
decrease(= drop) in	~의 감소
reaction to	~에 대한 반응
damage to	~에 대한 손상
increase(= rise) in	~의 증가
experience in	~에 대한 경험
solution to	~의 해결책
approach to	~에 대한 접근법
interest in	~에 대한 관심

5 유형 5 : 전치사구

표현	의미
according to	~에 의하면
in excess of	~을 초과하여
in favor of	~에 대해 찬성하는
ahead of	~보다 앞선
as part of	~의 일환으로
in exchange for	~을 대신해서
in light of	~을 고려해서
as of	현재로, ~로부터 시작하여
in honor of	~을 기념해서
at one's convenience	편리할 때에
in reference to	~에 관해서(= in regard to)
at the conclusion of	~가 끝날 때에, ~을 끝맺음에 있어서
by means of	~에 의해
in response to	~에 응답해서
in spite of	~에도 불구하고(= despite, notwithstanding)
except for	~을 제외하고(= aside from, apart from)
in the event of	만일 ~의 경우에
in addition to	~뿐만 아니라(= besides, on top of)
along with	~와 함께, ~와 더불어(= together with)
contrary to	~와는 반대로(= as opposed to)
depending on	~에 따라
in terms of	~의 관점에서
in detail	상세하게
for use	사용을 위한
in accordance with	~에 따라서
in use	사용 중인
in itself	그 자체로
for oneself	스스로
of itself	저절로
by oneself	혼자서
between ourselves	우리끼리 이야기인데
beside oneself	제정신이 아닌
on account of	~ 때문에(= because of, due to)
thanks to	~ 덕분에

in advance of	~보다 앞서서
on behalf of	~ 대신에
prior to	~보다 이전에
in celebration of	~을 축하해서
in charge of	~을 책임지고 있는
in cooperation with	~와 협력해서
regardless of	~와는 무관하게
until further notice	추후 공지가 있을 때까지
with regard(= respect) to	~의 관점에서, ~에 관해서(= pertaining to, as for, as to)
with the exception of	~을 제외하면
in comparison with	~와 비교해서
in recognition of	~을 인정해서

제2절 관용어

1 빈출 관용표현 [동사 + 명사]

표현	의미
address the issue	문제를 처리하다
conduct a survey	조사를 실시하다
express concern	우려를 표하다
obtain a permit	허가증을 얻다
implement the plan	계획을 시행하다
reach a conclusion	결론에 도달하다
make a decision	결정을 내리다
meet the needs	요구를 충족시키다
interact with peers	또래와 교류하다
enter(= reach) one's teens	십 대가 되다
take class	수업을 듣다
pick one's brain	~에게 물어보다
contribute to posterity	후대에 기여하다
abuse the privilege	특권을 남용하다
form public opinion	여론을 조성하다
poll the public	여론조사를 하다

appeal to public opinion	여론에 호소하다
display leadership	리더십을 보여주다
fit in society	사회에서 어울리다
suffer from obesity	비만으로 고생하다
cut fat and calories	지방과 열량을 줄이다
enjoy a meal	음식을 즐기다
order on the phone	전화로 주문하다
get food delivered	음식을 배달시키다
get sick	병이 나다
lower one's stress level	스트레스를 낮추다
relieve(= escape) stress	스트레스에서 벗어나다
reverse the decision	결정을 뒤집다
take the middle ground	중립적 입장을 취하다
do all the preparation for	만반의 준비를 하다
take it one step at a time	한 번에 하나씩 해결하다
take steps	조치를 취하다
take a toll	피해를 주다
take a snab at	시도하다(= try to)/추측하다(= guess)
trace back to	거슬러 올라가다
hold a different opinion	다른 의견을 갖다
arrange a time	시간을 관리하다/조정하다
make decisions	결단을 내리다
keep one's composure	침착을 유지하다
feel panic	당황하다
appreciate art	예술을 감상하다
give a concert	콘서트를 열다
go to the theater	극장에 가다
save face	체면을 세우다 *keep face 체면을 유지하다
leave a job	일을 그만두다
work a part-time job	파트타임으로 일하다
enter the workforce	취업하다
build a career	경력을 쌓다
earn one's living	생계비를 벌다
make a living	생계를 유지 하다
make ends meet	수입과 지출을 맞추다
do well on tests	시험을 잘보다

2 기억할 만한 관용표현 [문장 또는 구]

표현	의미
I firmly believe that ~	나는 ~라고 굳게 믿고 있다
It is evident that ~	~은 명백하다
Given the choice between A and B	A와 B 중 하나를 선택해야 한다면
In support of this	이를 지지하여
I question whether	나는 ~인지 의문이다
Although there are pros and cons to	비록 ~에 대해서는 찬반의 견해가 존재하지만
As might be expected	예상했던 대로 ~이다
If it were up to me	그것이 나에게 달려있다면
in all likelihood	십중팔구
on top of that	무엇보다도
on/in another case	또 다른 예로
to give you an idea	이해를 돕자면
to some extent	어느 정도까지는
putting in succinctly	간단하게 말해서
in view of	~을 고려해서
for the most part	대체적으로
all things considered	모든 것을 고려해보면
last but not least	마지막으로 중요한 것은
to eat humble pie	굴욕을 감수하다
to pour oil on troubled waters	안정시키다
a wet blanket	분위기를 깨는 사람
crocodile tears	진실되지 않은 눈물
to carry the day	승리하다, 훌륭하게 해내다, 다수의 동의를 얻다
to go up in a smoke	실질적인 결과물을 얻지 못하다
I'm from Missouri	회의적이다, 확신을 쉽게 못하다
to cool one's heels	계속 기다리다
to spill the beans	비밀을 누설하다
to keep a stiff upper lip	용기 내어 어려움에 맞서다
to have cold feet	(두려움과 불확실성 때문에) 주저하다
on the carpet	꾸중을 듣다
to show one's hand	의도를 밝히다
fair-weather friends	믿을 수 없는 친구, 좋을 때만 친구
to wear one's heart on one's sleeve	자신의 감정을 드러내다

to keep the pot boiling	생계를 꾸려가다, 순조롭게 진행되다, 현상을 유지하다(관심을 식지 않게 하다)
to have the upper hand	통제하다, 우세하다, 지배하다
under the wire	겨우 시간에 맞춰
to be at large	체포되지 않은
to wink at	못 본 체하다
behind the eight ball	어려움에 빠져 있는
to throw one's hat in the ring	출마하다
That(This) is why + 주어 + 동사	그 결과 ~이다
That(This) is because + 주어 + 동사	그 이유는 ~이다
as it is	실제로(사실) ~이다
get the better of	이기다, 물리치다(= defeat)
know A from B	A와 B를 구별하다(= tell A from B = distinguish A from B)

제1편 실전예상문제

제1장 어휘

※ 밑줄 친 단어와 그 뜻이 가장 가까운 것은? (01~10)

01
The singer's patriotism was nationally esteemed.

① afforded
② respected
③ engaged
④ proclaimed

01 해설
② 존경하다
① 제공하다
③ 약속하다
④ 공포하다

해석
그 가수의 애국심은 국가적으로 존경받았다.

02
The speaker's call for revenge stirred a violent response from the mob.

① assembled
② featured
③ placed
④ provoked

02 해설
④ 유발시키다
① 모으다
② 특징을 갖다
③ 위치하다

해석
그 연설가의 복수를 위한 요청은 군중들로부터 폭력적 반응을 유발시켰다.

정답 01 ② 02 ④

03

It seems <u>reasonable</u> to be tough on habitual criminals.

① sensitive
② moderate
③ fabricated
④ sensible

04

The detective wanted to know all the <u>pertinent</u> details.

① related
② ordinary
③ sophisticated
④ trivial

05

Some archaeologists <u>ascribe</u> the decline of the old city to drought.

① acquire
② prescribe
③ attribute
④ describe

---

03 해설
④ 이치에 맞는
① 예민한
② 적당한
③ 만들어낸, 허구의

해석
상습적인 범죄자들에게 엄격한 것은 <u>이치에 맞는</u> 것 같다.

04 해설
① 관련된
② 평범한
③ 정교한
④ 사소한

해석
그 탐정은 모든 <u>관련</u> 세부 사항들을 알기를 원했다.

05 해설
③ ~ 탓으로 돌리다
① 습득하다
② 처방하다
④ 설명하다, 묘사하다

해석
몇몇 고고학자들은 그 오래된 도시의 몰락을 가뭄 <u>탓으로 돌린다</u>.

정답 03 ④ 04 ① 05 ③

06

해설
② 만연해 있는
① 섬세한
③ 비활성의
④ 적합한

해석
코로나 창궐이 적절한 백신 없이 모든 나라에 만연해 있다.

06

Outbreaks of corona are <u>pervasive</u> in all of the nation without proper vaccine.

① delicate
② prevalent
③ inactive
④ suitable

07

해설
① 장애
② 계획
③ 차단제
④ 활발한

해석
난독증은 어린아이와 성인의 학습에서 심각한 장애일 수 있다.

07

Dyslexia can be a serious <u>impediment</u> to learning in young children and adults.

① obstacle
② project
③ blocker
④ brisk

08

해설
④ 위험
① 유산
② 성질, 기질
③ 조정

해석
생필품 가격의 폭등은 많은 소비자들을 재정적 위험에 빠뜨렸다.

08

Inflation in commodity prices placed many customers in financial <u>jeopardy</u>.

① legacy
② disposition
③ manipulation
④ hazard

정답 06 ② 07 ① 08 ④

09

The function of a car engine is analogous to the human heart.

① contradictory
② conceit
③ similar
④ mixed

10

If the United States does not ratify the treaty, it is difficult to imagine that the organization can move forward.

① contour
② prophesy
③ scrutinize
④ endorse

※ 밑줄 친 단어와 그 뜻이 가장 먼 것은? (11~20)

11

He always regretted his precipitous decision.

① hasty
② prudent
③ sudden
④ rash

---

09 해설
③ 유사한
① 모순되는
② 자부심
④ 섞인

해석
자동차 엔진의 기능은 인간의 심장과 유사하다.

10 해설
④ 승인하다, 지지하다
① 외형, 윤곽
② 예언하다
③ 면밀히 조사하다

해석
만일 미국이 그 협정을 승인하지 않으면 그 단체가 앞으로 나아갈 수 있다고 상상하기 어렵다.

11 해설
② 신중한
① 성급한
③ 갑작스러운
④ 급한

해석
그는 늘 그의 성급한 결정을 후회했다.

정답 09 ③ 10 ④ 11 ②

12 해설
② 문맹의
①·③·④ 비합리적인

해석
그 비합리적인 법은 폐지되어야 한다.

12

The absurd law should be revoked.

① illogical
② illiterate
③ unreasonable
④ irrational

13 해설
④ 반영하다
①·②·③ 포기하다

해석
그 왕은 혁명으로 인해 왕좌를 포기했다.

13

The king relinquished his throne because of the revolution.

① surrendered
② abandoned
③ gave up
④ reflected

14 해설
③ 확인하다, 알아내다
①·②·④ 포함하다

해석
그 회사의 새로운 계획은 많은 다른 목표와 이상을 포함한다.

14

The company's new plan encompasses many different goals and ideals.

① includes
② contains
③ ascertains
④ embraces

정답 12 ② 13 ④ 14 ③

15

The accident was inevitable, so the driver was not charged with a crime.

① invariable
② unavoidable
③ inescapable
④ ineluctable

16

He changed cell phone carriers because of the intermittent service.

① frugal
② occasional
③ periodic
④ sporadic

17

Basic science is a prerequisite for the advanced class.

① necessity
② qualification
③ euphoria
④ requirement

15 해설

① 불변의, 일관성 있는
②·③·④ 불가피한

해석
그 사고는 불가피했기에 그 운전자에게 범죄 혐의가 적용되지 않았다.

16 해설

① 절약하는
②·④ 간헐적인
③ 주기적인

해석
그는 때때로 중단되는(간헐적인) 서비스 때문에 통신사를 바꿨다.

17 해설

③ 행복감
①·④ 필요조건
② 단서, 조건

해석
기초 과학은 고급 과정 강의를 위한 필수 과목이다.

정답 15 ① 16 ① 17 ③

18 해설
② 영역
①·③·④ 결과, 영향

해석
도로 건설 계획이 환경에 미칠 결과가 충분하게 고려되지 않았다.

18
The environmental ramifications of the road-building program had not been considered fully.

① consequences
② realms
③ results
④ effects

19 해설
① 상하기 쉬운
②·③·④ 결실 있는

해석
지난 40여 년에 걸쳐서 그는 자신이 결실을 맺는(다작의) 감독임을 입증해왔다.

19
Over the last four decades, he has proven himself to be a prolific director.

① perishable
② fertile
③ fruitful
④ productive

20 해설
④ 강력한
①·②·③ 보조적인, 보조의

해석
정전 동안 의사들은 보조 발전기를 이용했다.

20
The doctors used an auxiliary power generator during the blackout.

① additional
② subsidiary
③ subordinate
④ potent

정답 18 ② 19 ① 20 ④

※ 괄호 안에 들어갈 말로 가장 알맞은 것은? (21~30)

21

No one could predict how (　) the restaurant would become.

① success
② succession
③ successive
④ successful

21 해설
④ 성공적인
① 성공
② 계승, 연속
③ 연속적인

해석
아무도 그 식당이 얼마나 성공할지 예견할 수 없었다.

22

The meeting went smoothly thanks to the collaboration of the (　) departments involved.

① variable
② various
③ variation
④ variety

22 해설
② 다양한
① 변할 수 있는, 변수
③ 변화
④ 다양성

해석
그 회의는 다양한 관련 부서들의 협조로 순조롭게 진행되었다.

23

Power tends to corrupt, and (　) power corrupts absolutely.

① absolute
② agnostic
③ agrarian
④ adherent

23 해설
① 절대적인
② 불가지론의
③ 농업의
④ 들러붙은

해석
권력은 부패하는 경향이 있고, 절대적인 권력은 전적으로 부패한다.

정답 21 ④ 22 ② 23 ①

24 해설
① 달래다, 진정시키다
② 인정하다
③ 소송하다
④ 후원하다

해석
그녀의 화는 치킨을 먹으면서 진정되었다.

24
Her anger was ( ) while she was eating chicken.

① appeased
② conceded
③ litigated
④ patronized

25 해설
③ 포기하다
① 포화시키다
② 조절하다
④ 극복하다

해석
그는 테러리즘을 포기하고 평화주의가 되었다.

25
He ( ) terrorism and became a pacifist.

① saturated
② modulated
③ renounced
④ surmounted

26 해설
③ 복제하다
①·② 혼란스럽게 하다
④ 고갈시키다

해석
그 원숭이의 왕은 자신의 머리카락으로 스스로를 복제했다.

26
The monkey king ( ) himself with his hair.

① obfuscated
② muddled
③ replicated
④ depleted

정답 24 ① 25 ③ 26 ③

27

Taxation is the ( ) support of government.

① authentic
② legitimate
③ verbose
④ insipid

27 해설
② 합법적인
① 진짜의
③ 장황한
④ 재미없는

해석
과세는 정부의 합법적인 후원이다.

28

He committed one logical ( ) in one paragraph.

① wrath
② felicity
③ dichotomy
④ fallacy

28 해설
④ 오류
① 화, 격노
② 적절함
③ 이분법

해석
그는 한 단락에서 하나의 논리적 오류를 저질렀다.

29

Only people who is over 19 are ( ) to vote.

① arable
② eligible
③ gratuitous
④ hilarious

29 해설
② 자격이 있는
① 경작할 수 있는
③ 무상의, 불필요한
④ 웃음을 자아내는

해석
19세 이상인 사람만 투표할 자격이 있다.

정답 27 ② 28 ④ 29 ②

30 해설
③ 실질적인
① 보조의, 부수적인
② 대칭적인
④ 합성의

해석
우리는 어려운 사람들에게 실질적인 도움을 주어야 한다.

30
We should give ( ) help to poor people.

① subsidiary
② symmetrical
③ substantial
④ synthetic

주관식 문제

01
주어진 단어 중 괄호 안에 들어갈 가장 적절한 단어를 찾아 어형을 알맞게 바꾸어 쓰시오.

lull, succeed, catch, bring, allow

I discussed the matter with him many times and finally ( ) him round to my point of view.

01 정답
brought

해설
'bring + 목적어 + round(around)'는 '목적어를 설득하다, 납득시키다'를 의미한다. 문장의 시제는 과거(discussed)이므로 brought가 적절하다.

해석
나는 그와 이 문제로 여러 번 논의했고 마침내 그를 내 생각으로 설득시켰다.

정답 30 ③

02 빈칸에 공통으로 들어갈 단어를 주어진 첫 자로 시작하여 쓰시오.

- The company makes a large c_____ of its products to poor families.
- He made an important c_____ to this automobile company.

02 **정답**
contribution

해설
'make a large(an important) contribution of(to)'는 '~에 커다란(중요한) 기여를 하다'를 의미한다. 따라서 괄호 안에 공통으로 들어갈 단어는 contribution이다.

해석
- 그 회사는 가난한 가정에 많은 회사 제품을 기부한다.
- 그는 이 자동차 회사에 중요한 기여를 했다.

제2장 관용어

※ 괄호 안에 들어갈 가장 적절한 표현은? (01~10)

01

He was ( ) with an inoperable ailment.

① afflicted
② besieged
③ confronted
④ satisfied

01 해설
② be besieged with 포위당하다
③ be confronted with ~와 대조되다, ~에 직면하다
④ be satisfied with ~에 만족하다

해석
그는 수술 불가능한 질병으로 고통받았다.

02

( ) this, countries should be more open to immigrants.

① To support for
② In support of
③ Supporting about
④ Supported from

02 해설
② In support of ~을 지지하여

해석
이를 지지하여, 국가들은 이민자들에 대해 더 열려 있어야 한다.

03

( ), the university's current financial problems could have been avoided.

① To any extent
② Until some extent
③ Until any extent
④ To some extent

03 해설
④ 어느 정도까지는

해석
어느 정도까지는, 대학의 현재 재정 문제를 피할 수 있었다.

정답 01 ① 02 ② 03 ④

04

All of the noise has ( ) my concentration since I started to study.

① been adept at
② standed by
③ been entitled to
④ interfered with

04 해설
④ 방해하다
① 능숙하다
② 대기하다
③ 주어지다, 자격이 있다

해석
공부를 시작한 후부터 모든 소음이 나의 집중력을 <u>방해했다</u>.

05

A number of children are still ( ) hunger in not a few countries.

① driving out
② acting up
③ suffering from
④ pulling apart

05 해설
③ 고통 받다
① 몰아내다
② 행동하다, 대응하다, 무례하게 굴다
④ 분리되다

해석
적지 않은 나라에서 여전히 많은 아이들이 굶주림으로 <u>고통 받고</u> 있다.

06

His victory in the election was ( ) the turnout of young voters.

① attributed to
② led to
③ in conjunction with
④ in charge of

06 해설
① ~ 덕분이다
② 초래하다
③ ~을 병행하는
④ ~을 맡고 있는

해석
선거에서 그의 승리는 젊은 유권자들의 투표율 <u>덕분이었다</u>.

정답 04 ④ 05 ③ 06 ①

07
해설
② A와 B 사이
① A, B 모두 아니다
③ A 혹은 B 중 하나
④ A뿐 아니라 B도

해석
타이타닉은 유명한 여객선과 빙산 사이의 충돌에 관한 이야기를 다룬다.

07
Titanic tells the story of the collision (㉠) the famous cruise ship (㉡) an iceberg.

	㉠	㉡
①	neither	nor
②	between	and
③	either	or
④	not only	but also

08
해설
① ~와 연관되다
② 침투되다
③ ~로 구성되다
④ 물러나다

해석
수면 장애는 많은 업무 문제와 연관되어 있다.

08
Sleep disorders are ( ) many work troubles.

① associated with
② penetrated into
③ composed of
④ deposed from

09
해설
③ 시작하다
① 뒤바뀌다
② 제거하다
④ 모여들다

해석
산림 기관은 애팔래치아 자연 산책로에서 덩굴 옻나무를 제거하기 시작했다.

09
The forestry service ( ) clearing poison ivy from Appalachian Trail.

① turns over
② clears cut
③ sets about
④ bunches up

정답 07 ② 08 ① 09 ③

10

Obese adults are ( ) many diseases including diabetes.

① lost on
② susceptible to
③ at the dawn of
④ reminiscent of

※ 밑줄 친 숙어와 그 뜻이 가장 가까운 것은? (11~20)

11

In order to comply with each customer's request, the company restructured its customer service department.

① apply for
② allow for
③ account for
④ adhere to

12

He decided to maintain the welfare program in spite of the recent serious economic recession.

① apart from
② with regard to
③ considering
④ despite

---

10 해설
② ~에 걸리기 쉬운
① ~에 효과가 없는
③ 초기에
④ 연상시키는

해석
비만인 성인들은 당뇨를 포함한 많은 질병에 걸리기 쉽다.

11 해설
④ 수용(순응)하다
① 지원하다
② 참작하다
③ 설명하다

해석
고객 개개인의 요구를 수용하기 위해, 그 회사는 고객서비스 부서를 재조직화했다.

12 해설
④ ~에도 불구하고
① ~을 제외하고
② ~에 관해서
③ ~을 고려할 때

해석
그는 최근의 심각한 경기 침체에도 불구하고 복지 프로그램을 유지하기로 결정했다.

정답 10 ② 11 ④ 12 ④

13
해설
② 보충하다
① 이해하다
③ 유행을 따르다
④ 제출하다, 굴복하다

해석
우리는 기차 대신 비행기를 타서 손실된 시간을 <u>보충했다</u>.

13

We <u>made up for</u> lost time by taking an airplane instead of a train.

① made out
② compensated for
③ kept up with
④ gave in

14
해설
③ 의지하다
① 제거하다
② 빼앗다
④ 심사숙고하다

해석
플레이어들은 그래픽이나 시각 효과에 <u>의지하기</u>보다는 명령어를 입력할 것이다.

14

Rather than <u>relying on</u> graphics or sound effects, players would type in commands.

① getting rid of
② depriving of
③ counting on
④ dwelling on

15
해설
① 차지하다
② 설명하다
③ 기록하다
④ 떠맡다, 착수하다

해석
1918년까지 Model T는 미국의 모든 자동차 중 절반을 <u>차지했다</u>.

15

By 1918, Model Ts <u>accounted for</u> half of all cars in America.

① occupied
② explained
③ recorded
④ undertook

정답 13 ② 14 ③ 15 ①

16

He has been seeking membership since the 1980s, but has been turned down.

① reinforced
② sterilized
③ rejected
④ demolished

16 해설
③ 거절하다
① 강화하다
② 살균하다
④ 파괴하다

해석
그는 1980년대부터 회원 모집을 하고 있지만 거절했다.

17

The jury system gives the deciding power to regular citizens, as opposed to judges.

① at the expense of
② contrary to
③ in accordance with
④ far behind

17 해설
② ~와는 반대로
① ~을 희생하여
③ ~에 따라서
④ 훨씬 뒤떨어진

해석
배심원 제도는 재판관 제도와는 반대로 평범한 시민에게 결정권을 준다.

18

Most college graduates are faced with the difficult choice of picking a career.

① entitled to
② confronted by
③ dedicated to
④ accustomed to

18 해설
② 직면하다
① 자격이 있다
③ 몰입하다
④ 익숙하다

해석
대부분의 학부 졸업생들은 직업을 고르는 어려운 선택에 직면한다.

정답 16 ③ 17 ② 18 ②

19

해설
④ 연관되다
① 제휴되다
② 부합하다
③ 취약하다

해석
그는 사람들과의 논쟁에 관여하고 싶지 않기 때문에 어떠한 분쟁도 피한다.

19

He avoids conflicts of any kind as he doesn't like to engage in arguments with people.

① be affiliated with
② be corresponded to
③ be subject to
④ be involved in

20

해설
① ~에서 오다
② 거슬러 올라가다
③ 피해를 주다
④ 시도하다, 추측하다

해석
벌꿀은 벌에 의해 수집된 꽃의 꿀에서 나온다.

20

Honey is derived from nectar which is collected by bees.

① comes from
② traces back to
③ takes a toll
④ takes a snab at

※ 괄호 안에 들어갈 가장 적절한 표현은? (21~25)

21

해설
③ 마음이 끌리는(= 매력적인)
① 혐오감을 일으키는
② 유행의, 멋진
④ 합리적인

해석
그들 대부분은 구글의 재미있고 독특한 기업 문화에 매료되었다.
= 그들 대부분은 구글의 재미있고 독특한 기업 문화가 매력적이라 생각한다.

21

Most of them are attracted to Google's fun and unique corporate culture.
= Most of them find Google's fun and unique corporate culture (   ).

① disgusting
② fashionable
③ appealing
④ reasonable

정답 19 ④ 20 ① 21 ③

22

Ancestors of today's kangaroos did not hop. Instead, they likely climbed trees to eat leaves and fruit.
= Ancestors of modern kangaroos probably climbed trees, (　　) hopped, to eat leaves and fruit.

① in spite of
② as well as
③ rather than
④ more than

22 해설
③ ~라기보다는(= 대신에)
① ~에도 불구하고
② ~뿐만 아니라
④ ~ 이상

해석
오늘날 캥거루의 조상들은 뛰지 않았다. 대신에 그들은 나뭇잎과 과일을 먹기 위해 나무를 올랐을지도 모른다.
= 오늘날 캥거루의 조상들은 나뭇잎과 과일을 먹기 위해 뛰는 대신 아마도 나무를 올랐을지도 모른다.

23

Due to lack of space, power plants can't find places to bury radioactive waste.
= Lack of space (　㉠　) power plants (　㉡　) finding landfills for radioactive waste.

	㉠	㉡
①	differs	from
②	makes	for
③	renders	in
④	prevents	from

23 해설
④ ~이 ~하는 것을 금지하다/막다
① ~와 다르다
② ~을 위해 ~하도록 하다
③ ~하는 데 있어서 ~하도록 하다

해석
공간의 부족으로 인해 발전소는 방사능 폐기물을 매장할 장소를 찾을 수 없다.
= 공간의 부족은 발전소가 방사능 폐기물을 위한 매립지를 찾는 것을 막는다.

정답 22 ③ 23 ④

24

The assembly line allowed him to produce and sell a large number of cars at a low cost.
= (　　) the assembly line, he was able to produce and sell a huge amount of cars at a low cost.

① Because of
② Irrespective of
③ According to
④ As part of

24 해설

① ~ 때문에
② ~와는 무관하게
③ ~에 따르면
④ ~의 일부분으로

해석

그 조립 라인은 그가 저렴한 비용으로 많은 수의 차량을 제조해서 판매하는 것을 가능하게 했다.
= 조립 라인 **때문에** 그는 저렴한 비용으로 많은 수의 차량을 제조해서 판매할 수 있었다.

25

Many female boxers say the decision should have happened a long time ago.
= Many female boxers say that it is (　　) that the decision did not happen much earlier.

① understandable
② regrettable
③ impossible
④ inevitable

25 해설

② 유감스러운
① 이해할 만한
③ 불가능한
④ 필수 불가결한, 어쩔 수 없는

해석

많은 여성 권투 선수들은 그 결정이 오래 전에 일어났어야 했다고 말한다.
= 많은 여성 권투 선수들은 그 결정이 더 일찍 일어나지 않았던 것을 <u>유감스럽다고</u> 말한다.

정답 24 ① 25 ②

26

A : Yesterday was my wife's birthday and I forgot about it.
B : Why don't you buy her a nice present? (   ).

① Miss the boat
② Hold your horses
③ Take a rain check
④ Better late than never

※ 주어진 문장을 우리말로 번역할 때, 가장 적절하지 <u>않은</u> 것은? (27~31)

27 ① It is evident that the defendant is guilty.
→ 피고가 유죄라는 것은 명백하다.
② Given the choice between attending a large public university and a small private college, I would choose the public university.
→ 대형 국립 대학과 소형 사립 대학에 다니는 것 중 하나를 선택해야 할 때, 나는 국립 대학을 선택하겠다.
③ I firmly believe that you make your own destiny.
→ 나는 네가 너 자신의 운명을 만든다고 굳게 믿고 있다.
④ I question whether she was truly sincere in her apology.
→ 나는 그녀가 진심으로 진지하게 사과했던 건지 의심스럽다.

---

26 해설

④ '안 하는 것보다 늦는 게 낫지'를 뜻한다. 대화에서 아내의 생일을 잊어버렸던 A에게 B가 선물을 사줄 것을 제안하고 있다. 따라서 맥락상 B는 A에게 늦긴 했지만 무언가 성의를 보이는 편이 좋을 것이라고 조언하는 내용이 적절하다.
① 기회를 놓치다
② 서두르지 마
③ 다음 기회로 미루자

해석
A : 어제가 아내의 생일이었는데 잊어버렸지 뭐야.
B : 괜찮은 선물을 사는 게 어때? <u>안 하는 것보단 늦는 게 낫지</u>.

27 해설

② Given the choice between A and B A와 B 중 하나를 선택해야 한다면
① It is evident that ~은 명백하다
③ I firmly believe that 나는 굳게 ~라고 믿는다
④ I question whether 나는 ~인지 의심스럽다

 26 ④ 27 ②

28 해설

① That is because + 주어 + 동사 그 이유는 ~이다
That is why + 주어 + 동사 그 결과 ~이다
② Even so 그럼에도 불구하고
③ If it were up to me 만일 그것이 나에게 달려있다면
④ In all likelihood 십중팔구

28

① That is because it is important to have a balanced diet.
→ 그 결과는 균형 잡힌 식단을 섭취하는 것이 중요하다.
② Even so, you did a very good job.
→ 그럼에도 불구하고, 너는 매우 일을 잘 해냈다.
③ If it were up to me, I would shorten the hours people spend working.
→ 그것이 나에게 달려있다면, 나는 사람들이 일하는 데 보내는 시간을 줄일 것이다.
④ In all likelihood, tickets for the movie premiere would be sold out.
→ 십중팔구, 그 영화의 개봉 표는 매진될 것이다.

29 해설

③ On top of that 무엇보다도 / not to mention ~은 말할 것도 없이
① To be specific 구체적으로 (말해서)
② In another case 또 다른 예로
④ or else 그렇지 않으면

29

① To be specific, I'm seeking a position in the marketing department.
→ 구체적으로, 나는 마케팅 부서의 일자리를 찾고 있다.
② In another case, some patients developed a natural resistance to the disease.
→ 또 다른 예로, 어떤 환자들은 병에 대한 자연적인 저항력을 키운다.
③ On top of that, the salesman offered free delivery with the discount.
→ 그것은 말할 것도 없이, 영업 사원이 할인과 더불어 무료 배송을 제공했다.
④ It will be raining, or else we will go to sea.
→ 비가 올 것이고, 그렇지 않으면 우리는 바다에 갈 것이다.

정답 28 ① 29 ③

30 ① To some extent, the university's current financial problems could have been avoided.
→ 어느 정도까지는, 대학의 현재 재정 문제를 피할 수 있었다.
② Putting it succinctly, my rcommate needs to pay his rent or move out.
→ 간단하게 말해서, 나의 룸메이트는 그의 집세를 내거나 이사 가야 한다.
③ As far as I am concerned, the choice is easy to make.
→ 나에 관한 한, 선택을 하기는 쉽다.
④ As it is, I barely have enough time to see my friends.
→ 그 자체로, 나는 친구를 만날 충분한 시간이 거의 없다.

31 ① As the old saying goes, knowing is power.
→ 옛 속담이 말해주듯, 아는 것이 힘이다.
② The field trip was canceled because our teacher came down with a case of the corona.
→ 그 견학 여행은 우리 선생님이 코로나에 걸려서 취소되었다.
③ The pen is like a double-edged sword in the hands of a good writer.
→ 펜은 훌륭한 작가의 손에 놓여있을 때 양날의 검과 같다.
④ Last but not least, enjoy yourself.
→ 마지막으로 가장 어려운 것은, 너 스스로 즐기는 것이다.

30 해설
④ As it is 실제로(사실) ~이다 / In itself 그 자체로
① To some extent 어느 정도까지는
② Putting it succinctly 간단하게 말해서
③ As far as ~에 관한 한

31 해설
④ Last but not least 마지막으로 중요한 것은
① As the old saying 옛 속담이 말해주듯
② come down with 병에 걸리다
③ double-edged sword 양날의 검

정답 30 ④ 31 ④

주관식 문제

01 밑줄 친 표현과 같은 의미를 갖는 단어를 주어진 첫 자로 시작하여 쓰시오.

> She finally got the better of him, and he accepted his beating without any reluctance.

→ d_____

01 정답
defeated

해설
'get the better of'는 '이기다'를 의미한다. 따라서 문장에서 got the better of는 defeated로 바꿀 수 있다.

해석
그녀는 마침내 그를 이겼고 그는 어떤 거리낌도 없이 그의 패배를 인정했다.

02 주어진 문장을 유사한 의미를 갖는 다른 문장으로 바꾸어 쓸 때, 빈칸에 들어갈 적절한 단어를 주어진 첫 자로 시작하여 쓰시오.

> I have met her several times, but she says she still doesn't know me from my brother.
>
> → I have met her several times, but she says she still doesn't t_____ me from my brother.

02 정답
tell

해설
'know A from B'(= tell A from B, distinguish A from B)는 'A와 B를 구별하다'를 의미한다. 따라서 t로 시작하는 괄호 안에 들어갈 단어는 tell이다.

해석
나는 그녀를 여러 번 만났지만, 그녀는 나와 내 동생을 여전히 구별하지 못한다고 말한다.

제 2 편

문법

제1장	일치
제2장	어순
제3장	시제
제4장	품사
제5장	준동사(비정형동사)
제6장	화법
제7장	특수구문
실전예상문제	

합격을 꿰뚫는 학습 가이드

제 2 편 문법

본 편에서는 '일치, 어순, 시제, 품사, 준동사(비정형동사), 화법, 특수구문'의 중요내용을 각종 고시에서 자주 출제되는 내용을 중심으로 정리한다. 각 장마다 학습한 개념을 확인하고 응용할 수 있는 다양한 수준의 실전예상문제를 마련하였다. 실전예상문제를 풀어보면서 내용별 중요개념과 풀이한 문제에 대한 오답을 차근차근 정리해 나가길 바란다.

자격증 · 공무원 · 금융/보험 · 면허증 · 언어/외국어 · 검정고시/독학사 · 기업체/취업
이 시대의 모든 합격! SD에듀에서 합격하세요!
www.youtube.com → SD에듀 → 구독

제 1 장 | 일치

| 단원 개요 |

주어와 동사의 수 일치는 영어 문장을 작성하는 데 있어 기본적이면서도 매우 중요한 부분이다. 자칫 매우 쉬운 부분으로 착각하고 지나칠 수도 있지만 해당 부분의 내용을 자세하게 살펴보면 결코 쉬운 부분이 아니란 것을 어렵지 않게 알게 될 것이다. 본 장에서는 다양한 주어 표현을 정리하여 내용별로 정확한 동사의 쓰임을 학습한다.

| 출제 경향 및 수험 대책 |

주어-동사 수 일치는 문장에서 사용된 주어 표현의 수를 정확하게 판별할 수 있는지를 확인하는 문제가 대부분이라는 점에서 자주 출제되는 핵심 주어 표현을 중심으로 학습하고, 각각의 상황에 적합한 동사 표현을 익히도록 한다.
첫째, 명사와의 수 일치[명사, 명사구/절(부정사, 동명사, 명사절)]를 학습한다.
둘째, 수량 표현(+ 명사)과의 수 일치[양화사 표현 + 명사 표현]를 학습한다.
셋째, 기타 구문에서 수 일치[선행사와 관계사절의 동사, 존재 구문]를 학습한다.
넷째, 학습한 개념을 여러 예문을 통해 반복해서 익히고 특징을 기억한다.
다섯째, 학습한 개념을 예문과 실전예상문제를 통해 반복해서 익히고 정리한다.

제1절 주어-동사 수 일치

1 명사와의 수 일치 중요

(1) 집합명사(audience, class, committee, family, team, faculty) → 단수 또는 복수
   ① 집합 전체를 의미 → 단수
   ② 집합 내 개체를 의미 → 복수

(2) 국가명(여러 국가, 주 또는 섬이 합쳐져 만들어진 국가 / the United States, the Philippines, the United Nations) → 단수

(3) 군집명사(the police, cattle, fish, the Korean, the English, the Chinese, the old, the rich, the poor) → 복수

(4) 쌍을 이루는 명사(glasses, scissors, trousers, pants, jeans, shorts) → 복수

(5) 추상명사(news, sunshine, beauty, experience, success, knowledge, advice) → 단수

(6) 고유명사[서적명(Arabian Nights), 잡지명(Times), 영화명(Star Wars)] → 단수

(7) 학문(linguistics, economics, physics, mathematics, politics, statistics) → 단수

(8) 질병(diabetes, measles, mumps, rabies, rickets, shingles) → 단수

(9) 시간, 금액, 거리(eight hours, ten dollars, five thousand miles) → 단수

(10) 산수(two and two, five times five) → 단수

(11) 언어(English, Chinese, Spanish, Portuguese) → 단수

(12) 부정사, 동명사, 명사절(what절/that절/whether절) → 단수

예
- The **faculty** has chosen a new president. (그 교수는 새로운 총장을 선택했다.)
- The **faculty** are preparing for classes. (교수들이 강의를 준비하는 중이다.)
- The **Philippines** is located in Southeast Asia. (필리핀은 동남아시아에 위치해 있다.)
- The **rich** are not always generous. (부자라고 늘 관대한 것은 아니다.)
- His **glasses** are broken. (그의 안경이 부서졌다.)
- **Sunshine** is warm and cheerful. (햇빛이 온화하고 좋다.)
- *Romeo and Juliet* is being presented at the National theater now. (로미오와 줄리엣은 지금 국립영화관에서 상영 중이다.)
- **Mathematics** is a kind of science. (수학은 과학의 일종이다.)
- **Linguistics** is the subject that I majored in. (언어학은 내가 전공했던 과목이다.)
- **Diabetes** is an illness. (당뇨는 질병이다.)
- The 100 **kilometers** is a long distance. (100킬로미터는 긴 거리이다.)
- 10 **dollars** is a lot of money for me. (10달러는 내게 많은 돈이다.)
- **Two plus three** is five. (2 더하기 3은 5이다.)
- **Chinese** is my foreign language. (중국어는 나의 외국어이다.)
- **To be successful** does not mean to get riches. (성공한다는 것이 부자가 되는 것을 의미하지는 않는다.)
- **Taking care of dogs** is my pleasure. (강아지를 돌보는 것은 나의 즐거움이다.)
- **What they will do** is obvious. (그들이 할 것은 분명하다.)
- **That smoking is bad for our health** is common sense. (흡연이 건강에 해롭다는 것은 상식이다.)
- **Whether she comes or not** is unimportant to me. (그녀가 올지 안 올지는 내게 중요하지 않다.)

> **더 알아두기** 중요
>
> ① A and B가 한 가지 사물이나 사람을 나타낼 때 → 단수
> ② A and B가 각각 다른 사람이나 사물을 나타낼 때 → 복수
>
> 예
> - **The writer and actor** lives in this house. (작가이자 배우인 사람이 이 집에서 산다.)
> - **The writer and the actor** live in this house. (작가와 배우는 이 집에서 산다.)
> - **Bread and butter** is my favorite dish. (버터 바른 빵은 내가 좋아하는 음식이다.)
> - **Bread and butter** have risen in price. (빵과 버터 가격이 올랐다.)

> **더 알아두기**
>
> ① 상관접속사 표현이 주어로 사용될 때, 동사에 가까운 명사 표현과 수를 일치시킨다.
> ② 단, both A and B(A와 B 코두)는 복수로 취급한다.
> ③ 다음은 B를 주어로 취급한다.
>   ㉠ not only A but also B(= B as well as A, A뿐만 아니라 B도)
>   ㉡ either A or B(A 또는 B 중의 하나)
>   ㉢ neither A nor B(A도 B도 아닌)
>   ㉣ not A but B(A가 아니라 B)
>
> 예
> - **Both you and he** are my best friends. (너와 그 모두 나의 가장 친한 친구들이다.)
> - **Not only they but also I** am dependable. (그들뿐 아니라 나도 의존적일 수 있다.)
> - **Either you or he** has to stay here after nine o'clock. (당신이나 그는 9시 이후에 여기에 머물러야 한다.)
> - **Neither these solutions nor that idea** is effective. (이러한 해결책이나 그 생각은 모두 효과적이지 않다.)
> - **Not Jane but you** are the winner. (Jane이 아니라 네가 우승자이다.)

2 수량 표현과의 수 일치 중요

(1) Every, Each + 명사 → 단수

(2) Nobody, Everybody, Everyone → 단수

(3) One of, Each of, Every one of + 복수명사 → 단수

(4) Some of the + 복수명사 → 복수

(5) Some of the + 단수명사 → 단수

(6) Most of + 단수명사 → 단수

(7) Most of + 복수명사 → 복수

(8) 분수 + of + the 단수명사 → 단수

(9) 분수 + of + 복수명사 → 복수

(10) 백분율(%) + of + the 단수명사 → 단수

(11) The number of + 복수명사 → 단수

(12) A number of + 복수명사 → 복수

(13) All of + the 복수명사/단수명사 → 복수/단수

(14) All (the) + 복수명사/단수명사 → 복수/단수

예
- **Every dog** has its day. (쥐구멍에도 볕 들 날 있다.)
- **Everybody** needs love and care. (모든 사람은 사랑과 돌봄이 필요하다.)
- **Nobody** knows the answer. (아무도 답을 모른다.)
- **One of my friends** is here. (내 친구 중 한 명이 여기 있다.)
- **Each of us** is special. (우리 각각은 특별하다.)
- **Every one of my friends** is here. (내 친구 하나하나 모두 여기 있다.)
- **Some of the cars** are fancy. (그 차들 중 몇 대는 좋다.)
- **Some of the car** is fancy. (그 차의 일부는 좋다.)
- **Most of the discussion** is about vehicle reliability. (토론의 대부분은 차량의 신뢰성에 관한 것이다.)
- **Most of the salespeople** were friendly. (영업 사원 대부분은 친절했다.)
- **Three-fourths of the pizza** is yours. (그 피자 중 4분의 3은 너의 것이다.)
- **Two-thirds of the boys** are my classmates. (그 소년들 중 3분의 2는 나의 반 친구들이다.)
- **Half of the cake** is rotten. (케이크의 절반은 상했다.)
- **Seventy percent of the earth** is covered by water. (지구의 70퍼센트는 물로 덮여 있다.)
- **The number of employees** is ten thousand. (직원들의 수는 10,000명이다.)

- **A number of students** are present today. (많은 학생들이 오늘 참석했다.)
- **All of the books** are bestsellers. (모든 책들이 베스트셀러이다.)
- **All of the book** is bestseller. (모든 책이 베스트셀러이다.)
- **All the money** was saved. (모든 돈이 절약되었다.)
- **All the people** like to do it. (모든 사람들이 그것을 하는 걸 좋아한다.)

> **더 알아두기**
>
> ① none of 표현이 주어로 사용될 때, 'None of + the 단수명사 → 단수, None of + the 복수명사 → 복수'로 취급한다.
> ② 다만, 격식체 영어 표현에서는 두 표현 모두 단수 취급한다.
> ③ 비격식체 영어 표현에서 'None of + the 복수명사' 표현은 복수 취급한다.
>
> [예]
> - None of the books is involved in this topic. (그 서적 중 어떠한 것도 이 주제와 관련된 것은 없다.)
> - None of the books are involved in this topic. (그 서적 중 어떠한 것도 이 주제와 관련된 것은 없다.)

3 기타 구문

(1) 선행사(단수명사) + 관계사 + 단수동사

(2) 선행사(복수명사) + 관계사 + 복수동사

(3) There is + 단수명사

(4) There are + 복수명사

[예]
- I met **a boy who** has green hair. (나는 초록색 머리의 소년을 만났었다.)
- He wears **glasses which** are silver. (그는 은색 안경을 쓰고 있다.)
- **There is** a fly in the room. (그 방에 파리 한 마리가 있다.)
- **There are** three windows in this room. (이 방에는 세 개의 창문이 있다.)

※ 단, 다음과 같은 문장이 비격식체 구어에서 빈번하게 사용되나 문법적으로 올바른 표현은 아니다.
- **There is** two sides to every story. (모든 이야기에는 두 가지 면이 있다.)

예제

다음 중 알맞은 것을 고르시오.

① There (is, are) a good reason for everything that happens to us.
② The New York Times (is, are) an established and respected newspaper.
③ Thirty dollars (is, are) an unreasonable price for that T-shirt.
④ Statistics (is, are) a branch of mathematics.
⑤ All of the suggestions (was, were) useful.
⑥ Each of the models we looked at (has, have) a good safety record.
⑦ Some of the books (is, are) interesting.
⑧ Each book and magazine (is, are) listed in the bibliography.
⑨ The book that I got from my parents (was, were) interesting.
⑩ Watching an old movie (is, are) fun.

정답

① is, ② is, ③ is, ④ is, ⑤ were, ⑥ has, ⑦ are, ⑧ is, ⑨ was, ⑩ is

예제

괄호 속 주어진 동사를 알맞은 형태로 바꾸어 쓰시오.

① Some people (consider) Vitamin C a good deterrent to colds in these days.
② One of the Babe's most famous movements (come) during the 1932 World Series when the game was tied four-to-four.
③ In all major towns there (be) numerous public libraries and museums.
④ The police also (help) the homeless in this nation.
⑤ The women and the children who (be) left behind could manage their households only by using slaves.

정답

① Some people consider Vitamin C a good deterrent to colds in these days.
② One of the Babe's most famous movements comes during the 1932 World Series when the game was tied four-to-four.
③ In all major towns there are numerous public libraries and museums.
④ The police also help the homeless in this nation.
⑤ The women and the children who were left behind could manage their households only by using slaves.

제 2 장 | 어순

| 단원 개요 |

문장의 구조와 어순을 정확하게 이해하고 활용할 수 있게 하기 위해 본 장에서는 i) 문장을 구성하는 핵심 성분, ii) 구와 절, iii) 다섯 가지의 문장 형식에 대한 중심내용을 정리한다.

| 출제 경향 및 수험 대책 |

첫째, 주어·동사·목적어·보어를 이해한다.
둘째, 구와 절을 구분하고, 명사·형용사·부사의 기능을 하는 구와 절을 학습한다.
셋째, 다섯 가지 문형의 구조를 이해하고 정확한 어순을 익힌다.
넷째, 학습한 개념을 예문과 실전예상문제를 통해 반복해서 익히고 정리한다.

제1절 문장 성분과 기본 문형

1 문장 성분

(1) 주어

① 문장의 주체로서 대부분 문장의 첫 자리에 위치한다.
② '~은, ~는, ~이, ~가'로 해석된다.
③ 명사, 대명사, 부정사, 동명사, 관계사절, 명사구/절이 주어로 사용된다.
④ 주어의 수를 정확하게 판단하여 주어와 동사의 수를 일치시킨다.

[예]
- **Life** is too short to repent our yesterday. (우리의 어제를 후회하기에는 인생은 너무나 짧다. / 인생은 너무나 짧아서 우리의 어제를 후회할 수 없다.)
- **He** learns a lot by watching cooking shows. (그는 요리 쇼를 보면서 많이 배운다.)
- **They** take care of each other. (그들은 서로를 돌본다.)
- **To play tennis well** takes a lot of practice. (테니스를 잘 치는 것은 많은 연습이 필요하다.)
- **Running uphill** is hard work. (오르막길을 뛰는 것은 힘든 일이다.)
- **What she said** surprised me. (그녀가 말했던 것은 나를 놀라게 했다.)
- **That he likes his new job** is clear. (그가 새로운 일자리를 좋아하는 것은 분명하다.)
- **Whether or not they will come** is my concern. (그들이 올지 안 올지가 내 관심사이다.)

(2) 동사

① 문장 내 주어의 동작이나 상태를 표현하는 말로서 주어 뒤에 위치한다.
② '~다'로 해석된다.
③ 동사는 크게 'be동사, 조동사, 일반동사'로 구분되며, 일반동사는 다시 '자동사(완전자동사, 불완전자동사)와 타동사'로 구분된다.
④ 문장의 시제를 알려주는 핵심적 단서이다.

예

- Most students **are** satisfied with finishing their assignment. (대부분의 학생들은 그들의 과제를 마친 것에 만족한다.)
- He **can** speak English. (그는 영어를 말할 수 있다.)
- **Do** you sleep during the flight? (비행하는 동안 잠을 자나요?)
- He **has** not answered my text message. (그는 나의 문자 메시지에 답하지 않았다.)
- They **decided** to read this book. (그들은 이 책을 읽기로 결정했다.)
- These white roses **bloom** in early summer. (이 백장미들은 초여름에 개화한다.)
- This medicine **tastes** bitter. (이 약은 쓴 맛이 난다.)
- They **love** each other. (그들은 서로를 사랑한다.)
- My father **bought** me a backpack. (아빠는 나에게 가방을 사주셨다.)
- I **made** them clean their room. (나는 그들에게 방을 청소하라고 시켰다.)

(3) 목적어

① 문장에서 동사가 행하는 대상을 가리킨다.
② '~을, ~를'로 해석된다.
③ 목적어(3, 5형식), 간접목적어(4형식), 직접목적어(4형식)가 있다.
④ 명사, 대명사, 부정사, 동명사, 관계사절, 명사구/절이 목적어로 사용된다.

예

- He analyzed **data** from a study. (그는 한 연구 자료를 분석했다.)
- He wants **to study English linguistics** at university. (그는 대학에서 영어학을 공부하길 원한다.)
- The teacher enjoys **teaching grammar**. (그 선생님은 문법 가르치는 것을 즐긴다.)
- I don't know **where he lives**. (나는 그가 어디에 사는지 모른다.)
- They believe **that she was innocent**. (그들은 그녀가 결백했다고 믿는다.)
- Tom can't decide **whether he should go or not**. (Tom은 그가 가야 할지의 유무를 결정할 수 없다.)
- She sent **you** the e-mail about the meeting. (그녀는 당신에게 그 모임에 대한 이메일을 보냈다.)

(4) 보어

① 문장에서 주어 또는 목적어를 보충해준다.
② 주어를 보충하는 주격 보어(2형식)와 목적어를 보충하는 목적격 보어(5형식)가 있다
③ 형용사, 명사, 대명사, 부정사, 동명사, 관계사절, 명사구/절이 보어로 사용된다.

[예]
- He was **the first man** to make a gun. (그는 총을 만든 최초의 사람이었다.)
- They appeared **satisfied** with the result. (그들은 그 결과에 만족하는 것 같았다.)
- He seems **to feel** nauseous from the boat ride. (그는 배를 타서 메스꺼워하는 것 같다.)
- The fact is **that she knows nothing about it**. (사실은 그녀는 그것에 대해 전혀 아는 게 없다는 것이다.)
- They all expect the professor **to find out** the best solution. (그들 모두 그 교수가 최선의 해결책을 찾을 것이라고 기대한다.)

2 구와 절

(1) 구(phrase)

① 주어와 동사를 갖추지 않고 두 개 이상의 단어로 이루어진 형태를 말한다.
② 명사, 형용사, 부사 중 하나의 역할을 한다.
  ㉠ 명사구 : 구 표현이 주어, 목적어, 보어 역할을 한다.
  ㉡ 형용사구 : 구 표현이 명사를 수식하거나 보어 역할을 한다.
  ㉢ 부사구 : 구 표현이 '동사, 형용사, 다른 부사, 문장'을 수식하거나 '시간, 이유, 장소, 방법' 등의 의미를 갖는다.

[예]
- to make the future better (미래를 더 좋게 만들기 위해)
- about the world (세상에 관해)
- for 10,000 years ago (10,000년 전 동안)
- on the type of intellectual development (지적 발달의 유형에 대해)
- **To say a person is kind** is to say that he is gentle. (한 사람이 친절하다고 말하는 것은 그 사람이 점잖다고 말하는 것이다.)
- No one was **to be seen** on the street. (거리에선 아무도 볼 수 없었다.)
- An ability **to imagine** is related to applying our experience to some different situation. (상상하는 능력은 경험을 다른 상황에 적용하는 것과 관련되어 있다.)
- We will meet them **at this theater in an hour**. (우리는 한 시간 후 그들을 극장에서 만날 것이다.)
- We want to go **to Korea for winter vacation**. (우리는 겨울방학 동안 한국을 가고 싶다.)

(2) 절(clause)

① 주어와 동사를 갖추고 두 개 이상의 단어로 이루어진 문장을 말한다.
② 명사, 형용사, 부사 중 하나의 역할을 한다.
  ㉠ 명사절 : 절 표현이 주어, 목적어, 보어 역할을 한다.
  ㉡ 형용사절 : 절 표현이 명사를 수식하거나 보어 역할을 한다.
  ㉢ 부사절 : 절 표현이 '동사, 형용사, 다른 부사, 문장'을 수식하거나 '시간, 이유, 장소, 방법' 등의 의미를 갖는다.

[예]
- **Whether we regard it as a natural phenomenon or not** rests on certain assumptions. (우리가 그것을 자연현상으로 간주할지의 여부는 특정한 가정에 달려 있다.)
- Please give me a room **which commands a fine view**. (전망 좋은 방 하나 부탁합니다.)
- The women **who you mentioned** are all former employees. (네가 언급했던 그 여성들 모두 이전 직원들이다.)
- **After she graduates**, she will get a job. (그녀는 졸업한 후에 직업을 가질 것이다.)
- We stayed there **until we finished our work**. (우리 일을 마칠 때까지 거기에 머물렀다.)
- **As soon as he saw the fire**, he telephoned the fire department. (그는 화재를 보자마자 소방서에 연락했었다.)

제2절 문장 유형 : 1형식~5형식

1 1형식

(1) 주어 + 완전자동사 + [수식어구(전치사구)]

(2) 완전자동사

> ache, run, happen, occur, worsen, rise, dance, lie, sleep, wait, care, arrive, depart, disappear, hesitate, pause, rain, snow, collapse, sigh, yawn

[예]
- Pollution **worsens** every year. (오염은 해마다 심각해진다.)
- They **sleep** after finishing their assignment. (그들은 과제를 마친 후에 잔다.)
- It **snows** heavily all day long. (하루 종일 눈이 엄청 내린다.)
- The sun **rises** at 7:00 a.m. (해는 오전 7시에 뜬다.)

2 2형식

(1) 주어 + 불완전자동사 + 보어

(2) 보어는 형용사 또는 명사만 가능(부사는 절대 불가능)

(3) 감각(지각)동사

　① 주요 감각(지각)동사

> look, feel, sound, taste

　② 감각(지각)동사의 보어는 형용사만 사용 가능하다(단, look like + 명사).

(4) 기타동사 **중요**

> be, seem, become, get, appear, stand, fall, keep, go, turn, grow, remain, come, stay, prove

[예]
- Most of the people **remained silent**. (대부분의 사람은 조용히 있었다.)
- They **seem energetic** today. (그들은 오늘 힘이 넘쳐 보인다.)
- This medicine **tastes bitter**. (이 약은 쓴 맛이 난다.)
- He **turned pale** at the news. (그는 그 소식에 얼굴이 창백해졌다.)
- We finally **became this company employee**. (우리는 마침내 이 회사 직원이 되었다.)
- The scenery **was** unbelievably **beautiful**. (그 풍경은 믿기 어려울 정도로 아름다웠다.)
- Your dreams will **come true** in the near future. (당신의 꿈은 가까운 미래에 이루어질 것이다.)

3 3형식

(1) 주어 + 완전타동사 + 목적어 + (수식어구)

(2) 목적어는 명사, 명사구, 또는 명사절만 가능

(3) 완전타동사

> approach, discuss, marry, attend, address, inhabit, mention, reach, enter, resemble, await

(4) 주요 3형식 동사

> explain, confess, suggest, propose, introduce, announce, describe, provide, supply

[예]
- They **need freedom**. (그들은 자유가 필요하다.)
- Human beings **speak languages**. (인간은 언어를 말한다.)
- He **laid his hand** on his son's shoulder. (그는 아들 어깨에 손을 올려놓았다.)
- I **had a strange dream** yesterday. (나는 어제 이상한 꿈을 꾸었다.)
- I **explained the difficult situation**. (O) (나는 어려운 상황을 설명했다.)
  → I explained the difficult situation **to them**. (O) (나는 그들에게 어려운 상황을 설명했다.)
  → I explained them the difficult situation. (X)
- His daughter **resembles father**. (그의 딸은 아빠를 닮았다.)
  → His daughter **resembles after** father. (X)
- We **discussed the war** between Ukraine and Russia. (우리는 우크라이나와 러시아 간의 전쟁에 대해 논의했었다.)
  → We **discussed about** the war between Ukraine and Russia. (X)

4 4형식

(1) 주어 + 완전타동사(수여동사) + 간접목적어 + 직접목적어

(2) 목적어는 명사, 명사구, 또는 명사절만 가능

(3) '누구(일반적으로 사람 : 간접목적어)에게 무엇을(사물, 대상 : 직접목적어) ~한다'로 해석한다.

(4) 완전타동사(수여동사)

> hand, offer, give, sell, teach, buy, make, bring, choose, order, save, call, order, ask

[예]
- He **gave me a new book**. (그는 나에게 새 책을 주었다.)
- She **bought her son a set of Pokemon card**. (그녀는 아들에게 포켓몬 카드 세트를 사주었다.)
- They **asked me the way** to the bus terminal. (그들은 내게 버스터미널까지 가는 방법을 물었다.)

5 5형식

(1) 주어 + 불완전타동사 + 목적어 + 목적보어

(2) 목적보어로 사용되는 동사의 형태에 주목한다. `중요`

(3) 문장에 사용된 동사의 종류가 목적보어의 형태를 결정한다.

[예]
- My parents **call my little brother "HanSi"**. (부모님은 내 동생을 "한시"라고 부른다.)
- This blanket will **keep you warm**. (이 담요는 당신을 따뜻하게 해줄 것이다.)
- He **found this question easy**. (그는 이 문제가 쉽다는 것을 알았다.)

예제

다음 중 알맞은 것을 고르시오.

① He stood (wait, waiting) for the subway.
② I will let you (know, to know) what was decided.
③ The report proved (false, falsely).
④ She will (graduate, graduate from) medical school next year.
⑤ He stood (lean, leaning) against the desk.
⑥ Textbook and instructor remain (indispensable, indispensably) to education.
⑦ I find it (difficult, difficultly) to leave a book (unfinish, unfinished).
⑧ He had his watch (repair, repaired).
⑨ My father is an (eminent, eminently) sensible man.
⑩ We found a wild boar (catch, caught) in a trap.

정답

① waiting, ② know, ③ false, ④ graduate from, ⑤ leaning, ⑥ indispensable, ⑦ difficult, unfinished, ⑧ repaired, ⑨ eminently, ⑩ caught

예제

주어진 단어들을 배열하여 문장을 완성하시오.

① in the park / are / they / walking
   → _____.

② sounded / her voice / cheerful
   → _____.

③ often / that / I / people / tell / resemble my father / me
   → _____.

④ will / the concert tickets / he / me / give
   → _____.

⑤ the puzzle / difficult / I / found / to solve / it
   → _____.

정답

① They are walking in the park.
② Her voice sounded cheerful.
③ People often tell me that I resemble my father.
④ He will give me the concert tickets.
⑤ I found it difficult to solve the puzzle.

제3장 | 시제

| 단원 개요 |

동사 형태를 변화시켜 사건 또는 행동이 발생한 시점, 진행, 기간 등을 표현하는 것을 시제라 한다. 한국어와 달리 영어에는 12가지 시제가 있다. 시제의 쓰임과 핵심내용을 이해하면 문장 속 사건의 전·후 관계를 명확하게 이해하고, 문단 속 사건 전개의 흐름을 쉽게 파악할 수 있다. 본 장에서는 시험에 자주 출제되는 시제 표현을 중심으로 요점과 사용 환경을 정리하고, 관련 내용을 확인할 수 있는 다양한 유형의 문제를 학습한다.

| 출제 경향 및 수험 대책 |

첫째, 단순시제(현재, 과거, 미래)와 진행형의 핵심내용을 학습한다.
둘째, 진행형 불가 동사의 종류와 특징을 학습한다.
셋째, 완료형과 완료진행형의 개념과 특징을 학습한다.
넷째, 학습한 개념을 예문과 실전예상문제를 통해 반복해서 익히고 정리한다.

제1절 시제 유형과 형태

1 단순시제와 진행형

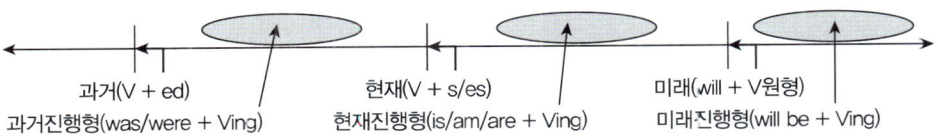

(1) 단순시제(simple tense)

① **현재** : V의 현재형(V + s/es)
   예) I **do** my best to realize dream. (나는 꿈을 실현하기 위해 최선을 다한다.)
② **과거** : V의 과거형(V + ed 또는 V의 불규칙 변화)
   예) I **did** my best to realize dream. (나는 꿈을 실현하기 위해 최선을 다했다.)
③ **미래** : will + V원형
   예) I **will do** my best to realize dream. (나는 꿈을 실현하기 위해 최선을 다할 것이다.)

(2) 진행형(progressive)

① **현재진행** : is/am/are + Ving
   예) I **am doing** my best to realize dream. (나는 꿈을 실현하기 위해 최선을 다하는 중이다.)

② **과거진행** : was/were + Ving

예 I **was doing** my best to realize dream. (나는 꿈을 실현하기 위해 최선을 다하는 중이었다.)

③ **미래진행** : will be + Ving

예 I **will be doing** my best to realize dream. (나는 꿈을 실현하기 위해 최선을 다하고 있을 것이다.)

2 완료시제와 완료진행형

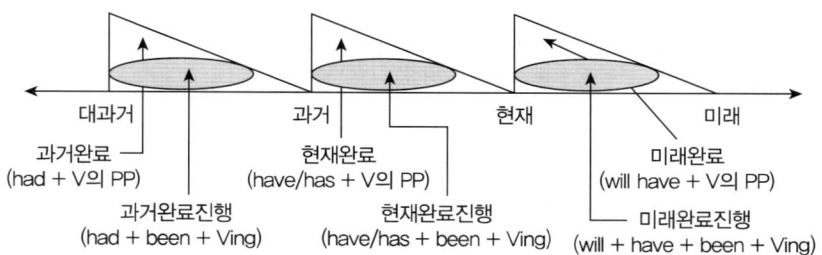

(1) **완료시제(perfect)**

① **현재완료** : have/has + V의 PP

예 I **have done** my best to realize dream. (나는 꿈을 실현하기 위해 최선을 다하고 있다.)

② **과거완료** : had + V의 PP

예 I **had done** my best to realize dream. (나는 꿈을 실현하기 위해 최선을 다해왔다.)

③ **미래완료** : will + have + V의 PP

예 I **will have done** my best to realize dream. (나는 꿈을 실현하기 위해 최선을 다하고 있을 것이다.)

(2) **완료진행형(perfect progressive)**

① **현재완료진행** : have/has + been + Ving

예 I **have been doing** my best to realize dream. (나는 꿈을 실현하기 위해 최선을 다하던 중이다.)
   → 동작의 지속성 강조

② **과거완료진행** : had + been + Ving

예 I **had been doing** my best to realize dream. (나는 꿈을 실현하기 위해 최선을 다해왔던 중이었다.)
   → 동작의 지속성 강조

③ **미래완료진행** : will + have + been + Ving

예 I **will have been doing** my best to realize dream. (나는 꿈을 실현하기 위해 최선을 다하고 있을 것이다.)
   → 동작의 지속성 강조

제2절 단순시제

1 현재시제

(1) 일반적 사실 또는 진리

[예]
- The moon **goes** around the Earth. (달은 지구 주위를 돈다.)
- Water **boils** at 100℃. (물은 100도에서 끓는다.)

(2) 반복적 행동 혹은 습관

[예]
- My daughter and son **greet** me before they go to bed. (내 딸과 아들은 잠자기 전에 내게 인사를 한다.)
- I **drink** a cup of coffee in the morning. (나는 아침에 커피 한잔을 마신다.)

(3) 시간, 조건의 부사절

[예]
- When I **arrive** in Seoul, I will visit you. (내가 서울에 도착하면 당신을 방문할 것이다.)
- If you need my help, **give** me a call. (제 도움이 필요하면 연락주세요.)

(4) 왕래발착 동사 중요

① 의미는 미래이지만 형태는 현재시제를 사용한다.
② 주요 왕래발착 동사

> end, come, arrive, depart, go, leave, meet, start, return

[예]
- The airplane **leaves** for Seoul tomorrow morning. (그 비행기는 내일 아침 서울로 출발한다.)
- The movie **starts** at 10:00, so let's go out after thirty minutes. (영화가 10시에 시작하니, 삼십 분 후에 나갑시다.)

(5) 제안/주장 동사 중요

① 구조

> 주절(제안/주장 동사) + 종속절(that + 주어 + (should) + 동사원형)

② '제안, 주장, 명령, 소망, 요구, 결정, 동의' 동사가 있다.
→ '제주명소요결동의'로 기억하자!('제주도의 명소는 요결동의다!'로 반복 학습)

제안	suggest, propose
주장	insist, persist
명령	order, command
소망	wish, intend
요구	require, ask, demand
결정	decide, determine
동의	agree, move

[예]
- The doctor agreed that the patient (should) **remain** in bed. (의사는 그 환자가 침대에 있어야 한다는 것에 동의했다.)
- I proposed that we (should) **take** the necessary action immediately. (나는 우리가 필수적 조치를 즉시 취해야 한다고 제안했다.)

③ 예외

suggest가 '암시하다'의 의미로, insist가 '과거 사실을 주장하다'의 의미로 해석될 때, 주절의 시제와 종속절의 시제를 일치시킨다.

[예] The professor suggested that rhetorical expressions **contained** implied meaning. (그 교수는 수사적 표현은 함축 의미를 포함한다고 암시했다.)

2 과거시제

(1) 과거의 사실 및 경험

'yesterday, last + 명사, ago, 특정 과거 시점(2003년)' 등과 함께 사용한다.
→ 해당 표현이 사용된 문장에서는 현재완료 또는 과거완료 사용이 불가하다.

[예]
- She **made** me bread this morning. (그녀는 오늘 아침 내게 빵을 만들어 주었다.)
- I **lived in** Seoul in 2018. (나는 2018년에 서울에서 살았다.)
- He **worried** too much about his test result last week. (그는 지난주 시험 결과에 대해 걱정을 너무 많이 했다.)

(2) 과거의 습관

예
- I often **washed** my car after working. (나는 퇴근 후 세차를 하곤 했다.)
- She **would take** her dog for a walk after dinner. (그녀는 저녁 식사 후 산책하기 위해 강아지를 데리고 나가곤 했다.)

(3) 역사적 사실

예
- Leonardo da Vinci **painted** the Mona Lisa. (레오나르도 다빈치는 모나리자를 그렸다.)
- Korea's soccer team **made** it to the second round match in the 2022 World Cup. (한국 축구 대표팀은 2022년 월드컵에서 16강에 진출했다.)
- Columbus **reached** America in 1492. (콜럼버스는 1492년에 아메리카에 도착했다.)

3 미래시제

(1) will : 단순 또는 의지미래

미래의 일을 추측하거나 화자의 의지나 고집에 의한 순간적 결정을 말한다.

예
- It **will be** sunny tomorrow. (내일은 화창할 것이다.)
- If I finish it early, I **will drop** by tonight. (내가 일찍 마치면 오늘 밤 잠시 들를게.)
- A : I'm so tired. (피곤해.)
  B : **I'll get** you some coffee. (커피 좀 갖다 줄게.)

> **더 알아두기**
>
> will과 be going to의 차이점
> ① will : 미래의 일에 대한 화자의 의지 또는 순간적 결정을 전달할 때 사용한다.
> ② be going to : 말하는 시점 이전부터 화자의 이전 계획을 전달할 때 사용한다.
>
> 예
> - A : Let's go for a walk. (산책하러 나가자.)
>   B : I **will be** ready in just a few minute. (몇 분 이내로 준비할게.)
> - A : We **are going to go** to Jeju island tonight. Do you want to join us? (우리 오늘 밤 제주도로 떠날 예정이야. 같이 갈래?)
>   B : Sure, I don't have any plans. (좋지, 특별한 계획이 없어.)

(2) 계획된 일정

① 계획된 일정을 언급할 때, 현재진행형(be + Ving)을 사용한다.
② 일반적으로, 미래를 나타내는 부사 표현('next + 명사, tomorrow' 등)과 함께 사용한다.

[예]
- She **is entering** a speech contest next month. (그녀는 다음 달에 말하기 대회에 참가할 것이다.)
- **Are** you **seeing** your friend tomorrow? (너는 내일 친구를 만날 거니?)

제3절 진행형

1 현재진행

> am/is/are + Ving(~하는 중이다)

(1) 과거에 시작한 일이 해당 사건을 말하는 시점에도 진행 중일 때 사용한다(단, 일시적 움직임을 묘사한다).

[예]
- My children **are dancing** with watching Youtube. (내 아이들은 유튜브를 보면서 춤을 추는 중이다.)
- He **is traveling** with his parents in England this week. (그는 이번 주 부모님과 함께 영국에서 여행 중이다.)

(2) 이미 확정된 또는 계획된 인접한(가까운) 미래를 표현할 때 사용한다.

[예] I **am taking** my first swimming lesson tomorrow. (나는 내일 첫 수영 강습을 들을 거야.)
= I will take my first swimming lesson tomorrow.

> **더 알아두기**
>
> **단순현재와 현재진행의 차이점**
> ① 단순현재 : 현재의 상태, 습관, 일상을 표현하며, 빈도 부사와 함께 사용한다.
> ② 현재진행 : 일시적 움직임 또는 일정 기간의 동작 및 상태 변화를 표현하며, 빈도 부사와 함께 사용한다(단, 빈도 부사 always와 함께 사용되면 '불만'을 의미하기도 한다).
>
> [예]
> - She **drives** her son to soccer class every Monday. (그녀는 월요일마다 아들을 축구 교실까지 차로 태우고 간다.)
> - He **is driving** the Jaguar of his sister. (그는 누나의 재규어 차를 운전하는 중이다.)
> - He **is always borrowing** my cellphone. (그는 늘 내 휴대폰을 빌린다. → 그래서 불만이다.)

(3) 진행형 불가 동사 중요

'소유, 유사, 인지, 지각, 감정, 필요, 존재' 동사가 있다.
→ '소유인지감필존'으로 기억하자!

소유	belong, possess, own
유사	seem, look like, resemble
인지	know, believe, doubt, recognize, remember, suppose, understand, agree, disagree, mean promise
지각	hear, sound
감정	like, appreciate, care about, please, prefer, dislike, fear, hate, mind, amaze, surprise
필요	need, desire, want, wish
존재	exist, matter

예
- I **hear** you loud and clear. (나는 너의 말이 크고 분명하게 들린다.)
- He **owns** the car with license plate number 1234. (그는 1234 번호판을 단 차를 소유하고 있다.)

> **더 알아두기**
>
> **현재진행과 단순현재 모두 가능한 동사**
>
> ① 동사 'look, appear, think, feel, have, see, taste, smell, love, be'는 진행형 불가 동사이지만, 현재진행시제와 단순현재시제로 모두 사용이 가능하다.
> ② 현재진행 : 행동의 일시적 상황 또는 움직임을 묘사한다.
> ③ 단순현재 : 행동의 상태를 묘사한다.
>
> 예
> - I **have** two desktop computers. (나는 두 대의 컴퓨터를 가지고 있다.) <상태>
> - They **are having** sandwiches. (그들은 샌드위치를 먹는 중이다.) <일시적 상황>
> - I **think** that she is a good teacher (나는 그녀가 좋은 선생님이라 생각한다. <상태>
> - I **am thinking** of myself. (나는 내 자신에 대해 생각하고 있어.) <일시적 상황>
> - This food **tastes** a bit salty. (이 음식은 맛이 약간 짜다.) <상태>
> - The cook **is tasting** this food. (요리사가 이 음식을 맛보는 중이다.) <일시적 상황>

2 과거진행

> was/were + Ving(~하는 중이었다)

(1) 과거에 시작되어 과거 특정 시점에서 종료된 행동의 일시적 움직임을 묘사한다.
   예
   • I **was playing** soccer with my son. (나는 아들과 축구를 하던 중이었다.)
   • He **was watching** movie with her. (그는 그녀와 함께 영화를 보던 중이었다.)

(2) 두 사건 사이의 시간 차이를 묘사한다.
   ① 먼저 일어난 사건은 과거진행을 사용한다.
   ② 이후에 일어난 사건은 단순과거를 사용한다.
   예 While he **was having** lunch, his parents came home. (그가 점심을 먹던 중에 부모님이 집에 오셨다.)
   → 일의 순서 : having lunch가 먼저 일어난 일이고 came home이 이후에 일어난 일이다.

(3) 주절과 부사절 모두 과거진행이 사용될 때, 특정 시점에서 두 가지 일이 동시에 진행되는 것을 표현한다.
   예 While professor Han **was studying** in his office, a student **was taking** a quiz. (한 교수님이 연구실에서 공부하고 있는 동안, 한 학생은 퀴즈를 풀던 중이었다.)

3 미래진행

> will be + Ving 또는 be going to + be + Ving(~하고 있을 것이다)

(1) 미래 특정 시점에 있을 행동의 일시적인 움직임을 묘사할 때 사용한다.
   예
   • We will take this exam from 1 p.m. to 3 p.m. He will monitor us at 1 p.m. (우리는 한 시부터 세 시까지 시험을 볼 것이다. 그는 한 시에 우리를 감독할 것이다.)
   → We **will be taking** this exam when he monitors us. (그가 우리를 감독할 때, 우리는 시험을 보고 있을 것이다.)
   • She **is going to be studying** English pragmatics this year. (그녀는 올해 영어 화용론을 공부할 것이다.)

(2) 단, 시간부사 표현과 함께 사용되지 않을 때 혹은 미래시간을 확인할 수 없을 때, 미래진행과 단순미래는 유사한 의미로 사용된다.
① **미래진행** : He will be writing paper at his office. (그는 연구실에서 논문을 쓰고 있을 거야.)
② **단순미래** : He will write paper at his office. (그는 연구실에서 논문을 쓰고 있을 거야.)
→ 문장 ①(미래진행)과 ②(단순미래)에 사용된 시제 표현은 다르지만, 문장에 시간의 부사 표현 또는 미래시간을 확인할 수 있는 표현이 없으므로 두 시제는 같은 의미로 해석된다.

제4절 완료형

1 현재완료

have/has + 과거분사(V의 PP)

(1) 과거에 시작된 일이 현재를 기준으로 완료 또는 계속되는 상태를 묘사하거나 현재까지의 경험 또는 현재에 미치는 결과를 묘사할 때 사용한다.
① **완료**
부사 'already, just, yet' 등과 함께 사용한다.
[예]
- I **have** just **finished** writing a report of this project. (나는 방금 이 프로젝트에 대한 보고서 작성을 마쳤다.)
- He **has stopped** playing the game. (그는 게임하는 것을 멈췄다.)
② **계속**
'for, since + 기간 표현'과 함께 사용한다.
[예]
- The Maple Leaf **has been** Canada's official flag since 1965. (1965년 이후로 단풍잎은 캐나다 국기가 되었다.)
- She **has treated** sick people in Africa for over ten years. (그녀는 10년 넘게 아프리카에서 아픈 사람들을 치료하고 있다.)

③ 경험

부사 'ever, never, yet, still, before, once, twice' 등과 함께 사용한다.

[예]
- I **have** never **tried** them. But I have tried red sea bream three times. (나는 그것을 먹어본 적이 없다. 하지만 도미는 세 번 먹어봤다.)
- **Have** you ever **climbed** Mt. Everest? (에베레스트를 오른 적이 있나요?)

④ 결과

[예]
- He **has lost** his enthusiasm about linguistics. (그는 언어학에 대한 열정을 잃었다. → '그래서 지금은 언어학에 관심이 없다.')
- He **has gone** fishing. (그는 낚시하러 갔다. → '그래서 그는 지금 이곳에 없다.')

(2) 시간과 조건의 부사절에서 현재완료가 미래완료의 대용 표현으로 사용된다.

[예] I will pay him as soon as he **has finished** the work. (그가 업무를 마치면 나는 그에게 비용을 지급할 것이다.)

= I will pay him as soon as he **finishes** the work.

(3) 명확한 과거를 나타내는 표현(yesterday, last + 명사 등)과 함께 사용하지 않는다. 〔중요〕

[예]
- He **has stopped** smoking **yesterday**. (X)
  → He **stopped** smoking **yesterday**. (O) (그는 어제 담배를 끊었다.)
- **When have** you **seen** my dog? (X)
  → **When did** you **see** my dog? (O) (당신이 언제 나의 강아지를 보셨나요?)

2 과거완료

> had + 과거분사(V의 PP)

일반적으로, 과거완료는 시간의 차이가 존재하는 두 가지 사건을 언급할 때 사용한다.

[예]
- When I got home last night, I found that someone **had broken** into my house. (내가 어젯밤에 집에 도착했을 때, 누군가가 집에 침입했던 것을 알게 되었다.)
- She did not like to go to the library because she **had already studied** in her room. (그녀는 방에서 이미 공부를 했었기 때문에 도서관에 가기 싫었다.)

3 미래완료

> will have + 과거분사(V의 PP)

과거 또는 현재의 일 또는 미래에 진행될 일이 미래 특정 시점까지 계속될 때 사용한다.

[예]
- We **will have arrived** in Spain by this time next year. (우리는 내년 이맘때까지는 스페인에 도착해 있을 것이다.)
- She **will have seen** much of the world by that time. (그녀는 그때까지면 세상 물정을 많이 알게 되었을 것이다.)
- I **will have completed** to write this book by July. (칠월쯤, 나는 이 책 집필을 완료할 것이다.)

제5절 완료진행

1 현재완료진행

> have/has + been + Ving(~하던 중이다)

(1) 과거에 시작한 일이 현재까지 지속되고 있는 것을 묘사할 때 사용한다.

(2) 현재완료진행은 현재완료와는 다르게 묘사하는 동작의 지속성과 역동성을 강조한다.

[예]
- He **has been swimming** in this pool for twenty minutes. (그는 이 수영장에서 이십 분 동안 계속 수영하는 중이다. → 이십 분 동안 멈춤 없이 수영을 지속하고 있다는 의미가 강하다.)
- He **has swum** in this pool for twenty minutes. (그는 이 수영장에서 이십 분 동안 수영을 하고 있다. → 이십 분 동안 수영을 한 것은 맞으나 중간에 잠시 쉬었다 수영을 하는 등의 동작을 의미할 수 있다.)

2 과거완료진행

> had + been + Ving (~하던 중이었다)

대과거에서 시작한 일이 특정 과거 시점까지 지속되고 있는 것을 묘사할 때 사용한다.

[예]
- It **had been raining** for three days when I reached the Jeju island. (내가 제주도에 도착했을 때, 3일간 계속 비가 내리고 있었던 중이었다. → 3일 동안 비가 멈추지 않고 계속 내리고 있었던 의미가 강하다.)
- It **had rained** for three days when I reached the Jeju island. (내가 제주도에 도착했을 때, 3일간 비가 내리고 있었다. → 3일 동안 비가 내린 것은 맞으나 잠시 비가 멈췄다가 다시 내리는 등의 상태를 의미할 수 있다.)

3 미래완료진행

> will + have + been + Ving (~하고 있을 것이다)

과거 또는 현재의 일 또는 미래에 진행될 일이 미래 특정 시점까지 지속되고 있는 것을 묘사할 때 사용한다.

[예]
- It **will have been raining** for a week tomorrow. (내일이면 한 주 동안 비가 계속 내리게 되는 셈일 것이다. → 내일까지 비가 오게 되면 일주일 동안 비가 멈추지 않고 계속 내리게 될 것이란 의미가 강하다.)
- It **will have rained** for a week tomorrow. (내일이면 한 주 동안 비가 내리게 되는 셈일 것이다. → 일주일 동안 비가 내린 것은 맞으나 잠시 비가 멈췄다가 다시 내리는 등의 상태를 의미할 수 있다.)

예제

다음 중 알맞은 것을 고르시오.

① My dream vacation is finally here, but not everything (is, was) going well.
② I (arrive, arrived, have arrived) six hours ago, but I'm still in the departure lounge.
③ The forecaster (has expected, had expected) the storm to pass, but it was snowing.
④ I will put off my departure if it (snows, will snow) tomorrow.
⑤ Turkey (was, has been) a republic since 1923.
⑥ There (have been, has been) many changes around here since I was a child.
⑦ From the beginning of time tide (ebbed and flowed, has ebbed and flowed).
⑧ There (was, had been) once a beggar who had tried many ways to get money.
⑨ We do not know the value of health until we (lose, will lose) it.
⑩ I had not waited long before he (come, came).

정답

① is, ② arrived, ③ had expected ④ snows, ⑤ has been, ⑥ have been, ⑦ has ebbed and flowed, ⑧ was, ⑨ lose, ⑩ came

---

예제

틀린 부분 하나를 찾아 어법상 바르게 고쳐 주어진 문장을 다시 쓰시오.

① I wonder whether she comes back or not.
  → _____.
② By the time you arrive here I will start.
  → _____.
③ He is usually going to his office on foot.
  → _____.
④ Prices rose ten times as high as ten years ago.
  → _____.
⑤ It will not be long before our firm will break even.
  → _____.

정답

① I wonder whether she <u>will come</u> back or not.
② By the time you arrive here I <u>will have started</u>.
③ He <u>usually goes</u> to his office on foot.
④ Prices <u>have risen</u> ten times as high as ten years ago.
⑤ It will not be long before our firm <u>breaks</u> even.

제 4 장 | 품사

| 단원 개요 |

품사(parts of speech)는 문장을 구성하는 각 단어의 기능과 의미를 기준으로 단어를 분류한 것이다. 영어에는 8가지 품사가 있는데, '명사, 대명사, 형용사, 부사, 동사, 전치사, 접속사, 감탄사'이다. 각 단어의 품사를 구별하는 것은 문장의 중요 구성요소를 이해하고, 문장에서 사용된 각 단어의 기능과 그 쓰임을 정확하게 이해하는 데 필수적이다. 본 장에서는 '명사, 대명사, 형용사, 부사, 동사, 전치사, 접속사'의 주요 기능과 내용을 살펴본다.

| 출제 경향 및 수험 대책 |

첫째, 주어의 역할을 하는 명사, 대명사와 수식어 역할을 하는 형용사, 부사를 이해한다.
둘째, 시제와 주어의 수를 나타내는 동사의 역할을 이해한다.
셋째, 전치사와 접속사를 이해한다.
넷째, 학습한 개념을 예문과 실전예상문제를 통해 반복해서 익히고 정리한다.

제1절 명사, 대명사, 형용사, 부사

1 명사

'사람, 동물, 장소' 등을 가리키는 품사로 일반적으로 명사는 보통명사와 고유명사로 구분되며, 가산명사와 불가산명사로 구분된다.

(1) 가산명사

셀 수 있어 수의 개념을 적용받는 명사를 말한다.

① **사람, 신체** : professor, doctor, member, boy, girl, friend, hand, foot
② **동물** : tiger, dog, cat, lion, giraffe, zebra, dolphin, shark, eagle, sparrow
③ **사물** : book, phone, computer, desk, chair, cup, tree, cake

(2) 불가산명사

추상적이거나 덩어리여서 분리할 수 없는 명사로, 복수형이 없는 명사를 말한다.

① **물질명사** : water, milk, beer, tea, blood, air, oxygen, smoke, nitrogen, heat, bread, meat, chalk, glass, land, ice, chicken, beef, wood, cotton, paper, rice, flour, salt, sugar, hair
② **추상명사** : beauty, happiness, honesty, courage, pride, fun, intelligence, anger, advice, work, information, experience, education, music, news, nature, weather, temperature, humidity, behavior, history, law, medicine, research

③ 단위명사

불가산명사의 수량을 표현하는 명사를 말한다.
- ㉠ 불가산명사 : a piece of chalk/furniture, three pieces of toast, a loaf of bread, a sheet of paper, a cup of coffee, a bowl of rice, a spoonful of sugar, an item of news
- ㉡ 가산명사 : a pair of cattle, a flock of birds, a school of fish, a pair of pants, a pair of socks, a pair of glasses, a pair of sandals

[예]
- I need to drink **a cup of coffee**. (나는 커피 한 잔을 마실 필요가 있다.)
- I need **a new pair of pants**. (나는 새 바지 한 쌍이 필요하다.)

(3) 집합명사 〔중요〕

사람, 동물, 사물 등이 모인 한 집단을 가리키는 명사를 말하며, 단수로 취급한다. 부정관사 a/an을 사용할 수 없으며, 수나 양을 표현할 때 불가산명사 취급한다.

① 종류
- ㉠ 사람, 단체 : family, staff, class, team, audience, committee, tribe, government, community, club, council, jury
- ㉡ 동물, 사물 : cattle, baggage, clothing, furniture, merchandise, machinery, fruit, garbage, bread

② 단수로 취급하는 경우

[예]
- The **family** says grace before every meal. (그 가족은 매 식사 전에 기도를 드린다.)
- The **class** is lively. (그 반은 활기차다.)
- The **couple** has no children. (그 커플은 아이가 없다.)
- **Furniture** is made of wood and it is used in many ways. (가구는 나무로 만들어지고 다방면으로 사용된다.)
- **Cattle** grazes and farmers are busy cleaning. (소들이 풀을 뜯고 농부들은 청소하느라 바쁘다.)

③ 복수로 취급하는 경우

[예]
- My **family** have never been able to agree. (내 가족 구성원들은 결코 동의할 수 없었다.)
- Our **staff** are all trained to handle emergency situations. (우리 직원들 모두 응급상황을 대처하기 위해 훈련을 받았다.)

(4) 고유명사

① 사람, 사물, 장소 등의 이름을 표시하는 명사를 말한다.
② 대문자로 사용하며 한정사(a, the)와 함께 사용하지 않는다.
- ㉠ 지명 : Asia, Africa, Europe, America, England, Canada, China, Texas, Gyeonggi-do, Busan, Seoul, Wall Street

ⓒ 월, 일, 주, 해(년) : February, Friday, New Year's Day, Christmas, Easter
ⓒ 언어, 경기 : English, Korean, Japanese, soccer, volleyball, baseball, judo
ⓔ 산, 호수, 공항, 역, 공원 : Halla Mountain, Ilsan Lake, Central Park, Kimpo International Airport, Gimhae International Airport, Incheon International Airport, Busan Station, Hudson Bay, Sydney Opera House
ⓜ 회사, 기관, 단체 : Mercedes Benz, BMW, LG, KB, Microsoft, Google, Daum, Naver, Ministry of foreign affairs, National Rifle Association

(5) 단수명사

하나를 가리키며 명사 뒤에 어미변화가 없다.

① 부정관사(a 또는 an) 수식 : a week, one book
② 한정사(the, 소유격) 수식 : the class, the computer
③ 형태는 복수지만 단수로 취급하는 명사
   ㉠ 학문명 : mathematics, economics, politics, physics, statistics, ethics
   ㉡ 게임 : billiards, dominoes, darts
   ㉢ 질병 : measles, rickets, diabetes, rabies, mumps
   ㉣ 나라명 : Greece, Italy, the United States, the Netherlands

[예]
- **Mathematics** requires us accuracy. (수학은 우리에게 정확성을 요구한다.)
- **Diabetes** is a disease in which the body does not produce insulin. (당뇨는 신체가 인슐린을 만들지 않는 질병이다.)

(6) 복수명사

하나 이상을 가리키며 명사 뒤에 어미변화가 있는 경우와 없는 경우가 있다.

① 단독 복수형(단수형과 복수형 존재) : board-boards, chapter-chapters, pencil-pencils
② 어미변화 없는 복수 명사 : people, cattle, poultry, police, clergy
③ 단수형과 복수형 동일 명사 : sheep, deer, fish, means, series, species, media, data
④ 항상 복수형 명사
   ㉠ 이중명사 : pants, trousers, jeans, shorts, glasses, scissors, pliers, scales
   ㉡ 합계명사 : savings, riches, wages, means, goods, belongings, ashes, remains, greetings, thanks, congratulations, regards, manners, stairs, cosmetics

[예]
- We saw a thousand **sheep** cross the road. (우리는 천 마리의 양이 길을 건너는 것을 보았다.)
- **Pandas** are an endangered species. (판다는 위기에 처한 종이다.)
- You need to understand what the **media** is all about. (당신은 그 매체가 무엇에 관한 것인지를 이해할 필요가 있다.)

- The **police** are after you. (경찰이 당신을 쫓고 있다.)
- She said he had **manners**. (그녀는 그가 예의가 있었다고 말했다.)

(7) 단수형과 복수형의 의미가 다른 명사

단수형	의미	복수형	의미
communication	의사소통	communications	통신(기관)
facility	기능	facilities	시설
custom	관습	customs	관세
spirit	정신	spirits	기분
cloth	천	clothes	의복
arm	팔	arms	무기

[예]
- He walked upstairs to change his **clothes**. (그는 옷을 갈아입기 위해 위층으로 올라갔다.)
- **Communication** is the key for enhancing relationships between people. (소통은 대인관계를 개선하는 데 결정적 요인이다.)

2 대명사

이전 문장에서 사용된 명사를 대신하여 사용하는 명사로서 대명사의 수와 격을 정확하게 이해해야 한다.

(1) 인칭대명사

화자를 중심으로 1·2·3인칭이 있으며, '주격, 소유격, 목적격, 소유대명사'가 있다.

① **일반인을 나타내는 대명사** : we, they, you
② **It의 쓰임**
  ㉠ 비인칭대명사 : 날씨, 시간, 거리 등을 나타낸다.
    [예] **It** rains on and off. (비가 오락가락 한다.)
  ㉡ '가주어/진주어', '가목적어/진목적어', 'It ~ that 강조용법'
    [예]
    - **It** is natural for a child to fear injection. (아이가 주사를 두려워하는 것은 당연하다.)
    - **It** is certain that he will come here. (그가 여기 올 것은 확실하다.)
    - He thought **it** interesting to play the soccer. (그는 축구하는 것을 흥미롭게 생각했다.)
    - You will find **it** pleasant talking with her. (당신은 그녀와 이야기 나누는 것이 즐겁다는 것을 알게 될 것이다.)
    - **It** is he that helps the poor without any purpose. (아무 목적 없이 가난한 사람들을 도와주는 이는 다름 아닌 바로 그 사람이다.)

③ 소유대명사
  ㉠ '소유격 + 명사'를 대신하여 하나의 단어로 표현하는 명사를 말한다.
  ㉡ mine, yours, his, hers, ours, theirs
    예 You have your opinion, and I have **mine**(= my opinion). (당신은 당신의 의견이 있고, 나는 나의 의견이 있다.)
④ 재귀대명사
  ㉠ 강조용법
    예 The house **itself** was humble. (그 집 자체는 초라했다.)
  ㉡ 재귀용법
    예 He laughed at **himself**. (그는 자신을 비웃었다.)
  ㉢ 관용적 표현 : by oneself(혼자서, 홀로), for oneself(스스로, 자신을 위해), in itself(그 자체로), of itself/by itself(저절로), beside oneself(제정신이 아닌), pride oneself on(자랑스러워하다), present oneself at(참석하다), avail oneself of(이용하다), help yourself(마음껏 드세요)
    예 He completed the work **by himself**. (그는 혼자서 그 일을 완수했다.)

(2) 지시대명사

화자를 중심으로 지시하는 대상까지의 거리에 따라 가까운 곳에 있는 대상을 가리킬 때는 this/these를 사용하고, 먼 곳에 있는 대상을 가리킬 때는 that/those를 사용한다.

① this/these : 가까운 장소, 시간, 대상
  예
  - **This** is the book I want to read. (이것은 내가 읽고 싶은 책이다.)
  - **These** are the children I told you about. (이 아이들이 내가 이야기했던 그 아이들이다.)
  - **This** is my friend, John. (이 분은 제 친구 John이에요.)
  - Who is **this**, please? - **This** is Mr. Han. (누구세요? - 저는 한 씨입니다.)

② that/those : 먼 장소, 시간, 대상
  예
  - I don't like **this**. Show me **that**. (전 이건 마음에 들지 않네요. 저것을 보여주세요.)
  - **That** was the right we went to the opera. (저기가 우리가 오페라를 보러 갔던 바로 그곳이었다.)
  - **Those** who arrive late cannot be admitted until the intermission. (늦게 도착한 저 사람들은 휴식 시간까지는 입장할 수 없다.)

③ such
  ㉠ such A as B(B와 같은 A)
  ㉡ such as(가령 ~와 같은)
  ㉢ such + 명사 + that : 너무 ~하므로
    = so + 형용사(부사) + that

예
- He is only a child and should be treated as **such**. (그는 아이이기 때문에 그렇게 대해야 한다.)
- She is **such** a polite girl **that** everybody loves her. (그녀는 너무 공손한 소녀여서 모든 사람들이 그녀를 좋아한다.)

(3) 부정대명사 중요

지시하는 대상을 정확하게 가리킬 수 없을 때 사용하는 대명사이며, 'one, another, the other, the others, others, some' 등이 있다.

① one

일반인 주어 또는 'a + 명사 = one'을 나타낸다.

예
- **One** should obey one's parents. (사람은 자신의 부모에게 복종해야 한다.)
- I'm looking for a house. I'd like **one** with a beautiful garden. (나는 집을 찾는 중이다. 나는 아름다운 정원이 있는 집을 원한다.)

② the other(남은 것 하나), others(남은 것 모두), the others(남은 것들), another(세 개 이상에서 또 다른 하나), each other(둘 중에서 서로서로), one another(셋 이상에서 서로서로), one thing ~ another(~하는 것과 ~하는 것은 별개이다), the one ~ the other(전자는 ~ 후자는 ~)

예
- **One** of their children is 12 years old, and **the other** is 8 years old. (그들의 아이 중 한 명은 12살이고, 다른 한 명은 8살이다.)
- This is not good enough. Show me **another**. (이것은 만족스럽지 않네요. 다른 것을 보여주세요.)
- **Some** people like swimming; **others** do not. (몇몇 사람들은 수영하는 것을 좋아하지만 다른 사람들은 그렇지 않다.)
- She is here. Where are **the others**? (그녀는 여기에 있습니다. 나머지 분들은 어디에 계시나요?)
- To love is **one thing**, and to marry is **another**. (사랑하는 것과 결혼하는 것은 별개이다.)
- They help **one another**. (그들은 서로를 돕는다.)
- They keep horses and cattle; **the one** for riding, **the other** for food. (그들은 말과 소떼를 기른다. 전자는 타기 위함이고, 후자는 먹기 위함이다.)
- **One** is red, **another** is white, **the other**(a third) is green. (첫 번째는 빨간색, 또 다른 하나는 하얀색, 나머지 하나는 초록색이다.)

③ some, any

㉠ some : 긍정문, 의문문(긍정의 답을 예측하거나 권유, 의뢰)
㉡ any : 의문문, 부정문, 조건문

예
- Would you like **some** more bread? (빵 좀 더 드실래요?)
- You can read the book at **any** library. (당신은 어느 도서관에서나 그 책을 읽을 수 있다.)

④ none, no
　㉠ none : 단독으로 쓰이는 부정대명사이며, no one의 뜻으로 단수·복수 모두 사용 가능
　㉡ no : 명사와 함께 사용되는 형용사
　[예]
　　• **None** have succeeded in solving this problem. (아무도 이 문제를 해결하는 데 성공하지 못했다.)
　　• There were **no** clouds in the sky. (하늘에 구름 한 점 없었다.)

⑤ each, every, all
　㉠ each : 각자, 각각
　　ⓐ 'each of + the 복수명사'가 주어로 사용될 때, 단수 취급한다.
　　ⓑ 'each + 단수명사'가 주어로 사용될 때, 단수 취급한다.
　㉡ every : 누구나 다
　　ⓐ 'every + 단수명사'가 주어로 사용될 때, 단수 취급한다.
　　ⓑ 'every one of + the 복수명사'가 주어로 사용될 때, 단수 취급한다.
　㉢ all : 모든
　　ⓐ 'all of + the 복수명사'가 주어로 사용될 때, 복수 취급한다.
　　ⓑ 'all of + the 불가산명사'가 주어로 사용될 때, 단수 취급한다.
　[예]
　　• **Each** of the boys in this classroom has his own notebook. (이 교실의 학생 각각은 자신의 노트북을 가지고 있다.)
　　• **Each** of the guests tried to flatter her. (손님들 각각은 그녀를 치켜세우려고 노력했다.)
　　• **Every** man is not polite. (모든 사람이 다 공손한 것은 아니다.)
　　• **Every one** of your books is on the desk. (너의 책 각각은 책상 위에 있다.)
　　• Write answer on **every** other line. (한 줄 걸러 답을 쓰시오.)
　　• **All** of the students were present. (모든 학생들이 참석했다.)
　　• **All** of the water was dehydrated. (모든 물이 건조되었다.)

3 형용사

명사나 대명사의 특성, 상태, 모양을 설명하는 품사이다. 형용사는 명사 또는 대명사를 한정하여 수식하거나 문장에서 주어 또는 목적어를 보충하는 서술적 기능을 한다.

(1) 용법

① **한정용법**
  ㉠ 명사나 대명사의 앞 또는 뒤에서 수식
  ㉡ 한정용법에만 사용되는 형용사

> drunken, golden, woocen, woolen, elder, former, latter, only, inner, outer, upper, very, sole, utmost, lone, mere

[예]
- the main point(중요점), the outer world(바깥 세상), the chief goal(주요 목적), the former president(이전 대통령)
- There are some problems of **aggressive people** living here. (여기에 거주하는 공격적인 사람들의 문제가 있다.)
- There is **something sharp** in my finger. (내 손가락에 날카로운 무언가가 있다.)

② **서술용법** 중요
  ㉠ 주격 보어 또는 목적격 보어
  ㉡ 서술용법으로만 사용되는 형용사

> afraid, alike, alive, alone, asleep, ashamed, awake, aware, content, fond, unable, liable, worth, ablaze

[예]
- The house was **afire**. (그 집은 불에 타고 있었다.)
- These boys are **alike**. (이 소년들은 닮았다.)
- We are all **worried** about his children. (우리는 그의 아이들에 대해 걱정한다.)

> **더 알아두기** 중요
>
> 다음 형용사는 한정용법과 서술용법으로 모두 사용 가능하지만, 문장 구조에 따라 의미가 달라진다.
> ① concerned : 관련 있는 / 염려하는
>   ㉠ 서술 : He gave thanks to people **concerned** in this event. (그는 이 행사와 관련된 사람들에게 감사를 전했다.)
>   ㉡ 한정 : The **concerned** parents gathered here. (염려하는 부모들이 여기에 모였다.)
> ② faint : 정신을 잃은 / 희미한
>   ㉠ 서술 : I felt **faint** for a moment. (나는 잠시 정신을 잃었다.)
>   ㉡ 한정 : There was a **faint** light in the gloom. (어둠 속에 희미한 불빛이 있었다.)
> ③ certain : 확실한 / 어떤
>   ㉠ 서술 : His resignation is quite **certain**. (그의 사임은 꽤 확실하다.)
>   ㉡ 한정 : A **certain** man opened the door. (어떤 사람이 문을 열었다.)
> ④ late : 늦은 / 작고한
>   ㉠ 서술 : She was **late** for school. (그녀는 학교에 늦었다.)
>   ㉡ 한정 : The **late** president was respected by many people. (작고한 그 대통령은 많은 사람들에게 존경을 받았다.)
> ⑤ present : 참석한 / 현재의
>   ㉠ 서술 : This is a list of the people **present**. (이것은 참석한 사람들의 명단이다.)
>   ㉡ 한정 : We discussed the **present** situation. (우리는 현재 상황을 논의했다.)

(2) 전치사구를 취하는 형용사

of를 취하는 형용사	fond, ashamed, conscious, aware, afraid, convinced, sure, full, weary
at을 취하는 형용사	annoyed, dismayed, angry, bad, good
in을 취하는 형용사	interested, successful, versed
with를 취하는 형용사	acquainted, disappointed, compatible, pleased, fed up
to를 취하는 형용사	subject, indifferent, devoted, dedicated, accustomed, addicted
for를 취하는 형용사	ready, late
on을 취하는 형용사	keen, based, dependent

예
- Turkey is not compatible with European culture. (터키는 유럽 문화와 조화할 수 없다.)
- They were interested in the show. (그들은 이 쇼에 관심이 있었다.)

(3) 어순

① 여러 개의 형용사들이 사용될 때는 명사 뒤에 오는 경우가 있다.
  예 She is a lady beautiful, diligent, and wise. (그녀는 아름답고, 근면하고 현명한 여인이다.)
② -thing, -body로 끝나는 명사는 뒤에서 수식한다.
  예 We have something special to tell you. (우리는 당신에게 말할 특별한 무언가가 있다.)

③ 최상급, all, every 등을 한정할 때, 뒤에서 수식한다.
　예 I often use the latest information available. (나는 종종 활용 가능한 최신 정보를 이용한다.)
④ '주격관계대명사 + be동사'가 생략된 구조가 있다.
　예 I have a letter (which was) written in English. (나는 영어로 쓰인 편지가 있다.)
⑤ 한 문장 안에서 여러 개의 형용사가 하나의 대상(명사, 대명사)에 대해 수식하는 말로 함께 사용될 때, '지수대성신기재' 순서로 형용사를 나열한다.
　㉠ 지수대성신기재 : 지시/수량/대소/성상/신구/기원/재료 + 명사
　㉡ 지시(this, that, these, those 등)/수량(many, few, little, much, two, twenty, some 등)/대소(small, large, big, tiny 등)/성상(honest, happy, reliable, red, blue, round, square 등)/신구(new, old 등)/기원(Korean, American 등)/재료(wooden, cotton, plastic 등)
　예
　• those two large old stone houses (저기 두 채의 커다란 오래된 돌로 만들어진 집)
　• three big round plastic chairs (세 개의 커다란 둥근 플라스틱 의자)
⑥ 정도의 형용사 so, too, such
　㉠ so, too : '형아, 명'으로 기억하자! → so, too + 형용사 + 부정관사 + 명사
　㉡ such : '아, 형명'으로 기억하자! → such + 부정관사 + 형용사 + 명사
　예
　• She is so eloquent a speaker. (그녀는 유창한 화자이다.)
　• This is such a good opportunity. (이것은 너무 좋은 기회이다.)

(4) 주의해야 할 형용사 중요

① many a + 단수명사 → 단수 취급
　예 Many a man repeats the same mistakes. (많은 이들은 같은 실수를 반복한다.)
② like so many : 마치 ~처럼
　예 We worked like so many bees. (우리는 마치 벌처럼 일했다.)
③ as many : 같은 수의
　예 I waited for ten minutes; it seemed as many ten hours to me. (나는 10분 동안 기다렸는데, 그 시간이 내게는 10시간처럼 느껴졌다.)
④ not so much A as B : A라기보다는 B이다
　예 I do not so much dislike her as feel sorry for her. (나는 그녀를 싫어한다기보다는 동정한다.)
⑤ not so much as(= not even) : ~조차도 못하다
　예 He cannot so much as remember his own phone number. (그는 자신의 전화번호조차도 기억 못한다.)
⑥ not much(= only a little) : 너무 ~은 아니다, 겨우 ~하다
　예 I do not know much of the celebrity. (내가 그 유명인을 너무 많이 아는 것은 아니다.)

⑦ what little(= all the little that) : 미약하나마
　　 예 We must do what little we can. (우리는 미약하나마 할 수 있는 최선을 다해야 한다.)
⑧ little short of(= almost) : 거의
　　 예 The patient's recovery was little short of a miracle. (그 환자의 회복은 거의 기적이었다.)

(5) 비교급과 최상급

① 원급 비교
　㉠ 긍정 - A + as + 형용사(또는 부사) 원급 + as + B : A는 B만큼 형용사(또는 부사)하다
　㉡ 부정 - A + not + as + 형용사(또는 부사) 원급 + as + B : A는 B만큼 형용사(또는 부사)하지 않다
　예 We are **as wise as** our rivals. (우리는 경쟁자들만큼이나 현명하다.)

② 우등, 열등 비교
　㉠ A + 비교급 + than + B : A는 B보다 비교급하다
　㉡ A + less + 형용사(또는 부사) 원급 + than + B : A는 B보다 덜 형용사(또는 부사)하다
　　 = A + not as 형용사(또는 부사) 원급 + as + B
　㉢ no less + 형용사(또는 부사) 원급 + than : ~보다 더 형용사(또는 부사)한 것은 아니다
　　 = as + 형용사(또는 부사) 원급 + as
　㉣ not less + 형용사(또는 부사) 원급 + than : ~보다 못한 것은 아니다, ~에 못지않을 정도로, 아마도 ~보다 ~하다
　　 = perhaps 비교급 + than
　예
　・Water is **heavier than** oil. (물은 기름보다 무겁다.)
　・He is **more polite than** his brother. (그는 동생보다 더 공손하다.)
　・This car is **less comfortable than** that one. (이 차는 그 차보다 덜 편하다.)
　　 = This car is **not as comfortable as** that one. (이 차는 그 차만큼 편하지는 않다.)
　・He is **no less powerful than** his brother. (그는 동생보다 힘이 약하진 않다.)
　　 = He is **as powerful as** his brother. (그는 동생만큼 힘이 세다.)
　・He is **not less powerful than** his brother. (그는 동생보다 힘이 덜 센 것은 아니다.)
　　 = Perhaps, he is **more powerful than** his brother. (아마도 그는 동생보다 힘이 세다.)

③ 라틴어 비교
　㉠ 어미가 -or인 형용사의 비교급 : 접속사 than 대신 전치사 to를 사용
　㉡ superior, inferior, senior, junior
　예
　・Our program is **superior to** their one. (우리 프로그램은 그들의 것보다 우수하다.)
　・She is eighteen years **junior to** him. (그녀는 그보다 18살 아래다.)

④ of the two/all the 비교급
　㉠ A + the + 비교급 + of the two : A는 두 개 중 더 비교급하다
　㉡ A + all the 비교급 + for(because) : A는 ~ 때문에 도리어 더 비교급하다
　예
　• He is the **more forgetful of the two men**. (그는 두 명 중 더 잘 잊어버린다.)
　• They like him **all the better for** his mistakes. (그들은 그의 실수 때문에 도리어 그를 더 좋아한다.)

⑤ 부정 비교
　㉠ no more than(= only) : 단지
　㉡ no less than[= as many(much) as] : ~만큼 ~한
　㉢ not more than(= at most) : 기껏해야
　㉣ not less than(= at least) : 적어도

⑥ A + is + no more + B + than + C + is (+ B) : A가 B가 아닌 것은 C가 B가 아닌 것과 같다
　= A + is not + B + any more than + C + is (+ B)
　예 A whale is **no more** a fish **than** a horse is. (고래가 물고기가 아닌 것은 말이 물고기가 아닌 것과 같다.)
　= A whale is **not a fish any more than** a horse is.

⑦ 최상급 의미의 원급 비교 구문
　A + as + 형용사(또는 부사) 원급 + as + any 명사 + 전치사구(가령, in the world)
　예 She is **as considerate as any woman in the world**. (그녀는 이 세상에서 가장 이해심 있는 여성이다.)

⑧ 최상급 의미의 비교급 표현
　㉠ 부정주어 + as + 형용사(또는 부사) 원급 + as
　= 부정주어 + 비교급 + than
　= 주어 + 비교급 + than + any other + 단수명사 (+ in the world)
　= 주어 + 최상급 + of all the + 복수명사 (+ in the world)
　예 Mt. Everest is **the highest of all the mountains** in the world. (에베레스트 산은 세상에서 가장 높은 산이다.)
　　= **No mountain** is **as high as** Mt. Everest.
　　= **No mountain** is **higher than** Mt. Everest.
　　= Mt. Everest is **higher than any other mountain** in the world.
　　= Mt. Everest is **higher than all the other mountains** in the world.
　㉡ A + be the last man to + 동사원형 : A는 절대 ~할 사람이 아니다
　　= A + be the most + 형용사 원급 + to + 동사원형
　예 He is the last man to break our promise. (그는 절대 우리의 약속을 깰 사람이 아니다.)
　　= He is the most unlikely man to break our promise.

ⓒ 양보 해석의 최상급 구문 : 비록 가장 ~할지라도
　　예 **The wisest** man cannot know everything. (가장 현명한 사람조차도 모든 것을 알 수는 없다. / 비록 그가 가장 현명할지라도 모든 것을 알 수는 없다.)
　　＝ **Even the wisest** man cannot know everything.

4 부사

'시간, 장소, 이유, 방법' 등을 나타내는 품사로서, '형용사, 동사, 다른 부사 또는 문장 전체'를 수식한다.

(1) 수식어 기능

① 동사 또는 동사구 수식
　예
　• She was dancing **gracefully**. (그녀는 우아하게 춤추는 중이었다.)
　• He always drives **fast**. (그는 늘 빠르게 운전한다.)

② 형용사 또는 부사 수식
　예
　• That investment is **too** risky for us. (그 투자는 우리게는 너무나 위험하다.)
　• The traffic was moving **very** slowly. (차량이 너무도 느리게 움직이는 중이었다.)

③ 문장 전체 수식
　예 **Fortunately**, the damage was only slight. (다행스럽게도 피해는 경미한 정도였다.)

(2) 유형

공간	here, there, up, down, away, near, far, upstairs, downstairs
시간	early, now, then, before, ago, soon, late, later, yet, still, just, already, yesterday, tomorrow, today
양태	well, slowly, politely, safely, peacefully, awkwardly, smoothly, loudly
정도	very, too, really, much, extremely, absolutely, highly, enough
빈도	never, hardly, scarcely, rarely, barely, seldom, sometimes, occasionally, usually, often, frequently, always
관점	politically, technically, legally, ethically, internationally, honestly
의문	when, where, how, why
관계	when, where, how, why
연결	therefore, consequently, accordingly, however, yet, also, still, otherwise, similarly, moreover, besides, nevertheless, then

예
- It happened **yesterday**. (일이 어제 발생했다.)
- The meeting came to an end **awkwardly**. (회의는 어색하게 끝났다.)
- He is **highly** intelligent. (그는 매우 지적이다.)
- My mother **hardly** sings. (엄마는 좀처럼 노래하지 않으신다.)
- **Honestly**, I don't trust him any more. (솔직히, 나는 그를 더 이상 믿지 않는다.)
- **Where** have you been? (당신은 어디에 계셨나요?)
- February is the month **when** I was born. (2월은 내가 태어난 달이다.)
- Stock market has plunged over 16 months; **nevertheless**, there have been a lot of investors. (주식 시장은 16개월 동안 급락하고 있다. 그럼에도 불구하고, 많은 투자자들이 있다.)

(3) 기억해야 할 부사 위치 중요

형용사 또는 부사로 사용될 때, 어순에 주의한다.

① enough
  ㉠ 정도 부사 enough : 형용사 + enough
  ㉡ 형용사 enough : enough + 명사

  예
  - He is smart **enough** to understand what she means. (그는 그녀가 의도한 것을 이해할 정도로 똑똑하다.)
  - They had **enough** solutions. (그들은 충분한 해결책을 가지고 있었다.)

② much, too
  ㉠ 정도 부사 : much too + 형용사/부사
  ㉡ 형용사 : too much + 명사

  예
  - You are **much too** young to know. (당신은 너무 어려서 알지 못한다.)
  - We have **too much** similarities. (우리는 너무 많은 유사점이 있다.)

③ 빈도부사

빈도부사는 be동사, 조동사 뒤에, 일반동사 앞에 위치한다. → 'Be/조/뒤/일/앞'으로 암기하자!

> never, hardly, scarcely, rarely, barely, seldom, sometimes, occasionally, usually, often, frequently, always

예
- He **usually goes** to bed at 5 a.m. (그는 대체로 오전 5시에 잔다.)
- We **are sometimes** late for class. (우리는 때때로 수업에 늦는다.)
- She **will often ask** difficult questions. (그녀는 종종 어려운 질문을 한다.)

④ 연결부사

문장의 처음, 중간, 끝에 올 수 있다.

> therefore, consequently, accordingly, however, yet, nevertheless, otherwise, similarly, moreover, besides, also, still, then

[예]
- He did not do his homework; **however**, he received good grades. (그는 과제를 하지 않았지만, 꽤 좋은 성적을 받았다.)
- I am confident that he is fully qualified; **therefore**, I will hire him. (그가 완벽한 적임자라고 나는 확신한다. 따라서 나는 그를 고용할 것이다.)

⑤ 타동사 + 부사(이어동사)
  ㉠ 명사가 목적어 : '타동사 + 부사 + 명사' 또는 '타동사 + 명사 + 부사'
  ㉡ 대명사가 목적어 : '타동사 + 대명사 + 부사'(O), '타동사 + 부사 + 대명사'(X)

[예]
- put it on. (O) / put on it. (X)
- take it out. (O) / take out it. (X)
- She got up and **put on her coat**. (그녀는 일어나서 코트를 입었다.)
- She got up and **put her coat on**. (그녀는 일어나서 코트를 입었다.)

> **더 알아두기**
>
> '자동사 + 전치사' 유형
> ① '자동사 + 전치사 = 타동사'이므로 이 유형의 동사구는 이어동사와는 다르다.
> ② account for, adapt to, adhere to, care for, consent to, count on, look at, look for, look into, depend on, rely on, object to, respond to
> [예] Look at the boy. (O) / Look at him. (O)
>   Look the boy at. (X) / Look him at. (X)

(4) 비교급과 최상급

① 단음절의 부사에 er/est를 붙여 비교급, 최상급을 표시한다. 단, 부사의 최상급 앞에는 정관사 the를 사용하지 않아도 된다.
② **불규칙 변화**

> well-better-best, ill/bad(badly)-worse-worst, little-less-least, much/many-more-most

[예]
- He behaves **well**. (그는 행실이 좋다.)

- He behaves **better than** any other boy in his class. (그는 그의 반 다른 어떤 학생보다 행실이 좋다.)
- He behaves **best** of all his friends. (그는 그의 친구 중에서 행실이 가장 좋다.)

③ the + 비교급 + 주어 + 동사, the + 비교급 + 주어 + 동사 : ~하면 할수록 더욱 ~하다

[예]
- **The more** one gets, **the more** one wants. (많이 가질수록 많이 원한다.)
- **The more** I thought about it, **the more** depressed I became. (내가 이것에 대해 깊이 생각할수록 나는 더욱 우울해졌다.)

④ 비교급 강조 부사
㉠ 강조 부사 + 비교급 + than
㉡ 강조 부사 : much, far, very far, still, even, a lot, rather(훨씬 ~한)
[예] The lake was frozen **much harder than** before. (그 호수는 이전보다 훨씬 더 단단하지 얼었다.)

(5) 유도부사와 동의부사

① 유도부사 there(존재구문 : ~이 있다)
㉠ There is + 단수주어
㉡ There are + 복수주어

[예]
- **There** was nobody willing to help me. (기꺼이 나를 도와줄 사람은 아무도 없었다.)
- **There** are a lot of people who want to visit Vietnam. (베트남을 방문하길 원하는 사람이 많다.)

② too, neither, either
㉠ too : 긍정문에서 동의 부사 표현
㉡ neither : ~도 역시 아니다 / 부정문의 동의 부사 표현(긍정문의 경우, so를 사용)
㉢ either : 긍정문에서는 '둘 중의 하나'로 해석(= no matter which의 의미) / 부정문에서 문장 끝에 부정 의미에 대한 동의 또는 강조 표현으로 사용 가능

[예]
- I agree with this argument and she does, **too**. (나는 이 주장에 동의하고 그녀 역시 동의한다.)
- If you will not do so, **neither** will I. (당신이 하지 않으려 하면, 나 역시 하지 않을 것이다.)
- **Either** of two sisters are beautiful. (두 자매 중 한 명은 아름답다.)
- If you don't go, I won't do, **either**. (당신이 가지 않는다면, 나 역시 가지 않을 것이다.)

(6) 혼동하기 쉬운 부사

형용사-부사 형태가 같은 표현		형태에 따라 의미가 다른 부사	
부사	의미	부사	의미
early	이른, 일찍	hard	열심히
wide	넓은, 넓게	hardly	거의 ~하지 않게
well	잘하는, 제대로	high	높게
last	최후의, 마지막으로	highly	매우
late	늦은, 늦게	near	근처에
high	높은, 높게	nearly	거의
near	가까운, 근처에	late	늦게
fast	빠른, 빨리	lately	최근에
pretty	예쁜, 꽤/상당히	pretty	꽤, 상당히
hard	어려운, 열심히	prettily	예쁘게, 적절하게
tight	꽉 조이는, 단단하게		

예제

다음 중 알맞은 것을 고르시오.

① The party lasted (late, lately) into the night.
② No other power is (comparable, comparative) to that of the printed word.
③ I have no (objection, object) to your proposal.
④ Letters (in themselves, of themselves) are not language.
⑤ (Diversity, Diversification) into software markets will help our firm.

정답
① late, ② comparable, ③ objection, ④ in themselves, ⑤ Diversification

---

예제

틀린 부분 하나를 찾아 어법상 바르게 고쳐 주어진 문장을 다시 쓰시오.

① We purchased new farm machine.
   → _____ .
② There are three cars. One is red, another is white, and the others are black.
   → _____ .

정답
① We purchased new farm <u>machinery</u>.
② There are three cars. One is red, another is white, and <u>the other</u> is black.

제2절 동사

동사는 문장의 핵심 요소 중 하나로서, 동사의 유형·기능·각각의 쓰임에 대한 정확한 이해가 필요하다.

1 규칙 및 불규칙동사 변화

동사원형에 -ed를 붙여 과거형과 과거분사형(PP)을 만드는 동사를 규칙동사, 이에 해당하지 않는 동사를 모두 불규칙동사라 한다.

(1) 규칙동사

현재-과거-과거분사	현재-과거-과거분사
talk-talked-talked	work-worked-worked
follow-followed-followed	carry-carried-carried

(2) 불규칙동사

① ABB유형

현재-과거-과거분사	현재-과거-과거분사
have-had-had	make-made-made
come-came-come	become-became-become
get-got-got	sit-sat-sat
stand-stood-stood	lend-lent-lent
bend-bent-bent	build-built-built
send-sent-sent	spend-spent-spent
keep-kept-kept	leave-left-left
meet-met-met	creep-crept-crept
sweep-swept-swept	mean-meant-meant
shoot-shot-shot	

② ABC유형

현재-과거-과거분사	현재-과거-과거분사
do-did-done	go-went-gone
lie-lay-lain	run-ran-run
draw-drew-drawn	eat-ate-eaten
give-gave-given	grow-grew-grown
know-knew-known	fall-fell-fallen

see-saw-seen	take-took-taken
shake-shook-shaken	break-broke-broken
bear-bore-born	swear-swore-sworn
tear-tore-torn	wear-wore-worn
choose-chose-chosen	speak-spoke-spoken
steal-stole-stolen	begin-began-begun
sing-sang-sung	drink-drank-drunken
ring-rang-rung	swim-swam-swum
drive-drove-driven	rise-rose-risen
ride-rode-ridden	strive-strove-striven
write-wrote-written	arise-arose-arisen

③ AAA유형

현재-과거-과거분사	현재-과거-과거분사
let-let-let	bet-bet-bet
cast-cast-cast	cost-cost-cost
burst-burst-burst	fit-fit-fit
hurt-hurt-hurt	knit-knit-knit
set-set-set	shut-shut-shut
split-split-split	put-put-put
upset-upset-upset	spread-spread-spread
rid-rid-rid	

2 유형

(1) 상태동사

상태동사는 동사 본래 의미가 진행의 의미를 담고 있다는 점에서 진행형으로 사용하는 것이 불필요하고 불가능하다.

① 마음의 상태를 나타내는 동사

> forget, love, hope, understand, suppose, like, dislike, know, prefer

[예]
- I like to do a chemistry experiment. (나는 화학실험 하는 것을 좋아한다.)
- I **am liking** to do a chemistry experiment. (X) → 진행형 불가

② **지각동사**

> see, hear, feel, smell, sound, taste, appear, look

[예]
- The cat's fur feels soft. (그 고양이의 털은 부드럽다.)
- The cat's fur **is feeling** soft. (X) → 진행형 불가

③ **소유 및 유사동사**

> be, have, belong to, consist of, cost, own, possess, resemble

[예]
- Believers belong to several religions. (신자들은 여러 종교에 속해 있다.)
- Believers **is belonging** to several religions. (X) → 진행형 불가

더 알아두기 **중요**

진행형이 가능한 상태동사와 사용 환경

① 'look, appear, think, feel, have, see, taste, smell, love, be' 등의 동사가 문장에서 상태를 표현할 때 진행형 사용이 불가하지만, 해당 동사가 문장에서 일시적인 움직임을 표현할 때 진행형 사용이 가능하다.

② 동사 think가 that절을 목적어로 취하면 진행형에 사용될 수 없지만, think가 전치사 of, about, over 등과 함께 사용되면 진행형이 가능하다.

[예]
- I **am thinking that** Mr. Han is a best professor. (X)
- I **am thinking about** my family right now. (O) (나는 지금 가족에 대해 생각하는 중이다.)

③ 구동사 look at과 listen to는 지각동사 see와 hear과는 달리 진행형이 가능하다.

[예]
- They **are looking at** children playing soccer. (O) (그들은 아이들이 축구하는 걸 보는 중이다)
- We **are listening to** the bird's singing. (O) (우리는 그 새소리를 듣는 중이다.)

④ 동사 have가 '시간을 보내다' 또는 '음식을 먹다'로 해석될 때, 진행형이 가능하다.

[예]
- I **am having** dinner. (나는 저녁식사 중이다.)
- He **is having** a good time. (그는 좋은 시간을 보내는 중이다.)

---

(2) 자동사(1, 2형식)

① 목적어를 취하지 않는 동사로서, 1형식(주어 + 완전자동사), 2형식(주어 + 불완전자동사 + 보어)에 사용되며, 수동태(be + V의 PP)로 전환이 불가하다.
② 1형식에서는 완전자동사가, 2형식에서는 불완전자동사가 사용된다.

③ 완전자동사는 보어가 필요 없는 반면, 불완전자동사는 형용사 또는 명사를 보어로 취한다.
④ 완전자동사(1형식)

> ache, run, happen, occur, worsen, rise, dance, lie, sleep, wait, care, arrive, depart, disappear, hesitate, pause, rain, snow, collapse, sigh, yawn

예
- He is **running**. (그는 달리는 중이다.)
- My tooth **aches**. (치아가 아프다.)

⑤ 불완전자동사(2형식)

> be, seem, become, get, look, feel, sound, appear, stand, fall, keep, go, turn, grow, remain, come, stay, prove

예
- He **seems** serious. (그는 심각한 것 같다.)
- He **became** a professor. (그는 교수가 되었다.)
- Your attitude **remains** unchanged. (당신의 태도는 변화가 없군요.)

더 알아두기

타동사로 착각하기 쉬운 자동사

'자동사 + 전치사'가 타동사의 역할을 하므로 해당 표현 뒤에는 목적어가 위치한다.

> add to(더하다), allude to(언급하다), complain about(불평하다), experiment with(실험하다), graduate from(졸업하다), operate on(효과가 있다), refer to(가리키다, 언급하다), reply to(답하다), sympathize with(동정하다, 공감하다)

예
- She will **graduate from** this university in 2024. (그녀는 2024년에 그 대학교를 졸업할 것이다.)
- The students **replied to** the questions mentioned by their teacher. (그 학생들은 선생님이 언급한 문제에 답했다.)

(3) 타동사(3, 4, 5형식)

① 목적어를 취하는 동사로서 3형식(주어 + 완전타동사 + 목적어), 4형식(주어 + 완전타동사 + 간접목적어 + 직접목적어), 5형식(주어 + 불완전타동사 + 목적어 + 목적보어)에 사용되며, 수동태(be + V의 PP)로 전환이 가능하다.
② 타동사에는 완전타동사와 불완전타동사가 있다. 완전타동사는 3형식과 4형식 문장에서 사용되며, 불완전타동사는 목적보어가 필요한 5형식 문장에서 사용된다.

③ 3형식 동사(주어 + 완전타동사 + 목적어)
  ㉠ 완전타동사 **중요**

  > approach, discuss, marry, attend, address, inhabit, mention, reach, enter, resemble, await, speak
  > → 절대 전치사와 함께 사용될 수 없다.

  ㉡ approach to (X), discuss about (X), marry with (X), attend at (X), address to (X), inhabit in (X), mention about (X), reach to (X), enter into (X), resemble with (X), await for (X), speak to (X)

  [예]
  - Human beings alone **speak** languages. (인간만이 언어를 말한다.)
  - Economists **discussed** ways of ending the recession. (경제학자들은 불경기를 끝낼 방법들에 대해 논의했다.)
  - He wants to **marry** her. (그는 그녀와 결혼하길 원한다.)
  - His daughter **resembles** his father. (그의 딸은 아빠를 닮았다.)
  - You should **enter** your room after sanitizing hands. (손을 소독한 후 방에 들어가야 한다.)

④ 4형식 동사로 착각하기 쉬운 3형식 동사 **중요**

  > explain, confess, suggest, propose, introduce, announce, describe, provide, supply, furnish

  [예]
  - He **explained** the definition of this concept. (O) (그는 이 개념의 정의를 설명했다.)
  - He **explained** me the definition of this concept. (X)
    → He **explained** the definition of this concept **to me**. (O) (그는 이 개념의 정의를 내게 설명했다.)
  - He **confessed** his mind. (O) (그는 진심을 고백했다.)
  - He **confessed** her his mind. (X)
    → He **confessed** his mind **to her**. (O) (그는 그녀에게 자신의 마음을 고백했다.)
  - They **provided** us valuable information. (X)
    → They **provided** us **with valuable information**. (O) (그들은 우리에게 가치 있는 정보를 제공했다.)

⑤ 4형식 동사(주어 + 완전타동사 + 간접목적어 + 직접목적어)

  > hand, offer, give, sell, teach, buy, make, bring, find, choose, order, save, call, order, ask

  ㉠ 4형식 동사는 '누구(일반적으로 사람 : 간접목적어)에게 무엇을(사물, 대상 : 직접목적어) ~하다'로 해석된다.

예
- We **hand** our teacher the chalk. (우리는 선생님에게 분필을 건넸다.)
- She **offered** him a cup of coffee. (그녀는 그에게 커피 한잔을 제공했다.)

ⓒ '4형식 → 3형식'으로 바꾸어 쓰기

4형식 문장에서 간접목적어와 직접목적어의 위치를 바꾸고, 간접목적어 앞에 전치사를 사용하여 4형식 문장을 3형식 문장으로 전환할 수 있다. 즉, [주어 + 동사 + 간접목적어 + 직접목적어] → [주어 + 동사 + 직접목적어 + 전치사(to, for, of) + 간접목적어]의 형태가 된다.

ⓐ 전치사 to를 사용하는 동사

> send, give, pay, offer, show, tell, write, lend, hand, bring 등

예 You **sent** me the doll. → You sent the doll **to me**. (당신이 내게 그 인형을 보냈다.)

ⓑ 전치사 for를 사용하는 동사

> make, buy, choose, play, cook, find 등

예 He **bought** his son a kicker ball. → He bought a kicker ball **for his son**. (그는 아들에게 키커 볼을 사주었다.)

ⓒ 전치사 of를 사용하는 동사

> ask(직접목적어로 question 혹은 favor가 올 경우, 전치사 of를 사용하여 3형식으로 전환할 수 있다.)

예
- You should not **ask** someone personal questions. (너는 누군가에게 개인적 질문을 해서는 안 된다.)
  → You should not ask personal questions **of someone**.
- I **asked** you a favor. (나는 너에게 부탁을 했었다.)
  → I asked a favor **of you**.

(4) 5형식 동사(주어 + 불완전타동사 + 목적어 + 목적보어)

5형식 문장에서 기억해야 할 부분은 목적보어로 사용되는 동사의 형태이다. 문장에 사용된 동사의 종류가 목적보어의 형태를 결정하므로 반드시 주요 동사를 유형별로 학습한다.

① **사역동사**

> make, have, let, help, get

㉠ 목적보어로 동사를 사용할 때, 목적보어는 원형부정사 또는 과거분사 형태로 사용한다. 단, 준사역동사 help가 사용될 때, 목적보어는 to부정사(또는 원형부정사) 또는 과거분사 형태를 사용한다.
  예
  • The news **made him feel** happy. (그 소식은 그를 행복하게 했다.)
  • They **help him (to) play** the soccer very well. (그들은 그가 축구를 매우 잘하도록 했다.)
㉡ 동사 get의 경우, 목적보어는 to부정사 또는 과거분사 형태만 사용한다.
  예 I will **get her to check** the email. (나는 그녀에게 이메일을 확인하라고 할 것이다.)
㉢ 목적어 - 목적보어가 능동의 관계일 때, 원형부정사를 사용한다.
  예 Teachers **made students discuss** this topic. (선생님들은 학생들에게 이 주제에 대해 토론하라고 했다.)
㉣ 목적어 - 목적보어가 수동의 관계일 때, 과거분사를 사용한다.
  예 He **made this refrigerator repaired**. (그는 이 냉장고를 수리하도록 했다.)

② **지각동사**

> feel, hear, watch, see, listen to

목적보어로 동사를 사용할 때, 목적보어는 원형부정사(또는 현재분사) 또는 과거분사 형태로 사용한다.
예
• We **heard the baby cry(crying)** in the early morning. (우리는 아기가 이른 아침에 울고 있는 것을 들었다.)
• He **felt his left arm not moved** properly. (그는 왼팔이 정상적으로 움직여지지 않는 것을 느꼈다.)

③ **목적보어로 to부정사를 취하는 동사** 중요

> allow, enable, cause, prompt, encourage, force, forbid, compel, advise, expect, want, ask, require, order, tell, urge, persuade, get, remind

예
• She **allowed me to use** her computer. (그녀는 내가 컴퓨터를 사용하도록 허락했다.)
• He **asked the professor to account for** the question again. (그는 교수님께 그 문제를 다시 설명해달라고 요청했다.)
• The doctor **told me to take** the medicine three times a day. (그 의사는 내게 하루에 세 번 약을 복용하라고 말했다.)

④ **기타동사**
㉠ choose, appoint, call, name : '목적어를 목적보어라고 ~하다'
  → 목적보어는 명사 형태로 사용된다.
  예 He **chose tiger his mascot**. (그는 호랑이를 자신의 마스코트로 선택했다.)

ⓒ keep, leave, drive, make : '목적어를 목적보어하게 ~하다'
  → 목적보어는 명사 또는 형용사 형태로 사용된다.
  예 This schedule **kept us busy** all day long. (이 일정은 우리를 하루 종일 바쁘게 했다.)

ⓒ find, make, consider, regard, think, believe : '목적어를 목적보어라고 간주하다/믿다/생각하다'
  → 목적보어는 명사 또는 형용사 형태로 사용된다. 특히, 위 동사가 쓰인 5형식 문장에서는 가목적어/진목적어 구문이 자주 사용되니 기억하도록 한다[주어 + 동사 + 가목적어(it) + 목적보어 + 진목적어(to부정사구 또는 that절)]. 중요

  예
  - One **thinks it difficult to love others**. (사람은 다른 사람을 사랑하는 것이 어렵다고 생각한다.)
  - We **found it impossible to persuade them**. (우리는 그들을 설득하는 것이 불가능하다는 것을 알았다.)
  - All the people **think it unreasonable** for the national bank **to raise the standard interest rate every six months**. (모든 사람들은 국책은행이 6개월마다 기준 금리를 인상하는 것이 불합리하다고 생각한다.)

⑤ **자동사와 타동사로 사용 가능한 동사**

> open, burn, draw, eat, walk, run, fail

예
- The window **opened**. (창문이 열려 있다.) → 자동사
- We **opened** the window. (우리는 창문을 열었다.) → 타동사
- Those cars **burned**. (그 자동차들이 탔다.) → 자동사
- The fire **burned** those cars. (불이 그 자동차들을 태웠다.) → 타동사
- They are **eating**. (그들은 식사하는 중이다.) → 자동사
- They are **eating** dinner. (그들은 저녁을 먹는 중이다.) → 타동사

더 알아두기

자동사와 타동사로 사용될 때, 의미가 다른 동사(run, fail)

① run
  ㉠ 자동사 : 달리다
  ㉡ 타동사 : 운영하다
  예
  - The athletes **ran** away. (그 선수들은 달려갔다.) → 자동사
  - My parents **ran** car business. (부모님은 자동차 사업을 운영하셨다.) → 타동사

② fail
　㉠ 자동사 : 실패하다
　㉡ 타동사 : 실망시키다
　[예]
- The students **failed** on this test. (학생들은 이 시험에서 실패했다.)
- He thought he **failed** his family. (그는 가족을 실망시켰다고 생각했다.)

(5) 연결동사

① 주어와 주격보어를 이어주는 동사를 말한다.

② 주요 연결동사

> be, become, get, look, feel, sound, smell, taste, seem, appear, turn out, fall, stand, keep, remain, go, turn

[예]
- She **is** a teacher. (그녀는 선생님이다.)
- He never **gets** upset. (그는 결코 기분 상하지 않는다.)
- These bananas **look** tasty. (이 바나나들은 맛있게 보인다.)
- You **seem** very quiet today. (당신은 오늘 매우 조용한 것 같다.)
- Something **goes** terribly wrong. (무언가가 심각하게 잘못되어 간다.)

(6) 구동사

① A로 시작하는 구동사(자동사 + 전치사 = 타동사)

표현	의미	표현	의미
arrive at	도착하다	account for	설명하다, 책임지다, 차지하다
apply to	적용되다	appeal to	호소하다
apply for	지원하다	approve of	인정하다
apologize for	사과하다	ask for	요청하다
attend to	집중하다, 돌보다	attend at	참석하다

② B로 시작하는 구동사(자동사 + 전치사 = 타동사)

표현	의미	표현	의미
break into	침입하다	burst into	폭발하다, 갑자기 시작하다
belong to	속하다	beware of	주의하다
benefit from	이익을 얻다		

③ C로 시작하는 구동사(자동사 + 전치사 = 타동사)

표현	의미	표현	의미
care for	돌보다	come about	일어나다
compete with	경쟁하다	come up to	이르다
cooperate with	협력하다	consent to	찬성하다
consist of	구성하다	comply with	따르다
consist in	존재하다	conform to	순응하다
consist with	일치하다	confide in	믿다
come by	얻다	come across	우연히 만나다
correspond to	일치하다	correspond with	서신 교환하다
come up with	생각해내다	count on	의지하다

④ D로 시작하는 구동사(자동사 + 전치사 = 타동사)

표현	의미	표현	의미
deal in	판매하다	drop in	우연히 방문하다
deal with	다루다	differ from	다르다
depend on	의존하다	dispense with	처분하다
dwell on	곰곰이 생각하다	dispose of	없애다

⑤ 기타 구동사

표현	의미	표현	의미
engage in	종사하다	graduate from	졸업하다
fall back on	의지하다	go through	경험하다
fall in with	잘 어울리다	get through	끝내다
fall for	속다	lead to	이르다
look for	찾다	look into	조사하다
look back on	회상하다	look over	검토하다
look on	방관하다	look down on	무시하다
object to	반대하다	pay for	지불하다
pertain to	~와 관련되다	participate in	참가하다
put off	연기하다(미루다)	put on	입다
put out	끄다	put to use	이용하다
put up with	참다	refer to	언급하다
reply to	응답하다	resort to	의지하다
refrain from	삼가다	result in	결과를 초래하다
result from	~이 원인이 되다	rely on	의지하다
rid A from B (= rob A of B)	A에게서 B를 제거하다	rob A of B	A에게서 B를 빼앗다

rule out	배제하다	run across(into)	우연히 만나다
run after	뒤쫓다	run out	떨어지다
sick of	싫증이 나다	stand for	나타내다
succeed in + Ving	성공하다	succeed to + V	계승하다
suffer from	고통 받다	sum up	요약하다
turn in	제출하다	turn down	거절하다
turn out	증명되다	wait for	기다리다
wait on	시중들다		

예제

다음 중 알맞은 것을 고르시오.

① When he (approached, approached to) his destination, he felt relieved.
② Please (reply, answer) to my e-mail as soon as possible.
③ He tries to (explain, explain to) me what this means.
④ The storm is supposed to (reach at, reach) Jeju island by night.
⑤ As the drug (enters into, enters) the blood stream, you will feel sleepy.

정답

① approached, ② reply, ③ explain to, ④ reach, ⑤ enters

예제

틀린 부분 하나를 찾아 어법상 바르게 고쳐 주어진 문장을 다시 쓰시오.

① He introduced John and Jessie each other.
   → _____
② Do you own this house, or do you borrow it?
   → _____

정답

① He introduced John and Jessie to each other.
② Do you own this house, or do you rent it?

제3절 전치사, 접속사

전치사는 명사나 대명사 앞에 나와 명사 표현의 의미를 풍부하게 해준다. 접속사는 절과 절을 이어주는 역할을 한다.

1 전치사

(1) 전치사(구) 역할

① 형용사 또는 부사 역할

문장에서 전치사(구)는 명사, 형용사, 동사, 부사를 수식한다.

[예]
- The lady **in the blue raincoat** walks with her friend. (파란색 비옷을 입은 저 소녀는 그녀의 친구와 함께 걷는다.)
    → 전치사구 "in the blue raincoat"가 명사구 "the lady"를 수식 : 형용사 역할
- He is standing **next to the car**. (그는 차 옆에 서 있는 중이다.)
    → "next to the car"가 동사구 "is standing"을 수식 : 부사 역할

② 전치사 뒤에는 명사, 대명사의 목적격 또는 동명사가 위치한다.

[예]
- He looked **for** his notebook. (그는 그의 노트를 찾았다.)
- We studied hard **without** talking to one another. (우리는 서로에게 말하지 않고 열심히 공부했다.)

③ 전치사 + 추상명사 = 형용사 〔중요〕

> of importance = important, of no use = useless, of experience = experienced, of wisdom = wise, of ability = able, of sense = sensible, of learning = learned

[예] It is **of no use** to guess without enough information. (충분한 정보 없이 추측하는 것은 소용없다.)

④ 전치사 + 추상명사 = 부사 〔중요〕

㉠ with ease = easily, with care = carefully, with patience = patiently, with kindness = kindly
㉡ in reality = really, in succession = successively, by accident = accidentally
㉢ on purpose = purposely, on occasion = occasionally

[예] He has tried to climb this mountain **in succession**. (그는 이 산을 오르는 것을 계속 시도하고 있다.)

⑤ **전치사(구)와 접속사** 중요

㉠ 전치사(구) + 명사/명사구
㉡ 접속사 + 절(주어 + 동사)

전치사(구) + 명사/명사구			접속사 + 절(주어 + 동사)		
because of	~ 때문에	+ 명사/명사구	because	왜냐하면	+ 절(주어 + 동사)
despite	~에도 불구하고		although	~에도 불구하고	
during	~하는 동안		while	~하는 동안/반면에	
without	~이 없이		unless	~하지 않는다면	
in case of	~하는 경우에		in case	~할 경우에	
except/but	~을 제외하고		except that	~을 제외하고	
after	~ 후에		after	~ 후에	
before	~ 전에		before	~ 전에	
until	~까지		until	~까지	

[예]

- Teacher praised me **because of my kind behavior**. (선생님은 나의 친절한 행동 때문에 나를 칭찬하셨다.)
- Teacher praised me **because I did kind behavior**. (선생님은 내가 친절한 행동을 하였기 때문에 나를 칭찬하셨다.)

(2) 유형

① 장소/방향/위치

> at(~에서), in(~ 안에), on(~ 위에), above(~보다 위에), over(바로 위에), beneath(바로 아래), below(~보다 아래), after(~ 후에), between(둘 사이에), among(셋 이상 사이에), into(~ 속으로), out of(= from, 밖으로/~로부터), along(~을 따라서), across(가로질러, 맞은편에), through(~을 관통해서), to(~로), for(~을 향해)

[예]

- We stayed **at** home. (우리는 집에 머물렀다.)
- They went **to** the park. (그들은 공원에 갔다.)
- She came **from** the school. (그녀는 학교에서 왔다.)
- The tiger ran **after** the lion. (호랑이는 사자 뒤를 쫓았다.)
- Don't put your head **out of** the window. (창문 밖으로 머리를 내밀지 마세요.)

② 시간

> at(시간, 분, 밤), on(요일, 날짜), in(월, 계절, 해, 세기, 아침, 저녁), in/within(~ 이내에), after(~ 후에), till(~까지/계속), by(~까지/완료), since(~ 이래로), from(~부터), for(~ 동안/정해진 시간), during(~ 동안/불특정한 시간), through(~ 동안 내내)

[예]
- This show begins **at** 10 p.m. (이 쇼는 오후 10시에 시작한다.)
- This show begins **in(at)** the evening. (이 쇼는 저녁에 시작한다.)
- He swims **on** Wednesday. (그는 수요일에 수영한다.)
- We stayed at the book store **till** 5:00 p.m. (우리는 오후 5시까지 서점에 머물렀다.)
- I stayed in Spain **for** six days. (나는 6일 동안 스페인에 머물렀다.)
- I hope to be in Spain **during** the summer vacation. (나는 여름방학 동안 스페인에 있고 싶다.)
- We will stay here **until** Monday. (우리는 월요일까지 여기서 머물 것이다.)
- We have to finish this project **by** 5 p.m. (우리는 오후 5시까지 이 사업을 마쳐야 한다.)

③ 원인, 이유

ⓐ from(~로부터/직접적 원인), through(~로부터/간접적 원인), of(~로), at(~해서), over(~에 대해서), with(~로), for(~ 때문에)

ⓑ die of(~로 죽다)

[예] Many people **died of** earthquake. (많은 사람들이 지진으로 죽었다.)

ⓒ come of(~의 결과이다)

[예] Your disease **comes of** much stress. (당신의 병은 엄청난 스트레스의 결과이다.)

④ 원료, 재료

> of(+ 원형을 잃지 않는 재료), from(+ 원형을 잃어버리는 재료), in(+ 재료)

[예]
- This bridge is built **of** steel. (이 교량은 철로 지어졌다.)
- Beer is made **from** barley. (맥주는 보리로 만들어진다.)

⑤ 수단, 도구

> with(+ 사용 도구), through(+ 수단, 중개), by(+ 수단)

[예]
- The city was destroyed **with** fire. (이 도시는 불로 파괴되었다.)
- He spoke **through** an interpreter. (그는 통역가를 통해 말했다.)
- He took her **by the hand**. (그는 손으로 그녀를 잡았다.)

⑥ 중요 전치사구 표현

> according to(~에 따르면), due to(~ 때문에), for the sake of(~을 위하여), in addition to(~에 더하여), in case of(~의 경우에), in front of(~의 앞에서), in spite of(~에도 불구하고), instead of(대신에), on account of(~ 때문에), owing to(~ 때문에), thanks to(~ 덕분에), because of(~ 때문에)

[예]
- The airport has temporarily closed **because of** the storm. (공항은 폭풍 때문에 일시적으로 폐쇄되었다.)
- There are a number of audience **in front of** the speaker. (그 연사 앞에는 많은 청중이 있다.)

2 접속사

(1) 등위접속사 중요

① 단어, 구, 절 등을 문법상 동일 구조(병렬구조)의 문장으로 연결하는 접속사를 말한다.
② for, and, nor, so, but, or, yet → FANSBOY로 기억하자!

[예]
- This isn't the main reason, **nor** is the most important. (이것은 주된 이유는 아니고 가장 중요한 이유도 아니다.)
- He quit his job, **for** he won the lottery. (그는 복권에 당첨되었기 때문에 일을 그만두었다.)

(2) 상관접속사

'등위접속사 + 부사, 형용사' 결합 표현으로 고유한 의미와 사용 환경에 주의한다.

① **both A and B** : A와 B 모두
  → 주어로 사용될 경우, 복수로 취급한다.
② **not only A but also B** : A뿐만 아니라 B도(= B as well as A)
  → B에 동사 수를 일치한다.
③ **either A or B** : A 혹은 B 둘 중 하나
  → B에 동사 수를 일치한다.
④ **neither A nor B** : A, B 둘 다 아닌
  → B에 동사 수를 일치한다.
⑤ **between A and B** : A와 B 사이에
  → between 앞의 명사에 동사 수를 일치한다.

⑥ **at once A and B** : A하기도 하고 B하기도 하다

예
- **Both** you **and** I are very happy. (너와 나 모두 매우 행복하다.)
- The student **not only** like English, **but also** linguistics. (그 학생은 영어뿐 아니라 언어학도 좋아한다.)
- **Either** they **or** he is responsible for this project. (그들 또는 그 중 하나는 이 사업에 책임에 있다.)

(3) 부사절 접속사(종속접속사)

접속사가 이끄는 절이 '시간, 이유, 목적, 결과, 조건, 양보, 비교·양태' 등의 의미를 갖는다.

시간	when, as, after, before, since, until, as long as, the moment
이유	as, because, since, now that
목적	so that(= in order that) + 주어 + can + 동사원형
결과	so + 형용사/부사 + that + 주어 + can/could + 동사원형 = such + a(n) + 형용사 + 명사 + that + 주어 + can + 동사원형
조건	if, unless, in case, provided, providing, suppose (that), supposing (that)
양보	though, although, even though, even if, 명사/형용사 + as + 주어 + 동사
비교·양태	as, as if(though)

예
- **When** I arrived at the station, people were about to get on the train. (내가 역에 도착했을 때, 사람들은 막 기차에 탑승하려고 했다.)
- I always try hard **so that** I can do everything perfectly. (나는 모든 일을 완벽하게 하기 위해서 늘 열심히 노력한다.)
- He walked **so** fast **that** I couldn't follow him. (그가 너무 빠르게 걸어서 나는 그를 따라갈 수 없었다.)
- **If** I were you, I couldn't live anymore. (만일 내가 너였다면, 나는 더 이상 살 수 없었을 거야.)
- Rich **as** he is, he is very modest. (그는 부자이지만 매우 겸손하다.)
- Do in Rome **as** the Romans do. (로마에서는 로마법을 따르라.)

(4) 중요표현

① **접속사 대용 표현** : the moment/the instant/immediately(~하자마자), now that/since(~ 때문에, ~하고 나니)

   예 **The moment** I saw her, I was confused. (그녀를 보자마자 나는 혼란스러웠다.)

② **명령문 + and** : ~해라, 그러면 ~할 것이다
   명령문 + or : ~해라, 그렇지 않으면 ~할 것이다

   예
   - **Exercise more, and** you will be healthy. (더 많이 운동해라. 그러면 건강해질 것이다.)
     = **If you exercise more**, you will be healthy.

- **Take the medicine, or** your symptoms will become worse. (그 약을 먹어라, 그렇지 않으면, 증상이 더욱 악화될 것이다.)
  = **Unless you take the medicine**, your symptoms will become worse.

③ as(~처럼, ~함에 따라, 왜냐하면, 비록 ~일지라도), as follows(다음과 같다)

예
- **As** he grew older, he became smarter. (나이가 들수록 그는 더 현명해졌다.)
- I filled out the form **as** I had been instructed to do. (내가 지시받은 대로 그 양식에 내용을 작성했다.)

④ that
  ㉠ 명사절 접속사
   예 **That he is innocent** is certain. (그가 결백한 것은 분명하다.)
  ㉡ 동격 접속사
   예 He realized **the fact that** culture is a difficult concept to understand. (그는 문화란 이해하기 어려운 개념이라는 사실을 깨달았다.)

예제

다음 중 알맞은 것을 고르시오.

① All my kindness was lost (for, on) that man.
② The ambulance arrived (at, on) the accident scene (in, of) no time.
③ He is (so, such) an honest fellow that he cannot tell a lie.
④ One step further, (and, or) you will fall over the precipice.
⑤ I would rather die (but, than) suffer disgrace.

정답
① on, ② at, in, ③ such, ④ or, ⑤ than

예제

틀린 부분 하나를 찾아 어법상 바르게 고쳐 주어진 문장을 다시 쓰시오.

① No sooner the game had begun than it started raining.
  → _____.
② They deprived him from his property.
  → _____.

정답
① No sooner <u>had the game</u> begun than it started raining.
② They deprived him <u>of</u> his property.

제 5 장 | 준동사(비정형동사)

| 단원 개요 |

준동사 또는 비정형동사는 'to + 동사원형, 동사ing, 동사완료형(V의 PP형, 과거분사)'의 형태를 갖춰 문장에서 명사, 형용사, 부사의 역할을 한다. 준동사(비정형동사)에는 부정사, 동명사, 분사가 있다. 본 장에서는 부정사, 동명사, 분사의 핵심내용을 중심으로 살펴본다.

| 출제 경향 및 수험 대책 |

준동사는 독학사 시험을 포함한 여러 국가고시에서 자주 출제되는 매우 중요한 내용이다. 시제 형태와 의미상의 주어의 정확한 쓰임을 확인하는 문항이 주로 출제되고 있다.
첫째, 준동사의 개념을 정확하게 이해하고 부정사, 동명사, 분사의 문법적 특징을 다양한 예문을 통해 이해한다.
둘째, 특히나 준동사 시제의 경우 문장 바꿔 쓰기 연습을 통해 시제 표현의 미묘한 차이를 정확하게 이해한다.
셋째, 본문 속 예문을 포함하여 준동사가 사용된 다양한 문장을 반복해서 접해보고 익숙해진다.

제1절 준동사(비정형동사)

1 준동사의 문법적 특징 중요

준동사는 문장에서 의미적으로는 동사의 의미를 갖지만 문법적으로는 명사, 형용사, 부사의 역할을 하는 동시에 다음과 같은 문법적 특징이 있다.

(1) 부정어와 함께 사용될 수 있다.

(2) 단순과 완료의 두 가지 시제를 갖는다.

(3) 의미상의 주어를 갖는다.

2 부정(not, never)

부정어 not 또는 never는 준동사 바로 앞에 사용한다.

예
- **We decided not(never) to go** to travel. (우리는 여행을 가지 않기로 결정했다.)
- **Not telling a lie** is promise between you and I. (거짓말하지 않는 것은 너와 나 사이에 약속이다.)

3 단순과 완료

준동사에는 단순과 완료 두 가지 시제가 있다.

(1) 단순시제

① 주절의 시제와 준동사의 시제가 같을 경우를 말한다.

② **형태** : to + V원형 또는 Ving

[예]

- She seems **to find** the solution for this question. (그녀는 이 질문에 답을 찾은 것 같다.)
  → It seems that she **finds** the solution for this question.
- He is afraid of **hurting** their feelings. (그는 그들의 감정을 다치게 하지 않을까 하고 걱정한다.)
  → He is afraid that he **hurts** their feelings.
- **Completing** his homework, he goes outside to play. (과제를 끝내서, 그는 놀러 나간다.)
  → As he **completes** his homework, he goes outside to play.

(2) 완료시제

① 주절의 시제와 준동사의 시제가 같지 않을 경우를 말한다.

② **형태** : to + have + PP 또는 having + PP

[예]

- She seems **to have found** the solution for this question. (그녀는 이 질문에 답을 찾았던 것 같다.)
  → It seems that she **found** the solution for this question.
- He is afraid of **having hurt** their feelings. (그는 그들의 감정을 다치게 하지 않았을까 하고 걱정한다.)
  → He is afraid that he **hurt** their feelings.
- **Having completed** his homework, he goes outside to play. (과제를 끝냈기 때문에, 그는 놀러 나간다.)
  → As he **completed** his homework, he goes outside to play.

> **예제**
>
> 주어진 문장을 유사한 의미의 다른 문장으로 바꾸어 쓸 때, 괄호 안에 들어갈 적절한 표현을 쓰시오.
>
> ① He expected to understand her.
>   → He expected that (   ) (   ) (   ).
> ② He expected her to have succeeded.
>   → He expected that (   ) (   ) (   ).
> ③ It seems that he lives in Korea.
>   → He seems (   ) (   ) (   ) Korea.
> ④ It seems that he lived in Korea.
>   → He seemed (   ) (   ) (   ) Korea.
>
> **정답**
>
> ① he understood her, ② she had succeeded, ③ to live in, ④ to have lived in

4 의미상의 주어 중요

문장의 주어와 준동사의 주어가 일치하지 않을 때 사용하는 주어를 말한다.

(1) 문장의 주어와 준동사의 주어가 일치할 때, 의미상의 주어는 사용하지 않는다.

[예]
- He wants **to take a rest**. (그는 휴식을 원한다.)
- She enjoys **meeting** friends and **playing** outside. (그녀는 친구를 만나고 밖에 나가 노는 것을 즐긴다.)
- **Understanding** what professor Han explained, students did the next tasks. (한 교수가 설명했던 것을 이해한 후, 학생들은 다음 과업을 했다.)

(2) 5형식의 의미상의 주어

타동사 뒤에 인칭대명사의 목적격 형태를 사용한다.

[예]
- She wants **me** to live with her. (그녀는 내가 그녀와 함께 살기를 원한다.)
- We mind **him** telling his own story. (우리는 그가 자신의 이야기를 하는 것을 꺼려 한다.)

(3) 부정사의 의미상의 주어

① 형용사 또는 명사 뒤에 의미상의 주어가 위치할 때, 전치사 'for/of + 인칭대명사의 목적격(또는 이름 등의 고유명사)'의 형태로 사용한다.

② 단, 사람의 성질·성향을 나타내는 형용사(kind, honest, nice, wise, careless, polite, foolish, rude, stupid 등) 다음에는 의미상의 주어를 'of + 목적격(또는 이름 등의 고유명사)'의 형태로 사용한다.

[예]
- It is time **for Sohyun** to exercise. (소현이가 운동할 시간이다.)
- It is a good habit **for Sohyun** to regularly exercise everyday. (소현이가 매일 규칙적으로 운동하는 것은 좋은 습관이다.)
- It is nice **of Siwoo** to cooperate with other friends in playing the soccer. (축구할 때, 시우가 다른 친구들과 협력하는 것은 훌륭하다.)
- He wants **his children** to do what they really want to. (그는 아이들이 정말로 원하는 것을 하길 원한다.)

예제

다음 괄호 안에 들어갈 적절한 단어를 쓰시오.
① It was lucky (   ) me to meet you.
② It is generous (   ) you to treat me in this way.
③ It is important (   ) her to have a positive mind.
④ I stopped walking (   ) elders to pass.

정답
① for, ② of, ③ for, ④ for

제2절 부정사

준동사 중 하나인 부정사는 'to + 동사원형' 형태로 사용되며 문장에서 명사, 형용사, 부사의 역할을 한다. 그 쓰임이 다양한 만큼 부정사는 필수 문법 중 하나이다.

1 명사의 역할

to부정사 또는 '의문사 + to부정사'가 문장에서 '주어, 목적어, 보어, 가주어·진주어, 가목적어·진목적어'의 역할을 한다.

(1) 주어

[예] **To study linguistics** is interesting but not easy. (언어학을 공부하는 것은 재미있지만 쉽진 않다.)

(2) 목적어

예 I want **to finish** writing my paper. (나는 논문 쓰는 것을 끝내기를 원한다.)

(3) 보어

예 His research is **to find out** the reason for this phenomenon occurring. (그의 연구는 이 현상이 발생하는 이유를 찾는 것이다.)

(4) 가주어 · 진주어

예 It is necessary **to give our help** to the Turkey. (튀르키예에 우리의 도움을 전달하는 것은 필수적이다.)

(5) 가목적어 · 진목적어

예 I found it difficult **to reconcile** their dispute. (나는 그들의 분쟁을 조정하는 것이 어렵다는 것을 알았다.)

(6) 의문사 + to부정사 = 의문사 + 주어 + should + 동사원형

① how + to부정사 : ~하는 방법
② what + to부정사 : 무엇을 할지
③ where + to부정사 : 어디로 ~할지
④ when + to부정사 : 언제 ~할지

예
- I want to know **how to make** pasta. (나는 파스타 만드는 법을 알고 싶다.)
  = I want to know **how I should make** pasta.
- I don't know **where to go**. (나는 어디로 가야할지 모르겠다.)
  = I don't know **where I should go**.

2 형용사의 역할

to부정사가 명사를 수식하거나, 보어 역할을 하거나, 'be + to 용법'으로 사용된다.

(1) 명사 수식

예
- Do you have something **to eat**? (먹을 것 좀 있니?)
- We are looking for a pencil **to write with**. (우리는 쓸 펜을 찾는 중이다.)
- He wants to buy a shirt **to put on**. (그는 입을 셔츠를 사고 싶어 한다.)

(2) be + to 용법

'의무, 예정, 가능, 운명, 의도'로 해석된다.

① 의무
  예) You **are to complete** this project by 5 p.m. (당신은 이 계획을 오후 5시까지는 완결해야 한다.)

② 예정
  예) This shopping mall **is to open** next Friday. (이 쇼핑몰은 다음 주 금요일에 문을 열 예정이다.)

③ 가능
  예) You **are to leave** whenever you want to. (당신이 원할 때 언제라도 떠날 수 있다.)

④ 운명
  예) They are **never to separate** their relationships. (그들은 결코 관계를 끊지 못할 운명이다.)

⑤ 의도
  예) If you **are to pass** the test, you will have to devote yourself to studying. (시험에 합격하고자 한다면, 공부에 전념해야 할 것이다.)

3 부사의 역할

to부정사가 '동사, 형용사, 부사, 문장'을 수식한다. 부정사가 '목적, 이유, 양보, 원인, 조건, 결과, 정도'로 해석된다.

(1) 목적

예) He went to the cafe **to meet** his friend. (그는 친구를 만나기 위해 카페에 갔다.)
→ He went to the cafe **in order to(so as to) meet** his friend.

(2) 부정 목적(~하지 않기 위해서)

예) He often wears jeans **not to look fat**. (그는 뚱뚱해 보이지 않기 위해 종종 청바지를 입는다.)
= He often wears jeans **in order not to(so as not to) look fat**.
= He often wears jeans **for fear of looking fat**.
= He often wears jeans **so that he may not look fat**.
= He often wears jeans **in order that he may not look fat**.
= He often wears jeans **lest he should look fat**.
= He often wears jeans **for fear (that) he should look fat**.
= He often wears jeans **in case he should look fat**.

(3) 판단의 이유/근거 : must be + 형용사/명사 + to부정사

예) She **must be** a genius **to solve** the problem. (그녀가 그 문제를 해결하다니 천재임이 틀림없다.)

(4) 양보

⓪ **To try to** find errors in his writing, he could not do. (그의 글에서 오류를 찾으려고 노력했음에도, 그는 어떠한 오류도 찾을 수 없었다.)

→ **Though he tried to** find errors in his writing, he could not do.

(5) 원인 : 감정형용사(happy, sad, sorry, disappointed, glad 등) + to부정사

⓪ I am sorry **to give** you so much trouble. (당신에게 너무 많은 어려움을 주어 미안합니다.)

(6) 조건

⓪ **To live** with us, we would be happy. (우리가 함께 살 수 있다면 행복할 텐데.)

(7) 결과 : only + to부정사, never + to부정사

⓪
- He worked hard **only to fail**. (그는 열심히 노력했지만 결국 실패했다.)
- He left his home **never to return**. (그는 집을 떠나 다시는 돌아오지 않았다.)

(8) 정도

① **too + 형용사/부사 + to부정사** : 너무 ~(형용사/부사)해서 ~(부정사)할 수 없다
   = so + 형용사/부사 + that + 주어 + can't(couldn't) + 동사원형
② **형용사 + enough + to부정사** : ~할 정도로 충분히 ~(형용사)하다
   = so + 형용사/부사+ that + 주어 + can + 동사원형

⓪
- The problem is **too** serious **for me to handle** alone. (이 문제는 너무 심각해서 나 혼자 처리할 수 없다.)
  → The problem is **so** serious **that I cannot handle it** alone.
- He is **smart enough to understand** a series of deductive inferential process. (그는 일련의 연역 추론 과정을 이해할 정도로 충분히 똑똑하다.)
  → He is **so** smart **that he can understand** a series of deductive inferential process.

(9) 관용표현(독립부정사)

① **to be frank with you** : 솔직히 말해서
   = to tell the truth
② **to make matters better** : 금상첨화로
   = what is better
③ **to make matters worse** : 설상가상으로
   = what is worse

④ **to be sure** : 확실하게
   = surely
⑤ **to begin with** : 무엇보다도
   = first of all
   = more than anything else
⑥ **strange to say** : 이상한 이야기지만
   = strangely speaking
⑦ **to do justice** : 공정히 말해서
⑧ **to make a long story short** : 간단히 말해서
⑨ **not to speak of** : ~은 말할 것도 없이 〔중요〕
   = to say nothing of
   = not to say anything of
   = let alone
   = not to mention

예제

주어진 문장을 유사한 의미의 문장으로 바꾸어 쓸 때, 괄호 안에 들어갈 적절한 단어를 쓰시오.

① To look at it from a different point of view is necessary.
   → It ( ) ( ) ( ) look at it from a different point of view.
② We should try hard so as not to make our mothers disappointed.
   → We should try hard ( ) we ( ) make our mothers disappointed.
③ She was fast enough to win the race.
   → She was ( ) fast ( ) she could win the race.
④ You can speak Spanish not to speak of English.
   → You can speak Spanish ( ) ( ) ( ) ( ) English.

정답
① is necessary to, ② lest, should, ③ so, that, ④ to say nothing of

4 원형부정사

(1) 지각동사

① feel, hear, see, watch, notice, listen to
② 5형식 문장에서 목적보어는 원형부정사를 사용한다.

[예]
- He saw his son **kick** the ball. (그는 아들이 공을 차는 것을 보았다.)
- I felt an insect **crawl** on my shoulder. (나는 어깨 위에서 곤충이 기어가는 걸 느꼈다.)

(2) 사역동사

① make, have, let
② 5형식 문장에서 목적보어는 원형부정사를 사용한다.

[예]
- What makes you **do** so? (무엇이 당신이 그렇게 하도록 했나요?)
- I let my son **brush** his teeth. (나는 아들이 양치질을 하도록 시켰다.)

> **더 알아두기**
>
> ① help가 사역동사로 사용될 경우, 목적보어는 원형부정사 또는 to부정사를 사용한다.
>   [예] We helped the poor **(to) change** their minds. (우리는 가난한 사람들이 마음을 돌리도록 했다.)
> ② get이 사역동사로 사용될 경우, 목적보어는 to부정사를 사용한다.
>   [예] It is difficult to get all the students **to understand** what I explained. (모든 학생들이 내가 설명했던 것을 이해하도록 하는 것은 어려운 일이다.)
> ③ 지각동사와 사역동사가 사용된 문장을 수동태로 바꾸어 쓸 경우, 목적보어는 to부정사를 사용한다. 단, 지각동사의 경우 목적보어는 현재분사(Ving) 형태도 가능하다.
>   [예]
>   - We saw the train **pass** this station. (우리는 기차가 이 역을 통과하는 것을 보았다.)
>   → The train **was seen to pass** this station.
>   → The train **was seen passing** this station.
>   - The music made me **look back on** her. (그 음악은 내가 그녀를 회상하도록 했다.)
>   → I **was made to look back on** her by the music.

(3) 특수구문 및 관용표현

① 주절 안에 동사 do가 있을 때, be동사의 보어 역할을 하는 부정사 to는 일반적으로 생략한다.

[예]
- All that we should do **is never give up**. (우리가 해야 할 모든 것은 절대 포기하지 않는 것이다.)
- What I do next **is start** my car. (내가 다음으로 할 것은 시동을 거는 것이다.)

② except(~을 제외하고) 뒤에는 원형부정사를 사용한다.

[예] There was little I could do except **wait**. (기다리는 것을 제외하고는 내가 할 수 있는 일은 거의 없었다.)

③ 관용표현 [중요]

㉠ do nothing but + 동사원형 : ~하기만 하다
㉡ would rather + 동사원형 + than + 동사원형 : ~보다 차라리 ~하는 게 낫다
　= had better + 동사원형 + than + 동사원형
　= may as well + 동사원형 + as + 동사원형
　= prefer Ving to Ving
　= prefer to + 동사원형 rather than to + 동사원형
　= had as soon + 동사원형 + as + 동사원형
㉢ cannot but + 동사원형 : ~하지 않을 수 없다
　= cannot help(choose) but + 동사원형
　= cannot help Ving
　= have no choice(alternative) but to + 동사원형
㉣ had better + 동사원형 : ~하는 편이 낫다
㉤ may well + 동사원형 : ~하는 것은 당연하다

[예]
- She **does nothing but cry** without saying a word. (그녀는 한마디도 하지 않고 눈물만 흘린다.)
- You **would rather consult** a doctor **than feel** worried. (당신은 걱정하는 것보다 차라리 의사와 상담하는 게 낫다.)

5 기타 표현

(1) 대부정사

선행하는 문장의 동사구 반복을 피하기 위해 부정사 to만 사용한다.

[예] You may leave right now if you want **to** (leave right now). (당신이 원하면 지금 당장 떠나도 된다.)

(2) 수동형 부정사

① **단순수동** : to + be + PP
② **완료수동** : to + have + been + PP

예

- She had a lot of tasks **to be done**. (그녀는 끝내야 하는 일이 많았다.)
- She had a lot of tasks **to have been done**. (그녀는 끝냈어야 하는 일이 많았다.)

(3) 과거의 이루지 못한 소망 표현

① 'wished, hoped, intended, expected, was(were)' + to + have + PP
② 'had wished, had hoped, had intended, had been' + to부정사 또는 to + have + PP

예

- She **wished to apologize to** him. (그녀는 그에게 사과하기를 희망했다.)
- She **wished to have apologized to** him. (그녀는 그에게 사과하기를 희망했었지만 못했다.)
- She **had wished to apologize to** him. (그녀는 그에게 사과하기를 희망했었지만 못했다.)

예제

다음 중 알맞은 것을 모두 고르시오.

① She listens to the magpie (sing, to sing) on the tree.
② He always helped her (take, to take) care of her mother.
③ It was so kind (of, for) you to help us with our homework.
④ He expects his apology (to accept, to be accepted).
⑤ Could you tell me (how to catch, how catching) the bus.

정답

① sing, ② take, to take, ③ of, ④ to be accepted, ⑤ how to catch

제3절   동명사

동명사는 Ving가 문장에서 주어, 목적어, 보어 역할을 하는 준동사(비정형동사)로, 단순과 완료 두 가지 시제를 가지며, 의미상의 주어가 있고, 부정어는 동명사 앞에 사용한다.

1   동명사 vs to부정사

① 동명사와 to부정사는 문법적인 측면에서는 차이가 없다. 다만, 의미적인 측면에서 과거의 일을 묘사할 때 주로 동명사를 사용하는 반면, 미래의 일을 묘사할 때 주로 to부정사를 사용한다.
② 동명사 또는 부정사만을 목적어로 취하는 동사를 구별하여 학습해야 한다.

2   명사

(1) 주어의 역할

  예 **Respecting** others gives us positive feedback. (타인을 존중하는 것은 우리에게 긍정적 반응을 준다.)

(2) 목적어의 역할

  ① 동사의 목적어

  예 He tried to **avoid getting** corona virus infections. (그는 코로나 바이러스 감염에 걸리는 것을 피하려고 노력했다.)
  → 동명사 부정 : He tried to avoid **not getting** corona virus infections.
  → 부정사 부정 : He tried **not to avoid** getting corona virus infections.
  → 본동사 부정 : He **did not try** to avoid getting corona virus infections.

  ② 전치사의 목적어

  예
  • Thank you **for listening to** my words. (내 말에 경청해주어 고마워요.)
  • He objects **to writing** a paper on behalf of her. (그는 그녀를 대신해 논문 작성하는 것을 반대한다.)

(3) 보어의 역할

  예 Their goal is **completing** this project until next month. (그들의 목표는 다음 달까지 이 사업을 완수하는 것이다.)
  ① 현재분사 : ~하는 중이다(진행형)
  예 He has been **running** in this park for two hours. (그는 두 시간 내내 이 공원에서 달리는 중이다.)

② 동명사 : ~하는 것이다(보어)
　　 예 His daily exercise is **running** in this park. (그의 일상 운동은 공원에서 달리는 것이다.)

3 단순형과 완료형, 능동형과 수동형

(1) 단순 능동 동명사와 단순 수동 동명사
　① 단순 능동형 : V + ing
　　 예 I am sure of his **being** a man of ability. (나는 그가 능력 있는 사람이라고 확신한다.)
　　　 → I am sure that he **is** a man of ability.
　② 단순 수동형 : being + PP
　　 예 We are afraid of **being misunderstood**. (우리는 오해받는 것을 걱정한다.)
　　　 → We are afraid that we **are misunderstood**.

(2) 완료 능동 동명사와 완료 수동 동명사
　① 완료 능동형 : having + PP
　　 예 I am sure of his **having been** a man of ability. (나는 그가 능력 있는 사람이었다고 확신한다.)
　　　 → I am sure that he **was** a man of ability.
　② 완료 수동형 : having been + PP
　　 예 We are afraid of **having been misunderstood**. (우리는 오해받았던 것을 걱정한다.)
　　　 → We are afraid that we **were misunderstood**.

4 주요 동사 중요

(1) 동명사만을 목적어로 취하는 동사

> mind, miss, enjoy, give up, go on, avoid, admit, resist, recall, repent, finish, fancy, escape, postpone, put off, practice, deny, keep (on), consider, quit, stop, suggest
> → 'megarfepdks'(메가펩트크스)로 기억하자!

예
　• You had better avoid **spending** too much money during the holidays. (휴가 동안 너무 많은 돈을 쓰는 것을 피하는 편이 좋겠다.)
　• Would you mind **listening to** what I say. (제가 말한 것을 듣기 꺼려하시는지요?)

(2) to부정사만을 목적어로 취하는 동사

> want, wish, expect, hope, would like, plan, pretend, promise, agree, decide, learn, help, fail, offer, refuse, advise, convince

[예]
- He plans **to go** to Seoul in February. (그는 2월에 서울에 갈 계획이다.)
- She decided **to watch** the movie. (그녀는 영화를 보기로 결정했다.)

(3) 동명사와 부정사를 모두 목적어로 취하는 동사

> attempt, begin, continue, decline, endure, hate, intend, like, love, prefer, propose, start, try, forget, remember

① 의미 차이가 없는 경우(like, continue, start, intend)

[예]
- I like **to sing** a song. (나는 노래 부르는 것을 좋아한다.)
  = I like **singing** a song.
- He started **to wash** his car. (그는 세차를 시작했다.)
  = He started **washing** his car.

② 의미 차이가 있는 경우(remember, forget, stop, regret, try)

㉠ remember, forget, regret + Ving : 과거의 일
  remember, forget, regret + to부정사 : 미래의 일

[예]
- We remember **reading** this newspaper. (우리는 이 신문을 읽었던 것을 기억한다.)
- We must remember **to read** this newspaper. (우리는 이 신문을 읽을 것을 기억해야 한다.)

㉡ stop + Ving : ~하는 것을 멈추다
  stop + to부정사 : ~하기 위해 멈추다

[예]
- I stop **cooking**. (나는 요리하는 것을 멈췄다.)
- I stop **to cook**. (나는 요리하기 위해 멈췄다.)

㉢ try + Ving : 시험 삼아 해보다
  try + to부정사 : ~하려고 노력하다

[예]
- We **tried reducing** noise. (우리는 시험 삼아 소음을 줄여 보았다.)
- I **tried to understand** her mind, but I couldn't. (나는 그녀의 마음을 이해하려고 노력했지만 할 수 없었다.)

(4) 주요 5형식 동사

> advise, allow, enable, cause, force, permit, recommend, trigger

[예]
- The teacher **advised** her **to start** early. (선생님은 그녀에게 일찍 시작하라고 충고했다.)
- Something important **caused** him **to act** like that. (중요한 무언가가 그가 그렇게 행동하도록 했다.)

> **더 알아두기** **중요**
>
> need, want, require + Ving(또는 to + be + PP)
> 해당 동사의 주어가 사물일 때, 동명사 또는 부정사가 동사의 목적어 자리에 올 때, 동명사는 능동형을, 부정사는 수동형을 사용한다. 두 경우 모두 수동의 의미이다.
> [예]
> - This room needs(wants, requires) **cleaning**. (O)
> - This room needs(wants, requires) **being cleaned**. (X)
> - This room needs(wants, requires) **to be cleaned**. (O)
> - This room needs(wants, requires) **to clean**. (X)

5 관용적 표현

(1) cannot help Ving : ~하지 않을 수 없다

= cannot(choose, help) but + 동사원형

= have no choice but to + 동사원형

[예] I **couldn't help laughing** when I saw this scene. (내가 이 장면을 봤을 때 웃지 않을 수가 없었다.)
→ I **couldn't but laugh** when I saw this scene.

(2) It is no use Ving : ~해도 소용없다

= It is of no use to + 동사원형

[예] **It is no use apologizing** for yourself. (스스로 사과해도 소용없다.).

(3) There is no Ving : ~하는 것은 불가능하다

= It is impossible to + 동사원형

[예] **There is no changing** this schedule. (이 일정을 변경하는 것은 불가능하다.)

(4) It goes without saying that ~ : ~하는 것은 말할 필요가 없다

   = It is needless to say that ~

   예) **It goes without saying that** studying is the most important thing. (공부하는 것이 가장 중요하다고 말할 필요가 없다.)

(5) not(never) ~ without Ving : ~하면 ~하다

   = whenever 주어 + 동사, 주어 + 동사

   예) She **never** goes out **without putting** on a scarf in winter. (그녀는 겨울에 스카프를 착용하지 않고서는 나가지 않는다.)

     → **Whenever** she goes out, she puts on a scarf in winter. (그녀는 나갈 때마다 겨울에는 스카프를 착용한다.)

(6) keep(stop, prevent, hinder) A from Ving : A가 Ving하는 것을 막다/금하다

   예) Watching TV **keeps** us **from focusing** on our homework. (TV 시청은 우리가 과제에 집중하는 것을 막는다.)

(7) be worth Ving : ~할 가치가 있다

   = be worthy of Ving

   = be worthwhile to + 동사원형

   예) We **are worth making** an effort. (우리는 노력할 만한 가치가 있다.)

(8) make a point of Ving : ~하는 것을 습관으로 하다

   = make it a rule to + 동사원형

   예) I **make a point of taking a walk** every night. (나는 밤마다 걷는 것을 습관으로 한다.)

(9) of one's own Ving : 내가 손수 ~한

   = V의 PP + by oneself

   예) This is the picture **of my own drawing**. (이것은 내가 손수 그린 그림이다.)

     → This is the picture **drawn by myself**.

(10) be on the point(verge, edge) of Ving : 막 ~하려고 하다

   = be about to + 동사원형

   예) He **is on the point of leaving** for the airport. (그는 공항으로 막 떠나려고 한다.)

(11) on Ving : ~하자마자
   = as soon as + 주어 + 동사
   = when + 주어 + 동사
   예 **On finishing** doing his homework, he went to play the soccer. (과제를 끝내자마자 그는 축구하러 갔다.)

(12) be far from Ving : 결코 ~하지 않다
   = never + 동사원형
   예 My son **is far from telling** a lie when he talks with his father. (내 아들은 아빠와 이야기할 때 결코 거짓말을 하지 않는다.)
   = My son never tells a lie when he talks with his father.

(13) feel like Ving : ~하고 싶다
   = feel inclined to + 동사원형
   예 I **feel like taking** a rest without any interruption. (나는 어떤 간섭 없이 쉬고 싶다.)

(14) look forward to Ving : ~하기를 무척 기대하다
   예 They **look forward to living** together. (그들은 함께 살기를 무척 기대한다.)

(15) come(go) near (to) Ving : 거의 ~할 뻔하다
   예 This tree **came near falling down**. (이 나무는 거의 주저앉을 뻔했다.)

(16) What do you say to Ving : ~하는 게 어때?
   = Let's + 동사원형
   = Why don't you + 동사원형
   예 **What do you say to changing** your mind? (생각을 바꾸는 게 어때?)

(17) be busy Ving : ~하느라 바쁘다
   예 My brother **is busy making** a model airplane. (동생은 모형 비행기를 만드느라 바쁘다.)

(18) have difficulty(trouble) (in) Ving : ~하는 데 어려움을 겪다
   예 I **had difficulty understanding** what you said. (나는 당신이 말했던 것을 이해하는 데 어려움을 겪었다.)

(19) **be good at Ving** : ~을 잘하다

= be skillful in Ving

예 My daughter **is good at making** cakes and **drawing** pictures. (나의 딸은 케이크를 만드는 것과 그림 그리기를 잘한다.)

(20) **be used to Ving** : ~에 익숙하다

= be accustomed to Ving

*be used to + 동사원형 : ~하는 데 사용되다

*used to + 동사원형 : ~하곤 했다

예 She **is used to reading and understanding** English books. (그녀는 영어책을 읽고 이해하는 데 익숙하다.)

예제

다음 괄호 안에 주어진 표현 중 알맞은 것을 모두 고르시오.

① She begins (to talk, talking) sensitive remarks.
② She chose (to ignore, ignoring) the doctor's advice.
③ He offered (help, to help) us study for our test.
④ She decided (move, to move) to the Korea so as to work with her lover.
⑤ I wonder why she keeps (skipping, to skip) classes.

정답
① to talk, talking, ② to ignore, ③ to help, ④ to move, ⑤ skipping

---

제4절 분사

준동사 중 하나인 분사에는 Ving(현재분사)와 V의 PP(과거분사) 두 가지 형태가 있다. 분사는 문장에서 명사를 수식하거나 보어의 역할을 한다는 점에서 동명사와는 다르게 형용사 역할을 한다. 현재분사는 능동의 의미를, 과거분사는 수동의 의미를 갖는다. 특히 현재분사와 과거분사가 각각 사용되는 환경에 익숙해지는 것이 분사 학습에서 가장 중요하다.

1 분사와 동명사

분사는 문장에서 형용사 역할을 하므로 명사를 수식하거나 문장에서 보어의 역할을 하며, '~하는 중'으로 해석된다. 한편, 동명사는 문장에서 명사 역할을 하므로 주어와 목적어 역할을 하며, '~하는 것'으로 해석된다.

(1) 분사

명사 수식	보어
a sleeping man	a man who is sleeping
a singing woman	a woman who is singing
an experienced person	a person who was experienced
a torn city	a city which was torn

(2) 동명사

주어	동사의 목적어	전치사의 목적어
Loving is living.	He enjoys watching TV.	He is good at swimming.
Knowing is important.	He minds opening the door.	He is interested in working.

2 명사수식

(1) '주격 관계사 + be동사'가 생략된 관계사 구문 (중요)

예
- The woman **speaking to** him told me some shocking news. (그에게 말하고 있는 그 여자가 내게 충격적인 소식을 말했다.)
  → The woman **who was speaking to** him told me some shocking news.
- The man **introduced** at the conference is a famous scientist. (회의에서 소개되었던 그 사람은 유명한 과학자이다.)
  → The man **who was introduced** at the conference is a famous scientist.

(2) 명사구

예
- **The barking dog** makes me scared. (짖고 있는 강아지가 나를 무섭게 만들었다.)
- **A crying baby** can break a parent's heart. (우는 아이는 부모의 마음을 아프게 할 수 있다.)
- Many children were injured by **the broken glass**. (많은 아이들이 깨진 유리에 상처를 입었다.)

3 보어 중요

(1) 주격 보어(2형식)

[예]
- The movie was very **interesting**. (그 영화는 매우 재미있었다.)
- Studying English is very **interesting**. (영어를 공부하는 것은 매우 재미있다.)
- We were so **excited**. (우리는 매우 흥분했었다.)
- She appeared **satisfied** with this lecture. (그녀는 이 강의에 만족하는 것 같았다.)
- The car remained **untouched** for a long time. (그 차는 오랫동안 손이 닿지 않은 채 있었다.)

(2) 목적격 보어(5형식)

[예]
- He had his passport **stolen**. (그는 여권을 도난당했다.)
- I heard my name **called**. (나는 내 이름이 불리는 것을 들었다.)
- He watches the ducks **swimming(swim)** in the pond. (그는 오리들이 연못에서 수영하는 것을 본다.)
- The coach saw his athletes **playing** soccer. (그 감독은 그의 선수들이 축구하는 것을 보았다.)
- I suddenly heard someone **knocking(knock)** on the door. (나는 갑자기 누군가가 문을 두드리는 소리를 들었다.)

4 진행형, 완료형, 수동형 분사

(1) 진행형

[예]
- She is **watering** the plants in the garden. (그녀는 정원의 식물에게 물을 주는 중이다.)
- He is **driving** his car to work. (그는 일하기 위해 운전하는 중이다.)

(2) 완료형

[예]
- We have **discussed** this matter since yesterday. (우리는 이 문제를 어제부터 논의하고 있다.)
- We have been **finding** survivors in Turkey since earthquake occurred. (지진이 발생한 때부터 우리는 튀르키예에서 생존자를 찾는 중이었다.)

(3) 수동형

예
- This building was **designed** by a world-famous architect in 1997. (이 건물은 1997년에 세계적으로 유명한 건축가에 의해 설계되었다.)
- More than 8,000 people were **thought** to have been killed in Adiyaman. (8천 명 이상의 사람들이 아디야만에서 사망했었다고 생각된다.)

5 분사구문 중요

분사를 이용하여 부사절을 부사구로 바꾸어 쓴 문장을 분사구문이라 한다. 분사구문을 만들 때 꼭 기억해야 할 점은 다음과 같다.

- 분사구문으로 전환 시, being 또는 having been은 생략 가능하다.
- 부정어(not 또는 never)는 분사 앞에 위치한다.
- 시제가 일치하지 않을 때(부사절 시제 ≠ 주절 시제), 완료분사(having + PP)를 사용한다.

(1) 분사구문

① 분사구문 만드는 방법

접속사 생략 ⇨ 주어 생략(단, 부사절의 주어와 주절의 주어가 일치할 때) ⇨ 동사원형 + ing(being이나 having been은 생략 가능)

② 부사절의 주어와 주절의 주어가 일치할 때

접속사 + 주어(A) + 동사 + (보어/목적어), 주어(A) + 동사 + (보어/목적어)
→ [접속사와 주어(A) 생략] Ving + (보어/목적어), 주어(A) + 동사 + (보어/목적어)

예 When I was young, I wanted to become the President. (내가 어렸을 때, 나는 대통령이 되고 싶었다.)
→ **(Being)** Young, I wanted to become the President.

③ 부사절의 주어와 주절의 주어가 일치하지 않을 때

접속사 + 주어(A) + 동사 + (보어/목적어), 주어(B) + 동사 + (보어/목적어)
→ [접속사 생략/주어(A)의 소유격 또는 목적격 사용] A의 소유격 + Ving + (보어/목적어), 주어(B) + 동사 + (보어/목적어)

예 When I was young, my father worked as a soldier. (내가 어렸을 때, 아버지는 군인으로 근무하셨다.)
→ **My (Being)** young, my father worked as a soldier.

(2) 내용에 따른 분사구문 1(부사절 주어 = 주절 주어)

① 때

예 After she read this article, she finally understood it. (그녀가 이 기사를 읽은 후에 그녀는 마침내 내용을 이해했다.)
→ **Reading** this article, she finally understood it.

② 이유

예 As he had not enough money, he couldn't buy her a present. (그는 돈이 충분하지 않아서 그녀에게 선물을 사줄 수 없었다.)
→ **Not having** enough money, he couldn't buy her a present.

③ 조건

예 If you turn to the right, you will find the bank. (오른쪽으로 돌면, 은행을 발견할 것이다.)
→ **Turning** to the right, you will find the bank.

④ 동시동작

예 He ate dinner and he listen to the radio. (그는 라디오를 들으면서 저녁을 먹었다.)
→ He ate dinner, **listening to** the radio.

⑤ 완료분사

예 After he had ridden a horse, he hurt his ankle. (그는 말을 타고난 후 발목을 다쳤다.)
→ **Having ridden** a horse, he hurt his ankle.

(3) 내용에 따른 분사구문 2(부사절 주어 ≠ 주절 주어 / 분사의 의미상의 주어 : 부사절 주어의 소유격 또는 목적격을 사용)

예

- As the sun set, they stopped looking for the children. (해가 져서 그들은 아이들을 찾는 것을 그만두었다.)
  → **The sun setting**, they stopped looking for the children.
- As he was writing a paper, his son played computer games. (그가 논문을 쓰고 있을 때, 그의 아들은 컴퓨터 게임을 했다.)
  → **His (being) writing** a paper, his son played computer games.
- If the weather is not permitted, we cannot go on a picnic. (날씨가 좋지 않으면, 우리는 소풍 갈 수 없다.)
  → **The weather not (being) permitted**, we cannot go on a picnic.

6 관용표현 및 특수구문

(1) 무인칭 독립분사구문

표현	의미	표현	의미
generally speaking	일반적으로 말해서	frankly speaking	솔직히 말해서
strictly speaking	엄격히 말해서	judging from	~로 판단하건대
strangely speaking	이상한 이야기지만	provided that	~한다면
taking all things into consideration	모든 것을 고려할 때		

예
- **Strictly speaking**, he is a professional. (엄격히 말해, 그는 전문가이다.)
- **Strangely speaking**, his teaching way seems to be effective. (이상한 이야기지만, 그의 가르치는 방식이 효과적인 것 같다.)

(2) 부대상황 'with' 중요

① 'with + 목적어 + 분사(Ving 또는 V의 PP)' 구조로 사용되며 '~한 채로'란 의미를 갖는다. 이 구문에서는 분사의 적절한 형태를 결정하는 일이 어렵지만 매우 중요하다.
② 목적어와 분사를 주어와 동사 관계로 생각하고 만일 목적어가 분사를 직접 행하는 경우라면(능동) Ving(현재분사)를, 목적어가 분사를 당하는 경우라면(수동) V의 PP(과거분사)를 사용한다.
  ㉠ 목적어와 분사가 능동 관계
    예 He can't work **with you standing** there. (그는 당신이 거기에 서 있는 채로 일할 수 없다.)
  ㉡ 목적어와 분사가 수동 관계
    예 The patient lay **with his eyes bandaged**. (그 환자는 눈에 붕대를 감은 채 누웠다.)

(3) Ving as it does 구문

'as it does'는 분사구문의 의미를 강조하기 위해 사용된 구문으로서 '저렇게'로 해석한다. 해당 구문에서 접속사 as는 '양태'를 나타내며, it은 분사구문에서 사용된 주어를 가리키는 대명사이고, does는 분사구문에서 사용된 동사를 대신 받는 대동사 표현이다.

예 **Standing as it does** on the hill, the villa commands a fine view. (저렇게 언덕 위에 서 있으므로 그 별장은 전망이 좋다.)

예제

다음 중 알맞은 것을 고르시오.

① I must have my computer (repair, repaired) as soon as possible.
② A (drowning, drowned) man will catch at a straw.
③ She went home (satisfied, satisfying) with my explanation.
④ I am sorry to have kept you (waiting, waited) so long.
⑤ (Comparing, Compared) with his brother, he is not so clever.

정답
① repaired, ② drowning, ③ satisfied, ④ waiting, ⑤ Compared

예제

틀린 부분 하나를 찾아 어법상 바르게 고쳐 주어진 문장을 다시 쓰시오.

① One of my fans wanted to have his picture take with me.
   → _____.
② The poison, using in a small amount, will proved to be medicine.
   → _____.

정답
① One of my fans wanted to have his picture taken with me.
② The poison, used in a small amount, will proved to be medicine.

제 6 장 | 화법

| 단원 개요 |

다른 사람의 말을 인용하여 말하는 방법을 화법이라 한다. 화법에는 직접화법과 간접화법이 있다. 직접화법은 큰따옴표(" ")를 사용하여 다른 사람의 말을 그대로 전달하는 방법이다. 반면, 간접화법은 다른 사람이 한 말을 전달하는 사람의 관점에서 바꾸어 전달하는 방법이다. 시험에는 일반적으로 직접화법을 간접화법으로 바꾸는 문제가 자주 출제되고 있다. 이 장에서는 문장의 유형에 따라 화법을 전환할 때, 반드시 기억해야 할 핵심내용을 중심으로 살펴본다.

| 출제 경향 및 수험 대책 |

첫째, 평서문과 의문문의 화법 전환을 학습한다.
둘째, 명령문과 감탄문의 화법 전환을 학습한다.
셋째, 중문과 두 개 이상의 서로 다른 문장의 화법 전환을 학습하고 묘출화법에 대해 학습한다.
넷째, 학습한 개념을 예문과 실전예상문제를 통해 반복해서 익히고 정리한다.

제1절 평서문과 의문문

1 평서문 중요

〈직접화법 → 간접화법, 간접화법 → 직접화법으로 전환 규칙〉

내용	직접화법	⇔	간접화법
전달동사	say say to 이 외의 동사	⇔ ⇔ ⇔	say tell, say to 사용된 동사 그대로 사용
피전달문장	" "	⇔	that절
인칭, 지시대명사, 부사구	인칭, 지시대명사, 부사구	⇔	전달자의 입장에서 적절하게 바꾼다.
시제 일치	시제	⇔	시제 일치에 따른다.
부사구 표현	now today tomorrow yesterday last night ago this these here	⇔ ⇔ ⇔ ⇔ ⇔ ⇔ ⇔ ⇔ ⇔	then that day the next day(the following day) the day before(the previous day) the night before(the previous night) before that those there

[예]
- She said, "I will do it tomorrow."
  → She said **that** she **would** do it **the next day**. (그녀는 내일 이것을 할 거라고 말했다.)
- He said to me, "I have studied linguistics today."
  → He **told** me **that** he **had studied** linguistics **that day**. (그는 내게 오늘 언어학을 공부했다고 말했다.)
- They said, "We visited this restaurant yesterday."
  → They said **that** they **had visited** that restaurant **the day before**. (그들이 어제 그 식당을 방문했었다고 말했다.)

2 의문문 〈중요〉

〈직접화법 → 간접화법, 간접화법 → 직접화법으로 전환 규칙〉

내용	직접화법	⇔	간접화법
전달동사	say to	⇔	ask, inquire
피전달문장	의문사가 있는 의문문	⇔	의문사 + 평서문(주어 + 동사)
	의문사가 없는 의문문	⇔	if(또는 whether) + 평서문(주어 + 동사)

[예]
- He said to me, "What do you think of this movie?"
  → He **asked** me **what I thought of that** movie. (그는 내게 이 영화를 어떻게 생각하느냐고 물어보았다.)
- She said to me, "When will your parents go to Korea?"
  → She **asked** me **when my parents would** go to Korea. (그녀는 내게 부모님이 언제 한국에 오실지 물어보았다.)
- She said to her mother, "May I go out with Jane?"
  → She **asked** her mother **if she might go** out with Jane. (그녀는 엄마에게 Jane과 함께 나가도 되는지 물어보았다.)
- He said to the professor, "Will I answer this question?"
  → He **asked** the professor **if he would answer** that question. (그는 그 교수에게 이 질문에 대한 답을 할지 물어보았다.)

제2절 명령문과 감탄문

1 명령문

〈직접화법 → 간접화법, 간접화법 → 직접화법으로 전환 규칙〉

내용	직접화법	⇔	간접화법
전달동사	say 또는 say to	⇔	내용에 따라 'tell, ask, beg, order, command, bid, advise, request, forbid' + 목적어 + to부정사로 표현한다.
피전달문장	" "	⇔	to부정사구로 바꾼다.
Let 명령문	전달동사 say to	⇔	내용에 따라 'suggest(또는 propose) + that + 주어 + should + V원형' 혹은 'ask(또는 offer) + to be allowed' 등을 사용한다.

예

- The policeman said to him, "Show your driver's license."
  → The policeman **asked** him **to show** his driver's license. (그 경찰관은 그에게 운전면허증을 보여달라고 요청했다.)
- He said to me, "Don't quit this job before you find a new one."
  → He **advised** me **not to quit that** job before I found a new one. (그는 내게 새 직장을 구하기 전에는 이 직장을 그만두지 말라고 말했다.)

2 감탄문

〈직접화법 → 간접화법, 간접화법 → 직접화법으로 전환 규칙〉

내용	직접화법	⇔	간접화법
전달동사	say to	⇔	say, shout, cry, exclaim 등을 사용한다.
피전달문장	" "	⇔	① 감탄문 어순을 그대로 사용한다. ② 부사 very를 보충하고 평서문의 어순을 사용한다. ③ 감탄사를 부사구로 바꾸고 평서문의 어순을 사용한다.

예

- He said, "What a beautiful ocean it is!"
  → She **exclaimed what a beautiful ocean it was**. (그녀는 너무 아름다운 바다였다고 소리쳤다.)
  → She **exclaimed(said) that it was a very beautiful ocean**.
- He said, "God bless us!"
  → He **prayed that** God **might bless** us. (그는 신이 우리에게 축복을 주시도록 기도했다.)

제3절 중문, 복문, 묘출화법

1 중문과 두 개 이상 문장 중요

〈직접화법 → 간접화법, 간접화법 → 직접화법으로 전환 규칙〉

내용	직접화법	⇔	간접화법
전달동사	say 또는 say to	⇔	내용에 따라 say, tell, suggest, exclaim 등을 사용한다.
피전달문장	and(또는 but)	⇔	and that으로 바꾼다.
	복문	⇔	단문의 경우와 동일하게 바꾼다.
	두 개 이상의 문장	⇔	각 문장을 and로 연결하고 문장의 종류가 다를 경우, 각 문장의 유형에 알맞은 전달동사를 사용한다.

(1) 등위접속사 and가 사용된 중문

예 She said, "this car is very expensive, and I cannot buy it."
→ She **said (that)** that car **was** very expensive, **and that she could not buy** it. (그녀는 그 차가 너무 비싸서 살 수 없었다고 말했다.)

(2) 명령문 + and 평서문

예 He said to her, "Study hard, and you will pass the exam."
→ He **told** her **to study** hard **and she would pass** the exam. (그는 그녀에게 열심히 공부하면 그 시험에 합격할 거라고 말했다.)
→ He **told** her **that if she studied** hard **she would pass** the exam.

(3) 평서문 + 의문문

예 He said, "It is cold in this classroom, why don't you turn on the heater?"
→ He **said that** it **was** cold in **that** classroom **and asked why I didn't** turn on the heater. (그는 그 교실이 춥다고 말했고 왜 히터를 켜지 않는지 물어보았다.)

(4) 명령문 + 의문문

예 He said to me, "Be careful! Can you see these bricks on the desk?"
→ He **told me to be careful and asked if I could** see **those** bricks on the desk. (그는 내게 조심하라고 말했고 책상 위에 있는 벽돌을 볼 수 있는지 물어보았다.)

(5) 감탄문 + 평서문

예 She said, "How wonderful! I can live with you."
→ She **exclaimed with delight that she could** live with **me**. (그녀는 나와 함께 살 수 있어 즐거움에 소리쳤다.)

2 묘출화법

직접화법과 간접화법의 중간적 성격을 갖는 화법으로, 시 또는 소설 등과 같은 문학 작품에서 주로 사용되며 문장에 생동감을 준다.

예
- He asked me **would I go to the theater**. (그는 내게 극장에 가도 되는지 물었다.)
- I was wondering **could he become our hero**. (나는 그가 우리의 영웅이 될 수 있을지 의문이다.)
- He whispered something, and asked **was that right**. (그는 무언가를 속삭였고, 그것이 맞는지 물어보았다.)

예제

다음 중 알맞은 것을 고르시오.

① He said, "I'll be back as soon as I can."
 → He (said, told) (if, that) he (would, will) be back as soon as he (can, could).
② I said to the clerk, "Can I use this phone?"
 → I (told, asked) the clerk (if, that) I (can, could) use (this, that) phone.
③ Father said to me, "Don't forget to leave a space."
 → Father (advised, suggested) me (to not, not to) forget to leave a space.
④ She said to me, "What can I do for you?"
 → She (asked, told) me (what, if) she could do for (you, me).
⑤ He said to her, "Help me, or you will be sorry."
 → He (told, asked) her (to help, that help) him or (he, she) (will, would) be sorry.

정답
① said, that, would, could, ② asked, if, could, that, ③ advised, not to, ④ asked, what, me, ⑤ told, to help, she, would

예제

직접화법의 문장을 간접화법의 문장으로 바꾸어 쓰시오.

① He said to me, "Go and see who it is."
　→ _____.

② He said to us, "Let's have a cup of coffee."
　→ _____.

정답
① He told me to go and see who it was.
② He suggested (to us) that we (should) have a cup of coffee.

제 7 장 | 특수구문

| 단원 개요 |

본 장에서는 문장의 의미를 강조하거나 새로운 방식으로 표현하고자 할 때, 문장 구조에 변화를 주는 몇 가지 특수구문과 관계사, 수동태, 가정법에 대해 알아본다. 특수구문에는 '강조, 도치, 생략, 부정, 대용' 구문 등이 있다. 강조란 문장의 특정 부분을 두드러지게 표현하기 위해 기본 어순에 변화를 주는 것을 말한다. 도치는 문장의 기본 어순을 바꾸어서 질문을 하거나 강조를 하는 것을 말한다. 생략은 문장에서 반복되는 표현 및 내용을 삭제하는 것을 말하는데 이렇게 함으로써 경제적으로 말하거나 특별한 의미를 전달할 수 있다.

| 출제 경향 및 수험 대책 |

첫째, '강조, 도치, 생략, 부정, 대용' 구문의 핵심내용을 중심으로 학습한다.
둘째, 관계사의 핵심내용을 중심으로 학습한다.
셋째, 수동태의 핵심내용을 중심으로 학습한다.
넷째, 가정법의 핵심내용을 중심으로 학습한다.
다섯째, 학습한 개념을 여러 예문을 통해 반복해서 익히고 문법적 특징을 기억한다.

제1절　강조, 도치, 생략, 부정, 대용 구문

1 강조

(1) 'do' 삽입(강조의 do)

　　조동사 do를 본동사 앞에 삽입하여 문장에서 동사구의 의미를 강조한다.

　　예 I need a new mobile phone.
　　　→ I **do need** a new mobile phone. (나는 새로운 핸드폰이 정말 필요하다.)

(2) 의문문에서의 강조

　　의문문에서 부사 표현 'ever, on earth, in the world' 등을 사용하여 내용을 강조할 수 있다.

　　예 How **on earth** could you tell a lie? (너는 도대체 어떻게 거짓말을 할 수 있니?)

(3) 분열문에 의한 강조

　　'It ~ that 강조 용법'으로 더 잘 알려진 문장은 본래 분열문이라 한다. 분열문이란 문장에서 강조하고자 하는 목적어 또는 부사(구/절)를 'It ~ that' 사이에 위치시켜 해당 표현을 강조하는 문장을 말한다. 특히 분열문에서 사용되는 that은 접속사가 아니라 관계사이므로 선행사의 종류에 따라 'who, which, where, when' 등으로 바꿀 수 있다.

　　예 One does not know how valuable health is **until one gets sick**. (부사절 강조)
　　　→ **It** is **until one gets sick that** one does not know how valuable health is.

→ **It** is **not until one gets sick that** one knows how valuable health is.
  (사람은 건강을 잃고 나서야 건강이 얼마나 가치 있는 것인지를 안다.)

2 도치 중요

도치구문을 쉽게 이해하자. 영어 문장의 기본 어순은 '주어 + 동사 + 목적어'로서 모든 문장의 맨 앞자리는 주어, 즉 명사로 시작한다. 그런데 주어 자리에 명사가 아닌 '형용사, 부사, 부정부사 또는 부사구' 등이 올 때, 이는 기본 어순에 맞지 않는 형태가 된다. 따라서 주어가 아닌 문장의 다른 성분이 주어 자리에 오게 되면, 우리는 이러한 문장이 기본 어순을 따르는 문장과는 다르다는 점을 알리기 위해 문장 성분의 위치를 바꾸어 구조적 변화를 준다. 이것을 바로 도치라 한다.

(1) 부정어에 의한 도치

문장에서 'not, never, hardly, scarcely, seldom, rarely, barely, little, few, no' 등의 부정어 의미를 강조하기 위해 부정어가 문장의 맨 앞 오면 주어와 동사를 도치시킨다.

예
- I little dreamed that I would never see her again. (나는 그녀를 다시는 보지 않는다고 상상해본 적이 없다.)
  → **Little did I dream** that I would never see her again.
- I have never seen such a surprising sight. (나는 그런 놀라운 광경을 지금껏 본 적이 없었다.)
  → **Never have I seen** such a surprising sight.

(2) 목적어 도치

주어와 동사의 위치를 바꾸지 않는다.
예 We are going to climb the mountain. (그 산은 우리가 오르고자 하는 바로 그 산이다.)
  → **The mountain** we are going to climb.

(3) 보어 도치

보어가 명사일 때는 주어와 동사의 위치를 바꾸지 않지만, 보어가 형용사일 때는 주어와 동사의 위치를 바꾼다.

① 형용사 보어
  예 The poor in spirit are blessed. (마음이 가난한 사람들은 축복받은 자이다.)
    → **Blessed are the poor** in spirit.
② the + 비교급에 의해 수식
  예 The more **dangerous** it is, the more **attractive** it becomes. (위험하면 할수록, 더욱 매력적이다.)

(4) 접속사 if 생략에 의한 도치

가정법에서 if를 생략하면 주어와 동사가 도치된다. 다만, 이는 의문문이 아니라 조건의 의미를 갖는다.

[예] If it had not been for our love, we could not have kept our belief. (우리의 사랑이 없었더라면, 우리는 믿음을 지켜갈 수 없었을 텐데.)

→ **Had it not been** for our love, we could not have kept our belief.

3 생략

문장에서 반복되는 부분이나 특정 부분을 의미 해석의 어려움이 없는 정도에서 생략할 수 있다. 이를 통해 문장의 길이도 줄일 수 있고, 문장 요소 간 의미 연결을 보다 긴밀하게 함으로써 이해에 도움을 줄 수 있다.

(1) 반복 어구에 대한 부정과 긍정의 동의

[예]
- He majored in linguistics, and her wife majored in linguistics, too. (그는 언어학을 전공했고 그의 아내 역시 언어학을 전공했다.)
  → He majored in linguistics, and **so did his wife**.
- She couldn't finish this task, and I couldn't finish this task, either. (그녀는 업무를 마칠 수 없었고 나 역시 못했다.)
  → She couldn't finish this task, **neither could I**.

(2) 부사절 접속사 'as, though, if, when, while' 등이 사용된 부사절에서 '주어 + be동사' 생략

[예]
- **When (I was)** a boy, I liked her. (내가 소년이었을 때, 나는 그녀를 좋아했다.)
- **If (it is) possible**, please wait for me. (가능하다면 나를 기다려 줘.)

(3) 교통, 통신수단, 시간, 호칭, 사물의 본래 용도를 나타낼 때, 관사 생략

① 교통이나 통신수단

[예]
- We went to Busan **by bus**. (우리는 버스를 타고 부산으로 갔다.)
- They will have to submit their assignments **by e-mail**. (그들은 이메일로 과제를 제출해야 할 것이다.)

② 시간

[예] The janitor took a rest **by night**. (그 경비원은 밤에 쉬었다.)

③ 호칭

예
- **President Noh** had tried to change Korea. (노 대통령은 대한민국을 바꾸려고 노력했었다.)
- **Professor Han** has tried to understand his students. (한 교수는 그의 학생들을 이해하려고 노력하고 있다.)

④ 사물의 본래 용도

예
- My daughter goes to **school** from Monday to Friday. (내 딸은 월요일부터 금요일까지 학교에 간다.)
- We make the plan to go to **sea**. (우리는 바다에 갈 계획을 짰다.)

(4) 관계대명사의 생략

① 목적격 관계대명사

예 The support staff member **that(who(m))** I talked to was very kind. (내가 이야기했던 보조 스태프는 매우 친절했다.)
→ The support staff member I talked to was very kind.

② 주격 관계대명사 + be동사

㉠ 특히 이 구문에서 중요한 점은 be동사 뒤에 위치하는 분사의 형태를 이해해야 한다는 것이다.
㉡ 일반적으로 과거분사(V의 PP) 뒤에는 목적어(명사)가 위치하지 않는 반면, 현재분사(Ving) 뒤에는 목적어(명사)가 위치한다.

예
- The woman **calling** herself Brown was out there. (자신을 Brown이라고 부르는 그 여성이 저기에 있었다.)
→ The woman **(who was)** calling herself Brown was out there.
- Anyone **interested** must apply before this Wednesday. (관심 있는 사람은 이번 주 수요일 전에 신청해야 한다.)
→ Anyone **(who is)** interested must apply before this Wednesday.

4 부정

영어에서 부정은 문장 부정과 단어 부정으로 나눌 수 있다. 문장 부정은 i) be동사 또는 일반동사에 not을 붙여 부정하는 경우, ii) 비정형동사인 '부정사, 동명사, 분사' 앞에 not 또는 never를 붙여 부정하는 경우, iii) 그리고 never, neither, no, nowhere, few, little, hardly 등의 표현을 동사 앞, 명사 앞, 문장 앞에 사용하는 경우를 말한다. 단어 부정은 형용사, 명사, 동사 어근에 접두사를 붙여 부정하는 경우를 말한다.

(1) 문장 부정

① 동사 부정

be동사를 부정할 때 'be동사 + not'으로, 일반동사를 부정할 때 'do, does, did + not + 일반동사'로, 조동사를 부정할 때 '조동사 + not'으로 쓴다.

예

- They are coming. (그들이 오는 중이다.)
  - → They **are not** coming. (그들이 오는 중이 아니다.)
- You want to become a superman. (너는 슈퍼맨이 되길 원한다.)
  - → You **do not want** to become a superman. (너는 슈퍼맨이 되길 원하지 않는다.)
- He will obey the rule. (그는 규칙을 지킬 거야.)
  - → He **will not** obey the rule. (그는 규칙을 지키지 않을 거야.)

② 비정형동사(준동사) 부정

부정사, 동명사, 분사 앞에 not 또는 never를 사용한다.

예

- We told them **not to go** away. (우리는 그들에게 나가지 말라고 말했다.)
- I anticipated **not having** any difficulties in adjusting to a different culture. (나는 다른 문화에 적응하는 데 어려움이 없을 거라고 예상했다.)
- **Not having** heard the bell, the teacher kept on teaching. (종소리를 듣지 못했기 때문에 선생님은 수업을 계속하셨다.)

③ 부정어 never, neither, no, nowhere, few, little, hardly

예

- They **never** betrayed their friends. (그들은 결코 그들의 친구를 배신하지 않았다.)
- **No** books are related to this subject. (어떤 책도 이 과목과 관련되지 않았다.)
- We can go **nowhere**, because we have too little money. (우리는 돈이 없어서 어디도 갈 수 없다.)
- **Few** birds can fly across the river. (강을 가로질러 날 수 있는 새들은 없다.)
- He **seldom** goes to a movie theater. (그는 좀처럼 영화관에 가지 않는다.)

(2) 단어 부정

형용사, 명사, 동사 어근에 접두사를 붙여 반의어를 만들어 부정

① un-

un + 형용사	unambitious, unacceptable, unfair, unwise, uncommon, unfamiliar, undue, unimaginative, unreal, unjust, unpopular, unsafe, unprepared, unskilled, unkind, unready, unscientific
un + 명사	unhouse, unman, unhinge, unplug, unsaddle, unfrock, unsex
un + 동사	undo, unbend, undelete, unfold, undress, unchain

[예]
- It was **unwise** decision of him to marry her. (그가 그녀와 결혼한 것은 어리석은 결정이었다.)
- He has an **undue** fondness for science fiction. (그는 공상과학에 과도한 애착을 가진다.)

② in-, im-, il-, ir-

in, im, il, ir + 형용사	• inefficient, incapable, insufficient, indecent, inept • improper, impossible, imprudent, improvicent • illegitimate, illegible • irrelevant, irresponsible

[예]
- Solar panels are still **inefficient**. (태양 전지판은 아직은 비효율적이다.)
- This opinion is **irrelevant** to me. (이 의견은 나와는 상관없다.)

③ dis-

dis + 형용사	disagreeable, disinterested, disqualified, discontent, discontiguous, discontinuous, dissatisfied, dishonest, disembodied, disembarrassed
dis + 명사	disunion, disaffection, disbelief, distrust, disorder, disbenefit
dis + 동사	discover, disburden, dishonor, dishearten, disposses, disunite, dislocate, disregard, discolor, disband, dismantle, disestablish

[예]
- They are likely to be **dissatisfied** with their lives. (그들은 자신의 삶에 만족하지 않는 것 같다.)
- He was unwilling to accept a **disagreeable** job. (그는 마음에 들지 않는 일을 받아들이는 걸 원하지 않았다.)

④ non-

non + 형용사	nonacademic, noncommercial, nonhuman, nonquantitative, nonracial, nonscientific, nonresident, nonrefundable, nonbelligerent
non + 명사	nonevent, nonacceptance, non-stop, nondescript, nongrowth, non-stick, noncommitment, noncooperation

[예]
- An art film is usually **noncommercial** and independently produced. (예술 영화는 대개 비상업적이고 독립적으로 제작된다.)
- Not a few citizens have difficulty dealing their affairs because of the **noncooperation** of a few government officials. (몇몇 공무원들의 비협조로 인해 적지 않은 시민들이 업무를 처리하는 데 어려움을 겪는다.)

5 대용

주로 가정법 문장에서 동사구 또는 부정사구가 반복될 때, 반복을 피해 경제적으로 표현하기 위해 대동사 또는 대부정사라는 대용 표현을 사용한다. 한편 가정법의 경우 조건절 전체를 대용할 수 있는 여러 표현들이 있다.

(1) 동사구 또는 부정사구 대용

한 문장에서 반복되는 동사구의 반복을 피하기 위해 사용한다. 일반동사가 이끄는 동사구는 'do, does, did'로, 조동사가 이끄는 동사구는 해당 조동사로, be동사가 이끄는 동사구는 be동사로 반복되는 동사구를 대용한다.

[예]
- If he doesn't deserve to be happy, who **does**? (그가 행복해질 자격이 없다면 누가 있겠는가(행복해질 자격이 있겠는가)?)
  → does는 문장에서 deserve to be happy를 대용한다.
- If she won't tell them the truth, I **will**. (만일 그녀가 우리에게 진실을 말하지 않는다면, 내가 할 것이다.)
  → will은 tell them the truth를 대용한다.
- You may go if you want **to**. (가고 싶으면 가도 된다.)
  → 부정사 to는 to go를 대용한다.

(2) 가정법 대용 표현

① Otherwise 〈중요〉

선행하는 문장을 받아 조건절을 대신하는 표현으로, '만일 ~하지 않았다면'을 의미한다. 특히, Otherwise는 시험에 자주 출제될 뿐만 아니라 정확한 문장 해석에 필수적인 부분이라는 점에서 그 쓰임과 의미를 정확하게 학습해야 한다.

② Unless = If ~ not

③ Suppose(Supposing) that = (What will(would) happen) if

④ Provided(Provide) (that) = If and only if

⑤ 조건의 의미를 나타내는 부정사와 분사

[예]
- I went at once; **otherwise**, I would have missed the bus. (나는 곧장 갔다. 그렇지 않았다면, 나는 그 버스를 놓쳤을 거야.)
  → I went at once; **if I had not gone at once**, I would have missed the bus.
- **Unless** he tried to achieve his goal, he would repent of his thoughtless act. (만일 그가 그의 목적을 성취하기 위해 노력하지 않았다면, 그는 경솔한 행동을 후회했을 텐데.)
  → **If he did not try** to achieve his goal, he would repent of his thoughtless act.
- **Suppose (that)** it should rain, what will you do? (만일 비가 내린다면, 너는 무엇을 할 거야?)
- I will go there, **provided (that)** you go with me. (너가 나와 함께 가면 나는 거기에 갈 거야.)

> **예제**
>
> 다음 중 알맞은 것을 모두 고르시오
>
> ① (Norefundable, Irrefundable, Nonrefundable) means the money won't be returned.
> ② We did not notice that she had not come home until the next morning.
>   → Not until the next morning (did, does, had) we notice that she had not come home.
> ③ The children weren't in danger at any time.
>   → At no time (were, weren't, didn't) the children in danger.
> ④ There were children running out of the building.
>   → There were children (who was, whom, who were) running out of the building.
> ⑤ I really regret (not learning, learning not, no learning) to play the piano.
>
> **정답**
> ① Nonrefundable, ② did, ③ were, ④ who were, ⑤ not learning

제2절 관계사

1 관계사 종류

관계사에는 '관계대명사, 관계부사, 복합관계대명사, 복합관계부사, 유사관계대명사, 관계형용사'가 있다. 관계대명사는 접속사와 대명사 역할을 하면서 두 문장을 연결한다. 관계부사는 접속사와 부사 역할을 한다. 복합관계대명사와 복합관계부사는 각각 선행사를 포함하면서 문장에서 대명사 또는 부사 역할을 한다. 유사관계대명사는 관계대명사와 유사하게 선행사가 있고 문장에서 주어나 목적어 역할을 한다. 유사관계사에는 such, the same, as 등과 함께 사용되는 as, but, than 등이 있다. 관계형용사는 관계대명사의 기능을 하면서 바로 뒤에 위치하는 명사를 수식한다.

(1) 관계대명사

who, which, that, what

(2) 관계부사

when, where, why, how, that

구분		관계대명사		관계부사			
	선행사 격	사람	사물	시간	장소	이유	방법
주격		who/that	which/that	when/that	where/that	why/that	how/that
소유격		whose	whose				
목적격		who/whom/that 생략	which/that 생략				

(3) 복합관계대명사

whoever, whatever, whichever, whosever

(4) 복합관계부사

whenever, wherever, however

구분		복합관계사		
격 \ 종류	복합관계대명사	의미 \ 종류	복합관계부사	
주격	whoever(= anyone who)/whichever(= anything which)/whatever(= anything that)	시간	whenever = no matter when	
소유격	whosever/whichever/whatever	장소	wherever = no matter where	
목적격	whomever(= anyone who(m))/whichever(= anything which)/whatever(= anything that)	양보	however = no matter how	

(5) 유사관계대명사

as, but, than

2 관계대명사

(1) 주격 관계대명사

관계사가 문장에서 주어의 역할을 할 때 사용한다.

예
- The girl **who** is my sister is good at speaking English. (내 동생인 그 소녀는 영어를 잘한다.)
- I picked up a man **that** I thought was honest. (나는 내 생각에 정직했던 그를 선택했다.)

(2) 목적격 관계대명사

관계사가 문장에서 목적어 역할을 할 때 사용하며, 목적격 관계대명사는 생략할 수 있다. 다만, '전치사 + 목적격 관계대명사' 형태에서 목적격 관계대명사는 생략할 수 없다.

예
- We easily tend to believe those **who(m)** we don't know. (우리는 모르는 사람을 쉽게 믿는 경향이 있다.)
  → who(m) : 생략 가능

- The postcard **at which** he was looking was sent from Korea. (그가 보고 있던 엽서는 한국에서 보낸 것이다.)
  → at which : 생략 불가능

(3) 소유격 관계대명사 〈중요〉

관계사가 문장에서 주어를 수식할 때 사용한다. 관계사가 이끄는 문장은 주어나 목적어가 있는 완전한 문장이다.

[예]
- That's the man **whose picture** was in today's newspaper. (저 사람이 오늘 신문에 사진이 실린 남자이다.)
- We have a language lab for students **whose native language** isn't Korean. (우리는 한국어가 모국어가 아닌 학생들을 위한 언어 실습실을 가지고 있다.)

(4) 관계대명사 'what'과 'that'

① what
  ㉠ 선행사(the thing)를 포함하는 관계대명사로서 선행사와 함께 사용될 수 없다.
    [예] Please show me **what** you bought. (O) (당신이 구매했던 것을 내게 보여주세요.)
      → Please show me **the thing what** you bought. (X)
  ㉡ 문장에서 주어, 목적어, 또는 보어로 사용되며 '~하는 것'으로 해석된다.
    [예] **What I want to know** is how I find the answer for this question. (내가 알고 싶은 것은 이 문제에 대한 답을 찾는 방법이다.)

② that
  ㉠ 선행사가 최상급 표현, 서수 표현, 'the only, all, every + 명사'일 때 사용한다.
    [예] He is the only friend **that** I have. (그는 내가 가진 유일한 친구이다.)
  ㉡ 선행사가 who일 때 사용한다.
    [예] **Who that** has manners can tell such a thing? (예절이 있는 사람이라면 그런 걸 말할 수 있을까?)
  ㉢ '전치사 + that' 표현은 사용하지 않는다.
    [예] The man **to whom** I spoke was a bit rude. (O) (내가 말했던 그 사람은 다소 무례했다.)
      → The man **that (who)** I spoke **to** was a bit rude. (O)
      → The man **to that** I spoke was a bit rude. (X)
  ㉣ 계속적 용법에서 사용하지 않는다.
    [예] Our school, **which** has about 23,000 students, was built in 1954. (O) (우리 학교는 약 23,000명의 학생들이 있고 1954년에 설립되었다.)
      → Our school, **that** has about 23,000 students, was built in 1954. (X)
  ㉤ 관계부사로도 사용된다.
    [예] Look at the place **that** you are going to live. (당신이 생활할 곳을 봐라.)

(5) 관계대명사의 생략

① 목적격 관계대명사

예 The support staff member **that(who)** I talked to was very kind. (내가 이야기했던 보조 스태프는 매우 친절했다.)

→ The support staff member I talked to was very kind.

② 주격 관계대명사 + be동사

㉠ 특히 이 구문에서 중요한 점은 be동사 뒤에 위치하는 분사의 형태를 이해해야 한다는 것이다.

㉡ 일반적으로 과거분사(V의 PP) 뒤에는 목적어(명사)가 위치하지 않는 반면, 현재분사(Ving) 뒤에는 목적어(명사)가 위치한다.

예

- The woman **calling** herself Brown was out there. (자신을 Brown이라고 부르는 그 여성이 저기에 있었다.)

    → The woman **(who was)** calling herself Brown was out there.

- Anyone **interested** must apply before this Wednesday. (관심 있는 사람은 이번 주 수요일 전에 신청해야 한다.)

    → Anyone **(who is)** interested must apply before this Wednesday.

3 관계부사(= 전치사 + 관계대명사)

(1) 시간

예 I know the time **when** it happened. (나는 이것이 발생했던 시간을 안다.)

→ I know the time. + It happened **at the time**.

→ I know the time **at which** it happened.

(2) 장소

예 I like to climb the mountain **where** there is some snow. (눈이 있는 산을 등산하고 싶다.)

→ I like to climb the mountain. + There is some snow **on the mountain**.

→ I like to climb the mountain **on which** there is some snow.

(3) 이유

예 The reason **why** grass is green was a mystery to the child. (풀이 초록색인 이유는 그 아이에게 미스터리였다.)

→ The reason was a mystery to the child. + Grass is green **for the reason**.

→ The reason **for which** grass is green was a mystery to the child.

(4) 방법

[예] That's **how** I want to do it. (그것이 내가 이것을 하고 싶은 방법이다.)
- → That's the way. + I want to do it in the way.
- → That's **the way that** I want to do it **in**.
- → That's **the way in which** I want to do it.
- → That's **the way how** I want to do it. (X)

4 복합관계대명사

(1) 주어

[예] **Whoever** wishes to succeed must work hard. (성공하기를 희망하는 사람이라면 누구나 열심히 일해야 한다.)
- → **Anyone who** wishes to succeed must work hard.

(2) 전치사의 목적어

[예] Give it to **whomever** you please. (당신이 좋아하는 사람 누구에게나 이것을 주어라.)
- → Give it to **anyone whom** you please.

(3) 동사의 목적어

[예] I eat **whatever** I want and still don't gain weight. (나는 원하는 것을 무엇이나 먹어도 체중이 늘지 않는다.)
- → I eat **anything that** I want and still don't gain weight.

5 복합관계부사

[예]
- You may go **wherever** you like. (너가 원하는 곳이면 어디든 가도 된다.)
  - → You may go to **any place that** you like.
- **However** difficult it is, I will never give it up. (아무리 어렵다 해도 나는 절대 포기하지 않을 것이다.)
  - → **No matter how** difficult it is, I will never give it up.

6 유사관계대명사

as, but, than이 이끄는 문장이 불완전할 경우(문장에서 주어 또는 목적어가 없을 때), 관계사와 유사한 기능을 한다는 점에서 이를 유사관계대명사라 한다.

(1) as

선행사에 such, the same, as가 사용될 때, 뒤에 위치하는 as를 관계사로 간주한다.

예

- Choose **such** friends **as** will benefit you. (너에게 도움이 될 그러한 친구를 선택해라.)
  → 주어가 없는 경우
- I have **the same** trouble **as** you have. (나는 당신이 가지고 있는 것과 같은 문제를 가지고 있다.)
  → 목적어가 없는 경우

(2) than

비교급 구문에서 than이 이끄는 문장이 불완전할 경우, than을 유사관계사로 간주한다.

예 You have more money **than** is necessary. (당신은 필요한 것보다 많은 돈을 가지고 있다.)

예제

다음 중 알맞은 것을 모두 고르시오.

① I saw a man (that, who, which, what) was carrying a bag.
② (What, Which, That, Who) I don't understand is the way she behaves.
③ I'm the one (which, that, whose, what, of which) invention was the best one.
④ The boy (with whom, with who, with that) he is talking is my friend.
⑤ However bitter it tastes, it is good for your health.
　→ (No matter how, Anything how) bitter it tastes, it is good for your health.

정답

① that, who, ② What, ③ whose, of which ④ with whom, ⑤ No matter how

제3절 수동태

1 4형식과 5형식 수동태

능동태 문장을 수동태 문장으로 바꾸려면 능동태 문장에서 목적어가 있어야 한다. 따라서 영어에서 수동태로 바꿀 수 있는 문장은 3·4·5형식으로 한정된다.

(1) 4형식(주어 + 동사 + 간접목적어 + 직접목적어)

4형식의 경우, 목적어가 두 개이므로 내용에 따라 두 개의 수동태 문장으로 바꿀 수 있다.

① 간접목적어가 주어

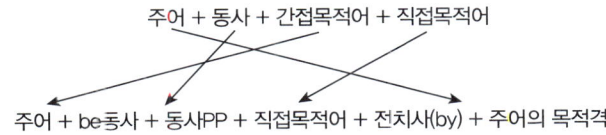

② 직접목적어가 주어

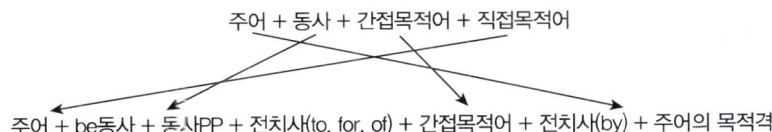

③ 직접목적어가 주어로 사용될 때, 간접목적어 앞에 전치사를 사용하는 동사 [중요]
  ㉠ 전치사 to를 사용하는 동사 : give, lend, pay, offer, show, tell, teach, sell, send
  ㉡ 전치사 for를 사용하는 동사 : buy, choose, cook, build, find, bring, make
  ㉢ 전치사 of를 사용하는 동사 : ask, require

  [예]
  • She **taught** them English. (그녀는 그들에게 영어를 가르쳤다.)
    → 간접목적어가 주어 : They **was taught** English by her.
    → 직접목적어가 주어 : English **was taught to** them by her.
  • Their bravery in the war **made** them a hero. (전쟁에서 그들의 용감함은 그들을 영웅으로 만들었다.)
    → 간접목적어가 주어 : They **were made** a hero by their bravery in the war.
    → 직접목적어가 주어 : A hero **was made for** their bravery in the war.

> **더 알아두기** 중요
>
> **4형식 문장이지만 하나의 수동태로만 전환이 가능한 동사**
>
> 일반적으로 직접목적어를 수동태의 주어로만 사용할 수 있는 동사
>
> > bring, buy, cook, get, make, read, send, sell, write
>
> 예 He **bought** her this ring. (그는 그녀에게 이 반지를 사주었다.)
> → 직접목적어가 주어 : This ring **was bought** for her.

(2) 5형식(주어 + 동사 + 목적어 + 목적보어) 중요

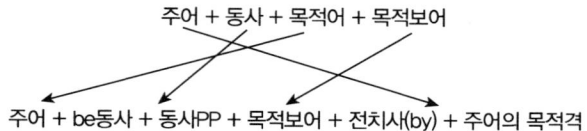

예
- We **named** the yacht Dream. (우리는 그 요트를 Dream이라고 이름 지었다.)
  → The yacht **was named** Dream by us.
- He **asked** her to write down phone number. (그는 그녀에게 전화번호를 적어달라고 요청했다.)
  → She **was asked** to write down phone number by him.

① **사역동사(make, let)의 수동태**

사역동사가 사용된 5형식 문장을 수동태로 전환 시 목적보어 앞에 to부정사를 사용한다. 일반적으로 사역동사 have와 let은 수동태로 사용되지 않는 동사이다. 단 사역동사 let을 수동태 문장으로 전환 시, 'be allowed to + 동사원형'으로 사용한다.

예
- Mother **made** me **visit** my aunt's house during weekend. (엄마는 내가 고모 집에 주말 동안 방문하도록 했다.)
  → I **was made to visit** my aunt's house during weekend by mother.
- My children **let** me **understand** this situation. (내 아이들은 내가 이 상황을 이해하도록 해주었다.)
  → I **was allowed to understand** this situation by my children.

② **지각동사(hear, feel, watch, see)의 수동태**

지각동사가 사용된 5형식 문장을 수동태로 전환 시 목적보어 앞에 to부정사 또는 현재분사(Ving)를 사용한다.

[예]
- We **saw** Team Korea **playing** baseball at the 2023 WBC. (우리는 Team Korea가 2023 WBC에서 경기하는 것을 보았다.)
  → Team Korea **was seen playing** baseball at the 2023 WBC.
- We **heard** the baby **cry** all the night. (그들은 아기가 밤새 우는 소리를 들었다.)
  → The baby **was heard to cry(crying)** all the night by us.

(3) 명령문 수동태

① 동사 + 목적어
  → Let + 목적어 + be동사 + 동사PP
② Don't + 동사 + 목적어
  → Don't + let + 목적어 + be동사 + 동사PP

[예]
- **Drive** your car more carefully.(당신의 차를 조금 더 조심스럽게 운전하세요.)
  → **Let** your car **be driven** more carefully.
- **Don't put off** your decision any more.(더는 당신의 결정을 미루지 마세요.)
  → **Don't let** your decision **be put off** any more.

예제

다음 중 알맞은 것을 고르시오.

① My uncle repairs the bicycle.
  → The bicycle (is, are) (repaired, repairs) by my uncle.
② Everyone must obey all rules.
  → All rules must (obeyed, be obeyed).
③ The greedy squirrel did not eat the birdseed.
  → The birdseed (is, was not, was, did not) eaten by the greedy squirrel.
④ Her mother showed her friends the pictures.
  → The pictures (are shown, were shown) (to, for) her friends by her mother.
⑤ She bought me a watch.
  → A watch (is bought, was bought) (for, to) by her.

정답
① is, repaired, ② be obeyed, ③ was not, ④ were shown, to, ⑤ was bought, for

> **예제**
>
> 다음 문장을 수동태 문장으로 바꾸어 쓰시오.
>
> ① He asked me to write down it.
>   → _____.
> ② Father saw him playing soccer.
>   → _____.
>
> **정답**
> ① I was asked to write down it (by him).
> ② He was seen playing(to play) soccer by father.

제4절 가정법

가정법은 현재 또는 과거 사실의 반대를 가정하는 표현법인 반면, 직설법은 발화 시점에서 사실을 언급하는 표현법이다. 가정법의 네 가지 시제 중 가정법 과거와 과거완료를 살펴보고 혼합가정, 가정법 대용 표현에 대해 살펴본다.

1 가정법 과거

현재 사실에 반대되는 상황을 표현한다.

(1) 가정법 과거와 직설법

> If + 주어 + 동사의 과거형 ~, 주어 + would(should, could, might) + 동사원형 ~

① 가정법 과거는 현재 사실에 반대이므로 이를 직설법으로 전환할 때의 시제는 현재를 사용한다.
② 가정법이 긍정이면 직설법은 부정으로, 가정법이 부정이면 직설법은 긍정으로 바꾼다.

[예]
- 가정법 : If I won this game, my father would be pleased. (만일 내가 이 경기에서 이겼다면, 아빠는 기뻐했을 것이다.)
- 직설법 : **As I don't win** the this game, my father **won't be pleased**. (내가 이 경기에서 이기지 않았기 때문에 아빠는 기뻐하지 않는다.)

(2) I wish + 가정법 과거

현재에 이루지 못한 소망을 표현한다.

[예]
- 가정법 : **I wish I had** a new car. (내가 새 차를 갖길 희망했지.)
- 직설법 : **I am sorry that I don't have** a new car. (나는 새 차를 갖지 못해 유감이다.)

(3) as if + 가정법 과거

'마치 ~인 것처럼 하나 사실은 그렇지 않다'를 의미한다.

[예]
- 가정법 : She acts **as if she knew** nothing about it. (그녀는 마치 그것에 대해 아무것도 모르는 것처럼 행동한다.)
- 직설법 : **In fact, she knows** something about it. (사실, 그녀는 그것에 대해 알고 있다.)

(4) If it were not for ~ : 만일 ~이 없다면 〔중요〕

= But for ~

= Without ~

[예] **If it were not for** the assignment, we could take a rest this weekend. (그 과제가 없다면, 우리는 이번 주말에 쉴 수 있었을 것이다.)
  → **But for** the assignment, we could take a rest this weekend.
  → **Without** the assignment, we could take a rest this weekend.

2 가정법 과거완료

과거 사실에 반대되는 상황을 표현한다.

(1) 가정법 과거완료와 직설법

> If + 주어 + had + 동사pp ~, 주어 + would(should, could, might) + have + 동사pp ~

① 가정법 과거완료는 과거 사실에 반대이므로 이를 직설법으로 전환할 때의 시제는 과거를 사용한다.
② 가정법이 긍정이면 직설법은 부정으로, 가정법이 부정이던 직설법은 긍정으로 바꾼다.

[예]
- 가정법 : If Pinocchio **hadn't told** a lie, his nose **wouldn't have grown**. (만일 피노키오가 거짓말을 하지 않았더라면, 그의 코는 자라지 않았을 텐데.)
- 직설법 : **As** Pinocchio **told** a lie, his nose **grew**. (피노키오가 거짓말을 했기 때문에 그의 코가 자랐다.)

(2) I wish + 가정법 과거완료

과거에 이루지 못한 소망을 표현한다.

[예]
- 가정법 : **I wish your company had been** successful. (나는 당신의 회사가 성공했으면 하고 희망했었지.)
- 직설법 : **I am sorry that your company was not** successful. (나는 당신의 회사가 성공하지 못해 유감스럽다.)

(3) as if + 가정법 과거완료

'마치 ~였던 것처럼 하나 사실은 그렇지 않다'를 의미한다.

[예]
- 가정법 : She talks **as if she had heard** the story before. (그녀는 마치 그 이야기를 전에 들었던 것처럼 말한다.)
- 직설법 : **In fact, she did not hear** the story before. (사실, 그녀는 그 이야기를 전에 듣지 않았다.)

(4) If it had not been for ~ : 만일 ~이 없(었)다면 [중요]

= But for ~
= Without ~

[예] **If it had not been for** your help, I could not have finished writing this paper. (너의 도움이 없었다면, 내가 이 논문 쓰는 것을 끝낼 수 없었을 텐데.)
→ **But for** your help, I could not have finished writing this paper.
→ **Without** your help, I could not have finished writing this paper.

3 혼합가정

① 과거 사실의 반대를 가정하지만 그 내용이 현재까지 영향을 줄 수 있을 때 사용하는 표현이다.
② 일반적으로 혼합가정은 조건절은 가정법 과거완료를, 주절은 가정법 과거를 나타낸다.

> If + 주어 + had + 동사PP ~, 주어 + would(should, could, might) + 동사원형

[예]
- 혼합가정 : **If he had paid** more attention in class, he **wouldn't worry about** the test now. (만일 그가 수업에 더 집중했더라면 지금 그 테스트를 걱정하지 않았을 텐데.)
- 직설법 : **As he didn't pay** more attention in class, he **worries about** the test now. (그가 수업에 집중하지 않았었기 때문에 지금 그는 테스트를 걱정한다.)

4 접속사 If 생략 중요

가정법 구문에서 접속사 If를 생략할 경우, 조건절은 도치 구문으로 작성한다. 도치 구문을 사용하는 이유는 접속사가 생략되었으므로 도치 구문으로 해당 문장이 조건절임을 표시하기 위함이다.

예 **If you had not stayed up** playing game all night, you wouldn't have fallen asleep. (너가 게임하느라 밤새 깨어있지 않았었다면 잠들진 않았을 텐데.)

→ **Had you not stayed up** playing game all night, you wouldn't have fallen asleep.

예제

다음 중 알맞은 것을 고르시오.

① She always tries to act, in fact she is not my boss.
   → She always tries to act (if, as if, otherwise) she were my boss.
② As he didn't call me, I didn't help him.
   → If he (called, had called) me, I (would have helped, would help) him.
③ If you studied for the test, you (would not, will not) have any problems.
④ If we hadn't worked so hard, we would never have finished the project on time.
   → (Otherwise, But for, Unless) we had worked so hard, we would never have finished the project on time.
⑤ Things will be better if I (get, will get, had got) a job.

정답
① as if, ② had called, would have helped, ③ would not, ④ Unless, ⑤ get

---

예제

다음 문장을 바꾸어 쓸 때, 빈칸에 들어갈 알맞은 표현을 쓰시오.

① But for the teacher's assistance, he would have failed the exam.
   → If _____, he would have failed the exam.
② I am sorry she was not at the party.
   → I wish _____.

정답
① it had not been for the teacher's assistance
② she had been at the party

제 2 편 실전예상문제

제1장 　 일치

※ 다음 괄호 안에 들어갈 표현으로 가장 적절한 것은? (01~10)

01

Every man, woman, and child (　　) protected under the law.

① is
② are
③ has
④ had

01 해설
every는 단수명사를 수식하며, 또한 every의 수식을 받는 명사가 두 개 이상 주어 자리에 위치할 경우에도 단수 취급한다.

해석
모든 남성, 여성, 그리고 아이는 법으로 보호받는다.

02

Being born on different days and in different years (　　) an interesting topic of conversation.

① being
② to be
③ is
④ are

02 해설
동명사 구 "Being born on different days and in different years"가 주어일 때, 단수 취급한다.

해석
다른 날 그리고 다른 해에 태어난 것은 대화의 흥미로운 주제이다.

정답　01 ①　02 ③

03

All of the new cars (　　) with a rear view camera.

① have come
② had come
③ comes
④ come

03 해설
'양화사 + of + 명사' 표현이 주어일 경우 동사의 수는 명사의 수와 일치시킨다. 문장에서 "the new cars"가 복수이므로 괄호 안에 들어갈 알맞은 동사는 come이다.

해석
모든 신차들은 후방카메라가 달려있다.

04

Showers (㉠) to be more scattered and (㉡) last as long.

	㉠	㉡
①	tend	do
②	tends	does
③	tend	do not
④	tends	does not

04 해설
showers(소나기)는 단수명사이므로 tends가 적절하고, 소나기가 오래 지속되지 않는 특성이 있다는 점에서 부정형 단수 조동사인 does not이 적절하다.

해석
소나기는 더욱 흩뿌리는 경향이 있고 오래 지속되지 않는다.

05

The blind (　　) us to treat them the same way we treat everyone else.

① wants
② want
③ makes
④ make

05 해설
'the + 형용사'는 복수 보통명사의 의미이다. 또한 목적어로 형태가 부정사 "to treat"이라는 점에서 복수형 동사인 want가 적절하다.

해석
시각장애인들은 우리가 다른 사람을 대하는 방식으로 그들을 대하길 원한다.

정답 03 ④　04 ④　05 ②

06

해설

상관접속사 구문 'not only A but also B'에서는 동사와 가까운 B에 동사의 수를 일치시킨다. 따라서 "regular exercise"와 수를 일치시켜 동사 keep의 단수 형태인 keeps가 적절하다.

해석

건강한 음식뿐만 아니라 규칙적인 운동도 우리가 건강을 유지하게끔 한다.

06

Not only healthy foods but also regular exercise (   ) us healthy.

① keeps
② keep
③ to keep
④ keeping

07

해설

존재구문 'there + be + 명사'에서는 명사의 수와 동사의 수를 일치시킨다. 따라서 "a dramatic and comprehensive change"가 단수명사 구이므로 is가 적절하다.

해석

정부의 경제 정책에 극적이고 포괄적인 변화가 있다.

07

There (   ) a dramatic and comprehensive change in government economic policies.

① have
② are
③ is
④ has

08

해설

문장의 주어는 관계사절 "the traveler has"의 수식을 받는 선행사 "the number of bags"이므로 괄호 안에는 본동사가 위치한다. 또한 'the number + of + 명사'가 주어로 사용될 때, 주어는 the number이므로 단수 취급한다. 따라서 본동사의 단수 형태인 determines가 적절하다.

해석

일반적으로 여행객이 가지고 있는 가방의 수가 팁을 결정한다.

08

Generally the number of bags the traveler has (   ) the tip.

① determine
② determined
③ been determined
④ determines

정답 06 ① 07 ③ 08 ④

09

A cancer is a group of cells that (㉠) and (㉡) abnormally.

	㉠	㉡
①	divides	grows
②	divide	grow
③	divided	grew
④	divided	grown

09 해설
관계사절의 동사 divide와 grow는 선행사와 수를 일치시킨다. 선행사가 "cells"이므로 복수 형태인 divide와 grow가 적절하다.

해석
암은 비정상적으로 분열하고 성장하는 세포들의 집단이다.

10

To prevent accidents in advance (　　) the best way to maximize profit.

① be
② being
③ is
④ are

10 해설
부정사구 "To prevent accidents in advance"가 주어일 때, 단수 취급한다. 따라서 적절한 동사의 형태는 is이다.

해석
사전에 사고를 예방하는 것은 이윤을 극대화하는 최선의 방법이다.

※ 다음 밑줄 친 부분 중 어법상 가장 어색한 것은? (11~15)

11

The magician ① has something better to offer and ② gives him the ③ power to turn everything that ④ are touched into gold.

11 해설
관계사절 "are touched"는 단수 취급하는 선행사 "everything"을 수식하므로 관계사절의 동사는 단수 형태가 알맞다. 따라서 ④의 적절한 형태는 is touched이다.

해석
그 마술사는 줄 수 있는 더 나은 무언가를 가지고 있어서 손이 닿는 모든 것을 금으로 바꾸는 힘을 그에게 준다.

정답 09 ② 10 ③ 11 ④

12

해설
every는 단수명사를 수식한다. 그리고 every의 수식을 받는 명사의 수와 무관하게 항상 단수 취급한다. 따라서 ②의 알맞은 동사 형태는 needs이다.

해석
내 지역의 모든 소녀와 소년은 등교하기 전 특정 질병에 대한 예방 접종을 할 필요가 있다.

13

해설
관계사절 "that taste delicious but has little nutritional value"의 선행사가 복수명사 "snacks"이므로 관계사절의 동사는 복수 형태를 사용해야 한다. 또한 관계사절에는 등위 접속사 "but"이 사용되었으므로 병렬 구조를 지켜야 한다. 따라서 ③의 알맞은 동사 형태는 have이다.

해석
모든 나라는 맛은 좋지만 영양가가 거의 없는 간식을 제공한다. 대부분의 인스턴트 음식은 이러한 특징을 갖는다.

14

해설
국가는 단수 취급하므로 ③의 알맞은 동사의 형태는 has이다.

해석
A : 미국에는 얼마나 많은 사람들이 있나요?
B : 미국은 대략 3억 2천 5백만 명 정도의 사람들이 있어요.

정답 12 ② 13 ③ 14 ③

12

Every ① girl and boy in my country ② need to have ③ immunizations for certain ④ diseases before entering public school.

13

Every country ① offers snacks that ② taste delicious but ③ has little nutritional value. Most of junk food ④ has these characteristics.

14

A : How ① many people ② are in the United States?
B : The United States ③ have around 325 million ④ people.

15
A : Which ① expression do you think ② are correct: *It's raining out or It's showering out*?
B : We ③ use only rain as a verb to talk about the ④ weather.

15 해설
명사구 "Which expression"이 주어이므로 ②에 알맞은 동사는 단수 형태인 is이다.
① 선택 의문문에서 의문형용사 which는 단수명사와 함께 사용된다.
④ weather는 불가산명사이므로 단수 형태로만 사용한다.

해석
A : 너는 "It's raining out or It's showering out" 표현 중 어떤 표현이 정확하다고 생각하니?
B : 우리는 날씨에 대해 언급하는 동사로서 rain만을 사용해.

※ 다음 중 어법상 가장 적절하지 <u>않은</u> 것은? (16~20)

16
① About 46.4 percent of the population lives in this city.
② A number of students were there.
③ Neither you nor she is honest.
④ Physics and mathematics is my favorite subjects.

16 해설
④ 학문명은 단수 취급하지만 두 개 이상의 학문명을 주로 사용할 때, 복수 취급한다. 따라서 알맞은 동사는 are이다.
① '숫자 + of + 명사' 표현에서는 명사의 수와 동사의 수를 일치시킨다.
② 'a number of + 복수명사'는 복수 취급한다.
③ 'neither A nor B'에서 동사는 명사 B의 수와 일치시킨다.

해석
① 인구의 약 46.4퍼센트는 이 도시에서 산다.
② 많은 학생들이 거기에 있었다.
③ 너와 그녀 모두 정직하지 않다.
④ 물리학과 수학은 내가 좋아하는 과목이다.

정답 15 ② 16 ④

17 ① Kilometers is measures of distance.
② Rabies is an infectious and often fatal disease.
③ The English are concerned about global warming.
④ Another set of words with distinct differences are thief, robber, and burglar.

18 ① All of the people in this class need to wear athletic shoes.
② All of the windows was broken in the earthquake.
③ Studying a language often leads students to learn about culture.
④ Some of my favorite meals were in small out of the way cafes.

---

17 해설
① 단위명사 자체는 복수 취급한다. 따라서 복수형 동사인 are가 맞다. 단, 숫자와 함께 단위명사가 사용되면 해당 표현은 단수 취급한다.
② 질병명은 단수 취급한다.
③ The English는 English people을 의미하므로 복수 취급한다.
④ 주어는 words이므로 복수형 동사인 are가 맞다.

해석
① 킬로미터는 거리의 단위이다.
② 광견병은 전염성이 있고 종종 치명적인 질병이다.
③ 영국 사람들은 지구 온난화를 걱정한다.
④ 뚜렷한 차이가 있는 다른 단어 세트는 thief, robber 그리고 burglar이다.

18 해설
② the windows가 주어이므로 복수형 동사인 were로 고쳐야 한다.
① 주어가 people이므로 복수동사 need가 맞다.
③ 동명사 studying이 주어이므로 단수동사인 leads가 맞다.
④ my favorite meals가 주어이므로 복수동사 were가 맞다.

해석
① 이 수업의 모든 사람들은 운동화를 신을 필요가 있다.
② 모든 창문들이 지진으로 깨졌다.
③ 언어를 공부하는 것은 종종 학생들이 문화를 배우도록 한다.
④ 내가 좋아하는 약간의 음식들은 그 작은 외딴 카페에 있었다.

정답 17 ① 18 ②

19
① Where do your grandparents live?
② The extent of the knowledge we need to have really surprises me.
③ The subjects you will be studying in this course is in the syllabus.
④ Tomatoes are easy to grow and growing them is easy in hot climates.

19 해설
③ 관계사절 "you will be studying in this course"가 수식하는 선행사 the subjects가 주어이다. 따라서 복수형 동사인 are로 고쳐야 한다.
① 주어가 your grandparents이므로 의문문에서 복수형 조동사인 do가 맞다.
② 관계사절 "we need to have"가 수식하는 선행사인 "the extent of the knowledge"에서 the extent가 주어이므로 단수형 동사인 surprises가 닺다.
④ tomatoes는 복수명사이므로 복수동사인 are가 적절하고, growing them은 동명사이므로 단수동사인 is가 적절하다.

해석
① 너의 조부모님들은 어디에 사시니?
② 우리가 알 필요가 있는 지식의 범위는 실제로 우리를 깜짝 놀라게 한다.
③ 네가 이 과정에서 공부하게 될 과목들은 강의계획서에 있다.
④ 토마토는 재배하기 쉽고, 토마토를 재배하는 것은 더운 기후에선 쉽다.

정답 19 ③

20 ① Many of these plants are poisonous to other creatures including humans.
② The particles of ultrafine dust are extremely so that they can easily enter the lungs.
③ Rising sea levels attributed to shrinking glaciers are already ruining water tables quality.
④ Eating carbohydrates stimulates the centers in the brain that is responsible for physical addiction.

20 해설
④ 관계사절 "that is responsible for physical addiction"의 선행사는 the centers이므로 관계사절의 동사는 복수형 동사인 are로 고쳐야 한다.
① these plants가 주어이므로 복수형 동사인 are가 맞다.
② the particles가 주어이므로 복수형 동사 are가 맞다.
③ rising은 현재분사로서 명사구 sea levels를 수식하고 이 주어는 복수이다. 따라서 본동사는 복수형인 are가 맞다.

해석
① 이런 식물의 상당수는 인간을 포함한 다른 생명체들에게 유독하다.
② 초미세먼지의 입자는 극도로 작아서 쉽게 폐로 들어갈 수 있다.
③ 빙하가 줄어드는 데 원인이 되는 상승하는 해수면이 이미 지하수면의 질을 파괴하고 있다.
④ 탄수화물을 먹는 것은 물질 중독을 담당하는 뇌의 중심부를 자극한다.

주관식 문제

※ 괄호 안의 단어를 활용하여 알맞은 형태로 바꾸어 쓰시오.
(01~02)

01 Twenty dollars (be) reasonable price for this product that I bought yesterday.

01 정답
was

해설
금액 표현은 단수 취급하므로 주어진 be동사는 단수 형태가 적절하다. 그리고 관계사절의 시제가 과거이므로 정답은 was이다.

해석
20달러는 내가 어제 구입했던 그 제품에 대한 합리적인 가격이다.

정답 20 ④

02

A : How's your business trip?
B : It couldn't be (㉠ good). How about yours?
A : Oh, it couldn't be (㉡ bad).
B : Really? That's too bad.

02 **정답**

㉠ better, ㉡ worse

해설

대화문 빈칸에는 두 가지 관용적 표현이 적합하다. 첫째는 '이브다 더 좋을 수 없다'는 의미의 'couldn't be better'이며, 둘째는 '이보다 더 나쁠 순 없다'의 'couldn't be worse'이다. 비교급 표현이 사용된다는 점에 주목한다.

해석

A : 출장은 어떠셨나요?
B : 이보다 더 좋을 순 없죠. 당신의 출장은 어떠셨는ㅈ 요?
A : 오, 이보다 더 나쁠 순 없죠.
B : 정말요? 안됐네요.

제2장 어순

※ 다음 괄호 안에 들어갈 표현으로 가장 적절한 것은? (01~10)

01

- He looks (㉠).
- This sauce smells (㉡).

	㉠	㉡
①	kindly	strangely
②	kind	strangely
③	kind	strange
④	kindly	strange

01 해설
감각(지각)동사 look과 smell은 2형식 동사로서 형용사 보어를 취한다.

해석
- 그는 친절해 보인다.
- 이 소스는 이상한 냄새가 난다.

02

He cooked Korean food ( ) her daughter.

① for
② to
③ of
④ with

02 해설
cook이 사용된 4형식 문장을 3형식으로 전환 시, 간접목적어 앞에 전치사 for를 사용한다.

해석
그는 그녀의 딸을 위해 한국식 요리를 해주었다.

03

I showed ( ) the papers and books that I searched for in the library.

① her
② to her
③ that she
④ for her

03 해설
show는 4형식 동사로서 간접목적어와 직접목적어를 취한다. 따라서 빈칸에는 간접목적어로 사용될 수 있는 인칭대명사의 목적격 형태가 적절하다.

해석
나는 도서관에서 찾았던 논문과 서적을 그녀에게 보여주었다.

정답 01 ③ 02 ① 03 ①

04

The class elected (   ).

① leader me
② to me as leader
③ me to leader
④ me leader

해설

elect는 5형식 동사로서 'elect + 목적어 + 목적보어' 구문으로 사용된다. '목적어를 목적보어로 선출하다'의 의미를 갖는다.

해석

그 학급은 나를 반 대표로 선출했다.

05

They flung the door (   ) to greet their friends.

① wide to open
② wide open
③ widely opened
④ wide to be opened

해설

동사 fling은 5형식 구문에서는 'fling + 목적어 + 목적보어' 구조로 사용된다. 괄호 안은 목적보어 자리로서 형용사구 "wide open"이 적절하다.

해석

그들은 친구를 환영하기 위해 거칠게 문을 열었다.

06

Man (   ) for about a million years and scientific technique for, at most, 200 years.

① is existed
② has existed
③ has been existed
④ exists

해설

1형식 동사 exist는 완전자동사로서 수동태 표현으로 사용될 수 없다. 또한 백만 년 동안 지속되고 있는 상태를 기술하고 있으므로 현재완료 형태를 사용한다.

해석

인간은 백만 년 동안 존재하고 있고 과학 기술은 기껏해야 200년 동안 지속되고 있다.

정답 04 ④ 05 ② 06 ②

07

해설
'feel + 형용사'는 '~하게 느끼다'를, 'enter + 목적어'는 '~에 들어가다'(enter into : 시작하다)를 의미한다.

해석
약이 혈액 속으로 들어가면 당신은 졸음이 오기 시작할 것이다.

You will begin to feel (㉠) as the drug (㉡) the blood-stream.

	㉠	㉡
①	sleepy	enters into
②	sleep	enters into
③	sleepy	enters
④	sleep	enters

08

해설
동사 approach는 타동사로서 목적어를 취한다. 타동사이기 때문에 전치사와 함께 사용되지 않고 바로 뒤에 목적어를 취한다. 주절의 시제가 과거이므로 부사절의 시제도 과거가 적절하다.

해석
그녀는 목적지에 가까워졌을 때, 편안해졌다.

When she ( ) her destination, she felt relieved.

① approaches
② approached to
③ approaches to
④ approached

09

해설
discuss는 완전타동사로서 전치사와 함께 사용될 수 없다.

해석
경찰은 최근 인종 문제에 대해 논의하기 위해 지역 주민을 만났다.

The police met local people to ( ) recent racist issues.

① discuss
② be discussed
③ discuss about
④ be discussed about

정답 07 ③ 08 ④ 09 ①

10

> When evening came, he saw the moth (　　) round and round the lamp.

① flown
② flew
③ flying
④ to fly

해설
5형식에서 사용된 지각동사 see는 원형부정사 또는 현재분사 형태를 목적보어로 취한다.

해석
저녁이 되었을 때, 그는 램프 주변을 날아다니는 나방을 보았다.

※ 다음 중 어법상 가장 적절하지 <u>않은</u> 것은? (11~12)

11

① Do you own this house, or do you rent it?
② We watched the soccer game on television.
③ He introduced Tom and Jane each other.
④ He announced the winner of competition to us.

해설
③ introduce는 3형식 동사로서 each other 앞에 전치사 to를 사용해야 한다.
① 등위접속사 or를 기준으로 두 개의 의문문이 병렬 구조로 되어 있으며, 동사 own과 rent가 3형식 문장에 적절하게 사용되었다.
② watch는 3형식 동사로 적절하게 사용되었다.
④ announce는 3형식 동사로 적절하게 사용되었다.

해석
① 당신은 이 집을 소유하신 건가요, 아니면 빌리신 건가요?
② 우리는 텔레비전으로 축구 경기를 보았다.
③ 그는 Tom과 Jane을 서로에게 소개했다.
④ 그는 경기의 승리자를 우리에게 발표했다.

정답 10 ③ 11 ③

12 해설
① 'graduate from'(졸업하다)으로 써야 한다.
② 'sympathize with'(동정하다)가 므로 적절하다.
③ 'prevent A from Ving'(A가 ~하는 것을 막다, 방해하다)이므로 적절하다.
④ save는 4형식 동사로서 간접목적어(you)와 직접목적어(time and money)를 취하고 있다.

해석
① 그녀는 2023년에 이 대학을 졸업했다.
② 나는 Tom이 실직했을 때, 그를 동정했다.
③ 그 건설 현장이 교통 흐름을 방해한다.
④ 새로운 모델을 구입하는 것은 당신에게 시간과 돈을 절약하게 할 것이다.

13 해설
④ 'prove + to부정사'(~임을 증명하다, ~로 판명되다)이므로 적절하다.
① 'leave for'(~를 향해 떠나다)로 써야 한다.
② 'make mistake(s)'(실수하다)로 써야 한다.
③ 타동사 'lay'(쌓다)를 써야 한다.

해석
① 그는 며칠 전에 프랑스를 향해 떠났다.
② 나는 이 시험에서 두 개의 실수를 한 것이 걱정스럽다.
③ 그는 자신의 집을 지을 계획을 세웠고, 벽돌 쌓는 법을 배우는 중이었다.
④ 부러진 척추 수술은 완벽한 성공으로 판명되었다.

정답 12 ① 13 ④

12
① She graduated this university in 2023.
② I sympathized with Tom when he lost his job.
③ The construction site prevents traffic from passing.
④ Buying the new model will save you time and money.

※ 다음 중 어법상 가장 적절한 것은? (13~14)

13
① He left from France a few days ago.
② I am afraid I did two mistakes in this test.
③ He planned to build his own house, and was learning to lie bricks.
④ The operation on his broken spine proved to be a complete success.

14
① This hotel reminds me the one we stayed in last year.
② He asked us not to mention about his failure in the test.
③ He is belonged to an elite club which is very hard to get into.
④ The war resulted from the economic rivalries of the two nations.

14 해설
④ '결과 + result from + 원인'(원인으로 결과가 비롯되다)이므로 적절하다.
① 'remind A of B'(A에게 B를 상기시키다)로 써야 한다.
② 'mention'(~에 대해 언급하다)은 타동사로서 전치사와 함께 사용될 수 없다.
③ 'belong'(~에 속하다)은 자동사로서 수동태로 사용할 수 없다. 따라서 능동태 표현인 belong to 로 사용해야 한다.

해석
① 이 호텔은 나에게 작년에 우리가 머물렀던 그 호텔을 상기시킨다.
② 그는 우리에게 그 시험에서의 실패에 대해 언급하지 말라고 부탁했다.
③ 그는 들어가기 어려운 엘리트 클럽에 속해 있다.
④ 그 전쟁은 두 나라의 경제적 대립 관계에서부터 비롯되었다.

※ 다음 밑줄 친 부분 중 어법상 가장 어색한 것은? (15~16)

15
We should all ① be concerned the future because that is ② where we ③ will spend the remainder ④ of our lives.

15 해설
① 'be concerned about'(~에 대해 걱정하다)으로 써야 한다.
② 여기서 where은 관계부사로 적절하다.
③ 관계부사절 내의 미래시제 사용은 내용상 적절하다.
④ 명사 remainder를 수식하는 전치사구 표현으로 적절하다.

해석
그곳이 우리의 여생을 보낼 곳이기 때문에 우리 모두는 미래에 대해 걱정해야 한다.

정답 14 ④ 15 ①

16

16 해설

③ returning은 전치사 in에 대한 목적어로서 동명사이다. return은 자동사로서 목적어를 취할 때 전치사가 필요하다. 따라서 내용상 return 뒤에 to를 써야 적절하다.
① 목적어가 긴 문장의 수동태 구문으로서 that절 전체가 목적어이다. 따라서 가주어 it을 사용한 적절한 수동태 구문이다.
② 'succeed in + Ving'(~하는 데 성공하다)이므로 적절하다.
④ 'call A B'[A(the capsule)를 B(home)라 부르다]이므로 적절하다.

해석
우주비행사가 아무것도 밟지 않고 걸어서 그가 집이라 부르는 캡슐로 돌아오는 데 성공했다고 보도되었다.

① It is reported that a weightless man has ② succeeded in walking on nothing, and ③ returning the capsule that he ④ calls home.

17

17 해설

② 'be noted for'(= be famous for, ~로 유명하다)로 써야 한다.
① 'consist of'(~로 구성되다)이므로 적절하다.
③ 'well-known'(잘 알려진)이므로 적절하다.
④ 'prove + to부정사'[~로(라고) 밝혀지다]이므로 적절하다.

17 주어진 우리말을 영어로 옮긴 것 중 가장 적절하지 않은 것은?

① 우주는 수십억 개의 흩어져 날아다니는 은하로 구성된다.
   → The universe consists of billions of galaxies flying apart.
② 대부분의 귀족들은 단견과 탐욕으로 유명하다.
   → Most aristocracies are noted their shortsightedness and greed.
③ 몇몇 나라에서 전화기를 소유하는 것은 잘 알려진 지위의 상징이다.
   → Owning a phone in some countries is a well-known status symbol.
④ 그 진퇴양난을 해결하는 것은 필수적이라고 밝혀졌다.
   → Resolving the dilemmas proved to be necessary.

정답 16 ③ 17 ②

주관식 문제

01 주어진 문장과 그 뜻이 유사한 또 다른 문장으로 바꾸어 쓸 때, 괄호 안의 단어를 활용하여 적절한 표현을 쓰시오.

> Their children seem so casual about keeping appointments.
> = Their children seem so (㉠ relax) and (㉡ care) about keeping their appointments.

01 정답
㉠ relaxed, ㉡ careless

해설
casual은 '격식이 없는, 편안한'의 의미를 갖는 형용사이다. 주어진 문장에서 '약속을 지키는' 일에 대해서 casual하다는 것은 '느긋하고 소홀한(무관심한)'의 뜻으로 해석이 가능하다. 따라서 괄호 안에 들어갈 적절한 표현은 relaxed와 careless이다.

해석
그들의 아이들은 약속을 지키는 것에 대해서는 꽤 느긋하고 관심이 없는 것 같다.

02 주어진 문장과 그 뜻이 유사한 또 다른 문장으로 바꾸어 쓸 때, 괄호 안에 들어갈 적절한 단어를 쓰시오.

> He patted me on the back in a friendly way.
> = He (㉠) me a friendly (㉡) on the back.

02 정답
㉠ gave, ㉡ pat

해설
'pat + 목적어 + on + the + 신체'는 '신체를 토닥여주다'를 의미한다. 주어진 3형식 문장을 간접목적어와 직접목적어가 있는 4형식 문장으로 바꾸어 쓸 때, 3형식에서 사용된 동사 pat은 4형식 동사 give를 사용하여 명사 표현으로 전환할 수 있다(pat → give a pat). 따라서 ㉠에는 주어진 문장과 시제를 일치시켜 give의 과거형인 gave가 들어가는 것이 적절하고, ㉡에는 pat의 명사형인 pat이 들어가는 것이 적절하다.

해석
그는 친근한 방식으로 나의 등을 토닥여주었다.

03 **정답**

<u>Young students</u> <u>consider</u>
　　주어　　　　동사

<u>training in poetry and music</u>
　　　　　목적어

<u>a basic part of education.</u>
　　　　목적보어

→ 5형식

해설

conside는 5형식 동사로서 'consider A B'(A를 B로 여기다/간주하다)로 사용된다. 성분별로 분석해 보면, "young students"는 주어, "consider"는 동사, "training in poetry and music"은 목적어, "a basic part of education"은 목적보어이다. 따라서 주어진 문장은 5형식 문장이다.

해석

젊은 학생들은 시와 음악을 연습하는 것을 교육의 기본적 부분으로 간주한다.

---

03 〈보기〉를 참고하여, 주어진 문장을 성분별로 분석하고, 문장의 형식을 쓰시오.

┌─ 보기 ─
│ <u>He</u>　<u>loves</u>　<u>chocolate</u>.
│ 주어　동사　　목적어
│ → 3형식
└

Young students consider training in poetry and music a basic part of education.

제3장 시제

※ 다음 괄호 안에 들어갈 표현으로 가장 적절한 것은? (01~10)

01

The committee required that all the candidates ( ) their views.

① presented
② will present
③ present
④ had presented

01 해설
요구 동사 require가 목적어로 that절을 취할 경우 that절 안의 동사 앞에는 조동사 should를 사용한다. 단, should는 생략 가능하다.

해석
위원회는 모든 지원자는 그들의 의견을 제시해야 한다고 요구했다.

02

Whereas immigration (㉠) somewhat restricted during the 1940s and 1950s, another surge in immigration (㉡) in the 1970s.

	㉠	㉡
①	was	occurred
②	has been	occurred
③	was	has occurred
④	has been	has occurred

02 해설
'during + 기간'은 사건의 진행 기간을 나타내므로 ㉠에는 현재완료가 적절하다. "in the 1970s"는 특정한 과거 시점을 지정하는 표현이므로 ㉡에는 단순과거시제가 적절하다.

해석
1940년대와 1950년대 동안 이민이 어느 정도 규제되어왔건 것에 비해, 1970년대에 또 한 차례의 이민의 급증이 발생했다.

정답 01 ③ 02 ②

03 해설
주절의 시제가 단순과거(met)이고, 관계사절의 시제 또한 단순과거(said)이므로 관계사절의 종속절의 내용은 단순과거보다는 이전에 일어난 사건이어야 시간상 적절하다.

해석
나는 자신의 재산을 처분하기 전까지는 결코 자유롭지 않았다고 했던 한 여성을 전에 만났다.

04 해설
다가가서 질문을 했던 시점은 과거이므로 dumb한 상태는 과거부터 시작되어 그가 질문을 했던 과거 시점까지의 기간을 포함하는 것이 적절하다. 따라서 현재완료 형태가 알맞다.

해석
그는 그녀에게 다가가서 얼마나 오랫동안 소리를 못 들었는지(벙어리였는지) 물어봤다.

05 해설
위안(consolation)을 찾지 못한 사건이 과거이므로 '그녀를 사랑하는 걸 그친 것'은 그보다 이전에 일어났던 사건이다. 따라서 괄호 안에는 과거완료 형태가 오는 것이 적절하다.

해석
내 마음은 그녀 때문에 슬펐다. 비록 나는 그녀를 사랑하기를 그쳤지만, 위안을 찾지 못했다. 괴로운 공허감이 지난날의 쓰디쓴 고뇌를 대신했었다.

정답 03 ④ 04 ① 05 ④

03
I once met a woman who said that she would never feel free till she (　　) rid of her property.

① gets
② got
③ has gotten
④ had gotten

04
He went up to and asked her: "How long (　　) dumb?"

① have you been
② had you been
③ are you
④ were you

05
My heart was sad for her sake, and though I (　　) to love her, I found no consolation. A painful sense of emptiness had replaced the bitter anguish of before.

① cease
② ceased
③ have ceased
④ had ceased

06

My parents (㉠) an argument last night. Now, they (㉡) to each other.

	㉠	㉡
①	have	do not speak
②	have had	have not spoken
③	had	are not speaking
④	had	were not speaking

06 해설
부사구 last night은 과거시제와 함께 사용된다. 그리고 전날 밤에 있었던 사건으로 지금도 서로 말을 하지 않는 상황을 묘사하려면 현재진행형이 적절하다.

해석
부모님은 전날 밤 언쟁을 하셨다. 지금도 서로 말씀을 나누지 않고 계신다.

07

A : I'm getting sleepy. Let's take a break.
B : That sounds great. I ( ) some coffee for you.

① get
② got
③ will get
④ have gotten

07 해설
B가 A에게 커피를 제안하는 내용의 대화이다. 현재 B가 A에게 커피를 제공한 것이 아니므로 단순미래가 적절하다.

해석
A : 점점 졸리네요. 좀 쉴까요.
B : 좋은 생각이네요. 제가 커피 좀 드릴게요.

08

A : Wow! You finished all of your chores so quickly.
B : While he ( ) the living room, I washed the dishes and took out trash.

① cleans
② is cleaning
③ was cleaning
④ will clean

08 해설
B가 설거지를 하고 쓰레기를 버렸던 시점이 과거이므로 이와 같은 시점에 거실을 청소했었다는 것이 시간상 적절한 내용이다. 따라서 과거진행형이 적절하다.

해석
A : 와우! 이렇게나 빨리 모든 일을 끝내셨군요.
B : 그가 거실을 청소하고 있는 동안 전 설거지를 하고 쓰레기를 버렸지요.

정답 06 ③ 07 ③ 08 ③

09

해설
즉석식품을 끊었던 시점은 과거이다. 그때부터 살이 빠지게 되었으니 살이 빠진 것은 즉석식품을 끊었던 과거 시점부터 현재까지로 보는 게 적절하다. 따라서 현재완료가 적절하다.

해석
그녀는 즉석식품을 끊은 뒤로 살이 많이 빠졌다. 그녀는 힘도 더 많이 생기고 피부도 더 깨끗해졌다.

09

She ( ) a lot of weight since she stopped eating junk food. She has more energy and clearer skin, too.

① lost
② has lost
③ had lost
④ will have lost

10

해설
1970년대부터 지구 온난화의 부정적 영향에 대해 정부에게 경고하고 있으므로 현재완료진행 표현이 적절하다.

해석
과학자들은 1970년대부터 지구 온난화의 부정적 영향에 대해 정부에게 경고하는 중이었다.

10

Scientists ( ) governments about the negative effects of global warming since the late 1970s.

① have been warning
② had been warning
③ will have warned
④ will warn

정답 09 ② 10 ①

※ 다음 밑줄 친 부분 중 어법상 가장 어색한 것은? (11~13)

11

A : I ① had been trying ② to contact him for over an hour. Do you know ③ where he is?
B : I ④ have not seen him since last night.

12

In the winter of 1941, Enrico Fermi and a number of other ① distinguished scientists ② have importuned President Franklin Roosevelt for authorization ③ to begin an ④ all-out effort in atomic energy research.

---

11 해설

① A는 한 시간 이상 그와 연락하려고 노력했다. 따라서 현재완료 형태가 적절하다. 'for + 명사'라는 기간을 나타내고 있고, 다음 문장에서 그의 위치를 현재 묻고 있으므로 현재완료 형태인 have been trying으로 고쳐 써야 한다.
② 'try + to부정사'(~하려고 노력하다)이므로 적절하다.
③ 동사 know의 목적어 자리에 의문문이 위치할 때, 간접의문문 어순(의문사 + 주어 + 동사)으로 써야 한다.
④ 'since + 기간'이므로 현재완료가 적절하다.

해석
A : 제가 한 시간 넘게 그와 연락하려고 시도하고 있던 중이었어요. 그가 어디 있는지 아시나요?
B : 저도 어젯밤부터 그를 보지 못했어요.

12 해설

② 1941년이라는 과거의 명확한 시점이 언급되었으므로 단순과거 시제가 적절하다. 따라서 단순과거형인 importuned가 와야 한다.
① '저명한'이라는 의미의 과거분사로서 명사 scientists를 수식한다.
③ 'importune + 목적어 + to부정사'(목적어에게 끈질기게 요청하다)이므로 적절하다.
④ '총력을 다한' 또는 '모든 노력을 기울인'의 의미를 갖는다.

해석
1941년 겨울, 엔리코 페르미와 많은 저명한 과학자들은 프랭클린 루스벨트 대통령에게 원자 에너지 연구에 총력을 기울여 달라고 간절하게 청했다.

정답 11 ① 12 ②

13

해설

③ 주장했던 시점이 과거이므로 강아지가 거품을 물고 있었던 시점은 대과거가 맞다. 따라서 과거완료진행형이 적절한 표현이다. 과거완료진행형인 had been foaming이 와야 한다.
① 주장했던 사건보다 강아지를 목격했던 사건이 더 과거에 일어난 것이므로 과거완료는 적절하다.
② 종속접속사 that으로서 동사 claimed의 목적절을 이끌고 있다.
④ 현재분사인 foaming, barking, growling을 수식하므로 부사 형태가 적절하다.

해석

그는 그 강아지를 목격했던 한 이웃이 강아지가 입에 거품을 물고 있었으며, 계속 짖고, 으르렁거렸다고 주장했던 것을 말했다. 이 모든 것은 광견병의 증상이다.

He said that a neighbor who ① <u>had seen</u> the dog claimed ② <u>that</u> it ③ <u>have been foaming</u> at the mouth, barking, and growling ④ <u>constantly</u> – all symptomatic of rabies.

14

해설

④ 진행형 불가 동사('소유인지감필존' 동사) 중 인지 동사인 think는 본래 진행의 의미를 갖는 동사이므로 진행형을 사용할 수 없다. 따라서 am thinking을 think로 고쳐야 한다.
① 시간의 부사절(when)에선 현재시제가 미래 의미를 전달한다. 따라서 동사 get은 적절하다.
② 왕래발착 동사(come)가 진행형태로 사용될 때, 가까운 미래의 사건을 묘사할 수 있다.
③ 과학적 사실 또는 진리는 현재시제와 함께 사용된다.

해석

① 거기에 도착하면 전화할게. 전화기 켜놔.
② 그녀는 향수병에 걸려서 다음 달에 모국으로 돌아갈 예정이다.
③ 소리는 공기에서보다 물에서 세 배 더 빠르게 이동한다.
④ 여전히 눈이 내리는 중이다. 올해 우리는 화이트 크리스마스를 보낼 것이라고 생각한다.

14 다음 중 어법상 가장 적절하지 <u>않은</u> 것은?
① When I get there, I'll call you. Keep your phone on.
② She has homesick, so she is coming back to her nation next month.
③ Sound travels through water three times faster than through air.
④ It's still snowing. I am thinking we are going to have a white Christmas this year.

정답 13 ③ 14 ④

15 다음 중 어법상 가장 적절한 것은?

① He is needing some tools to fix his desk and chair.
② I didn't know who she was because I had never seen her before.
③ I had suddenly remembered that I forgot my papers for this conference.
④ I had not been able to reach her all morning. I'm getting a little bit worried.

15 **해설**

② 그녀가 누구인지 알지 못하는 사건이 과거였으므로 주절의 시제 단순과거는 적절하다. 따라서 이전에 그녀를 만나지 않았던 사건은 대과거에 일어난 일이므로 과거완료 형태가 적절하다.
① 진행형 불가 동사('소유인지감필존' 동사) 중 필요 동사인 need는 진행형 사용이 불가하다. 따라서 is needing을 needs로 고쳐야 한다.
③ 사건 전개상 그리고 내용상 논문을 잊은 사건이 그것을 기억한 사건보다 이전에 발생하였다. 따라서 "I suddenly remembered that I had forgotten my papers for this conference."로 고쳐야 한다.
④ 아침 내내 연락이 안 되었으므로 첫 문장은 현재완료 형태가 적절하다. 따라서 had not been able을 have not been able로 고쳐야 한다. 그 결과 '걱정'이 과거부터 시작되어 현재까지 진행되고 있으므로 두 번째 문장은 현재진행형이 적절하다.

해석
① 그는 의자와 책상을 수리하기 위해 약간의 도구가 필요하다.
② 나는 전에 그녀를 만났던 적이 없었기에 그녀가 누구인지 몰랐다.
③ 이 발표를 위한 논문을 잊었다는 것이 갑자기 기억났다.
④ 나는 오전 내내 그녀와 연락이 닿질 않았다. 나는 약간 걱정스러워하고 있다.

정답 15 ②

주관식 문제

01 세 문장을 아래와 같이 한 문장으로 바꾸어 쓰려고 한다. 바꿔 쓰기를 한 문장이 세 문장의 내용을 포함할 수 있도록 괄호 안의 동사를 알맞게 변형하여 쓰시오.

- She is an enthusiastic blogger.
- She posted several messages this week.
- She posted three this morning.

→ She (post) several messages to her blog all week.

01 정답
has been posting

해설
열정적인 블로거인 그녀는 이번 주 동안 여러 개의 메시지를 게시했고, 오늘 아침에만 세 개의 메시지를 게시했다. 따라서 이번 주 동안 그녀는 여러 개의 메시지를 자신의 블로그에 지속적으로 게시하고 있다고 볼 수 있다. 즉, 일정 기간 동안(한 주) 과거에 시작된 행동이 현재까지 계속되고 있는 상황을 가장 잘 묘사할 수 있는 시제 형태는 현재완료진행이다. 따라서 has been posting이 적절하다.

해석
- 그녀는 열정적인 블로거이다.
- 그녀는 이번 주에 여러 개의 메시지를 게시했다.
- 그녀는 오늘 아침 세 개의 메시지를 게시했다.

02 주어진 두 문장의 사건 순서를 고려하여, 접속사 when을 사용하여 두 문장을 하나의 문장으로 연결하여 작성하시오.

- I was walking in the park.
- It began to pour.

02 정답
When I was walking in the park, it began to pour.

해설
공원에서 걷고 있던 사건이 먼저 일어난 사건이며, 비가 퍼붓기 시작한 사건은 이후에 일어난 사건으로 보는 것이 논리적으로 적절하다. 따라서 첫 번째 문장을 부사절 접속사 when을 사용하여 작성하고, 두 번째 문장은 주절의 자리에 작성한다.

해석
- 나는 공원에서 걷던 중이었다.
- 비가 퍼붓기 시작했다.

03 주어진 문장에서 일어난 사건의 순서를 이해한 후, 요약문에서 괄호 안의 동사를 적절한 형태로 바꾸어 쓰시오.

> Worn out by anguish and exertion, I sank into a death-like slumber; and it was not until the following morning when the sun rose that I came to my sense.
>
> → The writer (㉠ regain) full possession of his senses after the sun (㉡ rise) the following morning.

03 정답
㉠ regained, ㉡ had risen

해설
문장에서 일어난 사건의 순서는 ⅰ) 지쳐 깊은 잠에 빠져든 사건, ⅱ) 다음 날 아침 해가 뜬 사건 ⅲ) 정신을 차린 사건이다. 따라서 해가 뜨고 나서 정신을 차렸다고 보아야 논리적이다.

해석
고뇌와 노고로 지쳤기 때문에, 나는 죽은 것과 같이 깊은 잠에 빠져들었다. 그리고 다음 날 아침 해가 뜨고 나서야 비로소 정신을 차렸다.

04 괄호 안의 단어를 적절한 형태로 바꾸어 대화 내용을 자연스럽게 완성하시오. (leave, already)

> A : She ___ ___ ___. You just missed her by a few minutes.
> B : That's too bad. Will you give her a message for me?

04 정답
has already left

해설
그녀가 이미 떠났기 때문에 그녀를 만나지 못했다. 따라서 빈칸에는 부사 already를 이용한 현재완료 형태가 적절하다.

해석
A : 그녀는 이미 떠났어요. 몇 분 차이로 그녀를 만나지 못했네요.
B : 아쉽네요. 그녀에게 메시지를 남겨주실 수 있나요?

05

정답

had already left

해설

B가 사건 현장에 도착한 시점은 과거이고 경찰관들이 그 전부터 사고 현장을 조사하고 있었는지가 A 질문의 핵심이다. 이에 B는 사고 현장에 도착했을 때(과거), 경찰관들은 이미 그 현장을 떠났었다고 답한다. 경찰관들이 사고 현장을 떠난 시점은 B가 도착한 과거보다 이전에 일어난 것이다. 따라서 빈칸에는 과거완료 형태(had already left)가 적절하다.

해석

A : 당신이 도착했을 때 경찰관들은 사고를 여전히 조사하고 있던가요?
B : 아니요, 그들은 이미 사고 현장을 떠났었어요.

05 괄호 안의 단어를 적절한 형태로 바꾸어 대화 내용을 자연스럽게 완성하시오. (leave, already)

A : Were the police still investigating the accident when you arrived?
B : No, they ____ ____ ____ the scene.

제4장 품사

※ 다음 괄호 안에 들어갈 표현으로 가장 적절한 것은? (01~10)

01

You should not waste time seeking after (　　) joys.

① moment
② momentary
③ momentarily
④ momentum

01 해설
after 뒤는 전치사의 목적어 자리로서 명사구가 위치한다. 따라서 명사 joys를 수식하는 명사 moment의 형용사형인 momentary가 적절하다.

해석
당신은 순간의 즐거움을 추구하면서 시간을 낭비해선 안 된다.

02

There is neither (　㉠　) nor (　㉡　) in any scientific discovery.

	㉠	㉡
①	good	worse
②	better	worse
③	better	worst
④	good	bad

02 해설
상관접속사 'neither A nor B' 구문에서 A와 B에는 동일 구조의 표현을 사용해야 한다. 따라서 선과 악이라는 명사 good, bad가 적절하다.

해석
어떠한 과학적 발견에도 선도 악도 없다.

정답 01 ② 02 ④

03 해설

㉠에는 '빼앗다'의 의미인 take away를 고려하여 away가, ㉡에는 '결과를 초래하다'의 의미를 갖는 동사구 표현인 result in을 고려하여 in이, ㉢에는 맥락상 '~ 없이'의 전치사 without이 적절하다.

해석

몇몇 선생님들은 텔레비전이 아이들 마음속에 정신적 그림을 만들 수 있는 아이들의 능력을 빼앗아서 그 결과, 시각적 사례 없이는 간단한 이야기조차 이해할 수 없는 아이를 초래한다고 생각한다.

04 해설

부정대명사 문제이다. 제시문에서 그는 세 권의 책을 가지고 있다고 했으므로, 그중 하나를 가리킬 때 부정대명사 one을 사용하고, 둘 중 하나를 가리킬 때 another를 사용한다. 그리고 남은 하나를 가리킬 때 the other를 사용한다.

해석

그는 세 권의 책을 가지고 있다. 한 권은 역사에 관한 것이다. 또 다른 하나는 정치학에 관한 것이다. 나머지 하나는 언어학에 관한 것이다.

정답
03 ① 04 ④

03

Some teachers feel that television has taken (㉠) the child's ability to form mental pictures in his own mind, resulting (㉡) children who cannot understand a simple story (㉢) visual illustrations.

	㉠	㉡	㉢
①	away	in	without
②	out	from	with
③	away	from	without
④	out	in	without

04

He has three books. (㉠) is about history. (㉡) is about politics. (㉢) is about linguistics.

	㉠	㉡	㉢
①	one	another	the others
②	one	the other	the others
③	one	the other	others
④	one	another	the other

05

These days, (㉠) products are very similar to (㉡) in their quality and price.

	㉠	㉡
①	a great deal of	each other
②	a number of	each other
③	a number of	one another
④	a great deal of	one another

05 해설
수량형용사 문제로서, 'a number of'는 뒤에 가산/불가산명사가 모두 올 수 있지만, 'a great deal of'는 불가산명사만 올 수 있다. 둘 사이에서 서로서로는 each other를 사용하는 반면, 셋 이상에서는 one another를 사용한다.

해석
요즘 많은 제품들은 품질과 가격 면에서 서로서로 매우 유사하다.

06

(㉠) Tom or his brothers are on the phone, (㉡) you can't use it right now.

	㉠	㉡
①	Neither	but
②	Either	so
③	Neither	so that
④	Either	therefore

06 해설
상관접속사 'either A or B' 구문으로, ㉠에는 Either가 적절하다. ㉡에는 문맥상 인과접속사 so가 들어가야 한다.

해석
Tom 또는 그의 동생들 중 하나가 통화 중이어서 지금 당장 전화를 사용할 순 없다.

정답 05 ③   06 ②

07

| (㉠) prices start to fall, people stop buying things like TVs, cars, and clothes (㉡) they think that prices will drop even further in the future. |

	㉠	㉡
①	As soon as	because of
②	As	although
③	When	because
④	As long as	until

07 해설
첫 번째 괄호가 있는 문장은 부사절로서 ㉠에는 문맥상 접속사 when이 들어가는 것이 적절하다. 두 번째 괄호가 있는 문장 역시 부사절로서 이유를 언급하고 있으므로 ㉡에는 접속사 because가 들어가는 것이 적절하다.

해석
가격이 떨어지기 시작할 때, 사람들은 TV, 자동차, 옷과 같은 물건 구입을 멈춘다. 가까운 미래에 물건 가격이 더욱 떨어질 것이라고 생각하기 때문이다.

08

| There was always something fun going on. At night, families would gather in the local park. Kids would run around (㉠) while adults gossiped and laughed (㉡). The atmosphere was always upbeat and (㉢). |

	㉠	㉡	㉢
①	excitedly	loudly	lively
②	exciting	loud	live
③	excited	loudly	live
④	excitedly	loud	lively

08 해설
㉠에는 동사구 run around를 수식하는 부사 표현인 excitedly가 적절하다. ㉡ 역시 동사구 gossiped and laughed를 수식해야 하므로 부사인 loudly가 적절하다. ㉢은 be동사의 보어 자리이고, 등위접속사 and가 사용되었으므로 upbeat와 같은 품사인 형용사 lively가 알맞다.

해석
늘 재미있는 무언가가 있었다. 밤에 가족들은 동네 공원에 모이곤 했다. 어른들이 농담하면서 크게 웃는 동안, 아이들은 신나게 주변을 뛰어다니곤 했다. 분위기는 늘 즐겁고 활기찼다.

정답 07 ③ 08 ①

09

A number of people gather to look at ( ).

① that young big African black gorilla
② that big black young African gorilla
③ that African gorilla big young black
④ that black big young African gorilla

09 해설
형용사는 '지수대성신기재'(지시/수량/대소/성상/신구/기원/재료) 순으로 나열한다. 따라서 이 문장에서는 '지시사(that), 대소(big), 성상(black), 신구(young), 기원(African)' + 명사(gorilla) 순서로 작성한다.

해석
많은 사람들이 저 크고 검은색의 어린 아프리카 고릴라를 보기 위해 모였다.

10

You can ( ) margarine for butter in the recipe.

① replace
② change
③ alternate
④ substitute

10 해설
④ substitute A for B : B를 A로 대체하다
① replace A with B : A를 B로 교체하다
② change A into B : A를 B로 변화시키다
③ A alternate with B : A와 B가 교대로 일어나다

해석
당신은 요리 방법에서 버터를 마가린으로 대체할 수 있다.

정답 09 ② 10 ④

※ 다음 중 어법상 가장 적절하지 <u>않은</u> 문장은? (11~12)

11
① I sympathized with Tom when he lost his job.
② The cement barrier prevents traffic from passing.
③ He announced us the notice of the competition.
④ She will graduate from this university in 2024.

12
① It will not be long before the terrible recession ends.
② I cannot put up off her insolence any longer.
③ The school team has won five successive games.
④ I treated him not only to a lunch but also to tea and muffins.

---

11 해설
③ 동사 announce는 3형식 동사로서 4형식의 '간접목적어, 직접목적어'를 취할 수 없다. 따라서 ③을 He announced the notice of the competition to us로 고쳐야 한다.
① sympathize with : ~에게 공감하다, 동정하다
② prevent A from Ving : A가 ing 하는 것을 막다, 금지하다
④ graduate from : 졸업하다

해석
① 나는 Tom이 실직했을 때, 그를 동정했다.
② 시멘트 벽은 교통의 흐름을 방해한다.
③ 그는 경기 공지 내용을 우리에게 발표했다.
④ 그녀는 2024년에 이 대학교를 졸업할 것이다.

12 해설
② put up with : 참다, 견디다
① It will not be long before + 주어 + 동사 : ~한 지 얼마 되지 않았다
③ successive game : 연속 경기
④ not only A but also B : A뿐 아니라 B도

해석
① 끔찍한 경기 침체가 끝난 지 얼마 되지 않았다.
② 나는 더 이상 그녀의 오만함을 참을 수 없다.
③ 그 학교 팀은 다섯 경기 연속 승리하고 있다.
④ 나는 그를 점심으로뿐 아니라 차와 머핀으로도 접대했다.

정답 11 ③ 12 ②

※ 밑줄 친 부분 중 어법상 가장 적절하지 않은 것은? (13~14)

13

My father is an ① <u>eminently</u> ② <u>sensible</u> man. If I ③ <u>reflect on</u> my childhood, I see ④ <u>how admirably</u> his treatment of me has always been.

13 해설

④ 부사 admirably는 "~ has always been" 뒤에 와야 하는 보어로서 적절한 품사가 아니다. 따라서 부사 admirably는 형용사 admirable로 바뀌어야 한다.
① 부사 eminently는 형용사 sensible을 수식한다.
② 문맥상 '합리적인'이라는 sensible이 적절하다.
③ reflect on : 돌이켜보다, 화상하다

해석

아버지는 눈에 띄게 현명한 분이다. 어린 시절을 돌이켜보면, 언제나 나에 대한 아버지의 대우가 얼마나 훌륭했는지를 안다.

14

① <u>Until now</u>, he has been an insignificant member of the school, one of those boys who excel neither at games ② <u>nor at lessons</u>, ③ <u>of whom</u> nothing is expected, and if ever, ④ <u>get rarely into trouble</u>.

14 해설

④ 빈도부사 rarely는 'Be/조/뒤/일/앞'에서와 같이 일반동사 get 앞에 위치해야 한다.
① 전치사 until + 목적어
② neither A nor B : A도 B도 아니다
③ '전치사 + 목적격 관계대명사' 구문으로서 전치사 뒤에 오는 목적격 관계대명사는 whom만 가능하다.

해석

지금까지 그는 학교의 중요하지 않은 학생, 즉 게임이나 공부 어디에서도 뛰어나지 못한, 어떠한 것도 기대할 수 없는, 좀처럼 말썽을 일으키지 않는 그런 학생 중 하나였다.

정답 13 ④ 14 ④

15 [해설]
② "The instant she heard the news, she burst into tears."로 써야 적절하다.
③ "As soon as she had heard the news, she burst into tears."로 써야 적절하다.
④ "Hardly had she heard the news when she burst into tears."로 써야 적절하다.

15 다음 중 "그녀가 그 소식을 듣자마자 눈물을 터뜨렸다."를 가장 적절하게 옮겨 쓴 문장은?

① The moment she heard the news, she burst into tears.
② The instant did she hear the news, she burst into tears.
③ As soon as she had heard the news, she bursts into tears.
④ Hardly had she heard the news, she burst into tears.

주관식 문제

01 주어진 문장에서 문법적으로 적절하지 않은 곳을 찾아 고친 후 문장을 다시 쓰시오.

> My another hobby is taking a rest while doing on-line shopping.

01 [정답]
Another hobby of mine is taking a rest while doing on-line shopping.

[해설]
소유격(my)과 한정사(another)를 나란히 이어 사용하는 것은 비문법적 표현이다. 따라서 이중소유격 표현을 사용하여 Another hobby of mine으로 바꾸어야 한다.

[해석]
나의 또 다른 취미는 온라인 쇼핑을 하면서 휴식을 취하는 것이다.

[정답] 15 ①

02 각 문장의 괄호 안에 들어갈 가장 적절한 전치사를 쓰시오.

- He succeeded (㉠) getting a place at this company.
- He patted me (㉡) the shoulder.
- She inquired (㉢) an old friend.

02 정답
㉠ in, ㉡ on, ㉢ after

해설
- succeed in + Ving : ~하는 데 성공하다
- pat + 목적어 + on + the + 신체 : 신체를 토닥여주다
- inquire after : 안부를 묻다 / inquire into : 조사하다 / inquire for : 문의하다, 청하다

해석
- 그는 이 회사에서 일자리를 얻는 데 성공했다.
- 그는 내 어깨를 토닥거렸다.
- 그녀는 한 옛 친구의 안부를 물었다.

03 주어진 글의 중심내용을 아래와 같이 요약할 때, 괄호 안에 들어갈 알맞은 단어를 쓰시오.

A few stars are known which are hardly bigger than the earth, but the majority are so large that hundreds of thousands of earths could be packed inside each and leave room to spare.

→ The writer describes the vastness of the (   ).

03 정답
universe

해설
이 글의 중심내용은 "대부분의 별들은 크기가 매우 크다."라는 것이다. 즉, 엄청난 크기의 많은 별들이 우주에 있으므로 우주는 광활하며 방대하다는 점을 쉽게 추론할 수 있다. 따라서 괄호 안에 들어갈 단어는 '우주'를 뜻하는 "universe"이다.

해석
지구보다 거의 크지 않은 적은 수의 별들이 알려져 있지만 대다수의 별들은 너무 커서 수십만 개의 지구를 각각 별 속에 넣어도 여분의 공간이 남는다.

04 정답

for myself

해설

내용상 '저를 위한'의 의미인 "for myself"가 적절하다.

해석

A : 안녕하세요. 제가 도와드릴까요?
B : 저는 저를 위한 몇 벌의 셔츠와 아빠 생신 선물을 찾는 중이에요.

04 주어진 대화에서 빈칸에 들어갈 적절한 재귀대명사 표현을 쓰시오.

A : Good afternoon, sir. How may I help you?
B : I'm looking for a few shirts ____ ____ and a birthday present for my father.

05 정답

Please arrive early so that we can have dinner together before that meeting.

해설

'so that' 구문은 '~하기 위한'이라는 의미를 갖는다. 따라서 'so that' 구문을 사용하여 두 문장을 결합하면, "Please arrive early so that we can have dinner together before that meeting."이 된다.

해석
• 제발 일찍 오세요.
• 우리는 모임 전에 함께 저녁식사를 하길 원합니다.

05 주어진 두 문장을 'so that' 구문을 사용하여 한 문장으로 쓰시오.

• Please arrive early.
• We want to have dinner together before that meeting.

제5장　준동사(비정형동사)

※ 다음 괄호 안에 들어갈 표현으로 가장 적절한 것은? (01~10)

01

> A : Do you know (　　) about this project. It's due today and I haven't yet started it.
> B : It would be better that you should start working on it right now.

① when to do
② whether to do
③ why to do
④ what to do

01 해설
A가 현재까지 사업에 대해 진행한 내용이 없다는 점에서 A는 사업에 대해 무엇을 해야 하는지를 궁금해 하고 있다고 볼 수 있다. 따라서 괄호 안에 들어갈 적절한 표현은 what to do이다.

해석
A : 이 사업에 대해 무엇을 할지 알고 계신지요? 마감기한이 오늘까지인데 아직 시작도 하지 않았습니다.
B : 지금 당장 시작하는 게 좋을 것 같군요.

02

> He seems to know a lot about jazz.
> = It seems that he (　　) a lot about jazz.

① know
② knows
③ knew
④ had known

02 해설
단순부정사인 to know가 사용되었으므로 주절의 시제와 부정사의 시제는 현재로 일치한다. 따라서 주어진 단문을 복문으로 바꿀 경우, 종속절의 시제 역시 주절의 시제와 동일하게 현재시제로 작성한다.

해석
그는 재즈에 관해 많이 알고 있는 것 같다.

정답　01 ④　02 ②

03

해설
사람의 성격이나 태도 형용사인 foolish가 사용된 문장에서 의미상의 주어를 표시할 때, '전치사 of + 목적격' 형태를 사용한다.

해석
시험 전날 밤 늦게까지 깨어 있는 것은 어리석은 일이었다.

04

해설
'형용사 + enough + to부정사' 구문으로서 '~(부정사)할 정도로 충분히 ~(형용사)하다'의 해석이 된다. 따라서 복문으로 전환 시, "It is so warm that they can swim in the lake."가 적절하다.

해석
그들이 호수에 들어가서 수영할 정도로 충분히 따뜻하다.

05

해설
want는 to부정사를 목적어로 취하는 동사로서, 'want + to부정사'는 '~하기를 원하다'의 의미를 갖는다. disturb는 타동사로서 목적어를 수반하지만, 제시된 문장에서는 "방해받다"의 수동 의미로 사용된다. 따라서 to be disturbed가 적절하다.

해석
나는 방해받고 싶지 않아서 조용한 장소를 찾는 중이었다.

정답 03 ① 04 ③ 05 ②

03

It was foolish ( ) you to stay up late the night before the test.

① of
② for
③ to
④ that

04

It is warm enough for them to swim in the lake.
= It is (㉠) warm that they (㉡) in the lake.

	㉠	㉡
①	so	cannot swim
②	too	cannot swim
③	so	can swim
④	too	can swim

05

I didn't want ( ), so I was looking for a quiet place.

① to disturb
② to be disturbed
③ to disturbing
④ to be disturbing

06

They built a house ( ) before they lived together.

① to live in
② to live
③ to have lived in
④ to be lived

06 해설

부정사의 형용사적 용법으로서 'to 부정사 + 전치사' 표현의 적절한 쓰임을 묻는 문제이다. 제시된 문장에서 "a house to live in"이 적절한 표현이다.

해석

그들은 같이 살기 전에 살 집을 지었다.

07

- Everyone expects (㉠) to become the professor.
- It is expensive (㉡) to study abroad.

	㉠	㉡
①	for him	for students
②	him	of students
③	him	for students
④	of him	for students

07 해설

준동사(비정형동사)의 의미상 주어의 쓰임을 확인하는 문제이다. 첫 번째 문장은 타동사 expect가 사용된 문장으로, 'expect + 목적격 + to부정사'로 사용한다. 두 번째 문장은 가주어·진주어 구문으로, 'It's expensive + for + 목적격 + to부정사'로 사용한다.

해석

- 모든 사람들은 그가 교수가 될 것으로 예상한다.
- 학생들이 해외에서 공부하는 것은 비용이 많이 든다.

정답 06 ① 07 ③

08

He fell down on the playground. (   ), he broke his leg.

① To begin with
② To make matters worse
③ To tell the truth
④ To be frank with you

08 해설

② 독립부정사의 정확한 의미를 확인하는 문제이다. 문맥상 운동장에서 넘어진 사건과 다리가 부러진 사건 모두 부정적 내용의 사건이고, 하나의 부정적 사건에 또 다른 부정적 사건이 추가되었다는 점에서 '엎친 데 덮친 격' 또는 '설상가상'이라는 의미의 'To make matters worse'가 적절하다.
① To begin with : 무엇보다도
③·④ To tell the truth, To be frank with you : 솔직히 말해서

해석

그는 운동장에서 넘어졌다. 설상가상으로 다리가 부러졌다.

09

He saw her (㉠) across the ice, and he made her (㉡) after that.

	㉠	㉡
①	skating gracefully	taking a rest
②	skate graceful	take a rest
③	skating graceful	to take a rest
④	skate gracefully	take a rest

09 해설

'지각동사 see + 목적어 + Ving(현재분사)/원형부정사', 그리고 '사역동사 make + 목적어 + 원형부정사'의 쓰임을 확인하는 문제이다. ㉠에는 skating 또는 skate 모두 가능하나, 현재분사와 원형부정사를 수식할 수 있는 품사는 부사만 가능하므로 gracefully가 적절하다. ㉡에는 사역동사 make의 목적보어 형태로서 take a rest가 적절하다.

해석

그는 그녀가 우아하게 얼음을 가로질러 스케이트 타는 것을 보았고, 그 후 그녀를 쉬도록 했다.

정답 08 ② 09 ④

10

> I wished to have left the party before midnight (　　).

① so I could leave earlier
② but others persuaded me not to leave
③ but I had to stay rather late
④ so others could feel satisfied

11 다음 중 어법상 올바른 문장은?

① He had you finished mowing the grass before lunch.
② Even parents often prefer to let their children listen to TVXQ.
③ I have money enough to buy the suit in the show window.
④ We must spend much time on self-improvement so as not to leave behind.

10 해설

'희망동사의 과거형 + to have PP' 구문으로서 과거에 이루지 못한 일, 즉 '~했어야 했는데 하지 못했다'의 의미를 갖는다. 이어지는 문장은 선행 문장의 내용과는 반대의 내용이어야 자연스럽다. 따라서 "but I had to stay rather late"가 적절하다.

해석
나는 자정 전에 파티를 떠나고 싶었지만 오히려 늦은 시간까지 파티에 남아있어야 했다.

11 해설

② 사역동사 let + 목적어 + 원형부정사
① '사역동사 have + 목적어 + 원형부정사'이므로 "had you finish mowing"으로 써야 적절하다.
③ 'enough + 명사 + to부정사'이므로 "enough money to buy"로 써야 적절하다.
④ '수동부정사 so as not to + be + PP'이므로 "to be left behind" (뒤쳐지게 되다, 낙오되다)로 써야 적절하다.

해석
① 그는 당신이 점심식사 전에 잔디 다듬는 것을 끝마치도록 했다.
② 심지어 부모님들도 종종 아이들이 TVXQ를 듣도록 하는 것을 선호한다.
③ 나는 진열장에 있는 정장을 살 정도의 돈을 가지고 있다.
④ 우리는 낙오되지 않기 위해서는 자기 계발에 많은 시간을 써야 한다.

정답　10 ③　11 ②

12 해설
- turn out + to부정사 : ~로 밝혀지다(판명되다)
- turn out + to have PP : ~로 밝혀졌다(판명되었다)

13 해설
~은 말할 것도 없이 : not to mention

정답   12 ④   13 ①

---

12 다음 중 "가장 잔인한 것이 때로는 가장 귀중한 것으로 밝혀졌다."를 가장 적절하게 옮겨 쓴 문장은?

① The most cruel turns out sometimes to be the most precious.
② The most cruel sometimes turns out to be the most precious.
③ The most cruel turns out sometimes to have been the most precious.
④ The most cruel sometimes turns out to have been the most precious.

13 다음 중 우리말 해석과 적절하게 연결되지 않은 문장은?

① 그는 영어는 말할 것도 없이 한국어도 매우 잘한다.
   → He speaks Korean very well, not to mention of English.
② 그는 가난해서 학업을 중단하지 않을 수 없었다.
   → His poverty forced him to give up his studies.
③ 인생은 너무 짧아 우리가 모든 것에 흥미를 가질 수는 없다.
   → Life is too short for us to be interested in everything.
④ 어머니는 내게 세탁물을 빨랫줄에 널라고 하셨다.
   → Mother had me hang out the laundry on the clothesline.

※ 밑줄 친 부분 중 어법상 가장 적절하지 않은 것은? (14~15)

14

Sometimes, ① <u>looking back</u>, one is appalled at one's errors, one seems ② <u>to have wasted</u> so much time in idle byways, and often ③ <u>to have been mistaken</u> the road ④ <u>so completely that</u> whole years appear wasted.

15

Let us ① <u>devote</u> our life ② <u>to worthwhile actions</u>, feelings and thoughts. Our life is ③ <u>too short and valuable to spend</u> our time ④ <u>to worry about</u> trivial things.

14 해설

③ 등위접속사 and의 앞 뒤는 병렬구조 문장이 와야 한다. 수동완료부정사 뒤에는 목적어(the road)가 위치할 수 없다. 문맥상 능동완료부정사가 적절하므로 "to have mistaken the road"로 바꿔야 한다.
① 부사절 As one looks back을 분사구문으로 바꾼 문장이므로 적절하다.
② 완료부정사 to have wasted는 과거에 낭비했던 것을 가리킨다.
④ 'so + 부사 + that + 주어 + 동사' 구문으로, 부사 completely는 부정사구를 수식하므로 적절하다.

해석
돌이켜 보면, 때로는 우리는 실수에 놀라게 되고, 무의미한 옆길에 그토록 많은 시간을 낭비한 것처럼 보이고, 종종 길을 완전히 잘못 들어서 모든 세월이 낭비된 것처럼 보인다.

15 해설

④ 'spend + 시간/돈 + Ving'(~하는 데 시간/돈을 쓰다), 'worry about'(~에 대해 걱정하다)이 쓰인 문장이다. 따라서 해당 문장은 "too short and valuable to spend our time worrying about ~"으로 고쳐야 한다.
① 사역동사 let + 목적어 + 원형부정사(devote)
② devote oneself to + 명사/Ving : ~에 몰입하다
③ too + 형용사(short and valuable) + to부정사 : 너무 ~해서 ~할 수 없다

해석
우리의 삶이 가치 있는 행동, 감정, 그리고 생각에 몰입하도록 하자. 우리의 인생이 너무나도 짧고 가치 있어서 사소한 일을 걱정하는 데 시간을 낭비할 순 없다.

정답 14 ③ 15 ④

※ 다음 괄호 안에 들어갈 표현으로 가장 적절한 것은? (16~25)

16

My family looks forward to (　　) a week at the beach in August.

① spend
② spending
③ being spent
④ having spent

16 해설
look forward to + Ving : ~하기를 무척 기대하다

해석
가족은 8월에 해변에서 한 주를 보내기를 무척 기대한다.

17

I remember (　　) the balloons for the party, but I can't find them now.

① buy
② to buy
③ buying
④ to have bought

17 해설
remember + Ving : (과거의 일을) 기억하다

해석
나는 파티를 위해 풍선을 구입했던 것을 기억했지만 지금 그것을 찾을 수 없다.

18

Grandmother really appreciates (　　) her with the house chores.

① our helping
② us to help
③ us to have helped
④ our to help

18 해설
'appreciate + Ving'(~에 대해 고마워하다)가 쓰인 문장이다. 동명사의 의미상의 주어는 소유격 또는 목적격을 사용하며, 동명사 바로 앞에 위치한다. 따라서 "Grandmother really appreciates our(또는 us) helping her with the house chores."가 적절한 표현이다.

해석
할머니는 우리가 집안일을 도와드려서 정말로 고마워하신다.

정답 16 ② 17 ③ 18 ①

19

- Although she was late, she stopped (㉠) coffee.
- The doctor said that you should stop (㉡) fried food.

	㉠	㉡
①	buying	eating
②	to buy	to eat
③	buying	to eat
④	to buy	eating

19 해설
- stop + to부정사 : ~하기 위해 멈추다
- stop + Ving : ~하는 것을 멈추다

해석
- 비록 그녀는 늦었지만, 커피를 구매하기 위해 멈췄다.
- 의사가 당신에게 튀긴 음식 먹는 것을 그만두라고 말했다.

20

Beavers are good at (㉠) tall trees and (㉡) dams out of them.

	㉠	㉡
①	felling	building
②	falling	building
③	felling	decomposing
④	falling	decomposing

20 해설
'be good at + Ving'(~을 잘하다)가 쓰인 문장이다. 등위접속사 and가 사용되었으므로 and의 앞, 뒤 부분은 동일한 구조와 형태를 갖는다. fell은 '(나무) 등을 베어 넘어뜨리다'를, fall은 '떨어지다'를, decompose는 '분해하다'를 의미한다. 따라서 문맥상 felling과 building이 적절하다.

해석
비버는 큰 나무를 베어 넘어뜨려 그것으로 댐을 만드는 것을 잘한다.

21

A : What are you planning (㉠) this weekend?
B : I hope to play soccer if I can see someone (㉡) it on the playground.

	㉠	㉡
①	doing	playing
②	to do	to play
③	to do	playing
④	doing	to play

21 해설
- 동사 plan + to부정사 : ~할 계획이다
- see + 목적어 + V원형/Ving : 목적어가 V원형(Ving)하는 것을 보다

해석
A : 이번 주말에 무엇을 할 계획인가요?
B : 운동장에서 축구하는 사람을 볼 수 있다면 축구를 하고 싶어요.

정답 19 ④ 20 ① 21 ③

22

해설

'be proud + that + 주어 + 동사 = be proud of + Ving'(~을 자랑스러워하다)가 쓰인 문장이다. 주절의 시제(were)와 종속절의 시제(had developed)가 다르므로, 복문을 단문으로 바꾸어 쓸 때 완료동명사를 사용한다. 따라서 of having developed가 적절하다.

해석

그들의 사업 계획을 완벽하게 개발했던 것을 그들은 자랑스러워했다.

22

They were proud that they had developed their business project perfectly.
→ They were proud (　　) their business project perfectly.

① of developing
② to develop
③ to have developed
④ of having developed

23

해설

'as soon as + 주어 + 동사 = on + Ving'(~하자마자)가 쓰인 문장이다. 부사절의 시제(arrived)와 주절의 시제(started)가 동일하므로, 단순동명사를 사용하여 단문으로 바꾸어 쓸 수 있다. 따라서 On his car arriving이 적절한 표현이다.

해석

그의 차가 도착하자마자, 군중이 환호하기 시작했다.

23

As soon as his car arrived, the crowd started cheering.
→ (　　), the crowd started cheering.

① In his car arriving
② On his car having arrived
③ In his car having arrived
④ On his car arriving

정답 22 ④ 23 ④

24

Owing to Jessica's face (   ) in her hands, she did not notice a form which came quietly on to the porch.

① being buried
② burying
③ having been buried
④ been buried

해설

전치사구 'owing to + 의미상의 주어 + Ving' 구문이 쓰인 문장이다. Jessica의 얼굴이 손에 의해 가려지게 된 것이므로 수동 동명사 표현이 적절하며, 전치사구의 시제는 주절의 과거시제(did not notice)와 동일하다. 따라서 being buried가 적절하다.

해석

Jessica의 얼굴이 두 손으로 가려져 있어서, 그녀는 현관으로 조용히 들어오는 형태를 알아차리지 못했다.

25

She regrets (   ) able to help me when I asked her help last year.

① being not
② not being
③ to not be
④ not to be

해설

모든 준동사의 부정어는 준동사 바로 앞에 위치시킨다. 문맥상 'regret + Ving'(과거의 일을 후회하다)가 쓰였다고 볼 수 있다. 작년에 있었던 과거의 일을 언급하므로 "regrets + not + being" 표현이 적절하다. 한편, 'regret + to부정사'는 '미래의 일을 유감스러워하다'를 의미한다.

해석

작년에 내가 그녀의 도움을 요청했을 때, 그녀는 나를 도와줄 수 없었던 것을 후회한다.

정답 24 ① 25 ②

26

해설

① 'never + A + without + Ving'는 '~않고서는 A하지 않다'(즉, A할 때마다 ~한다)를 뜻한다. 따라서 "I never see him without thinking of my uncle."로 써야 적절하다.

② 'stop + to부정사'는 '~하기 위해 멈추다'를, 'stop + Ving'는 '~하는 것을 멈추다'를 뜻한다. 따라서 "Unless you stop fighting, I'll call the police."로 써야 적절하다.

④ 'insist on + Ving'는 '~하는 것을 주장하다'를 뜻한다. 따라서 "She insisted on going on a picnic in this rainy weather."로 써야 적절하다.

해석

① 그를 볼 때마다 나의 삼촌이 생각난다.
② 너희들이 다투는 것을 멈추지 않는다면, 경찰을 부르겠어.
③ 이 현상을 설명하는 데 성공했던 사람은 아무도 없었다.
④ 그녀는 비가 오는 날씨에 나들이 가자고 주장했다.

27

해설

② 'delay(put off) + Ving'(~하는 것을 연기하다/늦추다)이므로 delayed joining으로 써야 적절하다.
① deny + Ving : ~하는 것을 부인하다
③ be accustomed to + Ving(= be used to + Ving) : ~에 익숙하다
④ cannot but + V원형 : ~하지 않을 수 없다

해석

① 그녀는 시험에서 부정행위 했던 것을 부인한다.
② 그는 졸업 후까지 입대를 연기했다.
③ 그들은 수업 시간 동안 실험하는 것에 익숙하다.
④ 나는 제주도를 보고 들을 때마다 그녀를 생각하지 않을 수 없다.

정답 26 ③ 27 ②

---

26 다음 중 어법상 가장 적절한 것은?

① I never see him without think of my uncle.
② Unless you stop to fight, I'll call the police.
③ No one has ever succeeded in explaining this phenomenon.
④ She insisted to go on a picnic in this rainy weather.

27 다음 중 어법상 가장 적절하지 않은 것은?

① She denies having cheated on the exam.
② He delayed to join the army until after graduation.
③ They are accustomed to doing their experiments during the class.
④ I cannot but think about her whenever I saw and heard the Jeju island.

※ 밑줄 친 부분 중 어법상 가장 적절하지 않은 것은? (28~29)

28

Winter sports are great for ① relieving the stress of modern life. Many visitors come ② to enjoy all types of winter sports. If you are considering ③ taking a winter vacation, let me suggest ④ to try the spot.

29

Recent studies ① have shown ② that many think ③ that ④ having not a college education is a great handicap.

28 해설
④ 'suggest + Ving'(~하는 것을 제안하다)이므로 "suggest trying"으로 써야 적절하다.
① 전치사 for의 목적어로서 동명사 relieving은 적절하다.
② come + to부정사 : ~하러 오다
③ consider + Ving : ~하는 것을 고려하다

해석
겨울 스포츠는 현대 생활의 스트레스를 해소하는 데 좋다. 많은 방문객들이 모든 유형의 겨울 스포츠를 즐기러 온다. 만일 당신이 겨울 휴가를 보낼 것을 고려하고 있다면 그 장소를 이용해 보는 것을 제안하고자 한다.

29 해설
④ 부정어는 동명사 앞에 위치하므로 not having이 적절한 표현이다.
① 현재완료 형태로, '과거부터 현재까지의 연구가 (무언가를) 보여주고 있다'라는 기간의 의미를 전달하고 있으므로 적절하다.
② 동사 have shown의 목적어로서 종속절을 이끄는 접속사 that이 들어간 것이므로 적절하다.
③ 종속절의 동사 think의 목적어로서 또 다른 종속절을 이끄는 접속사 that이 쓰인 것이므로 적절하다.

해석
최근의 연구들은 많은 사람들이 대학 교육을 받지 않는 것을 큰 결점이라고 생각한다는 것을 보여주고 있다.

정답 28 ④ 29 ④

※ 다음 괄호 안에 들어갈 표현으로 가장 적절한 것은? (30~39)

30

He sat ( ) the Internet, while his wife was reading a novel beside him.

① surf
② surfed
③ to surf
④ surfing

30 해설
괄호가 포함된 문장은 동시동작의 분사구문으로서, 분사구문으로 바꾸기 전 문장은 "He sat as he surfed the Internet"과 같다. 따라서 괄호 안에는 현재분사 surfing이 들어간다.

해석
아내가 그의 옆에서 소설을 읽는 동안 그는 인터넷을 검색하면서 앉아 있었다.

31

A : That was a really (㉠) ride. Do you want to go again?
B : Well, I didn't find that (㉡). Let's try anther one.

	㉠	㉡
①	exciting	exciting
②	excited	excited
③	excited	exciting
④	exciting	excited

31 해설
㉠에는 명사 ride를 수식하는 현재분사 exciting이 적절하다. ㉡은 목적보어 자리로서 문맥상 목적어 that이 가리키는 that ride와 ㉡은 능동 관계라 할 수 있다. 따라서 ㉡에도 현재분사 exciting이 적절하다.

해석
A : 그것은 정말 흥미로운 타기입니다. 다시 타고 싶으신지요?
B : 글쎄요, 전 그것이 흥미롭지 않았어요. 다른 거를 타보죠.

32

The audiences were amused by the film ( ) at the short film festival.

① show
② showing
③ shown
④ to show

32 해설
괄호 안에는 that was shown이라는 관계사절이 위치할 수 있다. 이 관계사절은 선행사 the film을 수식한다. 다만, '주격관계대명사 + be동사'는 생략이 가능하므로 괄호 안에는 과거분사 shown도 가능하다.

해석
관객들은 단편영화제에서 상영되었던 그 영화에 즐거워했다.

정답 30 ④ 31 ① 32 ③

33

She was sitting with her arms ( ), staring at him.

① crossing
② cross
③ crossed
④ to cross

33 해설

부대상황의 with 구문으로, her arms와 괄호 안에 들어갈 동사 cross와의 관계를 판단한다. 그녀의 팔이 스스로 교차하는 것은 불가하니 교차되는 것이 자연스러운 해석이다. 따라서 with her arms crossed가 적절하다.

해석

그녀는 팔짱을 낀 채 앉아서 그를 응시하는 중이었다.

34

Though animals are stupid and have no imagination, animals often behave far more sensibly than men.
→ ( ), animals often behave far more sensibly than men.

① Being stupid and have no imagination
② Stupid and having no imagination
③ Animals stupid and having no imagination
④ Having been stupid and having no imagination

34 해설

분사구문 만드는 방법에 관한 문제이다. 첫째, 접속사와 주어를 생략한다. 둘째, being이나 having been을 생략한다. 셋째, 시제 및 주어를 확인한다.

해석

동물들이 어리석고 상상력이 없을지라도 동물들은 종종 인간보다 훨씬 더 분별력 있게 행동한다.

35

Thickly ( ) with snow, it appeared bright on a fine winter day.

① covered
② covering
③ to cover
④ covers

35 해설

괄호 안에는 being이 생략된 보어가 위치한다. 즉, 본래 부사절은 "As it was thickly covered with snow"와 같다. 따라서 covered가 적절하다.

해석

눈으로 두껍게 덮여있어서 그것은 맑은 겨울날에 밝게 보이는 것 같았다.

정답 33 ③ 34 ② 35 ①

36 해설

의미상의 주어(the surroundings)가 사용되고, being이 생략된 분사구문이다. 분사구문을 부사절로 바꾸어 쓰기 위해서는 주절의 내용을 토대로 접속사를 결정해야 한다. 문맥상 가장 적절한 접속사는 as 또는 because이다. 부사절의 시제는 주절의 시제인 과거(couldn't find)와 동일하다. 따라서 주어진 분사구문의 본래 부사절은 "As the surroundings were not familiar to me"이다.

해석

주변이 내게 친숙하지 않아서 나는 그 장소를 찾을 수 없었다.

36

The surroundings not familiar to me, I couldn't find the place.
→ ( ) to me, I couldn't find the place.

① Though the surroundings were not familiar
② While the surroundings had not been familiar
③ As the surroundings were not familiar
④ If the surroundings had not been familiar

37 해설

분사구문으로서 본래 부사절은 "If they are uncontrolled"와 "once they are mastered"이다. 분사구문으로 전환 시 being은 생략 가능하므로 괄호 안에는 uncontrolled와 mastered가 적절하다.

해석

만일 자연의 힘이 통제되지 않으면 이것은 위험하고 파괴적일 수 있지만, 일단 정복되면 자연의 힘은 인간의 의지와 욕망에 굴복될 수 있다.

37

(㉠), the forces of nature may be dangerous and destructive, but once (㉡), they can be bent to man's will and desire.

	㉠	㉡
①	Controlled	mastered
②	Controlled	mastering
③	Uncontrolled	mastering
④	Uncontrolled	mastered

정답 36 ③ 37 ④

38

Americans found themselves (㉠) with ample land and resources, with their minds (㉡) on the future.

	㉠	㉡
①	surrounding	fixing
②	surrounded	fixed
③	surrounding	fixed
④	surrounded	fixing

38 해설
자신들이 둘러싸여 있는 것을 알았다는 점에서 목적어 themselves와 목적보어 surround는 수동 관계이다. 따라서 ㉠에는 과거분사인 surrounded가 적절하다. ㉡에 들어갈 표현을 판단할 때는 부대상황 with의 목적어인 their minds와 fix의 관계를 살펴봐야 한다. 그들의 마음이 미래에 스스로 고정할 순 없으니 이 둘 사이 역시 수동 관계가 성립된다. 따라서 ㉡에는 과거분사인 fixed가 적절하다.

해석
미국인들은 미래에 그들의 마음을 고정시킨 채, 풍부한 토지와 자원으로 둘러싸여 있다는 것을 안다.

39

A ( ) stone gathers no moss.

① roll
② rolling
③ rolled
④ rolls

39 해설
괄호 안에는 명사 stone을 수식하는 분사가 와야 한다. roll과 stone 사이에는 수동의 관계가 성립하나, 해당 문장은 속담이기 때문에 관용적 표현과 형태대로 사용한다.

해석
구르는 돌에는 이끼가 끼지 않는다.

정답 38 ② 39 ②

40 해설

② 사람주어 + seem + 과거분사 (embarrassed)
③ 과거분사(closed) + 명사(door)
④ 사물주어 + be동사 + 현재분사 (confusing)

해석
① 솔직히 말해서, 나는 그녀의 제안에 속은 느낌이었다.
② 당신은 당황한 것처럼 보여요. 제가 다시 설명해 드려도 될까요?
③ 그 로봇은 닫힌 문을 지나갈 수 없었다.
④ 여기 주변에 있는 도로 표지판들은 너무 혼란스러웠다.

40 다음 중 어법상 가장 적절한 것은?

① To be honest, I felt cheated by her offer.
② You seem embarrassing. Would you like me to explain it again?
③ The robot couldn't get through the closing door.
④ The road signs around here were so confused.

41 해설

문맥상 본래 부사절은 "When she is seen from a distance"이므로 "(Being) seen from a distance"로 들어가야 적절하다.

해석
① 무엇을 할지 몰라, 그는 울음을 터뜨렸다.
② 도로가 꽉 막혀, 그녀는 모임에 도착할 수 없었다.
③ 멀리서 볼 때, 그녀는 영화배우처럼 보인다.
④ 우산 없이 걸어서 우리 모두 비에 젖었다.

41 다음 중 어법상 가장 적절하지 않은 것은?

① Not knowing what to do, he burst into tears.
② Stuck in traffic, she couldn't make it for the meeting.
③ Seeing from a distance, she looks like a movie star.
④ Walking home without umbrellas, we all got wet.

정답 40 ① 41 ③

※ 다음 밑줄 친 부분 중 어법상 가장 어색한 것은? (42~43)

42

① Worn out by his struggle with the storm, he ② fell asleep, and when he awoke, he found himself on a desert island, with nothing ③ to see but the ④ wrecked ship and some trees and bushes.

42 해설

③ nothing과 see는 수동의 관계이므로 to see의 과거분사 표현인 to be seen으로 써야 적절하다.
① "As he was worn out"이 "(Being) Worn out"으로 쓰인 것이므로 적절하다.
② fall asleep : 잠들다
④ wrecked ship : 난파선

해석

폭풍과의 사투로 지쳐서 그는 잠이 들었고 그가 깨어났을 때, 그는 난파선과 몇 그루의 나무와 수풀을 제외하고 아무것도 보이지 않는 무인도에 자신이 있다는 것을 알았다.

43

He ① felt himself ② gently touching on the shoulder, and ③ looking around he found his father ④ standing before him.

43 해설

② 누군가가 그의 어깨에 손을 댄 것을 알게 된 것이므로 목적보어는 과거분사 형태가 적절하다. 따라서 "gently touching"을 "gently being touched"로 써야 적절하다.
③ "he was looking around"가 분사구문 "looking around"로 쓰인 것이므로 적절하다.
④ 지각동사 find의 목적보어로서 his father가 스스로 서 있으므로 his father와 stand 사이에는 능동 관계가 성립한다. 따라서 목적보어는 현재분사인 standing이 적절하다.

해석

그는 누군가가 살며시 자신의 어깨에 손을 댄 것을 느꼈고 주변을 둘러보면서 그의 아버지가 그의 앞에 서 계신 걸 알았다.

정답 42 ③ 43 ②

주관식 문제

01 정답
㉠ had, ㉡ been, ㉢ tired

해설
완료부정사 시제와 단문과 복문 구조의 이해를 요구하는 문제이다. 주절의 시제는 과거(seemed)이고, 부정사는 완료시제(to have been tired)이다. 따라서 주어진 단문을 복문으로 전환할 때, 종속절의 사건은 주절의 사건보다 한 시제 더 과거에 일어났던 것이기에 주절이 과거시제(seemed)이므로 종속절은 과거완료시제(had been tired)를 사용해야 한다.

해석
아빠는 직장에서 오래 근무하신 후 피곤해하셨던 것 같았다.

01 주어진 두 문장의 뜻이 같아지도록 괄호 안에 들어갈 알맞은 말을 쓰시오.

> My father seemed to have been tired after a long day at work.
> → It seemed that my father (㉠) (㉡) (㉢) after a long day at work.

02 정답
㉠ too, ㉡ to

해설
'know better than'은 '~할 정도로 어리석지는 않다'의 의미이다. 따라서 주어진 문장과 유사한 의미의 문장은 '너무 ~(형용사/부사)해서 ~(부정사)할 수 없다'의 의미를 가진 'too + 형용사/부사 + to부정사' 구문을 활용한다.

해석
그는 그러한 속임수에 속을 정도로 어리석지는 않다.
→ 그는 너무 현명해서 그러한 속임수에 속을 수 없다.

02 주어진 두 문장의 뜻이 같아지도록 괄호 안에 들어갈 알맞은 말을 쓰시오.

> He knows better than to be fooled by such a fake.
> → He is (㉠) wise (㉡) be fooled by such a fake.

03

주어진 문장의 중심내용을 아래와 같이 요약할 때, 괄호 안에 들어갈 알맞은 단어를 주어진 문장에서 찾아 쓰시오. (단, 필요하다면 어형을 변화시킬 것)

> Europeans are not concerned, like Americans, with the question of how a third world war is to be won, but only with the question of how it is to be avoided.
>
> → Europeans are only interested in how (㉠) a third world war, not how (㉡) it.

03 정답

㉠ to avoid, ㉡ to win

해설

글의 중심내용은 "유럽인들의 관심은 제3차 세계대전에서 승리하는 것이 아니라 피하는 것에 있다."라는 것이다. 따라서 '의문사 + to부정사' 구문을 활용하면, ㉠에는 to avoid가, ㉡에는 to win이 적절하다.

해석

미국인들처럼, 유럽인들은 어떻게 제3차 세계대전에서 승리할지가 아니라 어떻게 제3차 세계대전을 피할지에만 관심이 있다.

04

주어진 표현들을 알맞게 배열하여 우리말에 알맞은 영어 문장을 작성하시오.

> charitable, to say, and, considerate, that he is, kind, to say, is, gentle, a person is

> 한 사람이 친절하다고 말하는 것은 그 사람은 점잖고, 배려심이 깊고, 자비롭다고 말하는 것이다.

04 정답

To say a person is kind is to say that he is gentle, considerate, and charitable.

해설

주어, 보어 역할을 하는 부정사의 명사적 활용과 종속접속사 that의 정확한 쓰임을 확인하는 문제이다. 문장에서 주어는 "말하는 것은" 즉, "to say"이고 보어 역시 "말하는 것이다" 즉, "is to say"이다. 주어와 보어의 역할을 하는 부정사 to say의 목적어로 각각 종속접속사 that절을 사용한다.

05 **정답**
㉠ it, ㉡ for

해설
가목적어·진목적어 구문과 의미상의 주어의 쓰임을 확인하는 문제이다. 문장에서 사역동사 made의 진목적어는 "to work and save up"이지만, 목적어가 길어 made의 목적어 자리에는 가목적어 it을 사용하고, 진목적어는 목적보어(necessary) 뒤로 위치시킨다. 본 문장의 주어는 nature이지만, 부정사구 to work and save up의 주어는 man이다. 따라서 의미상의 주어를 전치사 for를 사용하여 표시한다.

해석
자연은 일 년 중 몇 개월만 생산을 가능하게 했고 그 결과, 인간이 생산할 수 없는 기간을 위해 인간이 일하고 저축하는 것을 필수적이게 하였다.

06 **정답**
Many books are published, but very few of them are worth reading.

해설
'be worth + Ving'(~할 만한 가치가 있다)라는 동명사의 관용적 표현을 활용한 문제이다. 등위접속사 but을 사용하여 독립된 절 두 문장을 우리말에 알맞게 배열할 수 있는지를 확인하는 문제이기도 하다.

---

05 다음 문장을 읽고, 괄호 안에 들어갈 문법적으로 알맞은 단어를 쓰시오.

> Nature made production possible only a part of the year, and thus made (㉠) necessary (㉡) man to work and save up for the time when he could not produce.

06 주어진 표현들을 알맞게 배열하여 우리말에 알맞은 영어 문장을 작성하시오.

> very few, are published, reading, of them, many books, are worth, but

> 많은 책이 출판되지만 읽을 만한 가치가 있는 책은 별로 없다.

07 주어진 글의 중심내용을 아래와 같이 요약할 때, 괄호 안의 단어를 활용하여 적절한 표현을 쓰시오. (impress)

It goes without saying that when we read the lives of great men we cannot help being struck by the manner in which all kinds of experiences that might in themselves seem to be random, or even disastrous are made use of in the long run.

→ We can't but ____ ____ by the way great men utilize adversity as a steppingstone to success.

07 정답
be impressed

해설
주어진 글의 중심내용은 "위인들이 성공하기까지 그들이 겪었던 역경을 디딤돌로 활용했다."이다. 문장에서 사용된 "being struck"은 문맥상 '감동받다'로 해석될 수 있다. 따라서 요약문에는 "위인들이 역경을 이겨내는 방법에 우리는 감동받지 않을 수 없다."라는 내용이 오는 것이 적절하다. 'cannot help + Ving = cannot but + V원형'(~하지 않을 수 없다) 표현을 활용한다.

해석
우리가 위인들의 전기를 읽을 때 그 자체로 되는 대로이고, 심지어 비참해 보이는 모든 유형의 경험들을 결국 활용하는 그런 방법에 우리는 감동받지 않을 수 없다는 것은 말할 필요가 없다.

08 주어진 두 문장의 뜻이 같아지도록 빈칸에 들어갈 알맞은 말을 쓰시오.

I was sorry that I had not apologized to her.

→ I was sorry ____ ____ ____ ____ to her.

08 정답
for not having apologized

해설
'be sorry that' 절의 복문을 동명사를 이용하여 단문으로 바꿀 때, 'be sorry for + Ving' 구문을 활용한다. 또한 종속접속사 that이 이끄는 문장이 부정문이라는 점에서 동명사 앞에 부정어 not을 위치시키고, 종속절의 시제(had not apologized)가 주절의 시제(was sorry)보다 이전에 일어난 일이라는 점에서 완료 동명사(having PP)를 사용한다. 따라서 빈칸에 들어갈 적절한 표현은 for not having apologized이다.

해석
나는 그녀에게 사과하지 않았던 것에 미안했다.

09

정답
keeping

해설
'keep contact with'(~와 가깝게 지내다)를 활용하는 문제이다. 괄호 안은 주어 자리이므로 동사가 주어의 역할을 할 수 있도록 동명사로 형태를 바꿔야 한다. 따라서 keeping이 적절하다.

해석
거미와 가깝게 지내는 것은 당신이 거미의 습관과 음식처럼 거미에 관한 것들을 알게 해준다.

09 다음 문장을 읽고, 괄호 안에 들어갈 문법적으로 알맞은 단어를 쓰시오.

( ) close contact with a spider gets you to know things about it such as its habits and food.

10

정답
㉠ fixed, ㉡ surrounded, ㉢ troubled

해설
부대상황의 with는 'with + 목적어 + 과거분사(PP) 또는 현재분사(Ving)'인데, 목적어 their minds와 fix는 수동의 관계이므로 ㉠에는 fixed가 적절하다.
㉡과 ㉢은 5형식 문장에서 목적보어 형태를 묻는 문제로서 목적어 themselves가 방대한 토지와 자원에 둘러싸여 있고 노동력과 기술 부족으로 어려움을 겪고 있다는 점에서 목적보어 자리에는 각각 과거분사 형태인 surrounded와 troubled가 적절하다.

해석
그들의 마음이 미래에 고정된 채, 미국인들은 자신들이 풍부한 땅과 자원으로 둘러싸여 있으며 노동력과 기술의 부족으로 어려움을 겪고 있는 것을 발견했다.

10 주어진 동사를 문법적으로 알맞은 형태로 쓰시오.

With their minds (㉠ fix) on the future, Americans found themselves (㉡ surround) with ample land and resources and (㉢ trouble) by a shortage of labor and skill.

11 주어진 문장을 분사구문으로 바꾸어 쓰시오.

> As I did not know what to do, I remained silent.
> → (   ), I remained silent.

11 정답
Not knowing what to do

해설
분사를 이용해서 부사절을 부사구로 만들 때, '접속사 생략 → 주어 생략 (주어가 일치할 경우) → 동사원형 + ing(부정어 있을 경우, 분사 앞에 위치)'의 방법을 활용한다.

해석
나는 무엇을 할지 몰랐기 때문에 조용히 있었다.

12 주어진 문장을 접속사를 사용하여 부사절로 바꾸어 쓰시오.

> The game over, the crowd dispersed.
> → (   ), the crowd dispersed.

12 정답
After the game was over

해설
주어진 문장은 being이 생략된 분사구문이다. 문맥상 접속사는 시간(~한 이후)을 나타내는 after이고, 주어가 일치하지 않아 의미상의 주어(the game)가 사용되었다. 시제는 주절의 시제(dispersed)와 같은 과거시제이다. 따라서 주어진 분사구문, 즉 부사구를 부사절로 바꾸어 쓰면 "After the game was over"이다.

해석
경기가 끝나고 나서 관중들은 흩어졌다.

13 **정답**
(둘 중 하나를 쓰면 정답으로 인정)
① and the earth is one of them
② the earth (being) one of them

해설
독립절이 두 개이므로 접속사를 사용하거나 밑줄 친 문장을 분사구문으로 바꾸어 써야 한다. 따라서 가능한 답안은 ① and the earth is one of them 또는 ② the earth (being) one of them이다.

해석
태양 주위를 돌고 있는 9개의 행성이 있고 그것 중 하나가 지구이다.

13 다음 문장의 밑줄 친 부분에서 문법적으로 적절하지 않은 것을 찾아 올바르게 바꾸어 쓰시오.

> There are nine of these planets traveling around the sun, the earth is one of them.

제6장 화법

※ 다음 괄호 안에 들어갈 표현으로 가장 적절한 것은? (01~06)

01

> He says, "Everything is all right."
> → He says (　　) everything is all right.

① that
② when
③ if
④ to

01 해설
평서문의 직접화법을 간접화법으로 바꿀 때, 접속사 that을 사용하여 인용문과 본 문장을 연결한다.

해석
그는 "모든 것은 잘 될 거야."라고 말한다.
→ 그는 모든 것은 잘 될 거라고 말한다.

02

> He said, "I am going to start driving a car tomorrow."
> → He said (㉠) he (㉡) going to start driving a car (㉢).

	㉠	㉡	㉢
①	that	is	the previous day
②	if	was	the following day
③	that	was	the next day
④	if	is	the next day

02 해설
인용문이 평서문일 경우 본 문장과 인용문은 접속사 that을 사용하여 연결한다. 주절의 시제가 과거(said)이므로 종속절의 시제도 과거로 일치시켜 was를 사용한다. 부사 tomorrow는 간접화법으로 전환 시, the next day로 바꾸어 쓴다.

해석
그는 "나는 내일 운전을 시작할 예정이다."라고 말했다.
→ 그는 내일 운전을 시작할 거라고 말했다.

정답 01 ① 02 ③

03 해설
직접화법의 인용문이 의문문일 경우, 연결동사는 ask로 사용하므로 ㉠에 들어갈 적절한 표현은 asked이다. 의문사가 없는 의문문일 경우 연결어는 접속사 if 또는 whether를 사용한다.

해석
그는 나에게 "나를 도와줄 수 있나요?"라고 말했다.
→ 그는 나에게 내가 그를 도울 수 있었는지 물었다.

04 해설
직접화법의 인용문이 명령문이므로 해당 문제에서의 전달동사는 ordered 또는 told를 사용한다. 명령문을 간접화법으로 전환 시, 부정사를 사용하여 주절과 인용된 부분을 연결한다. 지시사 this는 간접화법에서는 that으로 바꾸어 쓴다.

해석
그 선생님은 학생들에게 "조용히 하고 수업에 집중합시다."라고 말했다.
→ 그 선생님은 학생들에게 조용히 하고 수업에 집중하라고 지시했다.

정답 03 ② 04 ④

03

He said to me, "Can you help me?"
→ He (㉠) me (㉡) I could help him.

	㉠	㉡
①	told	how
②	asked	if
③	told	that
④	asked	that

04

The teacher said to students, "Be quiet and pay attention to this class."
→ The teacher (㉠) students (㉡) quiet and pay attention to (㉢) class.

	㉠	㉡	㉢
①	told	that is	this
②	ordered	that is	that
③	told	to be	this
④	ordered	to be	that

05

She said, "Let's be one team to achieve these goals."
→ She suggested (㉠) we (㉡) one team to achieve (㉢) goals.

	㉠	㉡	㉢
①	that	be	those
②	if	should be	these
③	that	is	those
④	if	is	these

05 해설

직접화법의 인용문이 제안문일 경우 연결어는 접속사 that을 사용한다. 인용문이 제안의 내용을 전달한다는 점에서 종속절의 동사 앞에는 조동사 should를 사용한다. 단, 조동사 should는 생략이 가능하므로 be가 올 수 있다. 직접화법의 지시사 these는 간접화법에서는 those로 바꾸어 쓴다.

해석

그녀는 "이러한 목적을 성취하기 위해 한 팀이 되자."라고 제안했다.
→ 그녀는 우리가 이러한 목적을 성취하기 위해서는 한 팀이 되어야 한다고 제안했다.

06

He said, "I will go with them if I am not ill."
→ He said ( ).

① that he would go with them if he were not ill
② that he will go with them if he is not ill
③ that I would go with them if I was not ill
④ that I will go with them if I am not ill

06 해설

인용문은 조건절이 사용된 복문이다. 따라서 간접화법으로 전환 시에 연결어는 종속접속사 that을 사용하고, 주어를 I에서 he로 바꾼다. 시제는 주절의 시제가 과거(said)이므로 인용문의 동사에서 will은 would로, am은 were로 바꾼다.

해석

"내가 아프지 않다면 그들과 함께 갈 거야."라고 그는 말했다.
→ 만일 그가 아프지 않다면 그는 그들과 함께 갔었을 거라고 말했다.

정답 05 ① 06 ①

※ 다음은 직접화법을 간접화법으로 또는 간접화법을 직접화법으로 전환한 문장이다. 밑줄 친 부분 중 어법상 가장 어색한 것은?

(07~11)

07

My friend said to me, "What do you want to have?"
→ My friend ① asked me ② if ③ what I ④ wanted to have.

07 해설

직접화법의 인용문이 의문사를 포함한 의문문일 경우, 간접화법으로 전환 시 전달동사는 ask를 사용하고 (해당 문제에서는 asked), 사용된 의문사를 그대로 사용하여 주절과 인용문을 연결한다. 따라서 ②의 접속사 if는 삭제해야 한다. 주절의 시제인 과거(asked)와 일치시켜 wanted로 시제를 바꾸어 쓴다.

해석

내 친구는 내게 "가지고 싶은 게 무엇이냐?"라고 물었다.
→ 내 친구는 내가 가지고 싶었던 게 무엇인지 물었다.

08

He said to his copilot, "Give me some cookies."
→ He ① told his copilot ② to give ③ me ④ some cookies.

08 해설

직접화법의 인용문이 명령문일 때, 전달동사는 order, command, tell 등을 사용한다. 그리고 주절과 인용문을 연결할 때는 to부정사를 사용한다. 직접화법의 인용문 속 목적어 me는 간접화법으로 전환 시, him으로 바꾸어 써야 한다.

해석

그는 그의 부조종사에게 "쿠키를 조금 줘."하고 말했다.
→ 그는 그의 부조종사에게 약간의 쿠키를 달라고 말했다.

정답 07 ② 08 ③

09

She said, "It is a holiday today, and we have no school."
→ She said ① that it was a holiday ② the day ③ and that we ④ had no school.

09 해설

인용문이 중문인 직접화법을 간접화법으로 전환 시, 연결어는 접속사 that을 사용한다. 직접화법에서 사용된 등위접속사는 그대로 사용하고, 또 다른 독립절 앞에 종속접속사 that을 쓴다. 부사 today는 간접화법에서는 that day로 바꾸어 쓴다.

해석

그녀는 "오늘은 공휴일이어서 수업이 없다."라고 말했다.
→ 그녀는 오늘은 공휴일이어서 수업이 없다고 말했다.

10

He told me not to speak until I was spoken to.
→ He ① said to me, "② Not speak until ③ you ④ are spoken to."

10 해설

간접화법에서 연결어가 부정사가 사용되었으므로 직접화법의 인용문은 명령문이다. 간접화법의 주절의 시제는 과거이므로 전달동사 told는 said to로 바꾸고, 인용문은 부정 명령문인 "Don't speak"로 바꾼다. 간접화법에서 부사절의 주어 I는 직접화법의 인용문에서는 you로 바꾸고, 부사절의 시제는 현재시제 are로 바꾼다.

해석

그는 내게 너의 이름이 불릴 때까지 말하지 말라고 말했다.
→ 그는 내게 "너의 이름이 불릴 때까지 말하지 마세요."라고 말했다.

정답 09 ② 10 ②

11

He asked me which the shortest cut was across the forest.

→ He ① said to me, "② Which was the shortest ③ cut across ④ the forest."

11 해설

간접화법에서 사용된 동사가 asked 이므로 직접화법의 인용문은 의문문이다. 의문사 which가 사용된 의문문이므로 인용문의 의문사는 그대로 사용하고, 시제는 현재시제인 is로 바꾼다.

해석

그는 내게 어떤 길이 숲을 가로질러 가는 최단 코스인지 물었다.
→ 그는 내게 "어떤 길이 숲을 가로질러 가는 최단 코스이죠?"라고 말했다.

주관식 문제

01 다음 직접화법의 문장을 간접화법의 문장으로 바꾸어 쓰려고 한다. 괄호 안에 들어갈 적절한 표현을 쓰시오.

He said to me, "Disinfect the wound before you bandage it."

→ He told me (㉠) (㉡) the wound before (㉢) bandaged it.

01 정답

㉠ to, ㉡ disinfect, ㉢ I

해설

직접화법의 인용문이 명령문이므로 부정사를 사용하여 주절과 인용 부분을 연결한다(to disinfect). 인용문의 부사절의 주어 you는 간접화법에서는 I로 바꾸어 쓴다.

해석

그는 내게 "상처를 붕대로 감싸기 전에 소독해."라고 말했다.
→ 그는 내게 상처를 붕대로 감싸기 전에 소독하라고 말했다.

정답 11 ②

02 다음 간접화법의 문장을 직접화법의 문장으로 바꾸어 쓰려고 한다. 괄호 안에 들어갈 적절한 표현을 쓰시오.

He exclaimed how pretty my picture was.

→ He said to me "(㉠) (㉡) (㉢) picture (㉣)."

02 **정답**
㉠ how, ㉡ pretty, ㉢ your, ㉣ is

해설
간접화법에서 exclaim이라는 전달동사가 사용되었으므로 직접화법의 인용문은 감탄문이다. 따라서 직접화법의 인용문은 '감탄사(how) + 형용사 + 주어 + 동사'의 어순으로 작성한다. 인용문의 시제는 현재시제를 사용하여 is로 바꾸어 쓴다.

해석
그는 내 사진이 참 예쁘다고 소리쳤다.
→ 그는 내게 "너 사진 너무 예뻐!"라고 말했다.

제7장 특수구문

※ 다음 괄호 안에 들어갈 표현으로 가장 적절한 것은? (01~10)

01

> The decline in men's regard for truth is closely associated with the regression in charity.
> → ( ) the decline in men's regard for truth.

① The regression in charity is closely associated with
② Closely is associated with the regression in charity
③ Is closely associated with the regression in charity
④ Closely associated with the regression in charity is

01 해설

보어를 강조할 때 보어가 명사가 아닌 명사구나 형용사일 경우 주어와 동사의 위치를 바꾼다. 따라서 주어진 문장에서 보어를 강조하는 문장의 어순은 "Closely associated with the regression in charity is the decline in men's regard for truth." 가 적절하다.

해석
진리를 존중하는 인간 관심의 감소는 자비의 후퇴와 밀접하게 관련되어 있다.

02

> Give this present to ( ) wants to keep it.

① whomever
② whom
③ whoever
④ whatever

02 해설

주어진 문장의 괄호 안에는 주어의 역할을 하는 복합관계대명사가 들어가야 한다. 따라서 whoever가 적절하다.

해석
이것을 간직하길 원하는 사람 누구에게나 이 선물을 주어라.

03

> Don't delay your departure.
> → Don't (㉠) your departure (㉡).

	㉠	㉡
①	delay	be
②	be delayed	let
③	let be	delayed
④	let	be delayed

03 해설

부정 명령문의 수동태에서 'Don't + 동사 + 목적어'는 'Don't + let + 목적어 + be동사 + 동사PP'로 바꾸어야 한다. 따라서 "Don't let your departure be delayed."가 적절하다.

해석
출발을 늦추지 마라.

정답 01 ④ 02 ③ 03 ④

04

( ) it not been for your help, I could not have done it.

① If
② Had
③ Unless
④ Were

04 해설

가정법 과거완료 문장으로, 조건절 접속사 if가 생략되었다. 따라서 조건절은 주어와 동사의 위치를 바꾸어 'Had it not been for ~' 구문을 사용한다.

해석

당신의 도움이 없었더라면 나는 이것을 할 수 없었을 텐데.

05

Animals instinctively know how to live without ( ).

① teaching
② being taught
③ teach
④ taught

05 해설

주어가 animals라는 점에서 괄호 안에는 전치사 without의 목적어로서 수동 동명사 being taught가 들어가는 것이 적절하다.

해석

동물들은 배우지 않고서 살아가는 방법을 본능적으로 안다.

06

No sooner had the game begun ( ) it started raining.

① than
② when
③ after
④ before

06 해설

'~하자마자'의 의미를 갖는 종속상관접속사 구문의 도치 문장의 어순은 'no sooner had + 주어 + PP + than + 주어 + 동사'이다. 따라서 괄호 안에는 접속사 than이 적절하다.

해석

경기가 시작하자마자 비가 내리기 시작했다.

정답 04 ② 05 ② 06 ①

07

해설

주어진 문장은 관계부사 why가 사용되었다. 관계부사 why는 '전치사(for) + 관계대명사(which) + 주어 + 동사'로 바꾸어 쓰거나 '관계대명사(which, that) + 주어 + 동사 + 전치사(for)'로 바꾸어 쓸 수 있다. 따라서 괄호 안에는 for which가 적절하다.

해석

전문가들은 이것이 공룡이 멸종했던 이유라고 주장한다.

Experts insist that this is the reason why dinosaurs were extinct.
→ Experts insist that this is the reason (   ) dinosaurs were extinct.

① which
② for that
③ for which
④ that

08

해설

'주격관계대명사 + be동사'는 생략이 가능하므로 주어진 문장의 괄호 안에는 "that is just opened" 또는 "just opened"가 적절하다.

해석

시내에 최근 문을 연 멕시코 음식점에 가본 적이 있으신가요?

Have you gone to the Mexican restaurant (   ) in town?

① just opening
② is just open
③ just opens
④ just opened

09

해설

사역동사가 사용된 문장은 수동태로 전환 시 목적보어 앞에 부정사를 사용한다. 따라서 해당 문장의 괄호 안에는 "were made to wear"가 적절하다.

해석

그들은 새로운 멤버들이 우스꽝스러운 복장을 입도록 하였다.

They made new members wear silly costumes.
→ New members (   ) silly costumes by them.

① are made to wear
② were made to wear
③ were made wearing
④ are made wearing

정답 07 ③ 08 ④ 09 ②

10

I wish I had been the winner of the game.
→ I am sorry that I (　　) the winner of the game.

① had been
② had not been
③ was not
④ was

10 해설
'I wish + 가정법 과거완료' 문장을 직설법으로 전환 시 문장의 내용은 '긍정 → 부정, 부정 → 긍정'으로 바꾸고, 시제는 과거로 바꾼다. 주어진 문장을 직설법으로 전환 시 종속절의 시제는 과거가 되고, 부정문으로 바꾸어야 한다. 따라서 적절한 직설법 문장은 "I am sorry that I was not the winner of the game."이다.

해석
내가 그 경기의 승자였길 바랬다.

11 다음 중 옳지 않은 것은?

① You will never know until you try.
→ 시도할 때까지 알지 못할 것이다.
② Let bygones are bygones.
→ 지나간 일은 잊어버려라.
③ The choice the difficulty in life is.
→ 인생에서 어려움은 바로 선택이다.
④ United we stand, divided we fall.
→ 뭉치면 살고 흩어지면 죽는다.

11 해설
② 명령문 수동태 : '동사 + 목적어'는 'Let + 목적어 + be동사 + 동사의 PP'로 쓴다. 따라서 "Let bygones be bygones."로 써야 적절하다.
① 부정어 never의 위치 : never는 조동사 뒤, 일반동사 앞에 위치한다.
③ 명사구인 보어의 도치 : 명사를 문두로 도치시킬 경우, 주어와 동사의 위치는 바꾸어 쓰지 않는다.
④ 부사절에서 주어와 be동사 생략 : "If we are united we will stand, if we are divided we will fall."이 원래 문장이다.

정답 10 ③ 11 ②

※ 다음 밑줄 친 부분 중 어법상 가장 어색한 것은? (12~14)

12

She held me ① by hand and we were ② kneeling by the bedside of my brother, two years older than ③ I, who lay dead, and the tears were flowing down her cheeks ④ unchecked, and she was moaning.

12 해설
① 'catch, hold, take + 목적어 + by + the + 신체' 구문으로 신체를 나타내는 명사 앞에 정관사 the를 생략할 수 없다. 따라서 by the hand가 적절한 표현이다.
② 현재분사로서 '무릎을 꿇고 있는 중이었다.'의 의미를 갖는다.
③ 비교급 구문에서 주격 인칭 대명사를 사용한다.
④ 주어는 the tears이므로 수동의 의미인 과거분사 형태가 적절하다.

해석
그녀는 내 손을 잡았고, 우리는 나보다 두 살 많은 나의 형이 죽어 누워있는 침대 옆에 무릎을 꿇고 있었으며, 눈물이 그녀의 뺨을 타고 걷잡을 수 없이 흘러내리고 있었고, 그녀는 신음하고 있었다.

13

People ① divide off vice and virtue ② as though they were two things, ③ neither of them had with it anything of ④ the other.

13 해설
③ 두 문장을 연결하는 접속사와 대명사의 역할을 동시에 하는 관계사가 필요하므로 neither of which로 바꾸어 써야 한다.
① divide off : 가르다, 갈라놓다
② as though : 마치 ~처럼
④ 부정대명사 the other는 해당 문장에서 vice 또는 virtue 중 하나를 가리키므로 적절하다.

해석
사람들은 악과 미덕이 마치 두 개의 개별적인 것처럼 나누는데, 둘 다 다른 것과 관련이 없다.

정답 12 ① 13 ③

14

Every bit of food ① was eaten and it was quite ② likely that ③ if as much more had been brought, ④ it would go the same way.

14 해설

④ 조건절이 가정법 과거완료이므로 주절의 시제는 'would + have + PP' 형태가 적절하다. 따라서 "would have gone"으로 바꾸어 써야 한다.
① 주어가 사물(every bit of food)이므로 동사는 수동형 was eaten이 적절하다.
② be likely that + 주어 + 동사 : ~일 것 같다
③ 반복되는 주어(food)를 생략한 가정법 과거완료의 조건절로서 적절하다.

해석
모든 음식을 다 먹어버렸고 만일 이보다 더 많은 음식을 가져왔었더라도 똑같이 없어졌을 것이다.

주관식 문제

01 다음 두 문장을 관계사를 이용하여 한 문장으로 연결할 때, 괄호 안에 들어갈 적절한 표현을 쓰시오.

- I like to climb the mountain.
- There is some snow on the mountain.

→ I like to climb the mountain (㉠) there is some snow on.
→ I like to climb the mountain (㉡) there is some snow.

01 정답
㉠ that(which), ㉡ on which(where)

해설
첫 번째 문장의 경우 관계사절에 전치사 on이 있다. 따라서 괄호 안에는 관계대명사 that 또는 which가 적절하다.
두 번째 문장의 경우 전치사 on이 없다. 따라서 가능한 답안으로는 '전치사 + 관계대명사'인 on which 또는 관계부사인 where이 있다.

해석
나는 눈이 있는 산을 등산하고 싶다.

정답 14 ④

02 정답
had been wearing

해설
주어진 문장은 직설법 과거 표현의 문장으로서 과거 사실과 반대의 의미를 갖는다. 이를 가정법 문장으로 전환 시 시제는 가정법 과거완료가 되고, '긍정 → 부정, 부정 → 긍정'으로 바꿔야 한다. 따라서 "If they had been wearing life-jackets, they would not have drowned."로 바꿀 수 있다.

해석
그들은 구명조끼를 입고 있지 않았다. 아마도 그것이 그들이 익사한 이유일 것이다.
→ 만약 그들이 구명조끼를 입고 있었더라면 익사하지 않았을 텐데.

02 주어진 문장과 같은 뜻이 되도록 빈칸에 들어갈 적절한 표현을 쓰시오.

> They were not wearing life-jackets; perhaps that's why they drowned.
> → If they ____ ____ ____ life-jackets, they would not have drowned.

03 정답
if we were all molded after one pattern

해설
otherwise는 가정법의 조건절 전체를 대신하는 표현이다. 이 문제를 해결하기 위해 먼저 해당 문장에 있는 가정법 주절 문장의 시제를 확인한다. 해당 문장에선 "life would be very monotonous"가 가정법 주절에 해당하므로 시제는 가정법 과거라는 점을 알 수 있다. 다음으로, 선행 문장에서 의미상 가장 적절한 부분을 찾아 가정법 과거의 조건절을 완성한다. 선행 문장에서 "we are not all molded after one pattern" 부분이 조건절의 내용으로 적절하다. 따라서 부사 otherwise는 조건절 "if we were all molded after one pattern"으로 바꿀 수 있다.

해석
우리가 하나의 패턴을 따라 만들어지지 않았다는 점은 다행스러운 일이다. 만일 그렇지 않다면, 삶이 너무나 단조로울 것이다.

03 다음 밑줄 친 부사를 if로 시작하는 완벽한 문장으로 바꾸어 쓰시오.

> It is fortunate that we are not all molded after one pattern, <u>otherwise</u> life would be very monotonous.

04 주어진 문장을 아래와 같이 도치 문장으로 바꾸어 쓸 때, 괄호 안에 들어갈 적절한 표현을 쓰시오.

> Wild flowers bloomed here and there over the grass.
>
> → Here and there over the grass (   ).

04 **정답**
bloomed wild flowers(또는 did wild flowers bloom)

해설
부사구 표현을 문두로 도치시킬 경우 주어와 동사의 위치를 바꾸어야 한다. 따라서 bloomed wild flowers 가 적절하다.

해석
야생화가 잔디 위 여기저기에 피어 있다.

05 주어진 우리말에 알맞게 빈칸에 들어갈 적절한 표현을 쓰시오.

> 그녀는 동물을 사랑하고 그녀의 남편 역시 그렇다.
>
> → She loves animals, and ____ ____ her husband.

05 **정답**
so does

해설
동의 표현의 부사 'so + do/does + 주어' 구문이다. 선행 문장의 동사가 현재시제이자, 일반동사인 loves가 사용되었으므로 부사 so를 활용하여 동의 표현을 작성할 때, "so does her husband"가 적절하다.

제 3 편

독해

제1장	글의 종류 및 목적
제2장	주제 파악 : 주제문, 제목, 중심소재
제3장	내용 파악 : 요지, 내용 일치 및 불일치
제4장	세부 사항 파악 : 지시어 찾기, 문맥 이해, 무관한 문장 찾기
제5장	논리적 추론 : 빈칸 추론, 순서 배열 및 문장 삽입, 요약문 완성
제6장	문장 전환, 영문 국역, 영작
실전예상문제	

합격을 꿰뚫는
학습 가이드

제 3 편 독해

독해는 영어 학습의 완결판으로서 학습했던 어휘와 문법 지식을 총동원해 백분 활용해야 하는 영역이다. 본 편은 문제 유형을 기준으로 각 장을 구성하였으며, 각 장에서 유형 설명과 문제 풀이 전략을 정리하였다. 독해, 즉 읽기 영역을 정복하는 최고의 학습법은 매일 규칙적으로 영어로 된 글을 꾸준하게 읽는 것이다. 또한 다양한 유형의 글을 많이 읽을수록 자신만의 독해 전략도 갖추게 된다. 독해는 꾸준한 관심과 지치지 않는 노력으로 충분히 정복할 수 있는 영역이다.

자격증 · 공무원 · 금융/보험 · 면허증 · 언어/외국어 · 검정고시/독학사 · 기업체/취업
이 시대의 모든 합격! SD에듀에서 합격하세요!
www.youtube.com → SD에듀 → 구독

제 1 장 | 글의 종류 및 목적

| 단원 개요 |

글은 목적에 따라 크게 문학, 비문학, 실용문으로 구분된다. 문학에는 서사, 서정, 교술문학 등이 있다. 비문학에는 설명문과 논설문이 있으며, 실용문에는 광고문과 안내문이 있다. 글의 목적은 글의 유형을 결정하는 중요한 요소이다. 따라서 글을 쓴 목적을 정확하게 이해하여 글의 종류를 파악해야 한다.

| 출제 경향 및 수험 대책 |

글의 종류를 확인하는 문제는 글을 쓴 목적을 이해하고 글의 유형을 결정하는 순서로 문제를 풀이해야 한다. 따라서 정독보다는 속독으로 글의 전반적인 내용을 훑어 읽어 글의 목적을 파악한다. 또한 글에서 반복되는 핵심어나 특정 표현에 주목하면서 글을 읽는 것도 도움이 된다. 글의 종류 또는 목적을 묻는 문제는 유사한 접근법으로 해결하도록 연습한다.

1 유형 설명

글의 종류를 묻는 문제는 글의 목적을 확인하는 문제와 유사하다. 글의 목적을 묻는 문제가 글의 내용에 대한 자세한 이해를 요구한다면, 글의 종류를 묻는 문제는 글의 목적을 파악하여 이를 효과적으로 전달할 수 있는 글의 적합한 유형을 결정하는 능력을 요구한다.

2 문제 풀이 전략 중요

(1) 글의 종류
① 저자가 글을 통해 말하고자 하는 내용이 포함된 문장을 찾는다. 일반적으로 'we'd like you to ~, we want(hope) you to ~, we ask you to ~, please + 명령문'과 같은 표현들에 주목하여 글을 읽는다.
② 해당 문장의 내용을 정확하게 이해하고, 이에 가장 적합한 글의 유형을 생각하여 결정한다
③ 결정한 내용을 선택지에서 확인한다. 만일 없다면 결정한 내용과 가장 유사한 유형의 선택지를 고른다.

(2) 글의 목적
① 일반적으로 필자를 가리키는 주어 I와 함께 필자의 '의도(intend, aim, should, must), 바람(want, like), 희망(hope, wish), 요청(ask, require, inquire, demand), 권유(suggest, propose, insist)' 등을 나타내는 단어가 함께 사용된 문장이 있다. 이 문장은 저자가 글을 쓴 목적과 의도를 보여주는 부분이므로 해당 부분을 찾아 정독한다.
② 위 표현이 사용된 문장을 찾아 해석하였으나 글의 목적을 이해하는 데 어려움이 있을 경우, 해당 문장을 중심으로 전/후 맥락의 의미를 대략적으로 살펴보는 것도 도움이 된다.

제 2 장 | 주제 파악 : 주제문, 제목, 중심소재

| 단원 개요 |
주제문, 제목, 중심소재 찾기는 글의 중심내용, 즉 글에서 필자가 주장하는 내용을 파악하여 해결한다.

| 출제 경향 및 수험 대책 |
주제문 유형은 글의 중심내용을 다른 표현 혹은 바꿔 쓰기 등을 통해 제시한 완전한 하나의 문장 혹은 구 형태로 압축한 내용을 선택지에서 고른다. 제목 유형은 글의 중심내용을 핵심어휘를 활용하여 작성한 구 형태의 표현을 선택지에서 고른다. 중심소재는 글의 중심내용과 관련된 어휘를 선택지에서 고른다. 해당 유형의 문제를 통해 유형별로 문제에 대한 이해와 실전감을 높여보자.

1 유형 설명

주제, 제목, 중심소재 문제는 모든 시험에서 반드시 출제되는 필수 유형의 문항이다. 주제는 글에서 중점적으로 다루고 있는 핵심내용을 말하고, 제목은 글의 중심내용을 압축한 표현을 말한다. 중심소재는 글감으로서 글을 구성하는 이야깃거리를 가리킨다. 다만, 세 유형의 모든 문제가 글의 중심내용을 이해해야만 정답을 찾을 수 있다는 점에서 사실상 동일한 유형의 문항이라 할 수 있다. 마지막으로 세 유형 모두 글의 중심내용, 즉 글에서 말하고자 하는 핵심내용을 정확하게 이해해야 정답을 찾을 수 있다는 점을 기억한다.

2 문제 풀이 전략

반드시 주어진 글을 먼저 읽고 글의 중심내용을 이해한다. 글에 따라 주제문 또는 중심내용은 '처음, 중간, 끝, 전체'에 위치할 수 있으므로 반드시 처음부터 정독해서 지문을 읽는 연습을 한다. 중심내용을 이해했다면 해당 내용을 가장 잘 정리한 선택지의 내용을 고른다. 일반적인 풀이 전략은 아래에 간단하게 정리한다.

(1) 주제 또는 제목 문제의 선택지 내용은 포괄적이고 추상적이다. 특정 명칭 등의 구체적 내용이 기술된 문장은 정답이 아닐 가능성이 높다.

(2) 글 중 "must, need to, have to, should, it is necessary" 등과 같은 표현을 사용한 문장이 있다면 주제문일 가능성이 높다는 점에서 해당 문장은 정확하게 해석하고 그 뜻을 이해한다.

(3) 글 중 "for example, for instance, let's take some examples, for one thing" 등의 예시 표현이 있을 때, 주제문은 해당 문장 앞에 위치하는 경우가 일반적이므로 해당 문장을 정독한다.

(4) 반면 글 중 "in contrast, however, nevertheless, though, although, instead, as a matter of fact, on the other hand, on the contrary" 등의 대조 및 양보의 연결사가 사용된 문장이 있다면, 주제문은 해당 문장 뒤에 위치하는 경우가 많으므로 해당 문장의 내용을 정확하게 해석하고 이해한다.

> **더 알아두기** **중요**
>
> **본 유형의 문제를 풀 때, 선택지부터 읽고 지문을 읽지 않는다.**
>
> 선택지를 먼저 읽고 지문을 읽게 되면 지문의 내용을 이해한 후 다시 선택지 내용을 살펴보게 되는 것이 일반적이다. 또한 미리 읽어 놓은 선택지의 내용이 지문의 내용을 이해하는 데 방해가 되는 경우도 적지 않다. 이러한 면에서 선택지를 먼저 읽고 지문을 읽는 방법은 시간과 이해 모든 면에서 매우 비효율적인 방법이니 반드시 주어진 지문부터 읽고 선택지를 읽는 순서로 풀이한다.

제 3 장 | 내용 파악 : 요지, 내용 일치 및 불일치

| 단원 개요 |

요지는 글의 중심내용에 대한 필자의 의견을 말한다. 내용 일치 및 불일치 문제에서는 글의 세부적인 내용을 정확하게 이해하는지를 확인한다. 두 유형 모두 글의 세부내용에 대한 이해를 확인한다는 점에서 전략적 읽기 연습이 필요하다.

| 출제 경향 및 수험 대책 |

글에서 언급하는 세부적인 내용, 즉 글에 대한 사실적 이해를 묻는 유형이라는 점에서 정독 능력이 요구된다. 본 장에서 풀이 전략과 실전예상문제를 통해 해당 유형에 대한 이해와 실전감을 높여보자.

1 유형 설명

글의 내용에 대한 사실적 이해를 확인하는 유형으로서 글에서 언급하는 내용을 정확하게 찾고 해석하는 능력이 요구된다. 글의 내용과 일치 또는 불일치하는 내용을 확인하는 문제가 출제된다. 또한 글의 중심내용을 파악하여 중심내용에 대한 글쓴이의 의견을 정리하는 것도 필요하다.

2 문제 풀이 전략

(1) 요지

글의 중심내용을 파악하여 이에 대한 필자의 생각을 정리하고 선택지를 보면서 정리한 내용과 적절한 답안을 선택한다.

(2) 내용 일치 및 불일치 중요

① 선택지 내용을 순서대로 읽고, 읽은 순서대로 해당 선택지 내용을 지문에서 찾는다. 선택지의 내용 순서는 지문의 내용 순서와 일치하는 경우가 보편적이므로 순서대로 선택지를 읽어가며 지문에서 해당하는 내용을 찾는다.
② 지문에서 해당 내용을 찾아 밑줄을 긋거나 선택지 번호를 적어둔다.
③ 표시해 둔 부분에 해당하는 선택지 번호는 지운다.
④ 글의 내용과 일치하는 것을 묻는 문제의 경우 글의 내용을 토대로 전제된 내용이나 추론한 내용은 정답이 아니다. 반대로 글의 내용과 일치하지 않는 것을 묻는 문제의 경우 그러한 내용의 선택지는 정답이다.

제 4 장 | 세부 사항 파악 : 지시어 찾기, 문맥 이해, 무관한 문장 찾기

| 단원 개요 |

지시어, 문맥에서 특정 표현 또는 단어의 의미, 그리고 무관한 문장 찾기 유형의 문제에 대한 정답을 찾기 위해서는 글의 세부내용을 정확하게 이해해야 한다. 본 장에서는 글의 세부내용을 파악하여 지시어가 가리키는 내용, 문맥에서 특정 표현이 암시하는 내용, 그리고 무관한 문장의 답을 찾는 연습을 하게 될 것이다.

영어에서 지시사(reference)는 크게 지시대명사, 지시형용사, 직시(deixis)가 있다. 본 장에서는 지시대명사에 대해서 알아본다. 글에서 사용된 지시대명사는 글 안에서 지시사가 가리키는 대상이 반드시 존재한다. 이를 지시대명사의 선행사라 한다. 이 둘은 글에서 논리적으로 연결되어 있어 지시사가 가리키는 대상은 지시사가 사용된 이전 문장에 위치한다. 직시 역시 지시사와 같은 유형의 표현으로 사용되지만, 가리키는 대상이 글 안에 없는 것이 일반적이라는 점에서 직시는 지시와는 다르게 추론 능력을 요구한다.

글의 흐름과 관계없는 문장을 찾는 문제는 글의 주제와 무관한 문장 또는 주제와 관련은 있으나 글의 응집성 및 통일성에 방해되는 문장을 찾는 유형이다.

| 출제 경향 및 수험 대책 |

본 장에서 살펴볼 지시어 찾기 문제는 추론 능력보다는 정독 능력을 확인하는 유형인 반면, 문맥 이해 문제는 최소한의 추론 능력을 요구하는 유형의 문항이다. 유형별 다양한 실전예상문제를 통해 실전감을 높이도록 한다.

1 유형 설명

(1) 지시어 찾기는 지시사가 가리키는 대상, 즉 지시사의 선행사가 무엇인지 주어진 지문 안에서 찾는 유형이다. 다시 말해, 글에서 사용된 '지시대명사, 인칭대명사, 고유명사(it, he, she, 사람이름, that, this, those, these 등)'가 지문 안에서 가리키는 대상이 무엇인지 찾아내는 능력을 요구한다. 따라서 글을 읽을 때, 글에 나온 지시사가 무엇을 가리키는지 또는 이것의 지칭 대상은 무엇인지 찾는 연습을 꾸준히 하길 바란다.

(2) 문맥 이해 문제의 경우 선행 문장과 후행 문장의 내용을 정확하게 이해해야 한다. 이를 토대로 최소한의 추론 경험을 통해 해당 유형의 문제를 해결하는 데 큰 도움이 될 수 있다.

(3) 글의 주제와 무관하거나 흐름에 방해가 되는 예시, 주장, 의견 등의 문장을 찾는 유형은 정독 능력이 요구되는 유형으로, 첫 지문부터 정독하면서 글의 중심내용을 이해하는 것이 필수적이다. 찾아낸 중심내용을 기준 삼아 불필요하거나 무관한 예시, 주장, 의견 등의 문장을 정답으로 선택한다.

2 문제 풀이 전략 (중요)

(1) 지시어 찾기
① 지문에 있는 지시사 순서대로 지시사가 가리키는 대상을 찾는다.
② 지문에서 밑줄 친 지시사를 확인하고 해당 지시사의 앞 문장을 정독한다.
③ 앞 문장을 정독할 때, 특히 명사와 대명사를 주의 깊게 살핀다.
④ 지시대상을 확인한 밑줄 친 지시사 부분에 지시대상의 첫 글자를 적어둔다. 적어둔 첫 글자를 기준으로 지시사를 소거해가면서 정답을 선택한다.

(2) 문맥 이해
일반적으로 앞에서 언급한 내용 중 특정 부분을 압축한 표현의 의미를 묻거나 함축된 의미를 묻는 유형이라는 점에서 글을 정독하여 세부내용을 자세하게 이해한다.

(3) 무관한 문장 찾기
① 첫 문장부터 정독하면서 반드시 순서대로 문장을 읽는다.
② 글을 읽으면서 중심내용이 무엇인지 유추한다.
③ 예시, 의견, 일화 등의 문장 내용이 글의 중심내용과 일치하는지 판단한다.

제 5 장 | 논리적 추론 : 빈칸 추론, 순서 배열 및 문장 삽입, 요약문 완성

| 단원 개요 |

빈칸 추론 문제는 글 전체의 중심내용을 정확하게 이해하고 있는지와 이를 압축하여 표현하고 있는 한 단어 또는 구, 문장을 추론하여 정답을 찾을 수 있는 능력을 확인하는 유형이다. 매년 많은 시험에서 빠지지 않고 출제되는 매우 중요한 부분이다. 고득점을 원한다면 반드시 빈칸 추론을 정복해야 한다.

순서 배열 및 문장 삽입 문제는 제시된 문장의 논리적 순서를 맞추어 응집성 있는 글을 완성하는 유형이다.

요약문 완성 문제는 글의 중심내용을 정확하게 이해하고 이해한 내용을 핵심어 또는 제시어를 활용하여 간략하게 정리하는 유형이다.

| 출제 경향 및 수험 대책 |

빈칸 추론 문제는 독해력뿐 아니라 문장 바꿔 쓰기와 중심내용과 압축한 문장 사이의 관계를 유추하는 능력까지 종합적 사고를 요구하는 유형으로서, 글을 읽을 때 주어진 글의 앞 또는 뒤에 위치할 내용을 미루어 짐작하는 읽기 연습이 효과적이다. 또한, 은유나 비유 표현이 사용된 문장을 자주 보고 문장 바꿔 쓰기 연습을 꾸준히 하는 것 역시 큰 도움이 된다.

순서 배열 및 문장 삽입 문제는 글을 읽을 때, 연결사나 지시사가 사용된 문장과 문단을 중심으로 글을 전개하는 방법을 이해하며 읽는 연습이 도움이 된다. 또한 글의 중심내용을 뒷받침하는 예시 문장을 찾아 문장 간의 논리적 관계와 흐름을 이해한다.

요약문 완성 문제 역시 글의 중심내용을 이해해야 해결할 수 있다는 점에서는 이전에 살펴보았던 주제 및 요지 문제와 유사하다고 할 수 있다. 하지만 글의 중심내용을 압축하는 표현 또는 단어를 추론해서 요약문을 완성해야 한다는 점에서 주제 및 요지 문제보다 많은 읽기 학습이 요구된다.

1 유형 설명

(1) 빈칸 추론

빈칸 추론 문제에는 단어 유형과 구, 절, 문장 유형이 있다. 단어 유형은 글의 중심내용이나 주제 등을 압축할 수 있는 하나의 단어를 선택하는 유형으로서 글의 내용과 단어 사이의 추론 능력과 더불어 어휘력이 요구되는 유형이다. 구, 절, 문장을 묻는 빈칸 추론 문제는 해당 유형 중 가장 까다로운 유형이다. 글의 중심내용이나 주제 등을 압축하는 표현, 비유적인 표현, 대조적인 내용, 예시 등을 묻는 다양한 유형으로 출제되고 있다. 무엇보다 글의 중심내용을 정확하게 이해한 후 그것과 선택지 내용 간의 관계를 추론할 수 있도록 다양한 글을 읽어 보자.

(2) 순서 배열

순서 배열 문제는 주어진 문장 뒤에 논리적으로 이어질 세 개의 문장 순서를 결정하는 유형이다. 제시된 세 문장 안에는 '연결사(however, therefore, but, in addition 등), 지시사(it, this, that, these, those, he, she, they 등), 반복되는 표현(the + 명사)' 등의 단서가 포함되는 것이 일반적이다. 이러한 단서들을 활용하여 제시문 사이의 연결고리를 유추하고 순서를 결정한다.

(3) 문장 삽입

문장 삽입 문제는 순서 배열 문제와는 다르게 한 문장을 제시해주고 주어진 지문 속 네 개의 위치 중 해당 제시문이 들어가기에 가장 적절한 위치를 결정하는 유형이다. 제시문에 포함된 연결사, 지시사, 명사 표현은 제시문이 들어갈 위치를 결정하는 데 중요한 단서로 활용한다. 또한 지문 중 제시문에서 사용된 명사 표현을 'the + 명사'로 사용한 문장이 있다면 제시문은 그 문장 앞에 위치하는 것이 일반적이다.

(4) 요약문 완성

글의 중심내용을 압축하여 전달할 수 있는 표현을 찾아 주어진 빈칸에 넣어 요약문을 완성하는 유형이다. 따라서 어휘력과 추론 능력이 요구된다. 해당 유형은 논리력, 정독 능력, 어휘력 그리고 추론 능력을 활용한 복합적 사고를 요구하는 문제로서 정답률이 낮은 대표적 유형 중 하나이다. 따라서 다양한 지문을 읽고 글을 직접 요약하는 연습은 큰 도움이 된다.

2 문제 풀이 전략 (중요)

(1) 빈칸 추론

① 문제에서 먼저 빈칸의 위치를 확인하여 인접해 있는 선행 문장을 정확하게 해석한다.
② 빈칸이 지문의 첫 부분에 있는 경우 첫 문장이 주제문인 경우가 많으므로 첫 문장의 내용을 정확하게 해석한다.
③ 빈칸이 지문의 중간 부분에 있는 경우 빈칸 부분의 앞, 뒤 문장을 먼저 해석한다.
④ 빈칸이 지문의 끝에 있는 경우 글의 주제나 요지를 묻는 문제가 대부분이므로 이 역시 빈칸에 인접해 있는 문장을 해석하고, 글에서 반복되는 단어나 표현을 토대로 빈칸에 들어갈 적절한 단어를 결정한다.
⑤ 주제문이나 중심내용을 확인하였다면 해당 내용을 압축하고 있는 가장 적절한 단어를 결정한다.
⑥ 선택지 내용을 빠르게 훑어 읽고 결정한 주제문이나 중심내용과의 관련성을 추론하여 해당 내용을 가장 적절하게 압축하고 있는 구, 절, 문장을 결정한다.

(2) 순서 배열

① 제시문의 내용을 정확하게 해석하고 문장에서 연결사 또는 지시사가 사용되었다면 해당 표현에 표시를 해 둔다.
② 제시된 세 문장을 순서대로 해석한다. 각 문장의 대략적인 내용만 이해하는 정도로 해석한다. 제시된 세 문장에서 사용된 연결사, 지시사 표현을 확인하고 표시한다.
③ 표시해 둔 표현이 지시사일 경우 지시사가 가리키는 대상을 문장에서 찾아 순서를 결정한다.
④ 표시해 둔 표현이 연결사일 경우 문장의 내용을 중심으로 순서를 결정한다.

(3) 문장 삽입

① 제시문의 내용을 정확하게 해석하고 연결사나 지시사 표현이 있다면 해당 표현에 표시해 둔다.
② 주어진 문장을 순서대로 읽어가며 연결사, 지시사, 명사 표현에 표시해 둔다.
③ 글의 흐름이 매끄럽지 못한 부분이 확인되면 그 부분에 제시문을 넣어 해석해본다.

(4) 요약문 완성

① 문제에 제시된 요약문을 먼저 읽고 글을 읽어갈 방향을 결정한다. 이때 주의할 점은 선택지에 주어진 표현은 미리 읽지 않도록 한다. 이는 시간을 절약하는 데 도움이 된다.
② 지문을 읽으면서 글의 주제 또는 요지를 미루어 짐작해본다.
③ 지문의 중심적인 논의 대상, 그에 대한 필자의 주장, 주장을 뒷받침하는 근거를 찾는다.
④ 지문에서 반복되는 어휘나 어구를 찾아 표시하고 선택지에 해당 표현이 있는지 확인한다. 만일 해당 표현이 없다면 동의어 표현 등으로 바꾸어 쓴 경우이므로 지문에서 표시해 둔 표현 또는 단어의 동의어 표현을 선택지에서 찾아본다.

제 6 장 │ 문장 전환, 영문 국역, 영작

│ 단원 개요 │
본 장에서는 문장 전환과 영문 국역, 그리고 영작 유형에 대해 살펴본다. 문장 전환은 중요 문장 구조 및 문법 내용을 활용하여 주어진 문장과 유사한 의미의 다른 문장으로 바꾸어 쓰는 것이다. 영문 국역과 영작은 번역 능력을 확인하는 유형으로서 영문 국역은 영문을 한국어로 번역하는 것이고 영작은 한국어를 영어로 번역하는 것을 말한다.

│ 출제 경향 및 수험 대책 │
문장 전환은 주어진 문장의 의미를 정확하게 해석하고 문장에서 사용된 중요 구조 및 문법 표현을 확인하여 대체 가능한 구조 및 표현을 찾아 주어진 문장을 바꾸어 쓴다.
영문 국역은 문장을 구성하는 모든 단어의 정확한 사전적 의미를 조합하여 해석하고 주어진 문장의 맥락 의미를 이해한다. 문장 의미와 맥락 의미를 조합하여 정확한 한국어 번역을 한다.
영작은 주어진 한국어 표현 중 우선 주어와 동사를 찾은 다음, 목적어 또는 보어를 찾아 해당 표현에 알맞은 영어 단어 및 표현을 작성한다. 문제에서 전치사구, 관계사, 접속사 등을 요구한다면 적절한 위치에 해당 표현을 작성한다.

1 유형 설명

(1) 문장 전환
주어진 문장의 구조 파악과 문법 이해 능력을 확인할 수 있는 유형으로, 빈출 유형을 중심으로 준비해두면 어렵지 않게 정복할 수 있다.

(2) 영문 국역
문장을 구성하는 단어의 사전적 의미만으로 해석하기 보다는 문장의 사전적 의미를 해석하고 맥락적 의미를 이해하는 방식으로 문장이 갖는 두 가지 의미를 이해하도록 학습한다.

(3) 영작
한국어 문장의 구성 요소를 정확하게 확인하여 해당 요소에 적합한 영어 표현을 찾아 영어 어순에 알맞게 작성한다.

2 문제 풀이 전략 중요

(1) 문장 전환

주어진 문장과 유사한 의미를 갖는 문법적으로 또는 구조적으로 다른 문장으로 바꾸어 쓴다. 특히, 바꾸어 쓸 때 '시제, 주어-동사 수의 일치, 관사 사용'의 정확성을 높이도록 한다.

(2) 영문 국역

문장의 사전적 의미와 맥락적 의미를 각각 해석하고 이해하여 정확하고 자연스러운 한국어 문장으로 번역한다.

(3) 영작

영작 시 특히 '시제, 주어-동사 수 일치, 부정사, 동명사, 분사, 조동사' 등의 정확한 문법을 활용하도록 하고 한국어가 아닌 영어 어순에 알맞게 작성한다.

제3편 실전예상문제

제1장 글의 종류 및 목적

01 다음 글의 종류로 가장 적절한 것은?

> A growing social problem in today's Information Age is that of children's computer addiction. As they are hooked on computers, these young PC addicts only feel good in front of the computer. They spend so much time online that they fall behind in their homework and studies. In addition, these kids can easily access harmful sites. For example, they may visit virtual casinos and spend a lot of money using their parents' credit cards. If adults do not help the children overcome the addiction, it will be hard for them to get back to normal on their own.
> *addiction 중독

① 안내문
② 설명문
③ 논설문
④ 광고문

---

01 해설

아이들의 컴퓨터 중독이 일상에 미치는 부정적 영향을 언급하는 글이다. 주제에 대한 글쓴이의 주장과 이를 뒷받침하는 두 가지 근거를 제시하고 있다. 이러한 점에서 주어진 글은 논설문에 해당한다.

해석

오늘날의 정보화 시대에 점점 증가하고 있는 문제는 아이들의 컴퓨터 중독 문제이다. 아이들이 컴퓨터에 중독되면 그러한 어린 PC 중독자들은 컴퓨터 앞에 있어야 기분이 좋아진다. 그들은 너무 많은 시간을 온라인에서 보낸 결과 자신의 과제와 학업은 뒤처지게 된다. 게다가, 이러한 아이들은 유해 사이트에 쉽게 접속할 수 있다. 가령, 아이들은 가상의 카지노를 방문해서 그들 부모의 신용카드를 사용해 많은 돈을 쓸지도 모른다. 만일 어른이 그 아이들이 중독을 이겨내는 데 도움을 주지 않는다면 아이들이 혼자 힘으로 자신들의 일상으로 되돌아가는 것은 어려운 일이다.

정답 01 ③

02 다음 글의 종류로 가장 적절한 것은?

> I recently saw a very effective advertisement for Pepsi-Cola on television. First, the ad is surprising. You see an elderly woman with gray hair. She looks like someone's grandmother. In fact, she looks just like my friend's grandmother. But the woman is running very quickly down the street. Then she is jumping over a fence. It is amazing to see an elderly person doing these things. Second, the ad is mysterious. During most of the ad, you don't know what product is being advertised. Mysterious ads are not common on TV. The first time I saw the ad, I couldn't understand the product it advertised. However, at the end of the ad, the woman is drinking some Pepsi. Then you understand the message of the ad. Finally, the ad is not respectful of the elderly. Nowadays, some people are making fun of the elderly. I don't like this. In conclusion, the ad is effective because you keep watching it until the end and you remember it later.
> *elderly 어르신, 연장자

① 설명문
② 광고문
③ 일기
④ 논설문

---

02 **해설**

TV에서 본 펩시콜라 광고 구성과 내용이 효과적이라고 주장하는 글이다. 이를 뒷받침하기 위해 세 가지의 이유를 제시한다. 이러한 점에서 이 글의 종류는 논설문이다.

해석

나는 최근에 텔레비전에서 매우 효과적인 펩시콜라 광고를 보았다. 첫째, 이 광고는 놀랍다. 흰머리의 나이가 지긋한 한 여성이 나온다. 그녀는 누군가의 할머니처럼 보인다. 사실, 그녀는 나의 친구 할머니처럼 보인다. 그러나 그 여성은 매우 빠른 속도로 거리를 뛰어 내려간다. 그 후 담장을 뛰어넘는다. 이러한 것을 하고 있는 어르신을 본다는 것은 놀라운 일이다. 둘째, 그 광고는 신비하다. 광고 대부분에서 무슨 제품이 광고되고 있는지 알지 못한다. 신비스러운 광고는 TV에서는 일반적이지 않다. 내가 그 광고를 처음 봤을 때, 나는 광고되고 있는 그 제품을 이해할 수 없었다. 그러나 광고 후반부에 그 여성이 펩시콜라를 마신다. 그런 후 당신은 그 광고의 메시지를 이해한다. 마지막으로, 그 광고는 어르신을 공경하지 않는다. 요즘 몇몇 사람들은 어르신을 조롱한다. 나는 이것이 싫다. 결론적으로, 그 광고는 효과적이다. 왜냐하면 당신은 그 광고를 끝까지 계속 보고 이후에 기억하기 때문이다.

정답 02 ④

03 해설
이 글은 지원자에게 불합격 사실을 알려주기 위해 작성된 통보문이다. 글 중에서 "we regret to inform you that ~" 부분이 글의 목적인 통보 및 안내를 잘 보여준다.

해석
우리는 당신의 문의 편지와 이력서를 11월 8일에 받게 되어 기쁩니다. 저희 구직 공지에 회계사 자격을 갖춘 20명의 지원자가 지원하였습니다. 당신의 경험과 경력은 우리에게 매우 인상적이었지만 우리가 다른 지원자를 고용하게 되었다는 점을 알리게 되어 유감스럽습니다. 우리는 당신의 구직 활동에 행운이 있길 기원합니다.

04 해설
런던의 많은 볼거리를 언급하면서 그곳의 인구와 음식을 소개하고 있다. 런던에 관한 볼거리, 인구, 음식 등의 정보를 설명하고 있다는 점에서 글의 종류는 설명문이라 할 수 있다.

해석
런던에 방문할 계획이 있는가? 많은 영국의 볼거리가 있지만 많은 국제적 볼거리, 언어음, 그리고 음식도 있다. 런던은 많은 다양한 집단의 사람들이 함께 있는 도시이다. 런던을 방문하면 세계를 보게 된다. 런던의 인구는 대략 8백만 명 정도이다. 이들 중 3백만 명 이상은 다른 나라에서 왔다. 런던에서는 사용되는 언어 300개 이상을 들을 수 있다. 런던의 식당에는 55개 이상의 다양한 나라의 음식이 있다. 심지어 탄자니아, 페루, 몽골과 같은 나라의 음식도 있다. 음식 시장에서 당신은 세계에서 온 채소와 과일을 살 수 있다.

정답 03 ① 04 ①

---

03 다음 글의 종류로 가장 적절한 것은?

We are pleased to receive your letter of inquiry and resume on November 8. In response to our job announcement, we received 20 applicants from qualified accountants. Although we were impressed with your background, we regret to inform you that we have hired another applicant. We wish you the best of luck in your job hunt.
*inquiry 문의, 조사, 탐구

① 통보문   ② 설명문
③ 문의문   ④ 광고문

04 다음 글의 종류로 가장 적절한 것은?

Do you plan to visit London? There are many English sights to see, but there are many international sights, sounds, and foods, too. London is a city with many different groups of people. In a visit to London, you see the world. The population of the city of London is about eight million. Over three million of these people are from other countries. In London, you can hear over 300 languages spoken. There is food more than 55 different countries in London's restaurants. There is even food from countries such as Tanzania, Peru, and Mongolia. At food markets, you can buy vegetables and fruits from all over the world.
*sight 장소, 풍경

① 설명문   ② 안내문
③ 초대문   ④ 논설문

05 다음 글의 종류로 가장 적절한 것은?

> Without a doubt, soccer is the most popular sport in the world. Around 250 million people from more than 200 countries regularly play the game. About 3.5 billion fans watch the sport. During important international competitions, soccer has the highest television audience in the world. Soccer is not a new sport. Historians are not sure exactly where or when the sport was invented. People all over the world played versions of the game long ago. For example, in China nearly 2,000 years ago, soldiers kicked a ball as part of their exercise. Five hundred years ago in Europe, large disorganized games in the street were common. Sometimes people were hurt or killed playing these games.
> *competition 경기, 경쟁 / *disorganized 무질서한

① 논설문
② 홍보문
③ 문의문
④ 설명문

05 해설

축구에 대한 세계적인 관심과 인기와 함께 축구의 역사에 대해 언급하고 있다. 이 글은 축구의 인기와 역사를 설명하는 설명문이다.

해석

틀림없이, 축구는 세계에서 가장 인기 많은 스포츠이다. 200개국 이상에서 온 대략 2억 5천만 명 정도의 사람들이 정기적으로 축구를 한다. 대략 35억 정도의 팬들이 축구 경기를 본다. 중요한 국제 경기 동안, 축구는 세계에서 가장 많은 텔레비전 시청자를 보유한다. 축구는 새로운 운동 경기가 아니다. 역사가들은 축구가 어디에서 혹은 언제 시작되었는지 정확하게 알지 못한다. 세계 사람들은 오래전부터 축구 형태의 경기를 했다. 예를 들어, 중국에서는 거의 2,000년 전에, 군사들이 운동의 한 부분으로 공을 찼다. 유럽에서는 500년 전에 거리에서 거대한 비조직화된 경기들이 일반적이었다. 때때로 사람들은 이 경기를 하다가 다치거나 죽기도 했다.

정답 05 ④

06 해설

발표하기 전, 발표로 인해 생길 수 있는 긴장감을 극복하는 데 도움이 될 만한 조언 세 가지를 언급하고 있다. 첫 문장에서 이글의 목적이 비교적 명확하게 언급되어 있어 어렵지 않게 답을 선택할 수 있는 문제이다.

해석

당신이 발표를 해야 할 때, 긴장을 극복하는 방법에 관한 조언이 여기에 있다. 준비는 당신이 발표 전에 일반적으로 느끼는 긴장감을 없애는 데 중요하다. 첫째, 집에서 개인적으로 거울 앞에서 발표 연습을 하라. 일단 편안한 환경에서 발표에 부담이 줄어들면 가족과 친구에게 시험 삼아 발표 연습을 하라. 발표 후에 가능한 한 많은 피드백을 활용하라. 왜냐하면 실제 발표에서 사람들은 같은 부분을 알아차릴 것이기 때문이다. 이러한 과정을 거치면 당신은 발표 내용에 대해 자신감을 얻을 수 있게 된다. 기억해야 할 마지막 내용은 긴장하는 것은 일반적이라는 점이다. 긴장감이 당신을 압도하도록 하지 마라.

06 다음 글을 쓴 목적으로 가장 적절한 것은?

Here are some tips on how to get over your nerves when you are about to do a presentation. Preparation is the key to removing the nerves you normally feel before a presentation. First, practice your presentation in front of a mirror privately at home. Once you feel comfortable with your presentation in a safe environment, try giving it to your family and friends. After your presentation, utilize their feedback as much as you can because people at the real presentation will notice the same things. By pursuing this route, you can gain confidence with the material in your presentation. One last thing to remember is that feeling nervous is normal. Just don't let it overwhelm you.

*nerve 긴장 / *utilize 이용하다 / *confidence 자신감 / *overwhelm 압도하다

① To encourage people to talk about human feelings
② To give advice on how to get over one's nerves before a presentation
③ To point out what causes nerves before a presentation
④ To explain how to persuade audiences during a presentation

정답 06 ②

07 다음 글을 쓴 목적으로 가장 적절한 것은?

Here is what you should do. Stay indoors, keep warm, and keep away from other people as much as possible so you don't pass on the infection. Have plenty to drink – water, milk, fruit drinks. If you feel chilly or feverish, try aspirin every 4 hours during the day. And rest as much as possible. Try to have 3 light meals a day. But don't force yourself to eat if you have lost your appetite.
*keep away from 멀리하다 / *infection 감염 / *chilly 오한이 나는, 으스스한

① to advise
② to question
③ to permit
④ to advertise

08 다음 글을 쓴 목적으로 가장 적절한 것은?

Most of us enjoy chocolate bars or ice cream cones as a snack. It is pleasing for our tongue, but it can affect our health. First of all, chocolate is high in fats and sugar. Eating too much chocolate, we will get fatter and it can lead to heart disease. In addition, chocolate can be addictive. Some people like the feeling of eating it so much that they may become too dependent on it. So we should be careful and limit the amount of chocolate we take.

① 초콜릿 구매를 독려하기 위해
② 초콜릿 맛의 장점과 단점을 알리기 위해
③ 초콜릿 섭취의 위험성을 강조하기 위해
④ 초콜릿 섭취 시 적절한 양 조절의 필요성을 알리기 위해

정답 07 ① 08 ④

주관식 문제

01 다음 글을 쓴 목적을 암시하는 문장을 글에서 찾아 쓰시오.

> Winds are beneficial for us. Though we cannot see them, winds are there to help different creatures in nature. They carry the seeds of plants to other places. The seeds are carried away to new places, dropped in soil and then are able to grow there. Thanks to the winds, we can breathe clean air given from plants in different areas. Winds help us in another way, too. We get electricity through windmills. Wind power is a good source of energy because it is cheap and clean. Therefore, countries such as the United States, China and Germany have a great interest in using winds effectively.
> *creature 생명체 / *windmill 풍차

---

01 정답
Winds are beneficial for us.

해설
바람이 우리의 일상에 주는 유익한 점을 언급한 글이다. 바람은 우리 주변 생명체가 번식하고 생존하는 데 역할을 하고, 우리가 호흡하고 또한 우리가 사용할 수 있는 전기를 생산하는 데 도움을 준다. 이와 같은 바람의 이점을 압축하여 언급하고 있는 문장은 "Winds are beneficial for us."라고 할 수 있다.

해석
바람은 우리에게 유익하다. 비록 우리는 바람을 볼 수는 없지만 바람은 자연에서 다양한 생명체를 돕는다. 그들은 식물의 씨앗을 다른 장소로 옮겨준다. 이 씨앗들은 새로운 장소로 옮겨져서 흙에 내려앉아 그곳에서 자랄 수 있다. 바람 덕분에 우리는 다른 장소에 있는 식물들이 내뿜는 깨끗한 공기를 마실 수 있다. 바람은 또한 다른 방법으로 우리를 돕는다. 우리는 풍차로부터 전기를 얻는다. 풍력은 저렴하고 깨끗하기에 바람직한 에너지 원천이다. 따라서 미국, 중국, 독일과 같은 나라는 바람을 효율적으로 사용하는 데 많은 관심이 있다.

02 다음 글의 목적에 적합하도록 빈칸에 들어갈 알맞은 단어를 주어진 첫 자로 시작하여 쓰시오.

> It is important to remember that it is never i____ to shake off an old habit and form a new one. Once a habit has been acquired, it has almost compulsive power over us. But human habits are freely acquired by the choice we make, and can be got rid of and replaced by making other choices.

02 **정답**
impossible

해설
오래된 습관을 버리고 그치는 일이 절대 불가능한 것은 아니라는 점을 언급하고 있다. 따라서 빈칸에 들어갈 가장 적절한 단어는 impossible 이다.

해석
오래된 습관을 버리고 새로운 습관을 형성하는 일이 절대 불가능한 것은 아니라는 점을 기억하는 것은 중요하다. 일단 습관이 습득되면, 그것은 우리에게 강제적인 힘을 행사한다. 하지만 인간의 습관은 우리가 하는 선택에 의해 자유롭게 습득되고, 다른 선택을 해서 오래된 습관은 없어지거나 새로운 습관으로 대체될 수 있다.

제2장 주제 파악 : 주제문, 제목, 중심소재

01 다음 글의 주제로 가장 적절한 것은?

> We cannot possibly understand the actions of other groups if they are analyzed in terms of our motives and values; we must interpret their behavior in the light of their motives and values if we are to understand them. All cultures are equally valid and any culture deserves respect. An act which is immoral in one culture may not be so in another. But it is meaningless to ask which is right, for all are equally right. Any attempt to judge one culture by the standards of another is sheer ethnocentrism.
> *ethnocentrism 민족중심주의

① 도덕적 행동의 당위성
② 문화의 우수함과 열등함
③ 보편적 가치에 대한 이해
④ 문화상대주의 태도의 필요성

---

01 해설

모든 문화는 그 문화만의 고유한 가치와 의미가 있다는 점에서 타 문화의 기준과 가치로 상대 문화를 판단하려는 시도는 민족중심주의적 태도라고 언급한다. 이로 보아 문화상대주의 관점과 태도로 상대 문화를 이해하도록 노력해야 한다는 것이 글의 주제이다.

해석

타 집단의 행동이 우리의 동기와 가치 관점에서 분석된다면 우리는 아마도 타 집단의 행동을 이해할 수 없을 것이다. 만일 우리가 그것들을 이해하고자 한다면 우리는 그들의 동기와 가치 측면에서 그들의 행동을 해석해야 한다. 모든 문화는 똑같이 타당하며 어떠한 문화도 존중받을 만한 가치가 있다. 한 문화에서 부도덕한 어떠한 행동이 다른 문화에서는 수용될 수도 있다. 그러나 모든 문화는 똑같이 적절하므로 어떤 문화가 적절한가를 묻는 일은 무의미하다. 다른 문화의 기준으로 한 문화를 판단하려는 모든 시도는 전적으로 민족중심주의이다.

정답 01 ④

02 다음 글의 주제로 가장 적절한 것은?

Man is but a reed, the most feeble thing in nature; but he is a thinking reed. The entire universe does not need to arm itself to crush him. A vapor, a drop of water suffices to kill him. But, if the universe were to crush him, man would still be more noble than that which killed him, because he knows that he dies and the advantage which the universe has over him; the universe knows nothing of this. All our dignity consists, then, in thought. By it we must elevate ourselves and not by space and time which we cannot fill. Let us endeavor, then, to think well; this is the principle of morality.

*reed 갈대 / *suffice 충분하다 / *dignity 위엄

① Man knows his morality.
② Man is nothing but a reed.
③ Man can never fill time and space.
④ Man is great because of thinking ability.

02 해설

글에 따르면, 인간이 우주에 존재하는 다른 만물과 달리 존엄하고 고상한 근본적 이유는 바로 사고하는 능력이 있다는 점이다.

해석

인간은 자연에서는 그저 가장 연약한 갈대이다. 그러나 생각하는 갈대이다. 온 우주가 인간을 파멸하기 위해 무장할 필요는 없다. 한 방울의 물, 수증기만으로도 인간을 없애기에는 충분하다. 그러나 만일 우주가 인간을 파멸시킨다면 인간은 그를 죽인 그 우주보다 여전히 더욱 고귀할 것이다. 왜냐하면 인간은 죽는다는 점과 우주가 인간에 대해 가진 이점을 잘 알고 있기 때문이다. 그러나 우주는 이것에 대해 아는 것이 없다. 인간의 모든 존엄함은, 그러므로, 생각 속에 존재한다. 우리가 채울 수 없는 공간과 시간이 아닌 생각으로 우리는 우리 자신을 고상하게 해야 한다. 그럼, 이제 생각하도록 노력해보자. 이것이 도덕의 원리다.

정답 02 ④

03 해설

글에 따르면, 인간과 동물이 소유하고 있는 두려움과 고통은 그들의 안전을 지켜주는 파수꾼이다.

해석

두려움과 고통이 적절하게만 사용된다면, 두려움과 이것의 동반자인 고통은 인간과 동물이 가지고 있는 가장 유용한 것 중 두 가지이다. 불이 탈 때 상처를 입히지 않으면, 아이들은 손이 탈 때까지 불을 가지고 놀려고 할 것이다. 마찬가지로, 만일 고통은 있지만 두려움이 없다면 아이는 반복해서 화상을 입을 것이다. 왜냐하면 이전에 이것을 태워 없앴던 불에서 멀리 떨어지라고 두려움은 경고하지 않을 것이기 때문이다. 실제로 두려움이 없는 군인은 곧 죽을 것이기에 훌륭한 군인은 아니다. 죽은 군인은 자신의 부대에는 무용하기 때문이다. 따라서 두려움과 고통은 만일 그것이 없었다면 인간과 동물이 곧 사멸했을지도 모를 두 개의 안전장치인 셈이다.

03 다음 글의 주제로 가장 적절한 것은?

Fear and its companion pain are two of the most useful things that men and animals possess, if they are properly used. If fire did not hurt when it burnt, children would play with it until their hands were burnt away. Similarly, if pain existed but fear did not, a child would burn itself again and again, because fear would not warn it to keep away from the fire that had burnt it before. A really fearless soldier is not a good soldier, because he is soon killed; and a dead soldier is of no use to his army. Fear and pain are therefore two guards without which men and animals might soon die out.

*companion 동료, 동반자 / *die out 사멸하다

① 두려움과 고통의 가치를 이해해야 한다.
② 두려움과 고통의 해악에서 벗어나야 한다.
③ 두려움이 없는 군인은 고통의 가치를 안다.
④ 두려움과 고통을 통해 불의 위험을 알려야 한다.

정답 03 ①

04 다음 글의 주제로 가장 적절한 것은?

> In any matter of which the public has imperfect knowledge, public opinion is as likely to be erroneous as is the opinion of an individual equally uniformed. To hold otherwise is to hold that wisdom can be got by combining many ignorances. A man who knows nothing of algebra cannot be assisted in the solution of an algebric problem by calling in a neighbor who knows no more than himself, and the solution approved by the unanimous vote of a million such men would count for nothing against that of a competent mathematician.
>
> *erroneous 잘못된 / *algebra 대수학 / *unanimous 만장일치의

① Public opinion tends to be erroneous.
② A unanimous vote is not always right.
③ Public opinion should always be valued.
④ The opinion of an individual counts for much.

04 해설

글에 따르면, 무지한 자들의 대중적 의견이 언제나 올바른 것은 아니다. 때로는 한 명의 현자가 지닌 의견이 무지한 다수의 의견보다 정확하고 가치 있을 때가 있다. 따라서 "만장일치의 생각(투표)이 언제나 옳은 것은 아니다."라는 ②가 적절하다.
① 대중의 의견은 잘못된 경향이 있다.
③ 대중의 의견은 언제나 가치 있어야 한다.
④ 한 개인의 의견은 아주 중요하다.

해석

대중이 완벽하게 알지 못하는 어떠한 문제의 경우, 대중의 의견은 똑같이 균일화된 개인의 의견만큼이나 잘못된 것일 가능성이 있다. 그렇지 않다고 생각하는 것은 많은 무지가 합쳐지면 지혜를 얻을 수 있다고 주장하는 것이다. 대수학에 대해 아무것도 알지 못하는 사람은 자신만큼 알고 있는 주변인에게 부탁해서 얻은 대수학 문제의 해결책으로는 도움을 받을 수 없고, 그런 사람들 백만 명의 만장일치 표결로 받아들여진 해결책이 있다 해도 그것은 한 유능한 수학자의 해결책에 비해 아무런 가치가 없을지도 모른다.

정답 04 ②

05 **해설**

글에 따르면, 기업은 브랜드명과 로고의 상표 등록을 통해 기업의 가치 있는 자산인 브랜드명과 로고를 보호할 수 있다.

해석

기업은 상표 등록을 통해 브랜드명과 로고를 보호할 수 있다. 미국에서는 연방 기관인 상무부에 의해 이러한 보호를 보장받는다. 당신이 상표를 등록한 후에는 허가 없이 어느 누구도 당신 기업의 이름과 로고를 사용할 수 없다. 이것은 당신의 가치 있는 상표를 가짜로부터 지키는 것을 목표로 한다. 또한 그것은 당신 기업 이미지에 나쁜 영향을 줄 수 있는 방법으로 상표를 이용하는 것을 금지하기도 한다.

05 다음 글의 주제로 가장 적절한 것은?

> A business can protect its brand name and its logo by getting them trademarked. In the United States, this protection is granted by a federal agency, the Department of Commerce. After you register your trademark, no one can use your name or logo without permission. This is meant to keep your valuable mark off fake goods. It also prohibits the trademark's use in ways that might damage your company's image.
>
> *trademark 상표, 상표로 등록하다

① 브랜드명과 로고는 기업 이미지와 밀접한 관련이 있다.
② 기업과 정부 기관은 브랜드와 로고 보호를 위해 협업해야 한다.
③ 상표 등록을 통해 브랜드명과 로고를 보호할 수 있다.
④ 상표와 로고를 보호하는 일은 기업의 관심에 달려 있다.

정답 05 ③

06 다음 글의 제목으로 가장 적절한 것은?

American consumers often belong to multiple loyalty programs, yet most people participate actively in only a few. Companies are interested in understanding the reasons behind this behavior. The most successful loyalty programs have several features in common. They are simple and easy to understand, but most important, their rewards are attainable. Customers receive rewards often enough that they see the benefit of remaining loyal to the company. The programs not only keep customers buying the company's products or services, they also provide the company with valuable information about their customers' behavior and preferences.

① Keeping your customers
② Making loyalty programs
③ Giving rewards attainable
④ Understanding features of loyal customers

06 해설
성공적인 로열티 프로그램의 특징을 언급하면서 궁극적으로 로열티 프로그램은 고객을 유지하는 데 효과적인 전략이란 것을 전달하는 글이다.

해석
미국 소비자들은 종종 여러 개의 로열티 프로그램에 가입해 있지만 대부분 적극적으로 참여하는 건 몇 개 되지 않는다. 기업들은 이러한 행동 이면에 있는 이유를 이해하는 데 관심이 있다. 가장 성공적인 로열티 프로그램은 공통적으로 몇 가지 특징을 갖는다. 그것들은 이해하기 쉽고 간단하지만 가장 중요한 점은 보상이 실현 가능하다는 점이다. 고객들은 그 기업에 단골로 남는 것의 이점을 충분히 알 정도로 빈번하게 보상을 받는다. 로열티 프로그램은 고객들이 그 회사 제품을 계속 구매하도록 할 뿐 아니라 고객들의 행동과 선호에 관한 가치 있는 정보를 제공한다.

정답 06 ①

07 **해설**

현대 사회에서 전문화 교육의 필요성을 언급하는 글이다. 따라서 중심 내용을 잘 압축하고 있는 표현은 ④이다.

해석

전통적으로 대학은 깊이 있게 교양 교육을 제공하는 것을 목표로 삼아 왔다. 특화된 학습은 전문 분야, 공공기관, 산업 그리고 상업 분야의 직업을 갖기 위해 졸업생들이 대학을 떠나자마자 알게 될 정도로 충분히 필수적인 것으로 간주된다. 졸업생들은 전문가가 되어야 하지만 현대 지식의 방대함은 그들이 하나 혹은 두 개 이상의 과목에서 전문가가 되는 것을 막는다. 다시 말하지만, 누군가는 유일한 방법이라고까지 말하곤 했던 그것, 바로 제한된 분야에 대한 집중적인 학습은 정신(마음)을 훈련하는 최선의 방법으로 여겨진다.

정답 07 ④

---

07 다음 글의 제목으로 가장 적절한 것은?

> Universities have by tradition aimed at providing a liberal education in depth. Specialized study is thought necessary in order that graduates may know enough on leaving the university to take up posts in the professions, in the public services, and in industry and commerce. They need to be experts, and the vastness of modern knowledge prevents them from being experts in more than one or two subjects. Again, the intensive study of a limited field is believed to be the best way, some would say the only way, of training the mind.
> *liberal education 교양교육 / *vastness 방대함

① Role of liberal education
② Training the mind in university
③ The vast knowledge and experts
④ Necessity of specialized study in modern society

08 다음 글의 제목으로 가장 적절한 것은?

There is a difference of opinion as to whether a person should choose his vocation in high school or wait until he is older. The advantages of choosing one's vocation in high school are early preparation and better motivation to master one's studies. Generally speaking, students who have chosen their vocation do better in their studies than those who have not. The advantages of waiting until older, say, until the second year in college, are greater opportunity to learn about various vocations and about one's own interests and abilities. The breadth of culture that comes from not specializing too early should not be overlooked.

*breadth 폭, 다양성 / *overlook 간과하다

① 직업 선택의 시기와 장점
② 전문가가 되는 직업 선택 방법
③ 직업의 기회 균등과 연령의 관계
④ 고등학교와 대학에서의 직업 선택

08 해설

글에 따르면, 직업을 선택하는 가장 적절한 시기에 대한 이견은 존재하지만 각 의견마다 주장하는 장점은 타당하다.

해석

고등학교 때 직업을 선택해야 한다는 주장 혹은 나이 들 때까지 기다려야 한다는 주장에 대한 의견 차이가 존재한다. 고등학교 때 직업을 선택하는 것의 장점은 선택한 분야의 학습을 일찍 준비하고 정복하고자 하는 긍정적 동기를 갖게 된다는 것이다. 일반적으로 말해서, 직업을 선택하지 않은 학생들보다 직업을 선택한 학생들이 학습 성과가 더 좋다. 한편, 대학 2학년까지 기다리는 것의 장점은 다양한 직업에 대해 그리고 자신의 관심과 능력에 대해 배울 수 있는 더 큰 기회라는 점이다. 너무 일찍 직업을 정하지 않는 것에서 오는 교양(견문)의 넓음을 간과해서는 안 될 것이다.

정답 08 ①

09 해설

아이가 언어를 알아차리게 되는 첫 번째 단계를 단어 'cat'을 인식하게 되는 과정을 통해 설명하는 글이다.

해석

매우 어린 아이가 무언가를 알아차리기 시작할 때, 아이는 실제로 시각, 촉각, 청각, 그리고 후각에 의해 사물을 알아차리게 된다. 아이는 검고, 부드러운 털이 있고, 꼬리를 똑바로 치켜세운 채 가볍게 걷는 어떤 것을 알아차린다. 그때 아이는 주변의 것들이 이 생명체의 모습과 관련지어 빈번하게 'cat'이라는 소리를 만든다는 것을 인식하게 되고, 점차 아이는 검정색, 부드러운 털 모양이 고양이라고 불린다는 확신을 갖게 된다.

09 다음 글의 제목으로 가장 적절한 것은?

When the very young child begins to notice things he becomes physically aware of them by means of his senses of sight, touch, hearing, and smell. He recognizes a certain black, smooth-furred, soft-treading shape, with an erect tail. He then becomes aware that those around him frequently make the sound 'cat' in connection with the appearance of this creature, and so he gradually gets the conviction that the black, smooth-furred shaped is called a cat.

*soft-treading 가볍게 걷는 / *erect 곧게 선

① The Step to Socialization
② The Physical Recognition of a Cat
③ The First Step to Language Learning
④ The Gradual Conviction of a Young Child

10 해설

Hargrove씨는 지금 같이 사는 아내가 매우 악처여서 자기가 죽어도 슬퍼하지 않을 테니, 재혼하면 재혼한 남자가 그 여자에게 시달리다 전 남편의 안타까움을 이해하고 자기의 죽음을 슬퍼해 줄 것이라 믿는다.

해석

"Hargrove씨, 전 정말 유언장에 있는 이 조항이 이해가 안 됩니다." 하고 그의 변호사가 말했다. "그게 어떤 조항이죠?" "부동산의 일부를 받기 전에 아내가 재혼해야 한다는 내용을 규정하고 있는 조항 말입니다. 왜 당신은 아내가 재혼해야 한다고 주장하시나요?" "글쎄요," 하고 Hargrove씨가 답했다, "제가 죽으면 애도하지 않는다는 것은 안타까운 일이죠. 전 누군가(재혼한 남자)가 제가 죽은 것을 슬퍼하길 원합니다."

10 다음 글의 제목으로 가장 적절한 것은?

"Mr. Hargrove, I really don't understand this provision in your will," said his lawyer. "Which provision is that?" "The one that stipulates that your wife must remarry before receiving any part of your estate. Why do you insist she remarry?" "Well," replied Hargrove, "it's a pity for a man to go unmourned. I want somebody to be sorry I died."

*provision 조항 / *stipulate 규정하다, 고찰하다

① 악처
② 불쌍한 아내
③ 선량한 남편
④ 교활한 변호사

정답 09 ③ 10 ①

11 다음 글의 중심소재로 가장 적절한 것은?

The American educational system, like that of any other country, has grown up to meet the needs of the particular environment in which it developed, and it reflects the history of the country. Thus it differs somewhat from the systems of other countries. Perhaps its most distinctive feature is its emphasis on the education of the masses rather than on the education of the intellectuals. The philosophy of the American educational system is that a democracy depends on a fully informed electorate, and that therefore each citizen should receive the best education that it is possible for him to receive. As a result, in America most children in the same community attend school together from kindergarten through high school regardless of differences in their intellectual ability or in family background.

*informed 배운 / *intellectuals 지식인

① Democracy
② Education and history
③ The best education
④ Equality of opportunity

11 해설

모든 이들에게 교육의 기회를 공평하게 제공한다는 미국 교육체계의 가장 주목할 만한 특징을 소재로 전개된 글이다. 따라서 미국 교육체계 자체를 설명하고 안내하는 글은 아니다.

해석

다른 나라의 교육체계처럼, 미국의 교육체계도 교육이 발전된 특별한 맥락의 요구를 충족하면서 성장해왔고, 교육체계는 그 나라의 역사를 반영한다. 따라서 미국의 교육체계는 다른 나라의 체계와는 다소 차이가 있다. 아마도 가장 주목할 만한 특징은 지식인을 위한 교육이 아닌 대중의 교육에 강조점을 두는 것이다. 미국 교육체계 철학은 민주주의는 교육받은 선거인의 손에 달려있다는 점이다. 따라서 시민 각자는 자신이 받을 수 있는 최고의 교육을 받아야만 한다. 결과적으로 미국의 같은 공동체 내 대부분의 아이들은 그들의 지적 능력의 차이 또는 가족 배경과는 무관하게 유치원부터 고등학교까지 함께 학교에 다닌다.

정답 11 ④

12 **해설**

우리는 디지털 기술 기반으로 만든 디스크와 테이프 같은 장치에 저장해놓은 정보에 미래 언젠가에는 접근할 수 없게 되어 우리의 과거에 관한 정보가 사라지게 될 수도 있다고 이 글은 제시한다. 즉, 이 글은 Digital dark ages를 중심소재로 삼아 전개한 글이다.

해석

사실, 우리의 시나리오에서 디스크와 테이프를 발견했던 사람들은 그나마 다행일지도 모른다. 왜냐하면 디스크와 테이프는 실제로 존재하는 것이기 때문이다. 웹상에 있는 정보는 훨씬 더 취약하다. 이것은 완전히 디지털화되어 있어서 순식간에 사라질 수 있다. 이것이 2000년대 초반 기술 전문가들을 걱정하게 만든 문제이다. 그들은, 정보를 보존할 더 나은 방법이 없다면, 미래 세대는 아마도 우리 시대를 "디지털 암흑시대"로 회상할지도 모른다고 우려했다. 만일 현 상황이 지속된다면, 미래 세대는 아마도 우리의 삶과 세상에 대한 디지털 기록에 접근하지 못할지도 모른다.

12 다음 글의 중심소재로 가장 적절한 것은?

In fact, the people who found the discs and tapes in our scenarios would be lucky because discs and tapes are physically real. Information on the Web is much more vulnerable; it is completely digital and can disappear in a flash. This is a problem that began to worry technology experts in the early 2000s. They became concerned that, without better ways of preserving information, future generations might look back on our times as the "digital dark ages." If current practices continue, future generations may not have access to the digital record of our lives and our world.

① Discs and CDs
② Digital dark ages
③ Preserving information
④ Digital technology

정답 12 ②

13 다음 글의 중심소재로 가장 적절한 것은?

An increasing number of aspiring business owners have found a way to take a first step that makes this transition from hobby to business more gradual, less expensive, and less risky. They are taking their dreams and talents on the road – in trucks. The first entrepreneurs to do this were in the food business. In recent years, a wave of food trucks have arrived on the scene, serving everything from gourmet muffins to empanadas to Korean tacos. Food trucks became a way for aspiring chefs to try out recipes and test the waters before making a big investment in a traditional, brick-and-mortar business.

① Business owners
② Recipes and gourmet food
③ Food trucks
④ Brick-and-mortar business

---

13 **해설**

글에 따르면, 자신의 취미를 살려 덜 비싸고, 덜 위험한 창업을 계획하는 사람들의 첫 번째 선택은 바로 Food trucks이다. 따라서 글의 중심소재는 Food trucks이라 할 수 있다.

해석

점점 더 많은 수의 열정을 가진 사업가들이 취미에서 사업으로 천천히, 덜 비싸게, 덜 위험하게 이동하도록 하는 첫 발걸음을 내딛는 방법을 찾고 있다. 그들은 꿈을 갖고 거리 위에서, 트럭에서 능력을 보이고 있다. 이것을 했던 최초의 사업가는 음식 사업에 있었다. 최근 맛있는 머핀에서부터 엠파나다 그리고 한국식 타코까지 모든 음식을 판매하면서 푸드 트럭의 물결은 이미 우리 생활 속으로 들어왔다. 푸드 트럭은 열정 있는 요리사들이 전통적 방식의 매장을 갖춘 식당에 대규모 투자를 하기 전에 그들의 요리법을 시도해보고 맛을 검증하는 방법이 되고 있다.

정답 13 ③

주관식 문제

01 다음 글의 주제문을 아래와 같이 작성할 때, 괄호 안에 들어갈 가장 적절한 단어를 글에서 찾아 쓰시오. (단, 필요하면 어형을 변형시킬 것)

There is a time factor involved in understanding. The cleverest possible statement of a matter may not be grasped by the listener because his mind doesn't have time to develop it, unfold it, get a grip on it. If he could have the statement before him in print so that he could reread it and study it, he might readily come to understand it. And often the full meaning of a statement is not grasped at once because the listener needs time to relate it and compare it with what he knows. If a significant thought is thrown at him like a sudden dash of water, it may splash off without wetting the surface of his mind. It takes time for something to soak in.
*grasp 이해하다, 잡다 / *splash 튀기다, 착수하다

→ It takes (㉠) for a statement of a matter to be fully (㉡).

---

01 정답
㉠ time, ㉡ understood

해설
가장 현명한 말이라 해도 이것을 이해하기 위해서는 충분한 시간이 필요하다는 글이다. 따라서 ㉠에는 핵심어인 time이 적절하고, ㉡에는 understand의 수동형인 understood가 적절하다.

해석
이해와 관련된 시간 요인이 있다. 어떤 문제에 대한 가장 현명한 진술이 청자에 의해 이해되지 않을지도 모른다. 왜냐하면 청자의 정신이 그것을 전개하고 열고 이해할 시간이 없기 때문이다. 만일 그가 다시 읽고 공부하기 위해 그의 앞에 인쇄된 진술문을 가질 수 있다면, 그는 아마도 쉽게 그것을 이해하게 될지도 모른다. 청자가 진술을 그가 알고 있는 것과 연결하여 비교할 시간이 필요하기 때문에 종종 어떤 진술의 완전한 의미는 즉시 이해되지 못하기도 한다. 만일 의미 있는 생각이 갑작스러운 물방울처럼 그에게 던져지게 되면 그것은 정신의 표면을 적시지 않고 곧 튀어버릴지도 모른다. 무언가를 이해하려면 시간이 필요하다.

02 다음 글의 제목을 아래와 같이 작성할 때, 괄호 안에 들어갈 적절한 단어를 글에서 찾아 쓰시오.

> All the effects which science produces are the outcome of the knowledge it provides. As the knowledge is accumulated, Man becomes increasingly able to mold his physical environment, his social milieu and himself into the forms which he considers best. In so far as he is wise, this new power is beneficial; in so far as he is foolish it is quite the reverse. If, therefore, a scientific civilization is to be a good civilization it is necessary that increase in knowledge should be accompanied by increase in wisdom.
>
> → Man's (㉠) and Scientific (㉡)

02 **정답**
㉠ Wisdom, ㉡ Knowledge

해설
과학적 지식이 인간에게 유익해지려면 이것을 현명하게 활용할 수 있는 인간의 지혜가 필요하다는 글이다. 이러한 점에서 이 글의 제목은 "Man's Wisdom and Scientific Knowledge"가 적절하다.

해석
과학이 산출하는 모든 효과는 과학이 제공하는 지식의 결과물이다. 지식이 축적됨에 따라 인간은 점진적으로 물리적 환경, 사회적 환경 그리고 자신을 그가 가장 좋다고 생각하는 형태로 만들 수 있다. 인간이 현명하다면 이러한 새로운 힘은 이로울 것이지만, 인간이 어리석다면 분명 그 반대일 것이다. 따라서 만일 과학적 문명이 훌륭한 문명이 되려면 지식의 증가는 지혜의 증가와 함께해야 한다는 점은 필수적이다.

03 다음 글의 중심내용을 이해하여 빈칸에 들어갈 주어진 첫 자로 시작하는 단어를 쓰시오.

> Laughter is s____. We laugh more when we are with other people. Studies find that we are 30 times more likely to laugh with other people than alone. Laughter is also contagious. When one person laughs, other people begin to laugh, too. People connect to each other with laughter. It is difficult to pretend to laugh. Laughter is h____. Try to laugh right now. It's difficult, isn't it? When people pretend to laugh, most people know it's not real. Studies show that people don't like the sound of fake laughter.

03 **정답**
social, honest

해설
사람과의 상호작용에서 더 많이 웃게 되고 그러한 웃음은 상호작용하는 동안 다른 사람에게 옮겨진다는 점에서 첫 번째 빈칸에 들어갈 적절한 단어는 social이다. 한편, 억지로 웃거나 웃는 척을 한다는 것이 어렵다는 점에서 두 번째 빈칸에 들어갈 적절한 단어는 honest이다.

해석
웃음은 사회적이다. 우리는 다른 사람과 함께 있을 때 더 많이 웃는다. 여러 연구에서 우리가 혼자 있을 때보다 다른 사람과 함께 있을 때 30배는 더 많이 웃는 경향이 있다는 점을 발견했다. 웃음은 또한 전염된다. 한 사람이 웃을 때, 다른 사람도 역시 웃기 시작한다. 사람들은 웃음으로 서로서로 연결된다. 웃는 척을 하는 것은 어려운 일이다. 웃음은 정직하다. 지금 당장 웃으려고 노력해 보아라. 어렵다, 그렇지 않나? 사람들은 웃는 척을 할 때, 대부분은 이것이 진짜 웃는 게 아니라는 것을 안다. 연구는 사람들은 가짜 웃음소리를 좋아하지 않는다는 점을 보여준다.

04 다음 글의 주제를 우리말로 쓰시오.

Two resourceful psychologists at the University of Nevada have made splendid progress in vocabulary development in chimpanzees. Following a number of abortive attempts to teach French, German, or English to chimps the researchers preserved until they hit upon the American Sign Language system that is often used by deaf persons. They have had to modify the language somewhat in order to accommodate the animals' spontaneous gestures. With a mix of innate movements and learned ones, some laboratory chimps now have an extensive vocabulary.

*abortive 실패한 / *spontaneous 자발적인, 자연스러운

04 정답
연구자들은 미국 수어 체계를 활용하여 침팬지 어휘 학습을 가능하게 했다.

해설
글에 따르면, 침팬지에게 언어를 가르치려는 연구자들의 오랜 노력이 결국 침팬지의 어휘 발달 연구에 기여한 바가 크다. 기존 언어 체계 대신 수어 체계를 활용하여 침팬지의 어휘 학습을 가능하게 하였다. 위에서 언급한 중심내용을 토대로 "연구자들은 미국 수어 체계를 활용하여 침팬지 어휘 학습을 가능하게 했다."로 주제문을 작성할 수 있다.

해석
네바다 대학의 재능 있는 두 심리학자들이 침팬지의 어휘 발달 연구에 있어서 상당한 발전을 이루었다. 프랑스어, 독일어, 또는 영어를 침팬지에게 가르치려는 많은 시도가 실패한 후에, 연구자들은 인내심을 갖고 계속 연구하여 마침내 청각장애인이 종종 이용하곤 하는 미국 수어 체계를 생각해냈다. 그들은 이 언어를 동물의 자연적인 몸짓에 맞추기 위해 약간 수정해야 했다. 몇몇 실험실 침팬지들은 타고난 동작과 학습된 동작을 합쳐 이제는 폭넓은 어휘를 갖게 되었다.

05 다음 글에서 전하고자 하는 교훈을 우리말로 쓰시오.

A donkey was one day walking along a pond. He slipped and fell into the pond. It was only a shadow pond, but as he had a heavy load on his back, he could not stand up. "Help! Help!" cried the donkey in a pitiful voice. The frogs all around came to him and said coldly, "What a fool you are to make such a fuss! Just think of us. We are always living here."
*fuss 소동, 난리

05 정답
(둘 중 하나를 작성하면 정답)
- 우리는 자신의 입장에서 상대를 판단하려는 경향이 있다.
- 상대방 입장에서 타인을 이해해야 한다.

해설
당나귀와 개구리 각각의 입장을 생각해보면 연못에 빠진 당나귀는 연못을 위험하다고 판단하는 반면, 연못에서 사는 개구리는 연못을 안전한 곳이라고 본다. 다시 말해, 우리는 자신의 입장에서 상대를 판단하려는 경향이 있다. 따라서 이 글은 "상대의 입장에서 그를 이해해야 한다."라는 교훈을 전하고 있다.

해석
당나귀 한 마리가 어느 날 연못을 따라 걷고 있었다. 그 당나귀는 미끄러져 연못에 빠졌다. 그 연못은 얕은 연못에 불과했으나, 당나귀는 등에 무거운 짐을 지고 있었기 때문에 일어날 수가 없었다. "도와주세요! 도와주세요!" 하고 그 당나귀는 가엾은 목소리로 외쳤다. 주위에 있던 개구리들이 그에게 와서, "이렇게 소동을 피우다니 당신은 정말 멍청하군요! 우리들을 생각해 보세요. 우리는 항상 여기 살고 있지 않나요." 하고 냉정하게 말했다.

제3장 내용 파악 : 요지, 내용 일치 및 불일치

01 다음 글의 요지로 가장 적절한 것은?

> The very term boycott has become a dirty word in Hollywood – one of the few dirty words that the industry is reluctant to pronounce. Yet there is nothing intolerable or undemocratic about boycotts. They are nothing more than an attempt to deploy private buying power to serve a public purpose, by organizing consumers to discourage irresponsible corporate behavior. Let advertisers know you are offended by certain TV programs and find it irresponsible of them to support those shows.
> *intolerable 용납할 수 없는, 참을 수 없는 / *deploy 전개하다, 배치하다

① 보이콧은 소비자들에게 불편을 주므로 피해야 한다.
② 보이콧은 비민주적인 행위이나 때때로 할 필요가 있다.
③ 보이콧은 할 필요성이 있는 바람직한 행동이다.
④ 보이콧은 광고주에게 기회를 줄 수 있다.

01 해설
필자는 보이콧이 공적인 목적으로 적절하게 사용된다면 무책임한 기업에 경종을 울리게 하는 방법일 수 있다고 생각한다.

해석
보이콧이라는 바로 그 용어는 Hollywood에서는 무례한 말 – 그 산업계가 입 밖에 꺼내기를 꺼려하는 몇 개의 무례한 말 중 하나 – 가 되었다. 그러나 보이콧에는 용납할 수 없거나 비민주적인 점은 없다. 보이콧이란 소비자들을 조직화해서 무책임한 회사의 행위를 단념시킴으로써, 공적인 목적을 달성하기 위해 사적인 구매력을 알맞게 사용하고자 하는 시도에 불과하다. 광고주에게 어떤 TV 프로그램에 당신이 화가 났다는 점을 알리고, 그들이 그런 프로그램들을 후원한 것이 무책임한 일이라는 것을 깨닫도록 하자.

정답 01 ③

02 **해설**

필자는 사막이 건조한 공기를 만드는 원천이라는 점에서 이는 지구 생태계가 조화롭게 살아가는 데 필수적인 요소라 생각한다.

해석

세계의 무더운 사막은 많은 유용한 용도를 제공한다. 실제로, 사막은 매우 많은 쓰임을 제공하여 인류의 이익에 절대적으로 필요하다고 말할 수 있다. 만일 자연이 사막을 만들지 않았더라면, 인간은 아마도 사막을 만들었을지도 모른다! 사하라 사막과 다른 대규모 사막은 세상의 여러 부분에 건조한 공기의 원천이다. 만일 "사하라 사막"이 없다면 세상의 습지대는 본래보다 훨씬 더 습할 것이다. 여름에 우리는 대부분의 시간을 땀 흘리며 보낼 것이다. 겨울에는 더 많은 안개와 연무가 있을 수도 있다.

02 다음 글의 요지로 가장 적절한 것은?

> The hot deserts of the world serve many useful purposes. Indeed, they serve so many purposes that you could say they are absolutely necessary to the good of mankind. If nature had not created the hot deserts, man might have had to do so! The Sahara and other large deserts are a source of dry air for other parts of the world. Were there no "Sahara," the moist areas of the world would be even moister than they are. In summer we would spend most of out time sweating. In winter there would be more mist or fog.
>
> *moist 습한, 촉촉한 / *mist 안개, 분무

① 건조한 사막은 지구 생태계에 필요한 요소이다.
② 사람들은 여러 목적으로 인공 사막을 만들기도 한다.
③ 사막의 증가는 황사를 발생시켜 공기를 오염시킨다.
④ 여름은 점점 더욱 무더워지고 겨울은 더욱 습해질 것이다.

정답 02 ①

03 다음 글의 요지로 가장 적절한 것은?

> We envy the girl at the party who can play the songs that make everyone gather around the piano. Or we think how lucky artists are to be able to turn out a clever sketch with a few lines. What we don't envy are the years they spent learning all the things they need to know if they are to perform consistently well.

① Artists and singers can do their job easily.
② We must not envy others for their good luck.
③ Artists must be lucky enough to be recognized.
④ To be something in any field is a hard job.

---

03 **해설**

④ "어떤 분야에서 무언가가 되는 것은 어려운 일이다."를 뜻한다. 필자는 피아노로 멋진 연주를 할 수 있는 연주가와 간결한 선으로 스케치를 완성해내는 예술가를 언급하면서, 특정 분야에서 두각을 나타내기 위해서는 특정 분야의 모든 것을 배우는 데 오랜 시간 꾸준하게 노력하는 태도가 필요하다고 주장한다. 이러한 필자의 주장을 적절하게 표현하고 있는 것은 ④이다.
① 예술가와 가수들은 그들의 일을 쉽게 할 수 있다.
② 우리는 그들의 행운을 부러워해서는 안 된다.
③ 예술가들은 인정을 받을 만큼 충분히 운이 있음에 틀림없다.

해석
우리는 파티에 있는 모든 사람을 피아노 주변으로 모여들게 하는 노래를 연주할 수 있는 그 소녀를 부러워한다. 혹은 우리는 몇 개의 줄로 솜씨 좋은 스케치를 증명할 수 있는 예술가들은 얼마나 행운이 있을까 하고 생각한다. 우리가 부러워하지 않는 것은 그들이 계속해서 그들의 일을 잘할 수 있기 위해 알아야 할 필요가 있는 모든 것을 배우는 데 보내는 시간이다.

정답 03 ④

04 해설

필자가 찾아간 치과에서 근무하는 의사는 필자와 고등학교 동창이었다. 다만 서로 너무 늙어서 서로를 알아보지 못하게 되었다. 의사와 환자는 졸업한 연도(1938년)가 같고 동창생이라는 점에서 ①·③·④는 적절하지 않다.

해석

몇 년 전에, 나는 새로운 치과를 다니기 시작했다. 첫 번째 진료를 위해 대기실에서 기다리는 동안 나는 그의 이름이 적혀있는 치과 의사 자격증을 보았다. 갑자기 나는 같은 이름의 키 크고, 잘생긴 소년이 40년 전에 고등학교 친구였다는 것이 기억났다. 그러나 안내를 받고 진료실로 들어가자마자, 나는 그런 생각을 빠르게 지웠다. 주름이 깊은 얼굴에 흰머리의 그 남자는 너무 늙어서 나의 동창은 아니었다. 그가 내 치아를 살펴본 후, 나는 그에게 지역 고등학교에 다녔는지 물어보았다. 그가 "네,"라고 답했다. "언제 졸업하셨죠?"라고 물었다. 놀랍게도 그는 "1938년입니다."라고 답했다. "이런, 네가 내 동창이었구나!"라고 나는 소리쳤다. 그는 나를 세심히 보더니 "무슨 과목을 가르치셨죠?"라고 물었다.

04 다음 글의 내용과 가장 일치하는 것은?

A few years ago, I started going to a new dentist. While waiting in his reception room for my first appointment, I noticed his certificate of dentistry, which bore his full name. Suddenly, I remembered that a tall, a handsome boy with the same name had been in my high-school class some forty years ago. Upon being ushered into his office, however, I quickly discarded any such thought. This gray-haired man with the deeply lined face was too old to have been my classmate. After he had examined my teeth, I asked him if he had attended the local high school. "Yes," he replied. "When did you graduate?" I asked. To my amazement, he answered, "In 1938." "Why, you were in my class!" I exclaimed. He looked at me closely and then asked, "What did you teach?"

*usher 안내하다

① 의사는 늙었지만 화자는 젊었다.
② 의사와 환자는 고등학교 동창이다.
③ 환자는 치과 의사의 고등학교 은사였다.
④ 의사와 환자는 동창이 아닌 서로 모르는 사이이다.

정답 04 ②

05 다음 글의 내용과 가장 일치하지 않는 것은?

In the memories which I retain of my early childhood my father appears clearly as the central figure around whom our family life revolved, whereas my mother's image is far less distinct. In fact the clearest recollection I have of her from that period, is of a quiet person who moved around slowly in the kitchen as she prepared our meals, and who was always present in time of crisis – such as waiting on my father during his periodical attacks of gout and tending my frequent cuts and bruises with calm efficiency. Complete calmness and apparent lack of emotion under any circumstances, in spite of almost constant discomfort, remained with her throughout her life. This resolute placidity was almost frightening at times.

*retain 가지고 있다 / *recollect on 회상, 추억 / *gout 통풍 / *tend 돌보다 / *placidity 평온

① 어머니는 육체적으로 힘든 생활을 했다.
② 어머니는 때때로 두려울 만큼 침착하셨다.
③ 어머니는 때때로 아버지로부터 잔소리를 들으셨다.
④ 어머니에 대한 기억은 아버지에 대한 기억보다 분명하지 않다.

05 해설

필자가 어머니에 대한 기억은 뚜렷하진 않지만, 필자는 어머니를 늘 가족을 위해 희생하시고 인내하셨던 분으로 회상하고 있다. 글에서 아버지가 어머니에게 잔소리를 했다고 언급된 내용은 없다.

해석

나의 유년 시절 기억 속에 아버지는 가족의 생활을 주도하셨던 중심인물로 또렷하게 나타나는 반면, 어머니의 모습은 훨씬 덜 분명하다. 사실 그 시기부터 어머니에 대해 내가 가지고 있는 가장 분명한 추억은 어머니는 우리의 식사를 준비하실 때 주방에서 천천히 돌아다니시고, 아버지가 정기적으로 통풍으로 힘들어하셨을 때 아버지 시중을 들거나 나의 빈번한 상처나 멍을 차분하게 돌봐주셨던 것과 같이, 힘든 시기에 늘 곁에 계셨던 조용한 분이셨다는 것이다. 거의 항상 불편하셨음에도 불구하고, 어떠한 상황에서도 차분함과 감정의 절제가 어머니의 인생 내내 지속되었다. 이 단호한 평온함이 때로는 무서울 정도였다.

정답 05 ③

06 해설

창의적 사고가 우리 일상에 미치는 긍정적 효과에 대한 글이다.
① 창의적 사고는 가용한 사실들 사이에서 이전에 알려지지 않은 것과 인식되지 않은 것 사이의 관계를 찾아내 해결책을 생각해내고 문제를 해결하는 일련의 과정이다.
② 토머스 에디슨, 우주 과학자나 셔츠를 다림질하는 새롭고 더 빠른 방법을 떠올리는 주부의 정신 과정에 똑같이 적용된다.
③ 기업은 생산성 있는 창의적 사고에 후한 대가를 지불한다. 즉, 기업의 성패는 창의적 사고에 긍정적 영향을 받는다.

해석

창의적 사고는 모든 가용한 사실을 연구하고, 그 사실들 사이에 이전에 알려지지 않은 것과 인식되지 않은 것 사이의 관계를 찾아내서 해결책을 생각해내어 문제를 해결하는 일련의 과정이다. 창의적 사고는 토머스 에디슨, 우주 과학자, 또는 셔츠를 다림질하는 새롭고 더 빠른 방법을 떠올리는 주부의 정신 과정에 똑같이 적용된다. 기업은 생산성 있는 창의적 사고에 후한 대가를 지불한다. 많은 분야 지도자들은 미래 세상의 긍정적 부분은 삶의 모든 측면에서 발전되고 제안되는 창의적 사고에 달려있다고 언급하고 있다. 누구나 기여할 수 있는 자신의 기회를 개선할 수 있다.

06 다음 글의 내용과 가장 일치하는 것은?

Creative thinking is a process of attacking a problem by studying all the available facts, then finding previously unknown or unrecognized relationships among them, and coming up with a solution. It applies equally to the mental process of a Thomas Edison, a space scientist, or a housewife hitting upon a new and faster way to iron a shirt. The business world pays generously for ideas, for productive creative thinking. Leaders in many fields have said that a good part of the world's future depends on the creative ideas developed and proposed for every aspect of living. Anyone can improve his chances of making a contribution.

① 창의적 사고는 구체적 사실에서부터 시작된다.
② 과학자와 주부의 창의적 사고 과정은 다르다.
③ 기업의 성패는 생산성 높은 창의적 사고에 취약하다.
④ 미래의 긍정적 부분은 창의적 사고에 달려있다.

정답 06 ④

07 다음 글의 내용과 가장 일치하지 않는 것은?

One of the most disgraceful features of life in the country, Father often declared, was the general inefficiency and slackness of small village tradesmen. He said he had originally supposed that such men were interested in business, and that that was why they had opened their shops and sunk capital in them, but no, they never used them for anything but gossip and sleep. They took no interest in civilized ways. Hadn't heard of them, probably.

*slackness 느슨함 / *tradesman 장사꾼

① 가게주인들은 비효율적이고 게을렀다.
② 작은 마을의 가게주인들은 그래의 비효율성에도 불구하고 수지타산을 맞췄다.
③ 가게주인들은 졸거나 험담하면서 시간을 보냈다.
④ 필자의 아버지는 처음에는 가게주인들이 하는 일에 관심이 있다고 생각했다.

07 해설
시골 가게주인들의 게으름과 비효율성을 비판하는 글이다.

해석
아버지는 시골 생활의 가장 수치스러운 특징 중 하나가 작은 마을의 장사꾼들의 일반적인 비능률성과 느슨함이라고 빈번하게 단언하셨다. 그는 다음과 같이 말씀하셨다. 자신은 처음에는 그러한 사람들이 장사에 관심이 있다고, 그리고 그 이유로 가게를 열고 그 가게에 자본을 투자했을 것이라고 생각했지만 아니었다. 그들은 가게를 잡담하고 자는 곳으로밖에 사용하지 않았다. 그들은 개화된 방식에는 관심이 없다. 아마 그들은 그런 것이 있다는 것을 들어보지도 못했을 것이다.

정답 07 ②

08 해설
Bradley 장군이 아니라 필자가 퇴직 후 고향으로 돌아가고 싶어 한다.

해석
어느 날 대통령이 Bradley 장군과 나와 같이 차를 타고 갈 때, 우리의 전쟁 지도자들 중 몇 사람의 장래에 대해 논의하기 시작했다. 나는 조용한 고향에 돌아가, 거기서 전쟁이 이 세상에 가져온 몇 가지 커다란 변화를 우리 국민들이 이해하도록 돕기 위해 내가 할 수 있는 작은 힘이나마 다하고 싶은 욕망 외에는 아무런 야망도 없다고 대통령에게 말했다.

08 다음 글의 내용과 가장 일치하지 않는 것은?

> One day when the President was riding in a car with General Bradley and me, he fell to discussing the future of some of our war leaders. I told him that I had no ambition except to retire to a quiet home and from there do what little I could to help our people understand some of the great changes the war had brought to the war.
> *ambition 야망 / *except ~을 제외하고

① 필자는 퇴직 후 조용한 삶을 살길 원했다.
② 대통령은 필자를 포함해 전쟁 지도자들의 미래에 대해 논의했다.
③ 필자는 대통령과 Bradley 장군과 함께 차를 타고 가는 중이었다.
④ Bradley 장군은 퇴직 후 고향에 가는 것 외에는 야망이 없었다.

정답 08 ④

09 다음 글의 내용과 가장 일치하는 것은?

In later years, I confess that I do not envy the white boy as I did in my youth. I have learned that success is to be measured not so much by the position that one has reached in life as by the obstacles which he has overcome while trying to succeed. When I consider this, I almost reach the conclusion that being a member of the Negro race like me is an advantage, so far as real life is concerned. With few exceptions, the black youth must work harder and must perform his task better than a white youth in order to gain recognition. But out of the hard and unusual struggle through which he is compelled to pass, he gets a strength or a confidence, which one misses whose pathway is comparatively smooth by reason of birth and race.

*confess 고백하다 / *comparatively 상대적으로

① 태생과 종족의 우월성이 인생의 성공에 결정적 요소이다.
② 백인 청년인 필자는 자신의 종족에 대한 우월감을 갖는다.
③ 인생의 성공은 자신이 도달한 지위에 의해 평가된다.
④ 인생의 성공은 성공하기 위해 힘들게 극복해 온 어려움에 의해 평가되어야 한다.

09 해설

이 글의 요지는 인생의 성공은 '인종, 지위, 종족'에 달려 있지 않고 성공을 위해 힘들게 극복해 온 거려움에 의해 평가되어야 한다는 것이다.
① · ③ "성공은 인생에서 도달한 지위에 의해서라기보다는, 오히려 성공하려고 노력하면서 극복해 온 장애물에 의해 측정되어야 한다는 점을 알게 되었다."를 통해 적절하지 않음을 알 수 있다.
② "나는 나와 같은 흑인종의 한 구성원이라는 사실은 ~"을 통해 적절하지 않음을 알 수 있다.

해석
이후에 나는 젊었을 때처럼 백인 소년을 부러워하지 않는다고 솔직히 말한다. 나는 성공은 인생에서 도달한 지위에 의해서라기보다는, 오히려 성공하려고 노력하면서 극복해 온 장애물에 의해 측정되어야 한다는 점을 알게 되었다. 이렇게 생각해 볼 때, 나는 나와 같은 흑인종의 한 구성원이라는 사실은 실생활에 관해서는 하나의 이점이라는 결론에 거의 도달한다. 약간의 예외를 제외하고는 흑인 청년은 인정을 받기 위해 백인 청년보다 더 열심히 일해야 하고 자기의 일을 보다 잘 수행해야 한다. 그러나 흑인 청년이 어쩔 수 없이 통과해야 하는 힘들고 비상한 투쟁으로부터 그는 힘을 얻고 자신을 얻는다. 그러나 자기의 인생 행로가 출성과 종족 때문에 비교적 순탄한 사람은 그런 힘이나 자신을 놓치는 것이다.

정답 09 ④

주관식 문제

01 주어진 글의 요지를 아래와 같이 작성할 때, 괄호 안에 들어갈 적절한 단어를 글에서 찾아 쓰시오.

> Knowledge prospers best in an atmosphere of free discussion; and in order to direct social policy wisely, it is necessary that there should be freedom to criticize and to put forward unpopular opinions, no matter how offensive they may be to people's attitudes.
>
> → (㉠) to express one's opinion and to (㉡) others' should be ensured.

---

01 정답

㉠ Freedom, ㉡ criticize

해설

이 글의 요지는 "자신의 의견을 솔직하게 표현하고 다른 사람들의 의견을 비판할 수 있는 자유는 건강한 지식의 성장을 촉진한다."이다. 따라서 ㉠에는 이 글의 핵심어인 Freedom이 적절하고, ㉡에는 criticize가 적절하다.

해석

지식은 자유로운 토론의 분위기 속에서 가장 잘 자란다. 그리고 사회적인 정책을 현명하게 주도하기 위해서는 비판하고, 그것이 사람들이 갖는 태도에 아무리 거슬리는 것일지라도 인기 없는 의견을 낼 자유가 있는 것은 필수적이다.

02 다음 글의 요지를 우리말로 쓰시오.

One family traditionally attended 9 a.m. Sunday mass, then breakfasted together. One day their 17-year-old announced he was sleeping late. The parents could have interpreted this as a typical teen-age rejection of family and religion. Instead they calmly asked why. It turned out the boy was tired from working late on his secondary-school newspaper the night before. The family shifted their worship to 11 a.m.

02 정답
부모는 자녀를 교육할 때, 자녀들의 의견과 입장을 존중해야 한다.

해설
일요일 오전 종교 행사를 중요하게 여기는 한 가정에서 아이가 늦잠을 자서 일요일 가족 미사에 참석하지 않았다. 부모는 아이를 꾸짖기보다 아이에게 어떤 일이 있었는지 알아보고, 아이가 참석할 수 있는 시간으로 행사 시간을 변경했다. 다시 말해, 이 글은 부모는 자녀들의 의견과 입장을 존중하면서 교육해야 한다는 점을 전하고 있다.

해석
한 가정은 전통적으로 오전 9시에 모인다. 일요일 미사를 하고 함께 아침식사를 한다. 어느 날 그들의 17살 아이가 늦잠을 잤다고 말했다. 그의 부모는 이것을 가족과 종교에 대한 전형적인 10대의 거부로 해석할 수도 있었다. 그렇지만 그 부모는 조용히 이유를 물어보았다. 그 전날 밤 아이는 중학교 신문 업무를 늦게까지 해서 피곤했었다는 것이 밝혀졌다. 그 가족은 그들의 미사를 오전 11시로 옮겼다.

제4장 세부 사항 파악 : 지시어 찾기, 문맥 이해, 무관한 문장 찾기

01 다음 글에서 밑줄 친 they(them)가 가리키는 대상이 나머지 셋과 <u>다른</u> 것은?

> Both industry and academic experts argue that businesses themselves need to take a more assertive role in the preparation of the labor force ① they require. Businesses have the best information about what skills their employees will need, so it makes sense for ② them to participate in training prospective employees. First, they need to communicate better with schools and universities about the skill ③ they require. Second, they should establish relationships with future employees earlier, perhaps through partnership programs that begin training future employees while ④ they are still students.
> *assertive 책임 있는, 단호한

01 해설

④ → future employees
①·②·③ → businesses

해석

기업과 학교 전문가들은 모두 기업이 스스로 그들(기업)이 요구하는 인력 준비에 더욱 책임 있는 역할을 할 필요가 있다고 주장한다. 기업은 그들의 직원들이 어떠한 기술이 필요한지에 대한 양질의 정보를 가지고 있어서 그들(기업)이 전망 있는 직원들을 훈련시키는 데 참여하는 것은 이치에 맞는다. 첫째, 그들은 그들(기업)이 요구하는 기술에 대해 학교와 대학과 잘 소통할 필요가 있다. 둘째, 그들은 그들(미래의 직원들)이 아직 학생일 동안 미래의 직원들을 훈련시키기 시작하는 파트너십 프로그램을 통해서 미래의 직원들과 관계를 더 일찍 수립해야 한다.

정답 01 ④

02 다음 글에서 밑줄 친 she가 가리키는 대상이 나머지 셋과 다른 것은?

"Well," Elizabeth explained to her friend Jane, "at the end of the First World War, a woman in the town in which I then lived in Germany found herself very poor, because her husband had been killed in the war and ① she had a lot of children, as I have now. The day before Christmas, ② she said to her children, 'We won't be able to have much for Christmas this year, so I'm going to get only one person for all of us. Now I'll go and get it.' ③ She came back with a little girl who was even poorer than they were, and who had no mother as well as no father. 'Here's our present,' she said to the children. The children were very excited and happy to get such a present. They welcomed the little girl, and ④ she grew up as their sister. I was that Christmas present."

03 다음 글에서 밑줄 친 it(its)이 가리키는 대상이 나머지 셋과 다른 것은?

A 2014 survey revealed that this kind of harassment is quite common. Almost three-quarters of all Internet users have seen ① it happen, and 40% have experienced ② it personally. ③ It has been suggested that even these figures may not reflect the full extent of the problem. Cyber harassment is particularly common among younger Internet users, and women are more likely to experience ④ its more serious forms.

---

02 해설
④ → Elizabeth
①·②·③ → Elizabeth를 입양한 여자

해석
"그런데," Elizabeth는 자신의 친구 Jane에게 설명했다. "제1차 세계대전 끝 무렵에 내가 살았던 독일의 작은 도시에서 그녀(입양자)는 전쟁에서 남편을 잃고, 지금 나처럼, 어린 아이들이 많이 있었기 때문에 자기가 매우 가난하다는 것을 알았어. 크리스마스 전날, 그녀(입양자)는 자신의 아이들에게, '올해 크리스마스 선물로는 가질 수 있는 게 별로 없겠구나. 그래서 내가 우리 모두를 위해서 단 한 사람을 얻으려고 한단다. 이제 내가 가서 그걸 가져오마.'라고 말했어. 그녀(입양자)는 자기들보다 훨씬 더 가난한 어린 소녀를 데리고 왔는데, 그 소녀는 아버지는 물론이고 어머니도 없었어. 그녀는 아이들에게 '여기에 우리들의 선물이 있다.'라고 말했어. 그 아이들은 기뻐했고 그런 선물을 얻는 것을 행복해했어. 그들은 그 어린 소녀를 환영했고 그녀(Elizabeth)는 그들의 자매로서 성장했어. 내가 바로 그 크리스마스 선물이었어."라고 말했다.

03 해설
③ → 가주어 it
①·②·④ → (Cyber) harassment

해석
2014년 한 연구는 이러한 유형의 폭력은 꽤 일반적이란 것을 밝혀냈다. 인터넷 이용자 중 거의 3/4이 이것(폭력)이 발생하는 것을 목격하고 있으며, 40%는 개인적으로 이것(폭력)을 경험하고 있다. 심지어 이러한 수치가 그 문제의 전체 범위를 반영하지 않을지도 모른다고 제시되고 있다. 사이버 폭력은 특히 젊은 이용자들 사이에서 일반적이고, 여성들이 이것(폭력)의 더욱 심각한 형태를 경험할 가능성이 더 높다.

정답 02 ④ 03 ③

04 다음 글에서 밑줄 친 it이 가리키는 것으로 가장 적절한 것은?

Have you ever looked along smooth road in hot weather and seen what appears to be a stretch of water where none exists? It is caused by the air being heated in such a way that hot layers of air lie under cold layers. The cold air is thicker than the hot air and this causes light passing through the layers to be bent. This bending gives the illusion of water, or even sends a picture of the scene many miles away. It often occurs in the desert. Lakes are seen where there is really nothing but sand. And sometimes images of towns and palm trees appear and taunt the thirsty traveler. The same thing happens at sea, when ghostly ships are seen floating in the sky.

*illusion 환상, 착각 / *taunt 조롱하다, 비웃다 / *ghostly 유령 같은, 희미한

① ghost
② mirage
③ reflection
④ image

04 해설

이것은 더운 공기가 차가운 공기 아래에서 차가운 공기를 가열하면서 발생하는 현상으로 mirage(신기루)를 가리킨다.

해석

당신은 더운 날씨에 평평한 도로를 따라 아무것도 없는 곳에서 물줄기가 뻗어 있는 것처럼 보이는 것을 본 적이 있는가? 이것은 더운 공기층이 차가운 공기층 아래에 놓여지는 방식으로 가열된 공기로 인해 발생한다. 차가운 공기는 더운 공기보다 두꺼워서 이것은 그 공기층을 통과하는 빛이 구부러지게 하는 원인이 된다. 이 구부러짐은 물의 환상을 주거나 심지어 수마일 떨어진 풍경의 사진을 보낸다. 이것은 종종 사막에서 발생한다. 호수는 모래를 제외하고는 실제로 아무것도 없는 곳으로 보인다. 때로는 마을과 야자수 나무의 이미지가 나타나서 목마른 여행객들을 조롱한다. 유사한 일은 바다에서도 일어나는데, 그때는 유령선이 하늘에 떠 있는 것으로 보인다.

정답 04 ②

05 다음 글에서 밑줄 친 they가 가리키는 것으로 가장 적절한 것은?

They are made when the summer air near the ground is hot but the air a few miles up is freezing cold. As the hot air carrying water with it pushes up into the freezing air, the water freezes into drops of ice. Then they fall down into warmer air, where another icy coat is made because of the moisture there. Sometimes the wind pushes them back up into the freezing air, which makes them bigger. They can be big enough to cause damage to crops or cars when they reach the ground.
*icy 차가운, 얼음으로 덮인

① 우박
② 서리
③ 안개
④ 폭우

05

해설

더운 공기가 매우 차가운 공기로 들어가 만들어지는 얼음 조각들인 우박에 관한 글이다.

해석

그것들은 땅 근처의 여름 공기는 뜨겁지만 몇 마일 위의 공기는 얼어붙을 정도로 차가울 때 만들어진다. 이것과 함께 물을 옮기는 더운 공기가 매우 차가운 공기를 밀어올리고 들어갈 때, 물은 얼음 조각으로 언다. 그 후 그것들은 더 따뜻한 공기로 떨어지고 그곳에 있는 습기로 인해 또 다른 얼음층이 만들어진다. 때때로 바람은 그것들을 매우 차가운 공기 속으로 되돌려 보내기도 해서 그것들이 더욱 커지게 한다. 그것들이 땅에 도착할 때, 그것들은 농작물이나 차량에 피해를 줄 만큼 충분히 커질 수 있다.

정답 05 ①

06 **해설**
③ → women
①・②・④ → novels

해설
일반적으로 남자들에게 사랑은 그날에 있었던 다른 일들 중 하나의 이야기일 뿐이고, 소설에서 사랑에 강조를 두는 일은 현실과는 거리가 먼 것에 의미를 둔다. 사랑이 세상에서 가장 중요한 남자는 거의 없고 그것들(소설)은 매우 재미없다. 심지어 사랑이 가장 중요한 관심사인 여자들조차 그것들(소설)을 경멸하기도 한다. 그들(여성들)은 그것들(소설)에 기뻐하고 흥미로워하지만 그것들(소설)이 변변치 않은 피조물이란 불편한 감정을 갖는다. 그들이(남자와 여자가) 사랑하는 그 짧은 기간 동안조차 남자들은 자신들의 마음을 돌릴 다른 것들을 여자에게 한다. 그들은 운동에 몰입하거나 예술에 관심을 가질 수 있다.

정답 06 ③

---

06 다음 글에서 밑줄 친 they(them)가 가리키는 대상이 나머지 셋과 <u>다른</u> 것은?

In men, as a rule, love is but an episode which takes its place among the other affairs of the day, and the emphasis laid on it in novels gives it an importance which is untrue to life. There are few men to whom it is the most important thing in the world, and ① <u>they</u> are not very interesting ones; even women, with whom the subject is of paramount interest, have a contempt for ② <u>them</u>. ③ <u>They</u> are pleased and excited by ④ <u>them</u>, but have an uneasy feeling that they are poor creatures. But even during the brief intervals in which they are in love, men do to her things which turn their minds aside; they are absorbed in sport; they can interest themselves in art.

*paramount 최고의, 가장 중요한 / *interval 간격, 구간

07 다음 글에서 전체 흐름과 관계없는 문장은?

> If people continue to abuse the environment, the air will be unable to contain all the smoke and gases pouring into it every day. ① The streams, lakes, and oceans will be unable to accept the industrial and human waste products. ② We raise skyscrapers into the clouds, and build great bridges across wide waterways. ③ Garbage will destroy our living space. ④ The only home in the solar system that seems suitable for human life will have become unfit for humans and animals.
> *waterway 수로, 운하 / *solar system 태양계

07 해설

주어진 글은 환경을 오염시키는 일을 멈추지 않으면 인간에게 가장 살기 적합한 지구가 더 이상 그들을 위한 안식처가 되지 않을지도 모른다는 내용이다. ②는 고층 건물과 다리를 건설한다는 것이므로 글의 중심 내용인 환경오염의 심각성과 경고와는 관계가 없는 문장이다.

해석

만일 사람들이 계속 환경을 악용하면, 매일 대기로 쏟아지는 모든 연기와 가스를 담을 수 없게 될 것이다. 개울, 호수, 그리고 바다는 산업 폐기물과 사람들의 쓰레기를 수용할 수 없을 것이다. 우리는 초고층 건물을 구름 속까지 지어 올리고 넓은 수로를 가로질러 거대한 다리를 건설한다. 쓰레기는 우리의 생활공간을 파괴할 것이다. 태양계에서 인간의 삶에 적합해 보이는 유일한 집이 인간과 동물에게 적합하지 않게 될 것이다.

08 다음 글에서 전체 흐름과 관계없는 문장은?

> There is ample evidence demonstrating that people with more education live longer. ① People with more education constitute the middle and upper class. ② The death rate for people with less than eight years of schooling is considerably higher than the death rate of the population in general. ③ But the death rate for graduates of college is impressively less than the rate for the general population. ④ There is at least a five year difference in life expectancy between college graduates and eight grade dropouts.
> *ample 풍부한 / *dropout 중퇴자

08 해설

주어진 글은 교육을 많이 받을수록 오래 산다는 학력과 수명과의 연관성을 주장하는 내용인데, ①은 고학력자들이 중산층과 상류층을 구성한다고 했으므로, 문맥상 글의 전체 흐름과 관계없는 문장이다.

해석

더 많은 교육을 받은 사람이 더 오래 산다는 점을 증명하는 충분한 증거가 있다. 더 많은 교육을 받은 사람들은 중산층과 상류층을 구성한다. 8년 미만의 교육을 받은 사람들의 사망률은 일반적인 인구의 사망률보다 상당히 높다. 그러나 대학 졸업자들의 사망률은 평균 사망률보다 두드러지게 낮다. 대학 졸업자와 8학년 중퇴자들 사이의 기대 수명에는 적어도 5년의 차이가 있다.

정답 07 ② 08 ①

09 해설

주어진 글은 방학 동안 학생들은 학기 중보다 오히려 학습 시간이 부족하다는 내용으로, 가족 여행, 아르바이트 등으로 학습을 위해 보내는 시간이 우리의 예상보다 적다고 했다. ③에서 학생은 학기 중에 큰 프로젝트들을 학습 프로그램에 맞춰 넣어야 한다고 했으므로, 문맥상 글의 전체 흐름과 관계없는 문장은 ③이다.

해석

많은 학생들이 학기보다 방학 중에 학업을 위한 시간이 부족하므로, 그들이 많은 학교 과제를 할 시간을 갖기를 기대하는 것은 불합리하다. 많은 가족들이 여행을 위해 학교 방학을 이용한다. 책 더미를 들고 다니는 것은, 특히 비행기 여행에서 실용적이지 않고, 분주한 관광 일정 사이에 끼어 공부하는 것은 거의 불가능한 일이다. 학생은 방학 사이의 학기 동안에 큰 프로젝트들을 학습 프로그램에 맞춰 넣어야 한다. 몇몇 학생들은 그들의 미래의 교육을 위한 돈을 벌기 위해 방학을 이용한다. 일은 학업을 위한 시간을 거의 남겨주지 않는다.

09 다음 글에서 전체 흐름과 관계없는 문장은?

Since many students have less time for schoolwork during vacation than during the term, it is unreasonable to expect them to have time to do large school assignments. ① Many families use the school vacations for travel. ② Carrying a pile of books is impractical, especially on a plane trip, and sandwiching study into the busy routine of sightseeing is almost impossible. ③ During the school term between vacations, a student must fit big projects into a study program. ④ Some students use their vacations to earn money for their future education. Jobs leave little time for schoolwork.

*sandwiching 끼어있는

정답 09 ③

10 다음 글에서 전체 흐름과 관계없는 문장은?

> This is to announce the election of officers at the local bikers' club. The election will be held at Bikers' Park. ① The date is March 12. Several major positions are vacant. They are club head, assistant club head, secretary, and finance head. Nominations shall start at 9:00 A.M. and end at 10:00 A.M. ② The nominees will be asked to talk about their platforms. ③ Voting starts at 3:00 P.M. and ends at 4:00 P.M. The counting of votes will be done by the selected members of the elections committee. The elections committee will declare the winners once the counting is done. The greeting party follows immediately. ④ The previous members of the elections committee will be greatly missed.
> *nomination (후보)지명 / *platform 강령

10 해설
클럽 임원 선거를 앞두고 선거 일정 및 내용을 공지하고 있으므로 ④는 관계없는 내용이다.

해석
지역 바이커즈 클럽에서 임원들을 선출할 것임을 알려드립니다. 선거는 바이커즈 공원에서 열릴 것입니다. 날짜는 3월 12일입니다. 몇몇 주요 직책이 공석입니다. 그 직책들은 클럽 회장, 클럽 부회장, 그리고 총무와 재무부장입니다. 후보자 지명이 오전 9시에 시작되어 오전 10시에 끝날 것입니다. 후보자들은 각자의 강령에 관해 연설하도록 요청받을 것입니다. 투표는 오후 3시부터 4시까지입니다. 개표는 선거 위원회에서 선정된 분들이 할 예정입니다. 선거 위원회는 개표가 끝나면 당선자들을 발표할 것입니다. 즉시 환영식이 이어집니다. 선거 위원회의 이전 회원들이 무척 그리울 것입니다.

정답 10 ④

11 해설

McCrone의 조련법은 기존 조련사들의 강압적이고 폭력적인 조련법과는 다르게 애정과 사랑으로 동물을 돌보고 훈련하는 것이다. 이러한 점에서 잔인한 조련법이 효과적이라고 언급하는 ③은 글의 흐름과 관계없다.

해석

어린 시절부터 Stewart McCrone은 자신이 일생을 동물들과 함께 일하면서 보내고 싶어 한다는 것을 알았다. 과거에 조련사들은 위험한 동물들은 조련사를 두려워하게 만드는 방법으로만 통제할 수 있다고 믿었다. 조련사들은 종종 신체 학대와 전기 충격을 사용해서 조련사가 그들을 통제하고 있다는 것을 보여주곤 했다. 하지만 McCrone은 다르게 생각했다. 그는 동물들이 더 거칠고 더 잔인한 조련 방법에 더 잘 반응을 할 것이라고 믿었다. 그는 애정 조련법이라고 불리는 훈련법을 믿었다. 이 방법은 사랑, 인내, 이해와 존중을 강조한다. McCrone에 따르면, 애정 조련법은 전통적인 방법보다 더욱 효과적이다. 결국, McCrone의 조련 방법은 아주 성공적이라고 밝혀졌고 그의 동물들은 여러 텔레비전 광고와 영화의 주연으로 등장했다.

11 다음 글에서 전체 흐름과 관계없는 문장은?

Ever since his childhood, Stewart McCrone knew that he wanted to spend his life working with animals. ① In the past, animal trainers believed that dangerous animals could only be controlled by making the animals fearful of their trainers. ② The animal trainers often used physical abuse and electrical shocks to show the animals that they were in charge. However, McCrone thought differently. ③ He believed that animals would respond better to harsher and crueler training methods. ④ He believed a training method called affection training. This method emphasizes love, patience, understanding, and respect. According to McCrone, affection training is more effective than traditional methods. In the end, McCrone's training method proved to be very successful, and his animals were featured in many television commercials and movies.

*affection 애정, 호의 / *feature 주인공이 되다

정답 11 ③

주관식 문제

01 다음 글에서 밑줄 친 "a little tragedy"의 문맥상 의미를 자세하게 쓰시오.

> A friend of mine was following one morning a fresh rabbit track through an open field. Suddenly the track came to an end, as if the creature had taken wings. There, on either side of its last foot imprint, were several parallel lines in the snow, made by the wings of the great owl that had swooped down and carried it off. What <u>a little tragedy</u> was seen written there upon the white, even surface of the field!
> *imprint 자국 / *swoop 급습하다

---

01 정답

눈이 내리던 어느 겨울에 올빼미가 토끼 한 마리를 물고 간 사실

해설

글에서 밑줄 친 부분의 "작은 비극"이란 눈이 내리던 어느 겨울에 올빼미가 토끼 한 마리를 물고 간 사실을 가리킨다.

해석

내 친구가 어느 날 아침, 넓은 들판에서 새로 난 토끼 발자국을 따라가고 있었다. 갑자기 그 발자국이 마치 토끼가 날아가 버린 것처럼 뚝 끊겼다. 마지막 발자국의 양쪽에 몇 개의 평행선이 눈 속에 그어져 있었는데, 그것은 토끼를 내리 덮쳐서 물고 간 거대한 올빼미의 양 날개가 남긴 자국이었다. 이 얼마나 슬픈 하나의 작은 비극이 들판의 하얗고 평평한 표면 위에 쓰여 있는 것이 보이는가!

02 **정답**
학생들이 배워야 할 것을 쉽고 흥미롭게 만드는 원칙

해설
밑줄 친 원칙이란 "학생들이 배워야 할 것을 쉽고 흥미롭게 만드는 것"을 말한다.

해석
나는 단순히 설득이나 부드러운 말에 의해서 아이들을 무미건조하고 지루한 공부에 활기차게 그리고, 더 힘든 일이지만 인내를 가지고 몰두하게 할 수 있다고 믿지는 않는다. 그들은 많은 것을 해야 하고 배워야 하는데 엄격한 훈련은 교육 수단으로써 절대적으로 필요한 것이다. 현재의 교육에서 젊은이들이 배울 필요가 있는 것 중 가능한 한 많은 것을 그들에게 쉽고 재미있게 만들어주는 것은 확실히 칭찬할 만한 노력이다. 그러나 이러한 원칙이 쉬워지고 재미있어진 것 외에는 그들이 배울 필요가 없는 정도에까지 이르게 되면 교육의 중요한 목적 중 한 가지가 희생되는 것이다.

02 다음 글에서 밑줄 친 "this principle"의 문맥상 내용을 자세하게 설명하시오.

> I don't believe that children can be induced to apply themselves with vigor, and what is so much difficult, perseverance, to dry and tiresome studies, by the mere force of persuasion and soft words. Much must be done, and much must be learnt by them, for which rigid discipline is indispensable as means. It is, no doubt, a very praiseworthy effort, in modern teaching, to render as much as possible of what the young are required to learn, easy and interesting to them. But when this principle is pushed so far as not to require them to learn anything but what has been made easy and interesting, one of the chief objects of education is sacrificed.
>
> *vigor 활기 / *rigid 엄격한 / *indispensable 필수적인

03 다음 글에서 밑줄 친 it was off의 문맥상 의미를 자세하게 쓰시오.

A few weeks ago at a large movie theater I turned to my wife and said, "The picture is out of focus." "Be quiet," she answered. I obeyed. But a few minutes later I raised the point again, with growing impatience. "It will be all right in a minute," she said in a low voice not to disturb the audience around. I waited. It was just out of focus – not glaringly out, but out. So, after bothering my wife throughout the first part of the movie, I finally prevailed upon her to admit that <u>it was off</u>, and very annoying.

*glaringly 분명하게, 눈에 띄게 / *prevail upon 설득하다

03 [정답]
화면 초점이 잘 맞지 않았다는 것

[해설]
밑줄 친 부분의 문자적 의미는 "이것이 벗어났다는 것"이다. 하지만 글에서 남자가 제기했던 문제를 생각해 본다면 it은 화면의 초점을 가리킨다는 것을 알 수 있다. 따라서 밑줄 친 표현의 문맥적 의미는 "화면 초점이 잘 맞지 않는다는 것"이라고 할 수 있다.

[해석]
몇 주 전 대형 극장에서 아내를 향해, "화면 초점이 안 맞아."라고 말하자 "조용히 해,"라고 아내가 답했다. 나는 수긍했다. 하지만 잠시 후 참지 못하고 그 문제를 다시 제기했다. 그녀는 "곧 괜찮아지겠지," 하고 주변 관객들을 방해하지 않기 위해서 낮은 목소리로 말했다. 나는 기다렸다. 이것은 명확하게 보이지 않는 것이 아닌 초점이 맞지 않는 문제일 뿐이었다. 영화 전반부 내내 아내를 귀찮게 하고 나서 나는 마침내 <u>화면 초점이 벗어났다</u>(화면 초점이 잘 안 맞았다)는 것을 아내가 받아들이도록 설득했고 매우 짜증스러웠다.

04 **정답**
　　마음의 지성

해설
the second, 즉 후자는 바로 that of the heart를 가리키며 that은 문장에서 intelligence를 가리킨다. 따라서 the second는 마음의 지성을 가리킨다.

해석
나는 사람의 지적 능력과 학식으로 한 사람의 가치를 평가하곤 했다. 나는 논리가 없는 곳에서 어떠한 가치도 볼 수 없었으며, 배움이 없는 곳에선 어떠한 매력도 볼 수 없었다. 이제 나는 사람은 두 가지 형태의 지성 사이를, 즉 바로 두뇌의 지성과 마음의 지성을 구분해야 한다고 생각하고 이제 후자(마음의 지성)가 훨씬 더 중요한 것이라고 생각하게 되었다.

---

04 다음 글에서 밑줄 친 the second가 가리키는 것을 우리말로 자세하게 쓰시오.

> I used to judge the worth of a person by his intellectual power and attainment. I could see no good where there was no logic, no charm where there was no learning. Now I think that one has to distinguish between the two forms of intelligence, that of the brain, and that of the heart, and I have come to regard <u>the second</u> as by far the more important.
> *attainment 업적, 학식

제5장 논리적 추론 : 빈칸 추론, 순서 배열 및 문장 삽입, 요약문 완성

01 다음 글의 빈칸에 들어갈 말로 가장 적절한 것은?

> Beck County Hospital, which welcomed patients and their families for almost a century, is a community landmark. The building is beautiful, but more beautiful than the structure itself is the statement it made to the city and the world. When it opened its doors in 1916, Beck County Hospital offered an attractive, modern facility, not just to the city's elite, but also to the poor. It sent the message that the poor are just as deserving of quality healthcare as the wealthy. People in the neighborhood called the hospital, our Statue of Liberty. Let's make sure this site continues to serve all of our citizens by _____.

① tearing it down now
② renovating it now
③ constructing it now
④ decorating it now

01 해설

거의 한 세기 동안 지역사회를 위해 헌신하고 봉사했던 Beck County Hospital의 보존을 주장하는 글이다. 빈칸 앞부분에서 "이 장소가 계속 우리 시민 모두에게 서비스를 제공하도록"이라고 했으므로, 빈칸에는 Beck County Hospital 건물을 수리해서 보존하자는 내용이 가장 적절하다.
① 지금 이것을 부숴서
③ 지금 이것을 건설해서
④ 지금 이것을 장식해서

해석

거의 한 세기 동안 환자와 환자 가족들을 반겼던 Beck County Hospital은 지역사회의 랜드마크이다. 그 건물은 아름답지만 건물 그 자체보다 이것이 도시와 세상에게 했던 말이 더 아름답다. 이것이 1916년에 문을 열었을 때, Beck County Hospital은 그 도시의 지식층뿐 아니라 가난한 사람들에게도 매력적이고 현대적인 시설을 제공했다. 이것은 가난한 사람 역시 부유한 사람처럼 양질의 의료 돌봄을 받을 자격이 있다는 메시지를 보냈다. 지역사회 사람들은 그 병원을 지역의 자유의 여신상으로 부른다. 지금 이것을 보수해서 이 장소가 계속 우리 시민 모두에게 서비스를 제공할 수 있도록 확실하게 하자.

정답 01 ②

02 해설

글에 따르면, 언어의 문법을 사용할 수 있는 능력과 문법 규칙을 암기하는 능력은 다르다. 즉, 문법 규칙을 암기할 수 있다고 해서 그 언어를 반드시 사용할 수 있는 것은 아니라는 것이다. 따라서 빈칸에는 "규칙을 사용할 수 없는"이라는 표현이 가장 적절하다.

해석

어떤 언어의 문법에 대해서 이렇다 저렇다 말하는 능력, 문법 규칙을 암기하는 능력은 그 언어를 말하고 이해하거나 그것을 읽고 쓰는 능력과는 매우 다르다. 어떤 언어를 사용할 줄 아는 사람들이 그 규칙을 암기할 수 없으며, 그리고 그 규칙을 암기할 줄 아는 사람들이 <u>그것을 사용할 수 없는</u> 일이 종종 있다.

03 해설

무어 법칙과 전자 장치의 발전과 개선 사이에는 연관성이 있다는 글이다.

해석

또한 <u>전자 장치의 개선과 무어 법칙 사이의 관련성</u>이 있다. 가령, 몇 년 전에 500기가바이트 용량의 하드디스크 드라이브는 약 100달러 정도였다. 현재 1테라바이트 용량의 하드디스크 드라이브가 비슷한 가격이다. 곧, 100달러로 2테라바이트 용량의 하드디스크 드라이브를 구매할 수 있을 것이다. 마찬가지로, 디지털카메라 화소 수는 급속하게 증가하고 있다. 결과적으로 카메라가 찍을 수 있는 사진의 질은 좋아지는 반면, 카메라 가격은 내려가고 있다. 이러한 개선점들과 많은 다른 점들이 무어 법칙과 직접적으로 연관될 수 있다.

---

02 다음 글의 빈칸에 들어갈 말로 가장 적절한 것은?

> The ability to talk about the grammar of a language, to recite its rules, is very different from the ability to speak and understand a language or to read and write it. Often those who can use a language are unable to recite its rules, and those who can recite its rules may be _____.

① a good grammarian
② a good linguist
③ able to use it
④ unable to use it

03 다음 글의 빈칸에 들어갈 말로 가장 적절한 것은?

> There is also _____.
> For instance, a few years ago, hard disk drives with a capacity of 500 gigabytes cost about $100. Presently, hard disk drives with a 1-terabyte capacity cost the same amount. Soon, that will be the cost of a 2-terabyte capacity hard disk drive. Likewise, the number of pixels in digital cameras is increasing rapidly. As a result, the quality of pictures they can take is improving while the prices of the cameras are declining. These improvements and many others can be directly linked to Moore's Law.

① a connection between improvements in electronic devices and Moore's Law
② a common feature of electronic devices and computer chips
③ an exchange to Moore's Law in electronic devices
④ decreasing capacity in hard disk drive, digital cameras, and other devices

---

정답 02 ④ 03 ①

04 다음 글의 빈칸에 들어갈 말로 가장 적절한 것은?

The good life is one inspired by love and guided by knowledge. Knowledge and love are both indefinitely extensible; therefore, however good a life may be, a better life can be imagined. Neither love without knowledge nor knowledge without love can produce a good life. In the Middle Ages, when pestilence appeared in a country, holy men advised the population to assemble in churches and pray for deliverance; the result was that _____ among the crowded masses of supplicants. This was an example of love without knowledge. The late war afforded an example of knowledge without love.
*indefinitely 무한하게 / *extensible 넓힐 수 있는 / *pestilence 페스트

① it increasingly disappeared
② a medical treatment spread little by little
③ the infection spread with extraordinary rapidity
④ a belief for seeking a treatment gradually sprouted up

04 해설

빈칸에 들어갈 적절한 표현의 단서는 바로 다음 문장에서 찾아볼 수 있다. 지식 없는 사랑의 한 사례가 빈칸에 들어갈 적절한 내용이다. 따라서 빈칸에는 "감염이 매우 빠른 속도로 퍼졌다"가 알맞다.

해석

좋은 삶이란 사랑에 의해 영감 받고 지식에 의해 안내받는 삶이다. 지식과 사랑은 모두 무한히 넓힐 수 있다. 따라서 삶이 아무리 좋다 해도 더 나은 삶을 상상할 수 있다. 지식 없는 사랑이나 사랑 없는 지식 그 어떠한 것도 좋은 삶을 만들 수는 없다. 중세 시대에 페스트가 나라에 발생했을 때, 성직자들은 대중들에게 교회로 모여 구원을 위한 기도를 하라고 충고했다. 그 결과는 붐비는 탄원자 무리에서 감염이 매우 빠른 속도로 퍼졌다는 것이다. 이것은 지식 없는 사랑의 한 사례였다. 후기 전쟁은 사랑 없는 지식의 예를 제공한다.

정답 04 ③

05 해설

Collins와의 결혼에 대해 Elizabeth의 부모님은 서로 다른 입장이다. 청혼을 승낙하면 아버지와 만나지 않게 될 것이고, 반대로 청혼을 승낙하지 않으면 어머니와 만나지 않게 될 것이기 때문이다. 따라서 Elizabeth는 청혼에 대해 불행한 선택을 할 수밖에 없는 처지이다.

해석

Mr. Bennet은 초인종을 눌렀고 Elizabeth가 불려왔다. 그녀가 나타나자 그녀의 아버지는 "어서 오렴, 아가야." 하고 소리쳤다. "Collins씨가 너에게 청혼했다고 알고 있다. 사실이니?" Elizabeth는 그렇다고 대답했다. "알았어, 네가 청혼을 거절한 거지?" "네, 아빠." "좋아. 이제 우리가 요점을 말하자. 네 엄마는 네가 청혼을 승낙해야 한다고 주장한다. 사랑하는 딸아, 그럴 건 아니지?" "네, 그렇지만 저는 그녀를 다시는 만나지 못할 거예요." "<u>불행한</u> 선택이 네 앞에 있구나, Elizabeth. 그날부터 너는 부모님 중 한 명에게는 낯선 사람이 될 것이다. 네가 Collins와 결혼하지 않는다면 네 엄마는 너를 두 번 다시는 안 볼 것이고, 네가 결혼한다면 내가 널 안 볼 테니 말이다."

---

05 다음 글의 빈칸에 들어갈 말로 가장 적절한 것은?

Mr. Bennet rang the bell, and Miss Elizabeth was called in. "Come here, child." cried her father as she appeared. "I understand that Mr. Collins made you an offer of marriage. Is it true?" Elizabeth replied that it was. "Very well, and this offer of marriage you have refused?" "I have, father." "Very well. We now come to the point. Your mother insists upon your accepting it. Is it not so, dearest?" "Yes, or I will never see her again." "A(n) _____ choice is before you, Elizabeth. From this day you must be a stranger to one of your parents. Your mother will never see you again if you do not marry Mr. Collins, and I will never see you again if you do."

① happy
② various
③ unhappy
④ infinite

정답 05 ③

06 다음 글의 빈칸에 들어갈 말로 가장 적절한 것은?

> Other sleep disorders have _____.
> Sleep apnea occurs when a sleeper's airway is partially or completely blocked. This inability to breathe causes the sleeper to snore and sleep restlessly. Sleep apnea is usually seen in people who are overweight, over 40 years old, or possess bodily abnormalities that interrupt breathing. The most debilitating sleep disorder is narcolepsy, a genetic brain dysfunction that affects a person's ability to control when he or she nods off.
> *apnea 호흡정지, 질식 / *debilitating 쇠약한 / *narcolepsy 졸음병

① peculiar or uncontrollable stimuli
② physical or biological causes
③ respiratory or mindful symptoms
④ innate or required disabilities

07 다음 글의 빈칸에 들어갈 말로 가장 적절한 것은?

> For centuries, soccer games have included at least one official who watched over the game and made sure that the rules were followed. In fact, a game often had two umpires, one chosen by each team. They were usually loyal to their team and often disputed one another. To prevent this and make the game fair, by the end of the 19th century, one _____ judge, called a referee, was appointed.
> *umpire 심판

① consecutive
② disloyal
③ strong
④ unbiased

정답: 06 ② 07 ④

08 **해설**

바람이 산맥을 타고 올라가면서 고도가 높아질수록 공기는 차가워지고 기압은 낮아진다. 따라서 이러한 조건에서 공기는 냉각되고 팽창하게 된다.

해석

높새바람은 산맥의 바람이 가려지는 쪽에서 발생해 산을 타고 내려가는 건조하고 따뜻한 바람이다. 이러한 유형의 바람 효과는 산의 바람이 불어오는 쪽에서 시작된다. 바람이 산맥의 장벽에 부딪히면 그것은 어쩔 수 없이 위로 이동한다. 바람의 고도가 상승할수록 더 차가운 기온과 낮은 기압을 만나게 된다. 두 조건 모두 공기를 차갑게 하고 팽창시킨다. 공기가 열이 차단된 이슬점에 이르면, 공기 중의 수증기는 응결되기 시작하고, 바람받이의 정상 위에서 구름과 비를 형성한다. 결국 공기는 위로 올라가 산마루를 넘기 전에 비를 뿌린다. 수증기 함량이 낮은 상태로 산의 바람 그늘 사면을 타고 내려가면서, 지금의 건조한 바람은 하강하는 중에 압축되고 점점 더 따뜻해진다.

08 다음 글의 빈칸에 들어갈 말로 가장 적절한 것은?

Foehn winds are a dry, warm, down-slope wind that occurs on the leeward side of a mountain. This type of wind effect begins on the windward side of the mountain. When a wind hits the mountain barrier, it is forced to move upslope. As the wind rises in altitude, it experiences cooler temperatures and decreasing atmospheric pressure. Both conditions cause the air _____. Once the air reaches the adiabatic dew point, water vapor in the air begins to condense, causing clouds and precipitation above the windward peaks. Thus, the air dumps its moisture before it rises up and over the mountain ridge. As it runs down the leeward side with its lower water vapor content, the now dry wind compressess on its descent and becomes incresingly warmer.

*leeward 바람이 불어가는 쪽의 / *windward 바람이 불어오는 쪽의 / *adiabatic 단열의

① to evaporate and contract
② to cool and expand
③ to fluctuate and get energy
④ to move upward and downward

정답 08 ②

09 다음 글의 빈칸에 들어갈 말로 가장 적절한 것은?

> Plants are the starting point of every food chain on Earth. Since plants are unable to engage in flight or fight reactions to danger, some of them have developed a range of chemical defense mechanisms through _____. Many of these plants are poisonous to other creatures including humans. Poisonous plants would have a toxic effect if they are eaten or handled to a great enough degree. This can range from mild irritation to the death of the organism. Several species including lily-of-the-valley, chrysanthemums, and oleanders are common choices for gardners but also happen to be toxic as well.
>
> *lily-of-the-valley 은방울꽃/ *chrysanthemums 국화 / *oleanders 협죽도

① the process of evolution
② the metabolic cycle
③ the spontaneous mutation
④ the noxious substances

10 **해설**

탄수화물 섭취가 물질 중독을 담당하는 뇌의 중심부를 자극하여 기분을 좋게 하는 등의 유쾌한 경험을 한다는 것이다.
① 산소호흡
② 탄수화물 신진대사
④ 소화효소

해석

한 이론은 탄수화물 섭취가 물질 중독을 담당하는 뇌의 중심부를 자극한다고 제시한다. 누군가가 탄수화물을 섭취할 때, 뇌는 스트레스와 걱정을 없애주는 역할을 하는 호르몬인 세로토닌을 분비한다. 다시 말해, 탄수화물 섭취가 사람의 기분을 좋아지게 하고 이런 느낌에 대해 증가된 욕구가 중독으로 이어질 수 있다. 이와는 대조적으로, 다른 전문가들은 인슐린이 탄수화물에 대한 끊임없는 욕구의 원인이라고 주장한다. 탄수화물은 혈류로 많은 양의 당분을 내보내는 녹말 성분이다. 이것은 췌장을 자극해 인슐린을 생성하고 혈액으로 들어가게 한다. 이 호르몬은 탄수화물을 섭취한 뒤에 포도당 수치를 낮춘다. 불행하게도 저혈당은 식욕을 자극해서 탄수화물을 더 많이 먹으려는 욕구를 증가시킨다.

---

10 다음 글의 빈칸에 들어갈 말로 가장 적절한 것은?

One theory suggests that eating carbohydrates stimulates the centers in the brain that are responsible for _____. When someone consumes carbohydrates, the brain releases serotonin, a hormone in charge of relieving stress and anxiety. In other words, eating carbohydrates causes one to feel pleasure and an increased desire for this sensation can lead to addiction. Contrastingly, other experts contest that insulin is responsible for the constant craving for carbohydrates. Carbohydrates are starches which release a lot of sugar into the blood stream. This stimulates the pancreas to produce and pump insulin into the blood. This hormone lowers the level of glucose after eating carbohydrates. Unfortunately, low blood sugar stimulates the appetite and thereby increases the desire to eat more carbohydrates.

*starch 전분, 녹말 / *pancreas 췌장 / *glucose 포도당

① aerobic respiration
② carbohydrate metabolism
③ physical addiction
④ digestive enzymes

정답 10 ③

11 다음 문장이 위치하기에 가장 적절한 곳은?

> However, they may also cause some side effects.

> Many people suffer from a cold cough in winter. (①) There are many popular drugs available which can give some relief. (②) Specifically, they may make you feel sleepy and slow down your reactions. (③) This could interfere with your ability to work or drive safely. (④) Doctors suggest that you read the directions carefully before taking any medicine.

11 해설
주어진 문장에서 사용된 지시대명사 they가 가리키는 것은 바로 many popular drugs이다. 그리고 ②번 문장 다음부터 그것의 부작용에 대해 언급하고 있다. 따라서 주어진 문장은 ②에 위치해야 한다.

해석
많은 사람들이 겨울에는 독감으로 고생한다. 편안함을 줄 수 있는 상용되는 유명한 약들이 많다. 하지만, 그것들은 몇 가지의 부작용을 일으킬지도 모른다. 구체적으로 말해서, 그것들은 당신을 졸리게 하고 반응을 느리게 만들지도 모른다. 이것은 안전하게 일하거나 운전하는 당신의 능력을 방해할 수 있다. 의사들은 약 복용 전, 안내 사항을 주의 깊게 읽으라고 제안한다.

12 다음 문장이 위치하기에 가장 적절한 곳은?

> Romantic love is not essential to marriage in these cultures.

> In many cultures, people think that love and marriage go together – like bread and wine or meat and potatoes. (①) They think that love is a necessary foundation for marriage and that you should love your fiance you marry before you get married. (②) In other cultures, however, a man and woman may not even know each other before their wedding day. (③) These people expect that love will develop after the wedding if the marriage is a good one. (④) Your views on love and marriage come from your culture.

12 해설
주어진 문장에서 사용된 지시대명사 these cultures가 가리키는 것은 바로 ③번 앞 문장의 other cultures이다. ③번 뒤 문장은 주어진 문장(낭만적 사랑이 이러한 문화에서 결혼에 필수적인 것은 아니다.)에 대한 근거를 제시하고 있는 뒷받침 문장이다. 따라서 주어진 문장은 ③에 위치해야 한다.

해석
많은 문화에서, 사람들은 – 마치 빵과 와인 혹은 고기와 감자와 같이 – 사랑과 결혼은 함께 간다고 생각한다. 그들은 사랑은 결혼을 위한 필수적 토대라고 생각하고 결혼하기 전에 당신이 결혼할 상대를 사랑해야 한다고 생각한다. 그러나 다른 문화에서는 남자와 여자는 결혼식 전날에도 서로를 알지 못할 수도 있다. 낭만적 사랑이 이러한 문화에서 결혼에 필수적인 것은 아니다. 이 사람들은 결혼이 좋은 것이라면 결혼 후 사랑은 발전할 것이라고 기대한다. 결혼과 사랑에 대한 당신의 관점은 당신의 문화로부터 온다.

정답 11 ② 12 ③

13 해설

주어진 문장에서 사용된 명사구 the room이 가리키는 것은 바로 ②번 앞 문장의 a dark and closed room이다. 따라서 주어진 문장은 ②에 위치한다.

해석

하나의 언어만 사용하는 것은 창문과 문이 없는 방에서 사는 것에 비유될 수 있다. 그것은 안전하지만 어둡고 닫혀있다. <u>외국어는 그 방에 새로운 빛을 가져다준다.</u> 기초적인 지식으로, 우리는 창문 밖을 볼 수 있고 새롭고 다른 세상을 볼 수 있다. 완전한 지식으로 우리는 문 밖을 나설 수 있고 이 새롭고 다른 세상을 탐험할 수 있다. 우리가 발견한 것들은 우리 삶에 부유함과 깊이를 더한다.

14 해설

불구가 되는 병이 사람에게 미치는 여러 가지 측면 중 (C)가 세 번째 영향이다. (A)에서 In the latter는 세 번째 영향을 가리키므로 (C) 다음에 위치한다. 마지막으로 실제 사례를 언급한 (B)가 마지막에 위치한다.

해석

갑자기 불구가 되는 병은 여러 가지 면에서 사람에게 영향을 끼칠 수 있다. 그는 삶의 의욕을 상실할 수도 있다. 오직 자기 자신에 대해서 그리고 자기가 겪은 어려움에 대해서만 관심을 가지게 될 수 있다. (C) 또는 그의 신체적 불구에도 불구하고 정상인의 세계에서 성공하겠다는 단호한 결의에 사로잡힐 수도 있다. (A) 후자의 경우에 있어서 그가 결코 병에 걸리지 않았을 경우 성공할 수 있었던 것보다 훨씬 더 성공할 수도 있다. (B) 이러한 경우는 아마 Franklin Roosevelt의 경우였다.

---

13 다음 문장이 위치하기에 가장 적절한 곳은?

> A foreign language brings new light into the room.

> Speaking only one language can be compared to living in a room with no windows and no doors. (①) It is safe, but it is dark and closed. (②) With an elementary knowledge, we can look out the windows and see a new, different world. (③) With a thorough knowledge, we can walk out the door and explore this new, different world. (④) The discoveries we make add richness and depth to our lives.

14 주어진 글 다음에 이어질 글의 순서로 가장 적절한 것은?

> A sudden crippling illness may affect a man in various ways. He may lose the will to live; he may become interested only in himself and in the hardship he endures.

> (A) In the latter case he may be more successful than he would have been if illness had never attacked him.
> (B) Such was possibly the case with Franklin Roosevelt.
> (C) Or he may be seized by a fierce determination to succeed in the world of normal man in spite of his physical weakness.

① (B) - (A) - (C)
② (B) - (C) - (A)
③ (C) - (A) - (B)
④ (C) - (B) - (A)

정답 13 ② 14 ③

15 주어진 글 다음에 이어질 글의 순서로 가장 적절한 것은?

> I was driving up to London by myself. It was a lovely June day. They were haymaking in the fields and there were buttercups along both sides of the road.

(A) I touched the foot brake and brought the car to a stop beside him.
(B) I was whispering along at seventy miles an hour.
(C) Ahead of me I saw a man thumbing a lift.

① (A) − (B) − (C)
② (A) − (C) − (B)
③ (B) − (C) − (A)
④ (C) − (B) − (A)

16 **해설**
실패를 두려워하지 않고 무언가를 시도하여 그것을 성취하려고 노력하려는 것은 그 자체로 성공에 근접하는 일이다.

해석
비록 실패할지라도 – 비참하게 실패할지라도 – 커다란 시도는 결국에는 얻는 것이 있고, 사실 바라던 결과가 아닐지라도, 그러한 시도가 없었더라면 결코 얻을 수 없었을 결과를 남기는 일이 매우 자주 일어난다. 젊은이는 불가능한 것을 추구하고 그것을 손에 대어 보기조차 못했기 때문에 낙담하기 쉽지만, 그럼에도 불구하고 그의 삶은 그 노력 때문에 최대한 감미롭다.

정답 16 ②

16 다음 글의 내용을 한 문장으로 요약하고자 한다. 빈칸 (A)와 (B)에 들어갈 말로 가장 적절한 것은?

> It happens very often that a grand attempt, although it may fail – miserably fail – is fruitful in the end and leaves a result, not the hoped-for-result, it is true, but one which would never have been attained without it. A youth strives after the impossible, and he is liable to break his heart because he has never even touched it, but nevertheless his whole life is the sweetest for the striving.

> Our very __(A)__ to achieve something great is __(B)__ in itself.

	(A)	(B)
①	attempt	result
②	effort	success
③	mind	enlightenment
④	motivation	morality

17 다음 글의 내용을 한 문장으로 요약하고자 한다. 빈칸 (A)와 (B)에 들어갈 말로 가장 적절한 것은?

> Of French heritage, Gaudi was born in the Catalan region of Spain. As a son, grandson, and great-grandson of coppersmiths, the family trade was not lost on him as he showed a propensity for art, especially drawing and spatial reasoning, which he nurtured through his educational pursuits. These eventually led him to the study of architecture which he supported by working as a draughtsman for several of Barcelona's preeminent architects and builders. Finally, Gaudi graduated from school in Barcelona, the same city where most of his professional career would be spent.

> We can infer that Gaudi's __(A)__ had an influence on his __(B)__.

	(A)	(B)
①	heritage	spatial perception
②	education	career
③	ambition	architect idea
④	family	artistic creativity

17 해설
구리 세공업 집안에서 태어난 Gaudi는 가업을 이어받아 예술과 공간 추론에 대한 남다른 재능을 보였다. 즉, Gaudi의 가족이 그의 예술적 창조성에 영향을 주었다.

해석
프랑스 전통을 물려받은 Gaudi는 스페인의 카탈로니아 지방에서 태어났다. 구리 세공인의 아들이자, 손자, 그리고 증손자로서, 가업이 그에게도 이어져 내려와 그는 예술, 특히 그림과 공간 추론에 대한 성향을 보였고, 그는 교육에 대한 추구를 통해 이런 성향을 키웠다. 이것은 결국 그가 바르셀로나의 뛰어난 몇몇 건축가와 건축업자의 제도사로 일을 하는 것으로 뒷받침되는 건축 공부를 하게 했다. 마침내 Gaudi는 자신의 직업 경력의 대부분을 보내게 된 도시인 바르셀로나에 있는 학교를 졸업했다.

정답 17 ④

18 **해설**

Doyle이 평생 셜록 홈즈를 축복이자 고통으로 느꼈으며, 홈즈에 대한 요구로 작품 범위가 제한되자 그를 죽였다가 대중의 항의로 부활시켰다. 따라서 이 글은 Doyle과 그의 창작물과의 관계의 이중성을 보여주고 있다.

해석

셜록 홈즈는 결국 56개의 단편 소설과 4개의 장편 소설에 등장했다. 아마도 가장 널리 읽힌 것은 홈즈와 그의 동료 왓슨 박사가 등장하여 살인 미수와 초자연적인 전설의 미스터리를 풀어가는 The Hound of the Baskervilles일 것이다. 그의 일생 동안 Doyle은 홈즈가 축복이자 고통이라고 느꼈다. 홈즈에 대한 요구가 그의 작품의 범위를 좁힌다는 사실에 분개하면서 Doyle은 1893년 등장인물을 죽이기까지 했다. 그러나 대중의 항의 때문에 Doyle은 빈집의 모험에서 그를 다시 부활시켰다.

18 다음 글의 내용을 한 문장으로 요약하고자 한다. 빈칸 (A)와 (B)에 들어갈 말로 가장 적절한 것은?

> Sherlock Holmes ended up appearing in fifty-six short stories and four full-length novels. Perhaps the most widely read is The Hound of the Baskervilles, a novel featuring Holmes and his companion, Dr. Watson unraveling the mystery of an attempted murder and supernatural legend. Throughout his life, Doyle felt Holmes to be both a blessing and a torment. Resenting the face that the demand for Holmes narrowed the scope of his writing, Doyle went so far as to kill off the character in 1893. Due to the public clamor, however, Doyle resurrected him in The Adventure of the Empty House.

> This paragraph shows the __(A)__ of Doyle's relationship with his __(B)__ .

	(A)	(B)
①	duality	creation
②	independence	character
③	punctuality	works
④	ingenuity	stories

정답 18 ①

19 다음 글의 내용을 한 문장으로 요약하고자 한다. 빈칸 (A)와 (B)에 들어갈 말로 가장 적절한 것은?

> The Tea Act of 1773 was the catalyst for the war. It provided the British East India Company with a legal monopoly on tea distribution in the Americas. In essence, this eliminated American merchants from a major source of income. This precipitated the first famous event of the revolution. The Boston Tea Party, which took place in December, involved men dressed as Indians who dumped three ships' worth of tea into the harbor. The British backlash came as Massachusetts was put under military control in an attempt to enforce the British edicts.

> We can infer that some participants in the Tea Party tried to __(A)__ their __(B)__ .

	(A)	(B)
①	duality	creation
②	independence	character
③	hide	identities
④	ingenuity	stories

19 해설
보스턴 차 사건에서 차를 버린 사람들이 인디언 분장을 했다고 언급한 부분을 통해 차 사건의 몇몇 참여자들은 그들의 신분을 숨기려 했다는 점을 추론할 수 있다.

해석
1773년 차 조례는 그 전쟁의 기폭제였다. 그것은 영국 동인도 회사에게 미국 내 차 유통에 대한 법적 독점권을 주었다. 본질적으로 이것은 미국 상인들에게서 주요 수입원을 빼앗았다. 이것이 최초의 유명한 혁명 사건을 촉발시켰다. 12월에 일어난 보스턴 차 사건은 배 세 척 상당의 차를 항구에 버렸던 인디언처럼 분장을 한 남자들이 연루되었다. 영국의 반발은 영국 칙령을 강화하기 위해 매사추세츠 주를 군사 통치 하에 두기에 이르렀다.

정답 19 ③

20 해설

블루투스는 장치 간 무선 연결을 가능하게 하기 위해 1998년에 SIG에 의해 개발되었다.

해석

1998년 다섯 군데 경쟁 기업들은 과학 기술 기기 간의 무선 연결을 가능하게 하는 방법을 협력하여 알아내기 위해, SIG를 구성했다. 그 결과는 블루투스 기술의 탄생이었다. 블루투스의 이름은 덴마크의 두 번째 왕에서 따왔다. 이름이 문자 그대로 블루투스로 번역되는 Harald Blatand는 전쟁 중이던 스칸디나비아의 부족들을 통일했다. 블루투스 기술도 마찬가지로 공동의 목적을 위해 다른 요소들을 통합하므로 블루투스라는 명칭은 이 기술의 기능을 상징한다.

20 다음 글의 내용을 한 문장으로 요약하고자 한다. 빈칸 (A)와 (B)에 들어갈 말로 가장 적절한 것은?

In 1998, five competing companies formed a Special Interest Group(SIG) to cooperatively figure out how to allow a wireless connection between technological devices. The result was the creation of Bluetooth technology. Bluetooth took its name from the second king of Denmark. Harald Blatand, whose name literally translates to Bluetooth, unified the warring tribes of Scandinavia. Therefore, the name Bluetooth symbolizes the function of this technology as it similarly puts together different elements for an allied purpose.

Bluetooth was __(A)__ in 1998 by a SIG to allow a __(B)__ between devices.

	(A)	(B)
①	invented	stable transmission
②	created	wireless connection
③	made	receiving frequency
④	introduced	shared information

정답 20 ②

주관식 문제

01 주어진 글 바로 앞에 나왔을 내용을 자세하게 쓰시오.

> Marriage, however, isn't always a matter of personal need for love and happiness. In most societies of the world, marriage is an important way to strengthen the main family line by uniting it with another family of the same social, economic, or religious background. In these societies, there are many rules about whom a person can or cannot marry. Parents have a strong interest in seeing that their children continue the family's good reputation and position in society.

01 **정답**
(둘 중 하나를 작성하면 정답)
- 결혼의 개인적 의미
- 결혼 당사자들만의 사랑과 행복

해설
주어진 글의 중심내용은 결혼의 사회적 의미를 언급하고 있고, 단락 첫 문장에서 역접의 연결부사(however)를 사용하여 이전 단락과 상반된 이야기를 언급한다. 따라서 이전 단락에서는 결혼의 개인적 의미에 대해 언급했다고 추론하는 것이 적절하다.

해석
그러나 결혼이 언제나 사랑과 행복을 위한 개인적 욕구의 문제만은 아니다. 대부분 사회에서, 결혼은 동일한 사회적, 경제적, 또는 종교적 배경의 다른 가족과 결합하여 주요 가계를 강화하는 중요한 수단이다. 이러한 사회에는, 한 사람이 결혼할 수 있거나 할 수 없는 사람에 대한 많은 규칙이 있다. 부모님들은 사회에서 그들의 자녀가 가문의 좋은 평판과 위치를 유지하는 것을 보는 데에 강한 관심을 가진다.

02 정답

(둘 중 하나를 작성하면 정답)
- 남성과 여성의 역할 변화
- 남성과 여성의 성역할 변화

해설

주어진 글의 중심내용은 전통적인 남성과 여성의 고정된 성역할에 대해 언급한다. 마지막 문장에서 역접의 연결부사(however)를 사용하여 이러한 고정된 성역할이 느슨해지고 있다고 언급한다. 따라서 이어질 단락에서는 남성과 여성의 성역할이 점차 변화되고 있다는 내용이 올 것으로 추론하는 것이 적절하다.

해석

과거 전통적인 미국 사회에서 남성과 여성의 역할은 일의 구분으로 쉽게 정의되었다. 남성은 집 밖에서 일해서 가족을 부양하기 위해 돈을 벌었다. 여성은 식사를 준비하고 가정과 아이들을 돌보았다. 이러한 역할은 대부분의 사람들에게 확고하게 고정되었고, 남성과 여성이 그들의 역할을 바꿀 기회가 많지 않았다. 그러나 지난 세기 중반쯤 남성과 여성의 역할은 점차 덜 고정되어 갔다.

02 주어진 글 바로 다음에 올 내용을 자세하게 쓰시오.

In the traditional American society of the past, male and female roles were easily defined by the division of labor. Men worked outside the home and earned the income to support their families. Women cooked the meals and took care of home and the children. These roles were firmly fixed for most people, and there was not much opportunity for men or women to exchange their roles. By the middle of last century, however, men's and women's roles were becoming much less firmly fixed.

03 문장 (가)를 단락 (나)에 넣고자 할 때, 어느 문장 뒤에 오는 것이 가장 적절할지 쓰시오.

(가)

> It is the source of all true art and science.

(나)

> The most beautiful and most profound emotion we can experience is the sensation of the mystical. He to whom this emotion is a stranger, who can no longer pause to wonder and stand rapt in awe, is as good as dead: his eyes are closed.

03 정답

"The most beautiful and most profound emotion we can experience is the sensation of the mystical." 의 뒤

해설

(가)에서 지시대명사 it이 가리키는 것은 인간이 경험할 수 있는 가장 아름답고 가장 심오한 감정인 "신비감"이다. 따라서 문장 (가)는 "The most beautiful and most profound emotion we can experience is the sensation of the mystical."의 뒤에 오는 것이 가장 적절하다.

해석

우리들이 경험할 수 있는 가장 아름답고 가장 심오한 감정은 신비감이다. 그것은 모든 참된 예술과 과학의 근원이다. 이 감정을 모르고, 잠시 걸음을 멈추고 경탄하며, 또 경외심으로 황홀해서 넋을 잃을 줄 모르는 사람은 죽은 것이나 다름없다. 그의 눈은 닫혀있는 것이다.

04

04 문장 (가)를 단락 (나)에 넣고자 할 때, 어느 문장 앞에 오는 것이 가장 적절할지 쓰시오.

(가)

> But as you draw near, everything changes.

(나)

> In gazing at a mountain range from a distance, the peaks seem to rise clear against the sky. There seem to be no obstacles to hinder him who would climb to the top. What seemed so simple at a distance grows infinitely complex as you draw nearer. So is it with life.

정답
"What seemed so simple at a distance grows infinitely complex as you draw nearer."의 앞

해설
(가)는 앞 문장의 내용과 상반된 내용이라는 점에서 문장 (가) 앞에는 멀리서 사물을 바라보는 것과 관련된 내용이 나와야 한다. 한편 (가) 뒤에는 가까이 사물을 바라보는 것과 관련된 내용이 언급된다. 따라서 문장 (가)는 "What seemed so simple at a distance grows infinitely complex as you draw nearer."의 앞에 오는 것이 가장 적절하다.

해석
멀리서 산맥을 바라보면 산봉우리는 하늘을 배경으로 뚜렷이 솟아 있는 것처럼 보인다. 꼭대기까지 오르려는 사람을 방해할 장애물은 아무것도 없는 것처럼 보인다. 그러나 가까이 감에 따라 모든 것이 변한다. 멀리서는 그렇게 단순해 보였던 것이, 가까이 다가감에 따라 무한히 복잡해진다. 인생도 역시 그렇다.

05 문장 (가)를 단락 (나)에 넣고자 할 때, 어느 문장 뒤에 오는 것이 가장 적절할지 쓰시오.

(가)
> He puts the comfort of others before his own convenience.

(나)
> No one will dispute the fact that kindness is a fine virtue. To say a person is kind is to say that he is gentle, considerate, and charitable. In looking back over the people we have known and loved, we can all remember certain men and women who were outstanding for their kindness.

05 **정답**
"To say a person is kind is to say that he is gentle, considerate, and charitable."의 뒤

해설
(가)에서 사용된 지시대명사 he는 앞 문장에서 a person을 가리킨다. 따라서 문장 (가)는 "To say a person is kind is to say that he is gentle, considerate, and charitable."의 뒤에 오는 것이 가장 적절하다.

해석
친절이 하나의 미덕이라는 사실은 아무도 반박하지 않을 것이다. 어떤 사람이 친절하다고 말하는 것은, 그가 점잖고 남에게 동정심이 있고 또 자비롭다고 말하는 것과 같다. 그는 타인의 안락을 자기의 편의보다 먼저 생각한다. 우리들이 사귀어왔고 사랑해 온 사람들을 회고해 볼 때 우리는 모두 그들의 친절함으로 인해 뛰어났던 어떤 남녀들을 기억할 수 있다.

제6장　문장 전환, 영문 국역, 영작

01　다음 각 문장의 영문과 한국어 번역 관계가 가장 적절하지 <u>않은</u> 것은?

① The main source of ultrafine dust is the process of combustion.
　→ 초미세먼지의 주요 근원은 연소 과정이다.

② Eating carbohydrates stimulates physical addiction centers in the brain.
　→ 탄수화물 섭취는 뇌의 물질 중독 중심을 자극한다.

③ The cold, dry climate influences the sparse biodiversity of the tundra.
　→ 차갑고 건조한 기후는 툰드라의 희박한 생물의 다양성에 영향을 준다.

④ Queen Victoria established the principle of the monarch's neutrality in politics.
　→ 빅토리아 여왕은 군주의 정치적 중립의 틀을 세웠다.

01　**해설**
principle은 '원칙, 원리, 주의, 지침, 신념'의 뜻을 가지므로 "빅토리아 여왕은 군주의 정치적 중립의 원칙을 세웠다."로 번역되는 것이 적절하다.

정답　01 ④

02 다음 각 문장의 영문과 한국어 번역 관계가 가장 적절하지 <u>않은</u> 것은?

① Insomnia may be related to stress or noisy interruptions at night.
→ 불면증은 스트레스나 한밤중 소음 방해와 관련이 있을지도 모른다.

② Static electricity isn't easy to harness, but it is used in a few practical ways.
→ 정전기는 예방하기 쉽진 않지만, 몇 가지 실용적인 방법으로 사용되고 있다.

③ A long period of drought forced the people to move south in search of water.
→ 오랜 기간의 가뭄으로 사람들은 어쩔 수 없이 물을 찾아 남쪽으로 이동해야 했다.

④ Rain collects in the dunes forming a complex system of blue lagoons.
→ 비는 복잡한 구조의 푸른 석호를 형성하면서 모래 언덕에 모인다.

---

02 **해설**

harness가 '이용하다, 동력화하다/n. 마구(馬具)'의 뜻을 가지므로 "정전기는 활용하기 쉽지 않지만, 몇 가지 실용적인 방법으로 사용되고 있다."로 번역되는 것이 적절하다.

정답 02 ②

03 해설

③ 내용상 which가 이끄는 관계사절의 선행사는 선행하는 앞 문장 전체가 되므로 계속적 용법의 관계사를 이용하는 것이 자연스럽다. 따라서 "They say he is very smart, which I cannot believe."가 적절하게 바꿔 쓴 문장이다.
① not A without B : B하지 않고서는 A하지 않다
② as much as I could = the best of one's ability : 최선을 다해서
④ 복합관계대명사 whatever = anything that : 무엇이든 간에

해석

① 그는 책을 읽지 않고서는 하루를 보내지 않는다.
→ 그는 매일 책을 읽는다.
② 내가 할 수 있는 만큼 그를 지원했다.
→ 최선을 다해 그를 지원했다.
③ 그들은 그가 매우 똑똑하다고 말한다. 우리는 그것을 믿을 수 없다.
→ 그들은 그가 매우 똑똑하다고 말하지만 우리는 믿을 수 없다.
④ 네가 원하는 것은 무엇이든 먹어도 된다.
→ 네가 원하는 어떠한 것도 먹어도 된다.

03 주어진 문장과 의미가 같도록 문장을 바꾸어 쓸 때, 가장 적절하지 <u>않은</u> 것은?

① Not a day passed without his reading a book.
→ Every day he read a book.
② I supported him as much as I could.
→ I supported him to the best of my ability.
③ They say he is very smart. We cannot believe it.
→ They say he is very smart which I cannot believe.
④ You may eat whatever you like.
→ You may eat anything that you like.

정답 03 ③

04 주어진 문장과 의미가 같도록 문장을 바꾸어 쓸 때, 가장 적절하지 <u>않은</u> 것은?

① Be it ever so humble, there is no place like home.
   → No matter where humble it may be, there is no place like home.
② I wish I were the winner of this race.
   → I am sorry for not being the winner of this race.
③ Only a fool would do such an idiotic thing.
   → A wise man would not do such an idiotic thing.
④ I am sure you were surprised to hear that news.
   → You are sure to have been surprised to hear the news.

04 해설

① '양보'의 의미를 갖는 '명령법 + 주어 + ever so + 형용사' 구문이다. 따라서 복합관계부사 however (= no matter how)를 이용해 바꿔 써야 본래 문장의 내용과 의미가 가장 가까운 문장이 된다. 따라서 "No matter how(= however) humble it may be, there is no place like home."으로 바꿔 써야 적절하다.
② 'I wish + 가정법' 표현으로, '~했으면 좋았을 텐데. 즉, ~하지 않아서 유감이다'를 의미한다. 'I am sorry for not Ving' 또는 'I am sorry that 주어 + be + not(또는 do not + 일반동사)'으로 바꾸어 쓸 수 있다.
③ 주어진 문장의 주어 "a fool"을 바꿔 쓴 문장에서는 반의어인 "A wise man"을 사용했으므로 바꿔 쓴 문장은 부정문으로 작성해야 한다.
④ 주절의 시제가 현재(I am sure)인 반면, 종속절의 시제는 과거(you were)이므로 부정사를 이용하여 종속절을 구로 바꿀 때, 완료부정사 to have PP를 사용한다.

해석

① 아무리 보잘것없을지라도, 집과 같은 곳은 없다.
② 이 경기의 승자가 되길 희망했다.
   → 이 경기에 승자가 되지 못해 유감이다.
③ 바보라면 그러한 어리석은 일을 할 것이다.
   → 현명한 사람이라면 그러한 어리석은 일은 하지 않을 것이다.
④ 당신이 그 소식을 듣고서 놀랐을 것이라고 확신한다.
   → 당신이 그 소식을 듣고 놀랐었다는 것은 확실하다.

정답 04 ①

05 해설
① judging from : ~로 판단하건대
② cannot help but + V = cannot help + Ving : ~하지 않을 수 없다
③ enable A + to + V : A가 ~하는 것을 가능하게 하다

06 해설
② pull apart : 분해하다, 분리하다
① act up : 심해지다
   act out : ~을 행하다, 실천하다, 옮기다
③ suffer from : ~로 고통 받다
④ be noted for + Ving : ~로 유명하다

정답 05 ④ 06 ②

---

05 다음 중 우리말을 영어로 가장 적절하게 옮긴 것은?

① 그의 어조로 판단하건대, 그는 한국인임에 틀림없다.
   → Judged from his accent, he must be an Korean.
② 우리는 남에게 영향을 주고 또 영향을 받지 않을 수 없다.
   → We cannot help but influencing others and being influenced by them.
③ 비행기 덕분에 우리는 며칠 안에 세계를 일주할 수 있었다.
   → Airplanes enable us go around the world in a few days.
④ 일단 무엇인가 계획을 세웠으면 그것을 성취하기 위해 최선을 다해야 한다.
   → Once you have planned something, you must do your best to achieve it.

06 다음 중 우리말을 영어로 가장 적절하게 옮긴 것은?

① 그의 어깨 통증은 추운 날에 심해진다.
   → The pain in his shoulder acts out on cold days.
② 그 탁자 옆에 쌓여있는 의자들은 따로 분리되어야 한다.
   → The chairs stacked next to the table should be pulled apart.
③ 몇몇 국가에서는 많은 아이들이 아직도 기아로 고통 받고 있다.
   → A number of children are still suffering with hunger in some countries.
④ 업계에서 그는 인수합병(M&A)에 대한 공격적인 추진력으로 유명하다.
   → In business circles he is noted at his aggressive drive for M&A.

주관식 문제

01 밑줄 친 부분을 의미가 유사한 다른 표현으로 바꾸어 쓸 때, 빈칸에 들어갈 가장 적절한 표현을 쓰시오.

> <u>If it were not for</u> books for the written record of man's most profound thoughts, his loftiest achievements, each generation would have to rediscover by itself the truths of the past, with only the inadequate help of oral tradition.
>
> → ___ ___ ___ ___

---

01 **정답**
Were it not for

해설
가정법 과거의 조건절에서 접속사 if를 생략할 수 있다. 그러면 도치가 발생한다. 따라서 주어진 문장은 Were it not for로 바꾸어 쓸 수 있다.

해석
인간의 가장 심오한 사색과 그의 가장 고매한 업적에 대한 기록물을 위한 책이 없다면, 각 세대는 구전이라는 부적당한 도움만으로 혼자서 과거의 진리를 재발견해야 할 것이다.

02 정답
none other than

해설
밑줄 친 문장은 "내가 말했던 어린 소녀를 제외하고는 아무도 내 팔꿈치를 만지지 않았다."로 바꾸어 쓸 수 있다. 따라서 빈칸에는 none other than이 적절하다.

해석
즐거운 생각을 마음속에 품고 호수 위에 떠다니는 백조들을 바라보고 있을 때, 누가 내 팔꿈치를 만지나 했더니 바로 방금 말한 그 어린 소녀가 아니겠는가!

02 밑줄 친 부분을 의미가 유사한 다른 표현으로 바꾸어 쓸 때, 빈칸에 들어갈 가장 적절한 표현을 쓰시오.

I was gazing at the swans floating on the lake with happy thoughts in my mind, <u>when who should touch me on the elbow but the little girl whom I had mentioned</u>.

→ and then to my surprise, I was touched on the elbow by ____ ____ ____ the little girl I had mentioned.

03 정답
impossible to live

해설
'there is no Ving'(~하는 것은 불가능하다)는 'it is impossible to + V'로 바꾸어 쓸 수 있다.

해석
그 여자는 어린애들이 산 공기의 덕을 보기 위해 온 가족이 여름에 시골로 가야겠다고 생각했다. 그것은 이 무더운 계절에 도시에서는 도저히 사는 것이 불가능했기 때문이었다.

03 밑줄 친 부분을 의미가 유사한 다른 표현으로 바꾸어 쓸 때, 빈칸에 들어갈 가장 적절한 표현을 쓰시오.

She thought her family should all retire to the country for the summer, that the children might have the benefit of the mountain air, for <u>there was no living in the city</u> in this sultry season.

→ it was ____ ____ ____ in the city

04 밑줄 친 부분을 의미가 유사한 다른 표현으로 바꾸어 쓸 때, 괄호 안에 들어갈 가장 적절한 표현을 쓰시오.

> A book may be compared to the life of your neighbor. If it is good, it cannot last too long; if bad, you cannot get rid of it too early.
>
> → The (㉠) you remove a bad book, the (㉡) it will be.

04 정답
㉠ sooner, ㉡ better

해설
'the + 비교급 + 주어 + 동사, the + 비교급 + 주어 + 동사'(~하면 할수록 더욱 ~하다)가 쓰인 문장으로 바꾸면, "나쁜 책은 빨리 없앨수록 더욱 좋을 것이다."로 바꿔 쓸 수 있다.

해석
책은 당신의 이웃 사람과의 생활에 비유될 수 있다. 그것이 좋으면 아무리 오래 계속되어도 지나치지 않고, 나쁘면 그것을 아무리 빨리 제거해도 지나치지 않는다.

05 밑줄 친 부분을 의미가 유사한 다른 표현으로 바꾸어 쓸 때, 괄호 안에 들어갈 가장 적절한 표현을 쓰시오.

> The men whom I have seen succeed best in life have always been careful and hopeful men, who went about their business with a smile on their faces, and took the changes and chances of his mortal life like men, facing success and failure alike as it came.
>
> → confronted the (㉠) and (㉡) of life bravely

05 정답
㉠ ups, ㉡ downs

해설
밑줄 친 문장은 "인생의 기회와 변화를 용감하게 받아들였다."이다. 삶의 기회와 변화를 대체할 표현은 "우여곡절"로 볼 수 있다. 따라서 우여곡절을 뜻하는 표현인 ups and downs가 적절하다.

해석
인생에서 내가 본 최고로 성공한 사람들은 항상 명랑하고 희망에 찬 사람들이었으며, 그들은 얼굴에 웃음을 띠고 자신의 일을 열심히 하였고, 성공과 실패를 오는 그대로 마주하면서, 이 인생의 변화와 기회를 남자답게 받아들였다.

06

정답
㉠ If, ㉡ were

해설
가정법의 조건절 전체를 대신하는 부사 otherwise를 풀어 쓸 때, 본래 조건절의 의미를 이해하고 '접속사, 주어, 동사, 시제'를 결정한다. 가정법 과거 시제이므로 조건절은 "if we were all from the same mold"로 바꿀 수 있다.

해석
태어날 때 음악 혹은 회화의 재능을 부여받은 사람들이 있듯이, 글재주가 있는 사람들이 있다. 우리 모두가 똑같은 틀에서 나오지 않은 것이 다행이다. 그렇지 않다면, 인생은 너무나 단조로울 것이다.

---

06 밑줄 친 부분을 의미가 유사한 다른 표현으로 바꾸어 쓸 때, 괄호 안에 들어갈 가장 적절한 표현을 쓰시오.

> There are people who have a talent for writing, just as there are people who are born with a gift for music or painting. It is fortunate that we are not all from the same mold, <u>otherwise</u> life would be very monotonous.
>
> → (㉠) we (㉡) all from the same mold,

07

정답
이는 예절에 있어서도, 날씨에 관해서도 마찬가지이다.

해설
'be with, as with'는 '~에 있어서도 마찬가지이다'이므로 "이는 예절에 있어서도, 날씨에 관해서도 마찬가지이다."가 적절하다.

해석
나쁜 예절이 전염성이 있는 것처럼 좋은 예절도 역시 그러하다. 만일 우리가 무례함에 마주치게 되면 우리들 대부분이 무례하게 되기 쉽다. 그러나 쾌활한 사람들에게 불쾌해 할 사람은 없다. 이는 예절에 있어서도 날씨에 관해서도 마찬가지이다.

---

07 밑줄 친 부분을 우리말로 번역하시오.

> As bad manners are infectious, so also are good manners, if we encounter incivility most of us are apt to become uncivil, but there is no one who can be disagreeable with sunny people. <u>It is with manners as with the weather</u>.
> *incivility 무례함

08 밑줄 친 부분을 우리말로 번역하시오.

> Man would have remained a savage, but for the results of the useful labors of those who preceded him. They discovered art and science, and we succeed to the useful effects of their labors.
> *precede 선행하다

09 밑줄 친 부분을 우리말로 번역하시오.

> It is one of the most tragic facts in the recent development of science that the conquest of the air, which on all grounds should have worked towards the unification of the world and the harmony of mankind, has actually become our most threatening danger.

---

03 정답
인간은 우리의 선인들의 유용한 노동의 결과가 없었더라면 여전히 야만인으로 남아있었을 것이다.

해설
가정법 과거완료 시제의 문장으로, '만일 ~했었더라면'의 의미로 해석된다. 또한 but for는 '~이 없었다면'의 의미를 갖는 가정법 조건절의 대용 표현이다.

해석
인간은 우리의 선인들의 유용한 노동의 결과가 없었더라면 여전히 야만인으로 남아있었을 것이다. 그들은 예술과 과학을 발견했고 우리는 그들의 유용한 결과를 이어받는다.

09 정답
모든 면에서 보아, 세상의 통일과 인류의 조화를 위해 공헌해야만 했었던

해설
'should have PP'(~했어야 했는데 안 했다)를 활용하여 해석하면, "모든 면에서 보아, 세상의 통일과 인류의 조화를 위해 공헌해야만 했었던"이 적절하다.

해석
모든 면에서 보아, 이 세상의 통일과 인류의 조화를 위해 공헌해야만 했었던 공중의 정복이 오히려 우리의 가장 위협적인 위험이 되었다는 것은 최근의 과학 발달에 있어서 가장 비극적인 사실의 하나이다.

10 밑줄 친 부분을 우리말로 번역하시오.

> Being stupid and having no imagination, animals often behave far more sensibly than men. Efficiently and by instinct they do the right, appropriate thing at the right moment – eat when they are hungry, look for water when they feel thirsty, rest or play when they have leisure.

10 정답
비록 어리석고 상상력이 없지만, 짐승들은 가끔 인간들보다 훨씬 더 지각 있게 행동한다.

해설
밑줄 친 문장은 분사구문으로 부사절로 바꾸어 쓰면, "Although animals are stupid and have no imagination, ~"이 된다. 따라서 밑줄 친 문장을 접속사를 포함해 해석하면 "비록 어리석고 상상력이 없지만, 짐승들은 가끔 인간들보다 훨씬 더 지각 있게 행동한다."이다.

해석
비록 어리석고 상상력이 없지만, 짐승들은 가끔 인간들보다 훨씬 더 지각 있게 행동한다. 효과적으로 그리고 본능적으로 그들은 적절한 순간에 올바르고 적당한 일을 한다. 즉, 배가 고플 때 먹고, 갈증이 날 때 물을 찾고, 여가가 있을 때 쉬거나 논다.

11 다음 글에서 밑줄 친 우리말에 적절한 영어 문장을 작성하시오.

> She had never enjoyed the game more thoroughly. The thing that mattered was the game itself rather than winning it. 심지어 지는 것도 중요하지 않았다.

11 정답
(둘 중 하나를 작성하면 정답)
- Even being beaten did not matter.
- Even losing was not important (significant).

해설
동명사 주어로서 "지는 것"은 being beaten으로 작성한다. 또한 중요하다는 동사 matter를 사용하고 문장의 시제는 과거이므로 did not을 사용한다.

해석
그녀는 그 경기를 이 이상 더 즐겨 본 적이 없었다. 중요한 것은 경기 그 자체였지 이기는 것이 아니었다. Even being beaten did not matter.

12

다음 글에서 밑줄 친 우리말에 적절한 문장이 되도록 괄호 안에 들어갈 알맞은 표현을 쓰시오.

> Worn out by anguish and exertion, I sank into a death-like slumber; and 그 다음날 아침 해가 뜨고 나서야 비로소 제정신으로 돌아왔다.
>
> → it was (㉠) (㉡) the following morning when the sun rose (㉢) I came to my senses.

12 정답

㉠ not, ㉡ until, ㉢ that

해설

'It is not until A that B'(A하고 나서야 B했다)를 활용하여, "it was not until the following morning when the sun rose that I came to my senses."로 쓴다.

해석

고뇌와 노고로 지쳤으므로 나는 죽음과 같은 깊은 잠에 빠져들었다. 그리고 it was not until the following morning when the sun rose that I came to my senses.

13

다음 글에서 밑줄 친 우리말에 적절한 문장이 되도록 괄호 안에 들어갈 알맞은 표현을 쓰시오.

> My father is an eminently sensible man. If I reflect on my childhood, I see 나에 대한 아버지의 대우가 항상 얼마나 존경할 만한 것이었는가를. I fancy I must have been at one time rather than hard to manage. Yet he neither let me have my own way nor angered me by his opposition.
>
> → how admirable his (㉠) of me (㉡) always been.

13 정답

㉠ treatment, ㉡ has

해설

부사 how의 사용으로 형용사 admirable을 도치시킨다. 과거부터 현재까지 나에 대한 아버지의 대우를 언급하고 있으므로 현재완료 시제를 사용한다.

해석

나의 아버지는 탁월하게 분별 있는 분이다. 나의 어린 시절을 되돌아볼 때, 나는 how admirable his treatment of me has always been을 알 수 있었다. 아마 나는 한때 다루기가 좀 힘든 애였음에 틀림없다고 생각한다. 그러나 아버지는 내가 제멋대로 하도록 내버려두지 않았으며 또 무작정 반대를 하여 내가 화를 내게도 하지 않았다.

14 정답

㉠ as, ㉡ such

해설

'as such'(그렇게, 그런 것으로)를 활용한다. 앞 문장 "Love of power, like vanity, is a strong element in normal human nature" 부분을 받는다.

해석

그의 의견은 이렇게 요약할 수 있다. 권력욕은 허영심처럼 정상적인 인간 본성에 있어서 강렬한 요소이다. 그래서 as such is to be accepted. 다만 그것이 지나칠 때에만 그것은 개탄스러운 것이 된다.

14

다음 글에서 밑줄 친 우리말에 적절한 문장이 되도록 괄호 안에 들어갈 알맞은 표현을 쓰시오.

> His opinion may be summarized like this. Love of power, like vanity, is a strong element in normal human nature, and 그런 것으로서 받아들여야만 한다; it becomes deplorable only when it is excessive.
> *deplorable 개탄할 만한
>
> → (㉠) (㉡) is to be accepted.

15 정답

associated, with, regression

해설

도치 구문으로서 본래 문장은 "The decline in men's regard for truth is closely associated with the regression in charity."이다. 보어를 도치시킬 경우, "Closely associated with the regression in charity"가 문두에 위치하며 be동사가 뒤에 오고 주어가 마지막 부분에 위치한다.

해석

진리를 존중하는 인간의 마음의 쇠퇴는 Closely associated with the regression in charity. 세계 역사상 금세기의 정치적, 경제적 독재자들에 의해서처럼 파렴치하게 조직적인 허위를 감행한 적은 어떤 시기에도 없었다.

15

다음 글에서 밑줄 친 우리말에 적절한 문장이 되도록 빈칸에 들어갈 알맞은 표현을 쓰시오. (주어진 철자로 시작하는 표현을 쓸 것)

> 자선의 퇴보와 밀접하게 연관되어 있다 the decline in men's regard for truth. At no period of the world's history has organized lying been practiced so shamelessly as by the political and economic dictators of the present century.
> *dictator 독재자
>
> → Closely a____ w____ the r____ in charity is

추록

합격의 공식 SD에듀 www.sdedu.co.kr

2025년 시험부터 추가되는 내용

추록 Ⅰ	제1편 어휘 및 관용어
추록 Ⅱ	제2편 문법
추록 Ⅲ	제3편 독해 (1)
추록 Ⅳ	제3편 독해 (2)

※ 학습참고 본문 172~177쪽, 263~269쪽의 내용(제2편 제6장 화법)은 2025년부터 평가영역에서 제외되었으므로, 학습 시 참고하시기 바랍니다.

훌륭한 가정만한 학교가 없고, 덕이 있는 부모만한 스승은 없다.

– 마하트마 간디 –

추록 I | 제1편 어휘 및 관용어

※ 도서 49쪽에 추가되는 내용입니다.

제1장 어휘

제3절 하의어 및 다의어 관계

1 하의어(hyponym)

(1) 하의어(hyponym)는 하위어라고도 하며, 이는 어떤 말보다 구체적이고 자세한 의미를 갖는 말이다. 하의어를 쉽게 이해하기 위해서는 상의어를 알아 두는 것이 도움이 된다.

(2) 상의어(hypernym)는 상위어라고도 하며, 이는 어떤 말보다 일반적이고 포괄적인 의미를 갖는 달이다.

(3) 하의어와 상의어는 상대적 개념으로서 상의어는 하의어보다 더욱 일반적이며 의미의 범위가 크다는 특징이 있다. 따라서 상의어는 하의어를 포함하고, 하의어는 상의어에 포함된다.

(4) 하의어와 상의어는 계층적 구조를 가진다. 하의어는 여러 개의 상의어를 가질 수 있고, 상의어 역시 여러 개의 하의어를 가질 수 있다. 가령, 상의어인 '물고기'의 하의어는 '금붕어, 붕어, 고등어' 등이 될 수 있고 '금붕어'의 상의어는 '붕어, 민물고기, 물고기' 등이 될 수 있다. 이 경우, '금붕어'는 하의어가 되고 '붕어, 민물고기, 물고기'는 상의어가 된다.

(5) 상의어 - 하의어

① [a]

상의어	하의어
academic discipline	humanities, sciences
activity	indoor activity, outdoor activity
aircraft	airplane, helicopter
alcoholic beverage	beer, wine
amphibian	frog, newt
animal	antelope, alligator
apartment	studio apartment, penthouse
aquatic habitat	ocean, river

상의어	하의어
architectural style	gothic, baroque
art	visual art, performing art
authoritarian government	dictatorship, absolute monarchy

② [b]

상의어	하의어
ballroom dance	waltz, tango
bedroom furniture	bed, dresser
berry	strawberry, blueberry
beverage container	bottle, mug
board game	chess, scrabble
book	novel, textbook

③ [c]

상의어	하의어
car	convertible, coupe
cake	chocolate cake, cheesecake
capitalism	free market capitalism, state capitalism
chronic disease	diabetes, asthma
classical music	symphony, opera
cold beverage	ice coffee, smoothie
color	primary color, secondary color
commercial building	office building, shopping mall
communication device	smartphone, tablet
communication method	verbal communication, written communication
computer hardware	processor(CPU), memory(RAM)
cosmetic	lipstick, foundation

④ [d]

상의어	하의어
dairy	milk, yogurt
dance	ballroom dance, folk dance
democratic government	parliamentary democracy, presidential democracy
dessert	cake, pie
device	digital camera, drone
disease	infectious disease, chronic disease
document	legal document, financial document
drink	decaf coffee, diet soda
drug	antibiotic, analgesic

⑤ [e] ~ [g]

상의어	하의어
economic indicator	GDP, inflation rate
ecosystem	rainforest, wetland
educational level	elementary school, high school
element	metal, non-metal
event	election, exhibition
executive branch	president, governor
exercise	running, training
fabric pattern	plaid, striped
fast food	burger, pizza
fiction	mystery, fantasy
financial document	invoice, bank statement
folk dance	flamenco, square dance
footwear	shoes, sandals
genre	fiction, non-fiction
geological process	erosion, sedimentation
government	democratic government, authoritarian government
grain	wheat, rice

⑥ [h] ~ [j]

상의어	하의어
habitat	terrestrial habitat, aquatic habitat
happiness	joy, contentment
herb	hibiscus, hyssop
hobby	outdoor hobby, indoor hobby
hot beverage	tea, hot chocolate
house	bungalow, apartment
humanities	philosophy, linguistics
immersive experience	VR gaming, VR tours
indoor hobby	painting, reading
industry	technology, healthcare
infectious disease	influenza, malaria
injury	fracture, sprain
insect	ant, butterfly
instrument	inhaler, intercom

상의어	하의어
investment	stocks, real estate
jewel	jade, jet
juice	apple juice, grape juice

⑦ [k] ~ [l]

상의어	하의어
kitchen appliance	kettle, knife sharpener
knot	bowline, square knot
knowledge	know-how, kinetic theory
landform	lake, mountain, hill, valley, canyon, beach, cliff, glacier, fjord
laundry appliance	washing machine, dryer
legislative branch	senator, House of Representative
limb	arm, leg
literature	lyric, poem
living room furniture	sofa, armchair

⑧ [m] ~ [n]

상의어	하의어
mammal	monkey, mole
medication	aspirin, amoxicillin
metal	iron, gold
mineral	quartz, mica
music	classical music, popular music
musical instrument	guitar, drum
mythical creature	Dragon, Unicorn
narrative	novel, novelette
nation	Korea, France
natural disaster	Tsunami, Hurricane
network	social network, computer network
neurotransmitter	dopamine, serotonin
non-alcoholic beverage	juice, soda
non-fiction	biography, history
non-metal	oxygen, carbon
noodle	spaghetti, ramen
noun	proper noun, abstract noun
nut	cashew nut, peanut
nutrient	vitamin, protein

⑨ [o] ~ [r]

상의어	하의어
occupation	orthodontist, optometrist
office supply	printer, stapler
optical instrument	telescope, microscope
orchestra	oboe, organ
organ	heart, brain
organization	nonprofit, corporation
ornament	Christmas ornament, Wall hanging
outdoor hobby	hiking, gardening
outwear	coat, jacket
painting	portrait, pastel
performing art	dance, music
pet	dog, parrot
physician	cardiologist, pediatrician
pie	apple pie, cherry pie
planet	Earth, Jupiter
popular music	rock, hip-hop
pressure	atmospheric pressure, gauge pressure
primary color	red, blue, yellow
programming language	Python, Java
psychological theory	cognitive theory, behaviorism
puzzle type	Jigsaw puzzle, Sudoku
qualification	quality assurance, quantitative analyst
quality	durability, efficiency
quarantine measure	isolation, health monitoring
quilt	patchwork quilt, coverlet
religion	Catholic, Buddhism
renewable resource	solar energy, wind energy
reptile	snake, lizard
road	route, runaway

⑩ [s] ~ [t]

상의어	하의어
sadness	grief, sorrow
scent	lavender, mint
sciences	physics, biology
secondary color	green, orange, purple
sedan	BMW 530i, Benz 220 cdi
service robot	domestic robot, healthcare robot
snack	sandwich, spring roll
socialism	democratic socialism, marxist socialism
software	spreadsheet, simulation
temperature	Celsius, Fahrenheit
terrestrial habitat	forest, grassland
textile	silk, wool
tool	trimmer, torque wrench
toy	doll, building blocks
transportation method	bus, subway
tree	oak, teak
tropical fruit	mango, pineapple

⑪ [u] ~ [z]

상의어	하의어
universe	Andromeda, Milky Way
university	public university, private university, liberal arts college, graduate school, undergraduate school
urban area	metropolis, city
utensil	knife, holder
vaccine	influenza vaccine, COVID-19 vaccine
vegetable	spinach, onion
velocity	speed, acceleration
verbal communication	speech, debate
virtue	honesty, kindness
visual art	sculpture, photography
vocal range	soprano, bass
weapon	rifle, missile
weather condition	rain, snow
weather instrument	thermometer, barometer

wood	pinewood, mahogany
written communication	letter, email
zone	time zone, residential zone
zoological study	ethology, taxonomy

2 다의어(polysemy)

(1) 하나의 단어가 여러 개의 뜻을 가진 단어로서 여러 개의 뜻은 의미상 서로 연결되어 있다.

(2) 다의어와 동음이의어를 구분하는 일은 중요하다.
   ① 다의어는 한 단어의 여러 의미가 하나의 어원에서 파생되었거나 의미적으로 연결되어 있다는 특징을 갖는다.
   ② 동음이의어는 발음은 같지만 뜻이 다른 단어로서 동음이의어의 단어는 어원적으로나 의미적으로 서로 관련되어 있지 않다.

(3) 예컨대 단어 party의 다양한 의미는 다음과 같이 정리할 수 있다. ①부터 ③ 사이에는 의미의 차이가 있지만 이들은 모두 '모임, 단체, 집단'이라는 의미적 공통점을 공유한다는 점을 알 수 있다. 이러한 어휘를 다의어라 한다.
   ① **파티, 모임** : a social gathering, as of invited guests at a private home for entertainment
   ② **당, 정당** : a group of persons with common political opinions and purposes organized for gaining political influence and governmental control
   ③ **당사자, 상대방** : a person or group that participates in some action or affair

(4) 다의어

   ① [a]

어휘	의미
account	㉠ n. 계좌 [예] I opened a new bank **account**. (나는 새로운 은행 **계좌**를 만들었다.) ㉡ n. 근거, 이유 [예] He refused the proposal on this **account**. (그는 이러한 **이유**로 그 제안을 거절했다.) ㉢ v. 설명하다, 차지하다(account for) [예] • She had to **account for** her actions. (그녀는 자신의 행동을 **설명해야** 했다.) • The service sector **accounts for** about 80 percent of our city's production. (서비스업 분야는 우리 도시 생산의 대략 80퍼센트를 **차지한다**.)

action	㉠ n. 행동 예 His **action** was decisive. (그의 **행동**은 단호했다.) ㉡ n. 소송 예 They brought an **action** against each other. (그들은 서로에 대해 **소송**을 제기했다.) ㉢ n. 연극 장면 예 The next **action** takes place in the garden. (다음 **장면**은 정원에서 펼쳐진다.)
age	㉠ n. 나이 예 What is your **age**? (**나이**가 어떻게 되시죠?) ㉡ v. 나이가 들다 예 Wine **ages** well over time. (와인은 시간이 지남에 따라 잘 **숙성된다**.)
aid	㉠ n. 도움 예 We provided **aid** to this school. (우리는 이 학교에 **도움**을 제공했다.) ㉡ n. 보조기구 예 She uses a hearing **aid**. (그녀는 청각 **보조기구**를 사용한다.) ㉢ n. 도우미 예 He works as a professor's **aid**. (그는 어떤 교수님의 **도우미**로 일한다.)
aim	㉠ n. 목표 예 His **aim** is to make a happy life. (그의 **목표**는 행복한 삶을 사는 것이다.) ㉡ v. 겨냥하다 예 She **aimed** the arrow at the target. (그녀는 목표물에 화살을 **겨냥했다**.)
angle	㉠ n. 각도 예 We can see them at different **angles**. (우리는 그것들을 다른 **각도**에서 볼 수 있다.) ㉡ n. 관점 예 We can understand their stories looked from this **angle**. (이러한 **관점**에서 보면 그들의 이야기를 이해할 수 있다.) ㉢ n. 모서리 예 Cut this paper at an **angle**. (**모서리**에서 이 종이를 자르세요.)
apply	㉠ v. 지원하다 예 He **applied** for this job. (그는 이 직업에 **지원했다**.) ㉡ v. 적용하다 예 The rules **apply** to everyone. (그 규칙은 모든 이들에게 **적용한다**.) ㉢ v. 바르다 예 **Apply** the cream to your face. (크림을 얼굴에 **바르세요**.)
arm	㉠ n. 팔, 사지 예 His **arm** was broken. (그의 **팔**은 부러졌다.) ㉡ n. 무기 예 Our nation has a strong **arm** of defense. (우리나라는 강력한 방어 **무기**를 가지고 있다.) ㉢ n. (조직) 부서 예 The marketing **arm** of the company tried to solve it. (그 회사의 마케팅 **부서**는 그것을 해결하기 위해 노력했다.)
author	㉠ n. 작가 예 He is a famous **author**. (그는 유명한 **작가**이다.) ㉡ v. 쓰다 예 She **authored** a few novels. (그녀는 몇 편의 소설을 **썼다**.)

② [b]

어휘	의미
bark	㉠ v. 외치다 예 He **barked** orders at this restaurant. (그는 이 식당에서 주문을 **외쳤다**.) ㉡ v. 짖다 예 Her dog **barked** for the first time. (그녀의 강아지가 처음으로 **짖었다**.) ㉢ n. 나무껍질 예 The tree's **bark** is smooth. (그 **나무의 껍질**은 부드럽다.)
beat	㉠ n. 박자 예 This song is based on disco **beat**. (이 노래는 디스코 **박자**를 기반으로 한다.) ㉡ n. 치는 소리 예 I am hearing the **beat** of the surf. (나는 파도**치는 소리**를 듣는 중이다.) ㉢ v. 때리다 예 A few protestors **beat** the fence. (몇몇 시위자들은 울타리를 **쳤다**.) ㉣ v. 이기다 예 He **beat** his opponent in the game. (그는 그 경기에서 상대를 **이겼다**.)
bill	㉠ n. 계산서 예 Please give me the **bill**. (저에게 **계산서**를 주세요.) ㉡ n. 법안 예 The **bill** was passed by the legislature. (그 **법안**은 입법부를 통과했다.)
bridge	㉠ n. 다리 예 The **bridge** crosses the river. (그 **다리**는 그 강을 가로지른다.) ㉡ v. 연결하다 예 We need to **bridge** this part with that part. (우리는 이 부품과 저 부품을 **연결할** 필요가 있다.)

③ [c]

어휘	의미
cell	㉠ n. 세포 예 The human body is made up of **cells**. (인간의 신체는 **세포**로 구성되어 있다.) ㉡ n. 감방, 감옥 예 He was put in a prison **cell**. (그는 **감방**에 수감되었다.)
channel	㉠ n. 채널 예 Switch the TV to a different **channel**. (다른 **채널**로 돌려줘.) ㉡ n. 수로 예 The river flows through a narrow **channel**. (그 강은 좁은 **수로**를 따라 흐른다.)
charge	㉠ n. 혐의 예 He faced several **charges**. (그는 몇 가지 **혐의**에 직면했다.) ㉡ v. 충전하다 예 You'd better **charge** your phone. (당신의 폰을 **충전하는** 편이 낫다.)

check	㉠ v. 확인하다 예 You must **check** your report. (당신은 보고서를 **확인해야** 한다.) ㉡ n. 수표 예 She wrote a **check** for the groceries. (그녀는 식료품을 위해 **수표**를 사용했다.) ㉢ n. 체크무늬 예 He wore a **check** shirt. (그는 **체크무늬** 셔츠를 입었다.)
clip	㉠ n. 집게 예 You can use this **clip** to hold them together. (당신은 그것들을 묶는 데 이 **집게**를 사용할 수 있다.) ㉡ v. 자르다 예 She **clipped** the coupons from this line. (그녀는 이 선을 따라 쿠폰을 **잘랐다**.)
compound	㉠ n. 화합물 예 Salt is a **compound** of sodium and chlorine. (소금은 나트륨과 염소의 **화합물**이다.) ㉡ v. 악화시키다 예 His problem was **compounded** by his lack of sleep. (그의 문제는 수면 부족으로 **악화되었다**.)
concur	㉠ v. 일치하다 예 We **concurred** with his view in many aspects. (우리는 많은 측면에서 그의 견해와 **일치했다**.) ㉡ v. 동시에 일어나다 예 Our final term exam **concurred** with our trip. (우리의 기말고사가 우리 여행과 **겹쳤다**.) ㉢ v. 협력하다 예 They **concurred** in dealing with this problem. (그들은 이 문제를 해결하는 데 **협력했다**.)
contract	㉠ n. 계약 예 They signed a new **contract**. (그들은 새로운 **계약**에 서명했다.) ㉡ v. 수축하다 예 The metal **contracts** in cold weather. (금속은 추운 날씨에 **수축한다**.)
cool	㉠ a. 시원한 예 The evening air is **cool**. (저녁 공기가 **시원하다**.) ㉡ a. 멋진 예 That's a **cool** jacket. (그거 **멋진** 재킷이야.)
cycle	㉠ n. 주기 예 The water **cycle** is essential for life. (물의 **주기**는 생명에 필수적이다.) ㉡ v. 자전거를 타다 예 He **cycles** to work every day. (그는 매일 **자전거를 타고** 출근한다.)

④ [d]

어휘	의미
deal	㉠ n. 거래 [예] They made a **deal** with the supplier. (그들은 공급자와 **거래**했다.) ㉡ v. 해결하다 [예] You can **deal** with this problem. (당신은 이 문제를 **해결**할 수 있다.) ㉢ v. 나누다, 분배하다 [예] You must **deal** the shares to the investors. (당신은 투자자들에게 몫을 **분배해야** 한다.)
digest	㉠ n. 요약 [예] She reads the news **digest** every morning. (그녀는 매일 아침 뉴스 **요약**을 읽는다.) ㉡ v. 소화하다 [예] It takes time to **digest** a heavy meal. (많은 식사를 **소화하는** 데 시간이 걸린다.) ㉢ v. 견디다 [예] He **digested** criticism for his action. (그는 자신의 행동에 대한 비난을 **참았다**.)
draft	㉠ n. 초안 [예] She wrote the first **draft** of her paper. (그녀는 자신의 논문 **초안**을 작성했다.) ㉡ n. 징병 [예] He was called up in the **draft**. (그는 **징병**으로 소집되었다.)
drop	㉠ v. 떨어지다 [예] You must be careful not to **drop** the vase. (당신은 꽃병을 **떨어뜨리지** 않도록 조심해야 한다.) ㉡ v. 하락하다 [예] KOSPI highly **dropped** on a Monday, August, 2024. (코스피가 2024년 8월 어느 월요일에 심하게 **하락했다**.) ㉢ n. 방울 [예] There was a **drop** of water on the leaf. (잎에 물**방울**이 있었다.)
dust	㉠ n. 먼지 [예] The table is covered in **dust**. (그 탁자는 **먼지**로 덮여 있다.) ㉡ v. 먼지를 털다 [예] She **dusted** the shelves. (그녀는 선반의 먼지를 **털었다**.)

⑤ [e]

어휘	의미
economy	㉠ n. 경제 [예] The country's **economy** is growing. (그 나라의 **경제**는 성장하는 중이다.) ㉡ n. 절약 [예] **Economy** of resources is important. (자원의 **절약**은 중요하다.)
edge	㉠ n. 가장자리 [예] He stood at the **edge** of the cliff. (그는 절벽 **가장자리**에 서 있었다.) ㉡ n. 우위 [예] She has an **edge** over her competitors. (그녀는 경쟁자보다 **우위**에 있다.)

eminent	㉠ a. 저명한 예 He is an **eminent** historian. (그는 **저명한** 역사가이다.) ㉡ a. 지위가 높은 예 She was in an **eminent** position. (그녀는 **높은 지위**에 있었다.) ㉢ a. 우뚝 솟은, 돌출된 예 An **eminent** peak could be seen in the distance. (**우뚝 솟은** 봉우리는 멀리서도 볼 수 있다.)
engine	㉠ n. 엔진 예 The plant assembly produces the **engine** of BMW 530i.(그 공장 조립 시설은 BMW 530i의 **엔진**을 생산한다.) ㉡ n. 동력 예 The growth **engine** for the next generation is the brain.(다음 세대의 성장 **동력**은 두뇌이다.)
exact	㉠ a. 정확한 예 She gave an **exact** answer. (그녀는 **정확한** 답을 주었다.) ㉡ a. 철저한 예 He is an **exacting** person who wants perfection. (그는 완벽을 원하는 **철저한** 사람이다.) ㉢ v. 요구하다 예 They **exacted** thorough investigation. (그들은 철저한 조사를 **요구했다**.)
exhaust	㉠ v. 지치게 하다 예 This game **exhausted** me. (이 경기는 나를 **지치게 했다**.) ㉡ v. 고갈시키다 예 Our resource has been **exhausted**. (우리 자원이 **고갈되고 있다**.) ㉢ n. 배기가스 예 Diesel cars produce a lot of **exhaust**. (디젤 차량은 많은 **배기가스**를 만든다.)
exit	㉠ n. 출구 예 It can be safe to use the nearest **exit**. (가장 가까운 **출구**를 이용하는 게 안전할 수 있다.) ㉡ v. 떠나다 예 We **exited** the building. (우리는 그 건물을 **떠났다**.)
express	㉠ v. 표현하다 예 She straightforwardly **expressed** her feelings. (그녀는 솔직하게 자신의 감정을 **표현했다**.) ㉡ a. 고속의, 급행의 예 We took an **express** train. (우리는 **고속** 열차를 탔다.) ㉢ n. 속달우편 예 It can be better to send it by **express**. (**속달우편**으로 보내는 게 나을 수 있다.)

⑥ [f]

어휘	의미
face	㉠ n. 얼굴 예 They smile on their **faces**. (그들은 **얼굴**에 미소를 짓고 있다.) ㉡ n. 표면 예 The **face** of a building is in front of me. (건물의 **정면**이 내 앞에 있다.) ㉢ n. 체면 예 You must keep your **face** in the public context. (공적 맥락에서는 **체면을 지켜야** 한다.) ㉣ v. 직면하다 예 Researchers were **faced** with some difficulties. (연구자들은 약간의 어려움에 **직면했다**.)
fast	㉠ a. 빠른 예 The **fast** car was chased by the police. (그 **빠른** 차는 경찰에 의해 추격을 당했다.) ㉡ v. 금식하다 예 Many people **fast** during Ramadan. (많은 사람들은 Ramadan 기간 동안 **금식한다**.)
figure	㉠ n. 숫자, 수치 예 That sounds like a highly precise **figure**. (매우 정확한 **수치**처럼 들립니다.) ㉡ n. 인물 예 He was one of the leading **figures** of Impressionism. (그는 인상주의의 주요 **인물** 중 한 사람이었다.) ㉢ n. 모양, 도형 예 My brother likes to draw a plane **figure**. (내 동생은 평면 **도형** 그리는 것을 좋아한다.)
fine	㉠ n. 벌금 예 He paid a **fine** for speeding. (그는 과속에 대한 **벌금**을 냈다.) ㉡ a. (기분 등이) 좋은, 건강한 예 He feels **fine** today. (그는 오늘 기분이 **좋다**.) ㉢ a. 미세한 예 The sand on the beach is very **fine**. (해변 모래가 매우 **미세하다**.)
firm	㉠ n. 회사 예 She works at a law **firm**. (그녀는 법률 **회사**에서 근무한다.) ㉡ a. 단단한 예 The mattress is **firm**. (그 매트리스는 **단단하다**.) ㉢ a. 확고한, 단호한 예 You should make **firm** decisions. (당신은 **확고한** 결정을 해야 한다.)
flat	㉠ a. 평평한 예 The road is **flat**. (그 길은 **평평하다**.) ㉡ a. 단조로운 예 Their performance was **flat** and uninspiring. (그들의 공연은 **단조롭고** 지루했다.) ㉢ a. 펑크 난 예 She had a **flat** tire on her way to home. (그녀는 집에 오는 길에 타이어가 **펑크 났다**.)

⑦ [g] ~ [h]

어휘	의미
gear	㉠ n. 기어 예 He shifted the car into the second **gear**. (그는 차를 2단 **기어**로 변속했다.) ㉡ n. 장비 예 Make sure to pack your hiking **gear**. (도보 여행 **장비**를 챙겼는지 확인해라.)
gift	㉠ n. 선물 예 He received a lovely **gift**. (그는 사랑스러운 **선물**을 받았다.) ㉡ n. 재능 예 He has a **gift** for linguistics. (그는 언어학에 **재능**이 있다.) ㉢ n. 기부 예 They made a **gift** to the charity. (그들은 자선단체에 **기부**했다.)
glass	㉠ n. 유리 예 The window is made of **glass**. (창문은 **유리**로 만들어진다.) ㉡ n. 컵 예 She drank a **glass** of water. (그녀는 한 **잔**의 물을 마셨다.) ㉢ n. 안경 예 He needs a new pair of **glasses**. (그는 새 **안경**이 필요하다.)
grain	㉠ n. 곡물 예 The farmer grows **grain**. (그 농부는 **곡물**을 재배한다.) ㉡ n. 입자 예 **Grain** size is the diameter of individual **grains** of sediment. (**입자** 크기는 침전물의 개별적 **입자**의 지름이다.) ㉢ a. 아주 조금의(a grain of) 예 He said farewell to her without **a grain of** love. (그는 **아주 조금의** 애정도 없이 그녀에게 이별을 말했다.)
hatch	㉠ n. 출입구 예 He came through the **hatch** of this building. (그는 이 건물의 **출입구**를 통해 들어왔다.) ㉡ v. 부화하다 예 The eggs will **hatch** in a few days. (알들은 며칠 이내에 **부화**할 것이다.)
host	㉠ n. 주인, 주최자 예 She was the **host** of the party. (그녀는 그 파티의 **주최자**였다.) ㉡ n. 무리(다수의) 예 A **host** of friends are waiting for me. (친구들 **다수**는 나를 기다리는 중이다.)
house	㉠ n. 집 예 We live in the cozy **house**. (우리는 아늑한 **집**에서 산다.) ㉡ n. 가정 예 He set up his **house**. (그는 자신의 **가정**을 이뤘다.) ㉢ n. 관중 예 The show played to a full **house**. (그 쇼는 모든 **관중**에게 상영되었다.)

⑧ [i] ~ [k]

어휘	의미
illuminate	㉠ v. 비추다 [예] He hopes to **illuminate** the world. (그는 세상에 빛을 **비추길** 희망한다.) ㉡ v. 분명히 하다 [예] The researcher **illuminated** his thesis with examples. (그 연구자는 사례를 들어 논문의 **주제를 분명히 했다.**) ㉢ v. 계몽하다 [예] A professor devoted himself to **illuminating** his students. (한 교수는 자신의 학생들을 **계몽시키는** 데 몰두했다.) ㉣ v. 장식하다 [예] We **illuminated** our living room with Christmas lights. (우리는 크리스마스 전구로 거실을 **장식했다.**)
immediate	㉠ a. 즉시의 [예] She avoided making an **immediate** answer. (그녀는 **즉각적인** 답을 회피했다.) ㉡ a. 직접적인 [예] The **immediate** information that we found was useful. (우리가 찾아낸 **직접적인** 정보는 유용했다.) ㉢ a. 가까운, 친밀한 [예] I want to meet my **immediate** family. (나는 **가까운** 가족을 만나고 싶다.)
index	㉠ n. 색인, 목차 [예] Check the **index** for topics related to climate change. (기후변화와 관련된 내용을 **색인**에서 찾아보세요.) ㉡ n. 지표, 지수 [예] The stock market **index** increased by 10% today. (오늘 주식 시장 **지수가** 10% 상승했다.) ㉢ n. 집게손가락 [예] You had better point with your **index** finger. (당신은 **집게손가락**으로 가리키는 게 낫다.)
inert	㉠ a. 비활성의 [예] Plastic is not an **inert** substance. (플라스틱은 **비활성** 물질이 아니다.) ㉡ a. 둔한, 재미없는 [예] The narrative is **inert** and boring. (그 이야기는 **재미없고** 지루하다.)
intercept	㉠ v. 가로채다 [예] The athlete **intercepts** the ball. (그 선수가 공을 **가로챘다.**) ㉡ v. 도청하다 [예] They **intercept** our conversation. (그들이 우리 대화를 **도청한다.**) ㉢ v. 차단하다 [예] We tried to **intercept** rays of light. (우리는 빛을 **차단하려고** 노력했다.)
issue	㉠ n. 문제 [예] There is an **issue** with the printer. (프린터에 **문제**가 있다.) ㉡ n. 결과 [예] The **issue** of the election was difficult to predict. (그 선거 **결과**는 예측하기 어려웠다.) ㉢ v. 발표하다, 밝히다 [예] The company **issued** a statement. (그 회사는 성명을 **발표했다.**)

jet	㉠ n. 분출, 분사 예 A **jet** of water shout out of the hose. (물이 호스로부터 **분출**되었다.) ㉡ n. 제트기 예 They flew in a private **jet**. (그들은 개인 **제트기**로 비행했다.) ㉢ n. 흑옥 예 A necklace was made of **jet**. (목걸이는 **흑옥**으로 만들어졌다.)
joint	㉠ n. 관절 예 He has pain in his knee **joint**. (그는 무릎 **관절**에 통증이 있다.) ㉡ a. 공동의 예 They issued a **joint** statement on this issue. (그들은 이 문제에 대해 **공동** 성명을 발표했다.) ㉢ n. 접합부, 연결부 예 The **joints** of this table were reinforced with glue. (이 탁자의 **연결부**는 접착제로 보강되었다.)
judge	㉠ n. 판사 예 The **judge** ruled in favor of the defendant. (그 **판사**는 피고의 편을 들어 판결을 내렸다.) ㉡ v. 판단하다 예 Don't **judge** a book by its cover. (표지로 책을 **판단하지** 말라.)
juggle	㉠ v. 공중 던지기하다 예 He can **juggle** three balls. (그는 세 개의 공을 **공중에 던질** 수 있다.) ㉡ v. 속이다 예 He tried to **juggle** the account books. (그는 장부를 **위조하려고** 했다.) ㉢ v. 양립시키다 예 She is **juggling** work, school, and family. (그녀는 일, 학업, 가사를 **병행하고** 있다.)
kernel	㉠ n. 낟알 예 He picked up all the **kernels**. (그는 모든 **낟알**을 주웠다.) ㉡ n. 핵심, 요점 예 We can't understand the **kernel** of truth. (우리는 진실의 **핵심**을 이해할 수 없다.)
kick	㉠ v. 차다 예 He **kicked** the ball. (그는 공을 **찼다**.) ㉡ v. 끊다 예 He **kicked** the habit several years ago. (그는 몇 년 전 그 습관을 **끊었다**.) ㉢ n. 자극, 활력 예 The coffee gives him a **kick**. (커피는 그에게 **활력**을 준다.) ㉣ v. 제외하다 예 They **kicked** him out the club. (그들은 그를 그 모임에서 **제외했다**.)
kind	㉠ a. 친절한 예 A **kind** man helped to carry the box. (한 **친절한** 사람이 상자 옮기는 것을 도와주었다.) ㉡ n. 종류 예 They form these **kinds** of mechanisms. (그들은 이러한 **종류**의 메커니즘을 만든다.) ㉢ n. 본질, 성질 예 This material has strange **kind**. (이 물질은 이상한 **성질**을 가진다.)

어휘	의미
kinetic	㉠ a. 운동의, 동역학의 예 The **kinetic** energy is transferred to this. (**운동**에너지가 여기로 전달된다.) ㉡ a. 활동적인 예 The artist who made a **kinetic** sculpture was dead. (**활동적인** 조각을 만들었던 그 예술가가 죽었다.)
kinship	㉠ n. 친족 관계 예 It is a comparative study of **Kinship**. (이것은 **친족**의 비교 연구이다.) ㉡ n. 유사 예 There was some **kinship** between them. (그것들 사이에는 **유사점**이 있었다.)

⑨ [l] ~ [o]

어휘	의미
land	㉠ n. 땅, 토지, 소유지 예 He owns a large piece of **land**. (그는 많은 **땅**을 소유하고 있다.) ㉡ n. 전원, 농촌 예 I hope to come back to **land**. (나는 **전원**으로 돌아가고 싶다.) ㉢ n. 국토, 나라 예 This is a **land** of mystery. (이곳은 신비의 **나라**이다.) ㉣ v. 착륙시키다, 착륙하다 예 The plane will **land** at 4 p.m. (그 비행기는 오후 4시에 **착륙할** 예정이다.)
lap	㉠ n. 무릎 예 The cat sat on her **lap**. (고양이가 그녀의 **무릎** 위에 앉았다.) ㉡ n. 한 바퀴 예 He started the final **lap**. (그는 마지막 **바퀴**를 시작했다.)
line	㉠ n. 선 예 You must draw the straight **line**. (당신은 직선을 그려야 한다.) ㉡ n. 줄(행렬) 예 She was in **line**. (그녀는 그 줄에 있었다.) ㉢ n. (책 또는 글자의) 행, 줄 예 Read the first **line** of the paper. (그 논문의 첫 **줄**을 읽어라.)
major	㉠ a. 주요한 예 This is a **major** issue. (이것은 **주요한** 문제이다.) ㉡ n. 전공 예 His **major** is English linguistics. (그의 **전공**은 영어학이다.) ㉢ v. 전공하다 예 He **majored** in English Semantics and Pragmatics. (그는 영어 의미론과 화용론을 **전공했다**.)
mark	㉠ n. 인상, 영향 예 He left positive **mark** on me. (그는 내게 긍정적인 **인상**을 남겼다.) ㉡ n. 표준 예 The quality of this product is above the **mark**. (이 제품의 질은 **표준** 이상이다.) ㉢ n. 성적 예 She got a high **mark** on this subject. (그녀는 이 과목에서 높은 **성적**을 받았다.)

어휘	의미
milk	㉠ n. 우유 예 She drank a glass of **milk**. (그녀는 한 잔의 **우유**를 마셨다.) ㉡ v. 젖을 짜내다 예 He forgot to **milk** the cow. (그는 **소젖을 짜는** 것을 잊었다.)
note	㉠ n. 메모 예 We wrote a **note** to remember it. (우리는 이것을 기억하기 위해 **메모**했다.) ㉡ n. 음표 예 She played the wrong **note** on the piano. (그녀는 피아노로 잘못된 **음표**를 연주했다.)
once	㉠ conj. 일단 ~하면 예 **Once** the gum is frozen, to remove it will be easy. (**일단** 껌이 얼면, 제거하는 것은 쉬울 것이다.) ㉡ ad. 과거 한때 예 She is a **once** popular singer. (그녀는 **과거 한때** 인기 가수였다.) ㉢ ad. 한 번 예 This event only happens **once** every 10 years. (이 사건은 10년에 **한 번**만 발생한다.)

⑩ [p] ~ [r]

어휘	의미
page	㉠ n. 한 장 예 Let's turn to **page** 100. (100**쪽**으로 넘겨봅시다.) ㉡ n. 하인 예 The **page** delivered the message to the king. (**하인**은 왕에게 메시지를 전달했다.) ㉢ v. 소환하다 예 They **paged** him at the airport. (그들은 그를 공항에서 **소환했다**.)
pass	㉠ v. 지나가다, 통과하다 예 Our car **passed** the building. (우리 차는 그 건물을 **지나갔다**.) ㉡ n. 합격 예 He took a **pass** in this university. (그는 이 대학에 **합격**했다.) ㉢ n. 패스, 송구 예 He made a good **pass** to help the score. (그는 득점을 돕는 좋은 **패스**를 했다.)
perception	㉠ n. 인식, 지각 예 We studies **perception** in animals. (우리는 동물의 **지각** 작용을 연구한다.) ㉡ n. 직관, 통찰 예 She is a woman who has a keen **perception**. (그녀는 예리한 **통찰력**을 가진 여자이다.) ㉢ n. 식별 예 He has a good **perception** to distinguish them. (그는 그것들을 구별하는 탁월한 **식별력**을 가지고 있다.)
pig	㉠ n. 돼지 예 **Pig**'s kidneys can help fix this problem. (**돼지**의 신장이 이 문제를 해결하는 데 도움이 될 수 있다.) ㉡ v. 게걸스레 먹다 예 They **pigged** this food. (그들은 이 음식을 **게걸스럽게 먹었다**.)

pique	⊙ v. 화나게 하다 예) We are easily **piqued** at lie. (우리는 거짓말에 쉽게 **화를 낸다**.) ⓒ v. 자극하다 예) His failure **piqued** her to anger. (그의 실패는 그녀를 **자극하여** 화나게 했다.) ⓒ n. 화, 짜증 예) He broke his table in a **pique** at her remarks. (그는 그녀의 말에 **화가 나서** 탁자를 부쉈다.)
precocious	⊙ a. 조숙한 예) He seems to be a **precocious** child. (그는 **조숙한** 아이인 것 같다.) ⓒ a. 개화가 빠른 예) It is a kind of a **precocious** flower. (이것은 **개화가 빠른** 종류의 꽃이다.)
pupil	⊙ n. 학생, 제자 예) She is one of the best **pupils**. (그녀는 최고의 **제자** 중 하나다.) ⓒ n. 눈동자, 동공 예) The size of the **pupils** changes according to the brightness of light. (빛의 밝기에 따라 **눈동자**의 크기는 변한다.)
queue	⊙ n. 행렬 예) There was a long **queue** at the ticket office. (매표소에는 긴 **행렬**이 있었다.) ⓒ n. 순서 예) The print jobs are in a **queue**. (인쇄물이 **순서**대로 있다.) ⓒ v. 줄을 서다 예) We **queued** for hours. (우리는 몇 시간 동안 **줄을 섰다**.)
realm	⊙ n. 왕국 예) He demanded the liberty of the **realm**. (그는 **왕국**의 자유를 요구했다.) ⓒ n. 영역 예) It is in the **realm** of political work. (이것은 정치적 행동의 **영역**이다.) ⓒ n. 범주 예) This matter is our **realm**. (이 문제는 우리의 **범주**이다.)
reflect	⊙ v. 반영하다 예) Her eyes **reflected** her egocentric disposition. (그녀의 눈빛은 이기적인 성격을 **나타낸다**.) ⓒ v. 반사하다 예) Water **reflects** light. (물은 빛을 **반사한다**.) ⓒ v. 심사숙고하다 예) She **reflected** on how to settle the dispute. (그녀는 논쟁을 정리할 방법에 대해 **심사숙고했다**.)
run	⊙ v. 달리다 예) He **ran** upstairs. (그는 2층으로 **달렸다**.) ⓒ v. 출마하다(for) 예) She **ran** for the mayor. (그녀는 시장에 **입후보했다**.) ⓒ v. 운영하다 예) He **runs** dating apps. (그는 데이트 앱을 운영한다.)

⑪ [s] ~ [w]

어휘	의미
slender	㉠ a. 날씬한 예 They have become elegant and **slender**. (그들은 우아하고 **날씬해졌다**.) ㉡ a. 희박한 예 The possibility of failure seems to be **slender**. (실패의 가능성은 **희박한** 것 같다.) ㉢ a. 가느다란 예 The thread is long and **slender**. (그 실은 길고 **가늘다**.)
solution	㉠ n. 해결책 예 We tried to find the best **solution**. (우리는 최선의 **해결책**을 찾으려 노력했다.) ㉡ n. 용액 예 Heat the **solution** to 75° Celsius. (그 **용액**을 섭씨 75도까지 가열하세요.)
strike	㉠ n./v. 파업(하다) 예 Their **strike** has paralyzed the U.S. entertainment industry. (그들의 **파업**은 미국 연예 산업을 마비시켰다.) ㉡ v. 부딪치다 예 She **strikes** two sticks together. (그녀는 두 막대기를 **부딪쳤다**.) ㉢ v. 떠오르다 예 I was **struck** by a startling notion. (나에게 깜짝 놀랄 만한 **생각이 떠올랐다**.)
tangible	㉠ a. 유형의 예 **Tangible** assets are always necessary. (**유형** 자산은 늘 필요하다.) ㉡ a. 효과적인, 실질적인 예 His suggestions could be **tangible** for saving energy. (그의 제안은 에너지 절약에 **효과적일** 수 있다.) ㉢ a. 명백한 예 There is a **tangible** reason for his rejection. (그의 거절에는 **명백한** 이유가 있다.)
tender	㉠ a. 부드러운, 온화한 예 To be **tender** is to accept all the defects. (**온화하다는** 것은 모든 결점을 받아들인다는 것이다.) ㉡ a. 어린, 미숙한 예 I created a story at the **tender** age. (나는 **어린** 나이에 이야기를 창작했다.) ㉢ a. 미묘한 예 We talked about a **tender** topic. (우리는 **미묘한** 주제에 대해 말했다.)
tongue	㉠ n. 혀 예 My **tongue** and vocal cords are still healthy. (제 **혀**와 성대는 여전히 건강합니다.) ㉡ n. 말, 이야기 예 It was a slip of the **tongue**. (이건 **말실수**였다.) ㉢ n. 언어 예 He can speak three **tongues**. (그는 세 개의 **언어**를 구사할 수 있다.)

use	㉠ v. 이용하다 [예] You'd better **use** this tool to fix it. (그것을 수리할 때 이 도구를 **이용하는** 게 좋을 거야.) ㉡ n. 용법 [예] The **use** of this device is difficult. (이 장치의 **사용법**은 어렵다.) ㉢ n. 유용함, 효용 [예] This tool has no **use** to me anymore. (이 도구는 내게 더 이상 **유용하지** 않다.)
volume	㉠ n. 부피 [예] The **volume** of the box is large. (그 상자의 **부피**는 크다.) ㉡ n. 책, 서적, 권 [예] He wrote several **volumes** of papers. (그는 여러 **권**의 논문을 썼다.) ㉢ n. 소리크기 [예] Turn up the **volume** of the radio. (라디오의 **소리**를 높여.)
wan	㉠ a. 창백한 [예] His **wan** face suddenly flushed. (그의 **창백한** 얼굴이 갑자기 붉어졌다.) ㉡ a. 희미한 [예] A **wan** light was above me. (**희미한** 빛이 내 위에 있었다.) ㉢ n. 헛된 [예] It turned out to be the **wan** efforts. (**헛된** 노력으로 밝혀졌다.)
while	㉠ conj. ~하는 동안 [예] **While** the family was in the garden, a man entered the house. (그 가족이 정원에 있는 **동안**, 한 남자가 집에 들어왔다.) ㉡ conj. 반면에, 하지만 [예] **While** your answer is correct, it is not complete. (당신의 답변이 정확하**지만** 완벽한 것은 아니다.)

제4절 중의 및 동음이의어 관계

1 중의성

하나의 단어, 구, 문장 등이 두 개 이상의 해석이 가능한 현상으로서 중의성을 유발하는 요인에 따라 어휘적 중의성 또는 구조적 중의성으로 나누어 볼 수 있다.

(1) 어휘적 중의성

① 동음이의어나 다의어가 원인이 되어 나타나는 현상이다.
② 어휘적 중의성과 다의어의 차이는 기억할 필요가 있다. 특정 어휘가 가질 수 있는 두 가지 의미 사이에 개념적인 관련성이 없는 경우 어휘적 중의성이라 하고, 두 가지 의미 사이에 개념적인 연관성이 있으면 다의어라 한다.

[예]
- I am used to playing with **matches**.
  - → 나는 **성냥**을 가지고 노는 것에 익숙하다.
  - → 나는 **커플**들과 함께 노는 것에 익숙하다.
- He threw the **ball**.
  - → 그는 그 **공**을 던졌다.
  - → 그는 **무도회**를 열었다.
- We need to check the **balance**.
  - → 우리는 (계좌) **잔고**를 확인할 필요가 있다.
  - → 우리는 **균형**을 확인할 필요가 있다.
- The contractor had to **draw** the curtains.
  - → 그 계약자는 커튼을 **닫아야** 했다.
  - → 그 계약자는 커튼을 **그려야** 했다.

(2) 구조적 중의성

① 특정 문장의 구조적 차이 또는 부정 표현의 영향권으로 인해 서로 다른 해석을 갖는 현상이다.
② 문장의 구조적 차이, 부정 표현(not, never 등)의 영향권, 양화사(all, most, some 등)와 부정 표현의 동시 사용 등으로 인해 문장의 구조적 중의성이 발생한다.

[예]
- The chicken is ready to eat.
  - → 첫 번째 해석 : 치킨(음식)을 먹을 준비가 되었다.
  - → 두 번째 해석 : 닭이 먹을 준비가 되었다.
- Visiting friends can be helpful.
  - → 첫 번째 해석 : 친구들을 방문하는 것은 도움이 될 수 있다.
  - → 두 번째 해석 : 방문한 친구들은 도움이 될 수 있다.
- Flying planes can be dangerous.
  - → 첫 번째 해석 : 비행기를 조종하는 것은 위험할 수 있다.
  - → 두 번째 해석 : 날고 있는 비행기는 위험할 수 있다.
- He didn't finish his homework before the game.
  - → 첫 번째 해석 : 그는 게임 전에 과제를 끝내지 않았다. (즉, 그는 과제를 끝내지 않았다.)
  - → 두 번째 해석 : 그는 게임 전에 과제를 끝낸 것은 아니다. (즉, 게임 이후 과제를 끝냈다.)
- She didn't invite Mary and Tom.
  - → 첫 번째 해석 : 그녀는 Mary와 Tom 둘 다 초대하지 않았다.
  - → 두 번째 해석 : 그녀는 Mary는 초대하지 않았고 Tom은 초대했다.
- All the students didn't pass the test.
  - → 첫 번째 해석 : 학생 모두 시험에 합격하지 못했다.
  - → 두 번째 해석 : 학생 모두 시험에 합격하지 못했던 것은 아니다. (즉, 몇몇의 학생들은 합격했다.)

> **더 알아두기**
>
> **어휘의 중의성과 모호성**
>
> 어휘의 중의성은 하나의 단어나 문장이 두 가지 이상의 의미를 갖는 현상을 말한다. 어휘의 모호성은 문장이나 표현이 여러 가지 해석을 가능하게 하여 의미가 명확하지 않은 현상을 말한다.
> 모호성 예시는 다음과 같다. 다음 문장의 경우, 지시대명사 he가 가리키는 대상이 문장에서 Jack인지 Tom인지 또는 이 둘을 제외한 다른 사람인지 명확하지 않다. 따라서 다음 문장 이전에 특정 맥락이 있다면 지시사 he가 가리키는 지시 대상을 정확하게 고정할 수 있다.
> 예 Jack told Tom that **he** would win.
> → Jack은 Tom에게 그(Jack, Tom, 또는 다른 사람)가 이길 것이라고 말했다.

2 동음이의어

(1) 발음은 같고 철자는 같을 수도 다를 수도 있지만 다른 의미를 갖는 단어이다.

(2) 가령 영어 to와 too, tail과 tale은 철자는 다르지만 발음이 같은 동음이의어이다.

(3) 동음이의어는 의미의 모호성을 유발할 수 있으며, 유머를 자아내기도 한다. "You take some flour."라는 말에 "Where do you pick flower?"라고 되물어 보는 경우를 생각해 볼 수 있다.

(4) 동음이의어

> - accept(v. 받아들이다) – except(prep. 제외하고서)
> - advice(n. 충고) – advise(v. 충고하다)
> - aid(n. 도움) – aide(n. 조력자, 측근)
> - air(n. 공기) – heir(n. 상속인)
> - altar(n. 제단) – alter(v. 바꾸다)
> - bail(v. 물을 버리다) – bale(n. 짐, 선적)
> - band(n. 고리) – band(n. 그룹 집단)
> - bare(a. 벌거벗은) – bear(v. 참다, n. 곰)
> - base(n. 기초, 기본) – bass(n. 저음, 물고기)
> - basis(n. 시작점, 기초, 근거) – bases(n. 야구 베이스)
> - beat(v. 때리다) – beet(n. [식물] 비트)
> - blew(v. [blow의 과거형] 불었다) – blue(n. 파란색, a. 파란색의)
> - bread(n. 빵) – bred(v. [breed의 과거형] 키웠다)
> - buy(v. 사다) – by(prep. 옆에, ~에 의해)

- ceiling(n. 천장) − sealing(n. 밀봉)
- cent(n. [동전] 센트) − scent(n. 냄새)
- cereal(n. 곡물) − serial(a. 일련의, 연속의)
- chord(n. 화음) − cord(n. 끈, 실)
- complement(n. 보충, 보완, v. 보충하다) − compliment(n. 칭찬)
- council(n. 의회) − counsel(n. 상담)
- creak(n. 삐걱거리는 소리) − creek(n. 시내, 계곡)
- dear(a. 친애하는) − deer(n. 사슴)
- desert(n. 사막) − desert(v. 포기하다) / *dessert[dizɔ́ːrt](n. 후식)
- dew(n. 이슬) − due(a. 예정된)
- die(v. 죽다) − dye(v. 염색하다)
- discreet(a. 신중한, 분별력 있는) − discrete(a. 별개의)
- doe(n. (사슴 등의) 암컷) − dough(n. 반죽)
- elicit(v. 유도하다) − illicit(a. 불법적인)
- fairy(n. 요정) − ferry(n. 배)
- faze(n. 당황하게 만들다) − phase(n. 단계)
- feat(n. 업적) − feet(n. [복수형] 발)
- find(v. 발견하다) − fined(a. 벌금 받은)
- flea(n. 벼룩) − flee(v. 도망가다)
- gene(n. 유전자) − jean(n. 청바지)
- groan(v. 신음하다) − grown(a. [grow의 과거분사형] 자란)
- heal(v. 치료하다) − heel(n. 뒤꿈치)
- hoarse(a. 목이 쉰) − horse(n. 말)
- hole(n. 구멍) − whole(a. 전체의)
- holy(a. 신성한) − wholly(ad. 전체적으로)
- knot(n. 매듭) − not(ad. ~하지 않게)
- lessen(v. 줄이다) − lesson(n. 수업, 교훈)
- loan(v. 빌리다) − lone(a. 외로운)
- made(v. [make의 과거형] 만들었다) − maid(n. 하녀)
- marry(v. 결혼하다) − merry(a. 즐거운)
- meat(n. 고기) − meet(v. 만나다)
- one(a. 하나의) − won(v. [win의 과거형] 이겼다)
- overdo(v. 무리하다) − overdue(a. 연체된)
- pail(n. 통) − pale(a. 창백한)
- pain(n. 고통) − pane(n. 창유리, 창틀)
- peak(n. 절정) − peek(v. 엿보다)
- pear(n. [과일] 배) − pair(n. 한 쌍)
- plain(a. 평범한) − plane(n. 비행기)
- pole(n. 기둥) − poll(n. 여론조사)

- poor(a. 가난한) – pour(v. 퍼붓다)
- rain(n. 비, v. 비가 내리다) – rein(v. 억제하다)
- rap(v. 두드리다) – wrap(v. 싸다, 포장하다)
- real(a. 실제의) – reel(v. 비틀거리다)
- ring(n. 반지) – wring(v. 쥐어짜다, 비틀다)
- role(n. 기능, 역할) – roll(v 굴리다, 구르다)
- scene(n. 풍경) – seen(a. [see의 과거분사형] 본, 보았던)
- sew(v. 바느질하다) – sow(v 씨를 뿌리다)
- soar(v. 치솟다) – sore(a. 상처 난)
- some(a. 약간의) – sum(n. 합계)
- steal(v. 훔치다) – steel(n. 철)
- suite(n. 스위트룸) – sweet(a. 달콤한)
- threw(v. [throw의 과거형] 던졌다) – through(prep. ~을 통해서)
- toe(n. 발가락) – tow(v. 견인하다)
- very(ad. 매우) – vary(v. 다르다, 변화하다, 다양하게 변하다)
- wail(v. 통곡하다) – whale(n. 고래)
- way(n. 길) – weigh(v. 무게를 달다)
- weather(n. 날씨) – whether(conj. ~인지 아닌지)
- which(pron. 어느 것) – witch(n. 마녀)

제1장   추가 실전예상문제

01 괄호 안에 들어갈 적절한 표현이 순서대로 짝지어진 것은?

> The (㉠) is a well-known (㉡) that can live both in water and on land.

	㉠	㉡
①	amphibian	amphibian
②	frog	frog
③	frog	amphibian
④	amphibian	frog

해설
문장 내용상 ㉠과 ㉡에 들어갈 단어는 하의어와 상의어 관계에 있다. 따라서 ㉠에는 ㉡의 구체적 유형을 가리키는 하의어인 frog가 들어가는 것이 적절하며, ㉡에는 ㉠의 상의어인 amphibian이 들어가는 것이 적절하다.

해석
개구리는 물과 땅에서 생존할 수 있는 잘 알려진 양서류이다.

정답 ③

---

02 괄호 안에 들어갈 적절한 표현이 순서대로 짝지어진 것은?

> - Among various (㉠), (㉡) is widely used for generating electricity in an eco-friendly manner.
> - Governments are investing in (㉠), particularly in (㉡), to combat climate change.

	㉠	㉡
①	solar energy	fossil fuel
②	wind energy	economic energy
③	economic energy	wind energy
④	renewable resources	solar energy

해설
문장 내용상 ㉠과 ㉡에 들어갈 단어는 상의어와 하의어 관계에 있다. 따라서 ㉠에는 ㉡에 들어갈 단어를 포함할 수 있는 상의어인 renewable resources가 들어가는 것이 적절하며, ㉡에는 ㉠의 하의어인 solar energy가 들어가는 것이 적절하다.

해석
- 다양한 재생 가능한 자원 중 태양열 에너지는 친환경 방법으로 전기를 발생시키는 데 넓게 사용된다.
- 정부는 기후변화에 대처하기 위해 재생 가능한 에너지 특히, 태양열 에너지에 투자하는 중이다.

정답 ④

03 괄호 안에 공통으로 들어갈 표현으로 가장 적절한 것은?

> • He opened a new savings (　　) to manage his finances more effectively.
> • The teacher asked for an (　　) of what happened during the discussion.

① account
② action
③ application
④ aid

해설
첫 번째 문장의 괄호 안에는 '계좌'의 의미를 갖는 표현이, 두 번째 문장의 괄호 안에는 '설명'의 의미를 갖는 표현이 들어가는 것이 적절하다. 따라서 '계좌'와 '설명'의 의미를 갖는 다의어 account가 정답이다.
② 행동, 소송, 연극
③ 적용, 응용, 활용
④ 도움, 보조기구, 도우미

해석
• 그는 자신의 금융을 더 효과적으로 관리하기 위해 새로운 저축 계좌를 만들었다.
• 그 선생님은 토론 중에 일어난 일에 대한 설명을 요청했다.

정답 ①

---

04 괄호 안에 공통으로 들어갈 표현으로 가장 적절한 것은?

> • I (　　) with your opinion about the new project proposal.
> • The concert will (　　) with the opening of the art exhibition.

① agree
② concur
③ contract
④ beat

해설
첫 번째 문장의 괄호 안에는 '동의하다'의 의미를 갖는 표현이, 두 번째 문장의 괄호 안에는 '동시에 발생하다'의 의미를 갖는 표현이 들어가는 것이 적절하다. 따라서 공통으로 들어갈 다의어 표현으로 concur이 적절하다.
① 동의하다
③ 계약하다, 수축하다
④ 박자, 치는 소리, 때리다

해석
• 나는 새로운 프로젝트 제안에 대한 너의 의견에 동의한다.
• 그 콘서트는 미술 전시회의 개막과 동시에 열릴 것이다.

정답 ②

05 괄호 안에 공통으로 들어갈 표현으로 가장 적절한 것은?

- The ( ) statue stood at the center of the square, attracting everyone's attention.
- She is an ( ) author who has written several bestselling novels.

① imminent
② emergent
③ exhaust
④ eminent

해설
첫 번째 문장의 괄호 안에는 '우뚝 솟은'의 의미를 갖는 표현이, 두 번째 문장의 괄호 안에는 '저명한'의 의미를 갖는 표현이 들어가는 것이 적절하다. 따라서 공통으로 들어갈 다의어 표현으로 eminent가 적절하다.
① 임박한, 절박한
② 긴급한, 신생의
③ 지치게 하다, 고갈시키다

해석
- 그 우뚝 솟은 동상은 모두의 시선을 끌면서 광장 중앙에 서 있다.
- 그녀는 여러 권의 베스트셀러 소설을 쓴 저명한 작가이다.

정답 ④

06 괄호 안에 공통으로 들어갈 표현으로 가장 적절한 것은?

- The lights ( ) the road at night.
- The book ( ) the struggles of marginalized communities.

① hatch
② gear
③ illuminate
④ figure

해설
첫 번째 문장의 괄호 안에는 '밝히다, 빛을 비추다'의 의미를 갖는 표현이, 두 번째 문장의 괄호 안에는 '계몽하다(깨닫게 해 주다)'의 의미를 갖는 표현이 들어가는 것이 적절하다. 따라서 공통으로 들어갈 다의어 표현으로 illuminate가 적절하다.
① 부화하다, 출입구
② 장비
④ 인물, 숫자, 계산하다

해석
- 그 빛이 밤에 도로를 (밝게) 비춘다.
- 그 책은 소외된 공동체의 어려움을 깨닫게 해 준다.

정답 ③

07 괄호 안에 공통으로 들어갈 표현으로 가장 적절한 것은?

- The documents waiting to be printed are in a (   ).
- There is a long (   ) outside the library.

① realm
② queue
③ run
④ pique

해설
첫 번째 문장의 괄호 안에는 '순서'의 의미를 갖는 표현이, 두 번째 문장의 괄호 안에는 '행렬, 줄'의 의미를 갖는 표현이 들어가는 것이 적절하다. 따라서 공통으로 들어갈 다의어 표현으로 queue가 적절하다.
① 왕국, 영역
③ 달리다, 운영하다, 출마하다
④ 화나게 하다, 자극하다

해석
- 인쇄 대기 중인 문서들이 <u>순서</u>대로 있다.
- 도서관 밖에 긴 <u>행렬</u>이 있다.

정답 ②

08 괄호 안에 공통으로 들어갈 표현으로 가장 적절한 것은?

- The museum displayed (   ) artifacts from ancient civilizations.
- The company's efforts have led to (   ) results.

① tender
② wan
③ tangible
④ precocious

해설
첫 번째 문장의 괄호 안에는 '유형의, 실체가 있는'의 의미를 갖는 표현이, 두 번째 문장의 괄호 안에는 '명확한, 명백한'의 의미를 갖는 표현이 들어가는 것이 적절하다. 따라서 공통으로 들어갈 다의어 표현으로 tangible이 적절하다.
① 온화한, 부드러운
② 창백한, 희미한
④ 조숙한, 개화가 빠른

해석
- 그 박물관은 고대 문명에서 온 <u>실물</u> 유물을 전시하였다.
- 그 회사의 노력이 <u>눈에 보이는(명확한)</u> 결과를 초래했다.

정답 ③

09 단어의 관계가 나머지 셋과 <u>다른</u> 하나는?

① ethology – zoological study
② kindness – virtue
③ COVID-19 vaccine – vaccine
④ spinach – onion

해설
①~③은 하의어와 상의어 관계의 단어인 반면, ④는 모두 상의어 '야채'의 하의어이다. 시금치(spinach)와 양파(onion)는 모두 야채(vegetable)에 속하는 구체적 종류이다.
① 비교행동학(ethology)은 동물학 연구(zoological study)의 한 분야이다.
② 친절(kindness)은 미덕(virtue)의 한 예이다.
③ 코로나19 백신은 백신(vaccine) 중 하나의 유형이다.
따라서 ①부터 ③의 두 단어 사이에는 하의어와 상의어 관계가 성립한다.

정답 ④

10 단어의 관계가 나머지 셋과 <u>다른</u> 하나는?

① BMW 530i – Benz E350
② Catholic – Buddhism
③ humanities – linguistics
④ fracture – sprain

해설
①·②·④는 모두 하의어인 반면, ③은 상의어와 하의어 관계의 단어이다. 인문학(humanities)은 언어학(linguistics)의 상의어이고, 언어학은 인문학에 속하는 하의어라 할 수 있다.
① BMW 530i와 Benz E350은 이들의 상의어라 할 수 있는 세단(sedan) 또는 자동차(car)에 속한다.
② 천주교(Catholic)와 불교(Buddhism)는 두 단어의 상의어인 종교(religion)에 속하는 하의어이다.
④ 골절(fracture)과 염좌(sprain)는 두 단어의 상의어인 손상 또는 부상(injury)에 속하는 하의어이다.

정답 ③

11 괄호 안에 들어갈 적절한 표현이 순서대로 짝지어진 것은?

> • He received a nice (㉠) on his dress.
> • The red wine (㉡) the steak perfectly.

	㉠	㉡
①	complement	compliments
②	compliment	complements
③	elicit	illicits
④	illicit	elicits

해설
첫 번째 문장의 ㉠에는 '칭찬'의 의미를 갖는 표현이, 두 번째 문장의 ㉡에는 '보완하다'의 의미를 갖는 표현이 들어가는 것이 적절하다. 따라서 동음이의어 관계에 있는 compliment와 complements가 순서대로 들어간다.
③과 ④의 단어 역시 동음이의어 관계에 있는 elicit(유도하다)과 illicit(불법적인)이지만 각 문장의 의미상 두 단어는 적절하지 않다.

해석
• 그는 드레스에 대한 좋은 <u>칭찬</u>을 받았다.
• 그 레드 와인은 스테이크를 완벽하게 <u>보완해</u> 준다.

정답 ②

12 괄호 안에 들어갈 적절한 표현이 순서대로 짝지어진 것은?

> • She was very (㉠) about her plans for the future.
> • The data is divided into (㉡) categories.

	㉠	㉡
①	discrete	discreet
②	sore	soar
③	soar	sore
④	discreet	discrete

해설
첫 번째 문장의 ㉠에는 '신중한'의 의미를 갖는 표현이, 두 번째 문장의 ㉡에는 '별개의'의 의미를 갖는 표현이 들어가는 것이 적절하다. 따라서 동음이의어 관계에 있는 discreet과 discrete가 순서대로 들어간다.
②와 ③의 단어 역시 동음이의어 관계에 있는 sore(상처 난)과 soar(치솟다)이지만 각 문장의 의미상 두 단어는 적절하지 않다.

해석
- 그녀는 미래를 위한 그녀의 계획에 대해 매우 신중했다.
- 그 자료는 별개의 범주로 나누어진다.

정답 ④

---

13 괄호 안에 들어갈 적절한 표현이 순서대로 짝지어진 것은?

> - The doctor advised her to exercise to (㉠) her back pain.
> - Today's (㉡) is about the history of America.

	㉠	㉡
①	lessen	lesson
②	aid	aide
③	lesson	lessen
④	aide	aid

해설
첫 번째 문장의 ㉠에는 '줄이다'의 의미를 갖는 표현이, 두 번째 문장의 ㉡에는 '수업, 교훈'의 의미를 갖는 표현이 들어가는 것이 적절하다. 따라서 동음이의어 관계에 있는 lessen과 lesson이 순서대로 들어간다.
②와 ④의 단어 역시 동음이의어 관계에 있는 aid(도움, 도와주다)와 aide(조력자, 측근)이지만 각 문장의 의미상 두 단어는 적절하지 않다.

해석
- 그 의사는 그녀에게 허리 통증을 줄이기 위해 운동할 것을 조언했다.
- 오늘의 수업은 미국 역사에 관한 것이다.

정답 ①

14 괄호 안에 들어갈 적절한 표현이 순서대로 짝지어진 것은?

> - She learned how to (㉠) her own clothes.
> - Farmers (㉡) seeds in the spring for a good harvest.

	㉠	㉡
①	sow	sew
②	saw	sow
③	sew	sow
④	sow	saw

해설
첫 번째 문장의 ㉠에는 '바느질하다'의 의미를 갖는 표현이, 두 번째 문장의 ㉡에는 '씨를 뿌리다'의 의미를 갖는 표현이 들어가는 것이 적절하다. 따라서 동음이의어 관계에 있는 sew와 sow가 순서대로 들어간다.
②와 ④의 단어 역시 동음이의어 관계에 있는 saw(톱, 톱질하다, 동사 see의 과거형)와 sow(씨를 뿌리다)이지만 각 문장의 의미상 단어 saw는 적절하지 않다.

해석
- 그녀는 자신의 옷을 <u>바느질하는</u> 법을 배웠다.
- 농부들은 좋은 수확을 위해 봄에 <u>씨를 뿌린다</u>.

정답 ③

15 각 문장에서 밑줄 친 단어의 가장 적절한 의미를 순서대로 연결한 것은?

> - He lit a candle with a box of <u>matches</u>.
> - Our team won three <u>matches</u> in a row.

① 조각 – 경기
② 성냥 – 경기
③ 조각 – 성냥
④ 경기 – 성냥

해설
두 문장 속 밑줄 친 단어 match는 어휘적 중의성을 갖는 단어로서 첫 번째 문장에서는 '성냥'의 의미이고, 두 번째 문장에서는 '경기'의 의미이다.

해석
- 그는 <u>성냥</u> 한 갑으로 초에 불을 붙였다.
- 우리 팀은 세 <u>경기</u> 연속으로 승리했다.

정답 ②

16 각 문장에서 밑줄 친 단어의 가장 적절한 의미를 순서대로 연결한 것은?

- He kicked the ball into the goal.
- They attended a grand ball at the palace.

① 공 - 무도회
② 공 - 장소
③ 공 - 공원
④ 공 - 대회

해설
두 문장 속 밑줄 친 단어 ball은 어휘적 중의성을 갖는 단어로서 첫 번째 문장에서는 '공'의 의미이고, 두 번째 문장에서는 '무도회'의 의미이다.

해석
- 그는 공을 골대에 찼다.
- 그들은 궁전에서 열린 웅장한 무도회에 참석했다.

정답 ①

17 각 문장에서 밑줄 친 단어의 가장 적절한 의미를 순서대로 연결한 것은?

- He struggled to keep his balance on the icy road.
- Mother checked her bank balance this morning.

① 결정 - 계좌
② 균형 - 계좌
③ 결정 - 잔고
④ 균형 - 잔고

해설
두 문장 속 밑줄 친 단어 balance는 어휘적 중의성을 갖는 단어로서 첫 번째 문장에서는 '균형'의 의미이고, 두 번째 문장에서는 '잔고'의 의미이다.

해석
- 그는 얼어붙은 도로에서 균형을 유지하려고 애썼다.
- 엄마는 오늘 아침 은행 잔고를 확인했다.

정답 ④

18 각 문장에서 밑줄 친 단어의 가장 적절한 의미를 순서대로 연결한 것은?

> - Father loves to <u>draw</u> landscape in his free time.
> - His speech managed to <u>draw</u> a large crowd.

① 끌어모으다 – 그리다
② 담아내다 – 감동시키다
③ 그리다 – 끌어모으다
④ 감동시키다 – 담아내다

해설
두 문장 속 밑줄 친 단어 draw는 어휘적 중의성을 갖는 단어로서 첫 번째 문장에서는 '그리다'의 의미이고, 두 번째 문장에서는 '끌어모으다'의 의미이다.

해석
- 아빠는 여가 시간에 풍경을 <u>그리는</u> 것을 좋아하신다.
- 그의 연설은 많은 사람들을 <u>끌어모았다</u>.

정답 ③

19 다음 각 문장을 우리말로 해석한 것 중 가장 적절하지 <u>않은</u> 것은?

① The chicken is ready to eat.
   → 치킨을 먹을 준비가 되었다.
② The chicken is ready to eat.
   → 닭이 먹을 준비가 되었다.
③ Visiting friends can be helpful.
   → 친구들을 방문하는 것은 도움이 될 수 있다.
④ Visiting friends can be helpful.
   → 방문은 친구들에게 도움이 될 수 있다.

해설
제시된 문장들은 문장의 구조적 차이로 인해 서로 다른 해석을 갖는 구조적 중의성을 보여주는 예이다.
①의 심층구조는 본래 'Ø is ready to eat the chicken.'이었다. 이것의 표층구조가 문장 ①이다. 즉, 본래 부정사구 to eat의 목적어였던 the chicken이 비어 있던 주장의 주어 자리로 이동한 결과이다. 따라서 ①의 해석은 적절하다.
②의 the chicken은 주어로서 부정사구 to eat을 하는 주체이다. 따라서 ②의 해석은 적절하다.
③과 ④에서 visiting은 동명사 또는 현재분사로 사용된다. ③에서는 visiting이 동명사로 사용되어 문장에서 주어 역할을 하므로 주어진 해석은 적절하다.
④의 해석은 visiting만 동명사로 본 것인데, 이는 문법적으로 적절하지 않은 해석이다. 타동사인 visit의 동명사 형태인 visiting은 반드시 목적어와 함께 사용되어야 한다. 따라서 ④의 가능한 다른 해석은 visiting을 형용사 역할을 하는 현재분사로 보고, visiting이 명사 friends를 수식하는 구조를 생각한다. 이에 따른 적절한 해석은 '방문한 친구들은 도움이 될 수 있다.'이다.

정답 ④

20 다음 각 문장을 우리말로 해석한 것 중 가장 적절하지 않은 것은?

① He didn't finish his homework before the game.
  → 그는 게임 전에 과제를 끝내지 않았다.
② He didn't finish his homework before the game.
  → 그는 게임 후에 과제를 끝내지 않았다.
③ She didn't invite Mary and Tom.
  → 그녀는 Mary와 Tom을 둘 다 초대하지 않았다.
④ She didn't invite Mary and Tom.
  → 그녀는 Mary는 초대하지 않았고 Tom은 초대했다.

해설

제시된 문장들은 부정어 'not'의 영향권에서 비롯되는 구조적 중의성의 예이다.
①과 ②는 부정어구 didn't의 영향을 받는 범위에 따라 두 가지 해석이 가능하다. 첫 번째는 부정어구 didn't가 동사구 finish his homework에만 영향을 주는 경우로, 전치사구 before the game은 부정어에 영향을 받지 않아 ①과 같은 해석이 가능하다. 두 번째는 부정어 didn't가 동사구 finish his homework before the game에 영향을 주는 경우로, 이 경우 올바른 해석은 '그는 게임 전에 과제를 끝낸 것은 아니다.'이다. 즉, '그는 게임을 하고 나서 과제를 끝냈다.'가 적절한 해석이다.
③과 ④ 역시 부정어구 didn't가 영향을 주는 범위에 따라 두 가지 해석이 가능하다. 첫 번째는 didn't가 명사구 Mary and Tom 전체를 부정하여 ③과 같은 해석이 된다. 두 번째는 부정어 didn't가 등위접속사와 명사구 Tom에는 영향을 주지 않고, Mary에게만 영향을 주는 구조이다. 이때 가능한 해석은 ④와 같이 '그녀는 Mary는 초대하지 않았고 Tom은 초대했다.'이다.

정답 ②

추록 II | 제2편 문법

| 단원 개요 |

영어 조동사는 크게 일반조동사와 양상조동사가 있다. 일반조동사는 의문문, 부정문, 진행형, 완료형 문장에서 사용되는 do 동사, be 동사, have 동사를 말한다. 일반조동사는 주어의 수와 일치시켜야 한다. 양상조동사는 말하는 사람의 판단이나 태도 등을 표현하는 조동사로서 can, must, may, will 등이 있다. 양상조동사는 주어의 수와 무관하게 사용된다.

| 출제 경향 및 수험 대책 |

첫째, 일반조동사의 경우 주어와의 수 일치를 고려한다.
둘째, 양상조동사의 경우 부정형과 긍정형의 의미를 구분한다.
셋째, had better 구문/may as well 구문/be supposed to 구문을 이해한다.
넷째, 조동사 should의 활용을 이해한다.
다섯째, used to와 would의 차이를 이해한다.
여섯째, 조동사 have pp 구문을 이해한다.
일곱째, 과거의 이루지 못한 의도 표현을 이해한다.

제8장   조동사

제1절   조동사의 기능과 유형

조동사는 문장의 본동사와 함께 사용되어 본동사의 의미를 보완하는 역할을 한다. 조동사는 크게 일반조동사(do, be, have)와 양상조동사로 구분한다. 일반조동사는 시제, 주어-동사 수 일치를 맞춰 사용해야 한다. 양상조동사는 주어-동사 수 일치를 신경 쓰지 않아도 된다.

제2절   일반조동사(Auxiliary verb)

의문문, 부가의문문, 부정문, 진행형, 완료형, 수동태, 도치, 강조 구문 등에서 사용되는 조동사로서 do, be, have가 있다.

1 조동사 do

의문문, 부정문(일반동사가 사용된 문장), 강조, 도치 구문에서 조동사로 사용된다.

(1) 의문문

예
- **Do** you like coffee? (커피 좋아하시나요?)
- **Does** he drive this car? (그가 이 차를 운전하나요?)
- **Did** she call me yesterday? (그녀가 어제 제게 연락했나요?)

(2) 부정문

예
- I understand this matter.
  → 부정 : I **don't understand** this matter. (나는 이 문제를 이해하지 않는다.)
- She loves to write poem.
  → 부정 : She **doesn't love** to write poem. (그녀는 시 쓰는 것을 좋아하지 않는다.)
- He went to the museum.
  → 부정 : He **didn't go** to the museum. (그는 박물관에 가지 않았다.)

(3) 강조

예
- She appreciates your help.
  → She **does appreciate** your help. (그녀는 당신의 도움을 **정말** 고마워한다.)
- We register this semester by tomorrow.
  → We **do register** this semester by tomorrow. (우리는 내일까지는 **반드시** 이번 학기 등록을 해야 한다.)
- He finished report on time.
  → He **did finish** report on time. (그는 정각에 보고서를 **반드시** 마쳐야 했다.)

(4) 도치

예
- We **hardly hear** such inspiring stories.
  → **Hardly do we hear** such inspiring stories. (우리는 좀처럼 그러한 감동적인 이야기를 듣지 않는다.)
- They **no sooner arrived** than it started to rain.
  → **No sooner did they arrive** than it started to rain. (그들이 도착하자마자 비가 내리기 시작했다.)
- She **knew little** about the news.
  → **Little did she know** about the news. (그녀는 그 소식에 대해 거의 몰랐다.)

2 조동사 be

의문문, 부정문, 진행형, 수동태, 도치, 'be to + V' 구문에서 조동사로 사용된다.

(1) 의문문

예
- She is a professor.
  → **Is** she a professor? (그녀는 교수인가요?)
- They are ready for the meeting.
  → **Are** they ready for the meeting? (그들은 모임 준비를 하나요?)
- He is working on the project.
  → **Is** he working on the project? (그가 그 일을 하는 중인가요?)
- You were satisfied with the results.
  → **Were** you satisfied with the results? (결과에 만족하셨나요?)

(2) 부정문

예
- I am a student.
  → I **am not** a student. (나는 학생이 아니다.)
- He is climbing the wall.
  → He **is not climbing** the wall. (그는 벽을 오르는 중이 아니다.)
- She was reading the paper.
  → She **was not reading** the paper. (그녀는 논문을 읽는 중이 아니었다.)
- We were happy for winning the prize.
  → We **were not happy** for winning the prize. (우리는 우승해서 행복하지 않았다.)

(3) 진행형

예
- He **is studying** for the exam. (그는 시험공부하는 중이다.)
- She **was watching** TV when I called. (내가 불렀을 때, 그녀는 TV를 보는 중이었다.)
- They **were playing** football when it started to rain. (그들이 축구하는 중에 비가 내리기 시작했다.)
- We **will be traveling** next week. (우리는 다음 주에 여행 갈 예정이다.)

(4) 수동태

예
- The book **is read** by many students. (그 책은 많은 학생들에 의해 읽힌다.)
- The project **was completed** on time. (그 계획은 정각에 완수됐다.)
- The car **was being repaired** when I arrived. (내가 도착했을 때, 차는 수리 중이었다.)
- The bread **will be baked** by him. (빵은 그에 의해 구워질 것이다.)

(5) 도치

예
- The restaurant **is rarely crowded**.
  → **Rarely is** the restaurant **crowded**. (그 식당은 좀처럼 붐비지 않는다.)
- He **is not only** an excellent professor but he is also a car racer.
  → **Not only is** he an excellent professor, but he is also a car racer. (그는 훌륭한 교수일 뿐 아니라 자동차 레이서이다.)
- **If I were you**, I would try again.
  → **Were I you**, I would try again (접속사 If 생략) (내가 만일 당신이었다면, 다시 한번 시도해 보았을 것이다.)
- **The light was so bright** that I had to close my eyes.
  → **So bright was the light** that I had to close my eyes. (빛이 너무 밝아서 눈을 감아야 했다.)

(6) 'be to + V' 용법

① 의무/금지 : ~해야 한다, ~해서는 안 된다
  예 Children are not to be left unsupervised. (아이들을 방치해서는 안 된다.)
② 예정 : ~할 예정이다
  예 Thousands of speed camera are to appear in the next few years. (몇 년 안에 수천 개의 고속 카메라가 등장할 예정이다.)
③ 가능 : ~할 수 있다
  예 You are to leave the school without my permission. (너는 나의 허락 없이도 학교를 떠날 수 있다.)
④ 운명 : ~할 운명이다
  예 The president was to be impeached. (그 대통령은 탄핵될 운명이었다.)
⑤ 의도 : ~할 작정(의도)이다
  예 Police officers are to investigate the criminals. (경찰관들은 그 범죄자들을 수사할 작정이다.)

3 조동사 have

완료형(현재, 과거, 미래) 시제 또는 완료 문장의 도치 구문에서 조동사로 사용된다.

(1) 현재완료 : have/has + v의 pp

예
- He **has finished** his assignment. (그는 과제를 끝냈다.)
- She **has lived** in Korea for twenty years. (그녀는 20년 동안 한국에서 살고 있다.)
- They **have visited** Spain two times. (그들은 스페인을 두 번 방문했었다.)

(2) 과거완료 : had + v의 pp

예
- He **had left** his office before his students arrived. (그의 학생들이 도착하기 전에 그는 연구실을 떠났었다.)
- We **had** already **eaten** dinner by the time the movie started. (영화가 시작되었을 때쯤 우리는 이미 저녁을 먹었었다.)
- I **had** never **seen** such a beautiful lake until that day. (나는 그때까지 그렇게 아름다운 호수를 보았던 적이 없었다.)

(3) 미래완료 : will have + v의 pp

예
- I **will have completed** this homework by next week. (나는 다음 주까지 이 과제를 마무리할 것이다.)
- He **will have left** by the time you arrive. (당신이 도착할 때쯤 그는 떠났을 것이다.)
- I **will have graduated** by the time I see you. (내가 너를 볼 때쯤이면 나는 졸업해 있을 것이다.)

(4) 완료 수동형

예
- The house **has been** already **sold**. (그 집은 이미 팔렸다.)
- The letter **had been sent** before I called. (내가 연락하기 전에 편지는 발송되었다.)
- The new policy **will have been implemented** by next month. (새로운 정책은 다음 달쯤 시행될 것이다.)

(5) 도치

예
- I **have** never **seen** such a wonderful sunset.
  → **Never have I seen** such a wonderful sunset. (나는 지금껏 그런 멋진 일몰을 본 적이 없었다.)

- If they had known the truth, they would have acted differently.
  → Had they known the truth, they would have acted differently. (접속사 If 생략) (만일 그들이 진실을 알았더라면 그들은 다르게 행동했었을 것이다.)
- The project will have been completed only after the deadline.
  → Only after the deadline will the project have been completed. (마감 기한이 지나야만 그 업무는 완료될 것이다.)

제3절 양상조동사(Modal verb)

양상조동사는 일반조동사와는 달리 본동사가 기술하는 사건에 대한 화자의 판단, 태도, 의견 등을 표현하는 조동사이다. can, may, must, should, had better, ought to, will, would, need, used to 등이 있으며 문장에서 본동사의 의미를 보충한다.

1 must, have to, have got to : 의무(당위성), 확실한 추측(필연)

(1) 긍정문 : 의무

must는 화자의 권위를 표현할 수 있으며, have to는 규정이나 규칙에 근거한 의무를 표현할 때 사용한다. 한편 have got to는 비격식체 표현으로, 구어에서 주로 사용되는 표현이다.

[예]
- I **must** talk to her about our date tomorrow. (나는 내일 우리 데이트에 관해 그녀에게 이야기해야 한다.)
- You **must** carry the card with you all the time. (당신은 언제나 카드를 가지고 다녀야 한다.)
- They **have to** work sixty hours a week. (그들은 한 주에 60시간 근무해야 한다.)
- We **have to** finish eating before 7 p.m. in this dormitory. (우리는 이 기숙사에서 오후 7시 전에 식사를 마쳐야 한다.)
- I **have got to** go now. I have a class in ten minutes. (지금 가야 해. 10분 내에 수업이 있어.)

(2) 부정문 : 금지, 필요성의 부족

[예]
- You **must not** tell anyone my secret. (당신은 나의 비밀을 아무에게도 말해선 안 된다.)
- You **must not** show any signs of fear if you encounter a growling dog. (만일 으르렁거리는 강아지를 우연히 만난다면 어떠한 두려움의 신호도 보여서는 안 됩니다.)
- Tomorrow is a holiday. We **don't have to** go to class. (내일은 공휴일이다. 우리는 수업에 갈 필요가 없다.)
- I can hear you. You **don't have to** shout. (나는 당신의 말소리를 들을 수 있어요. 당신은 소리칠 필요가 없어요.)

(3) 확실한 추측(필연) : must be(~임에 틀림없다)

[예]
- There **must be** a motive for such a crime. (그러한 범죄에는 동기가 있음에 틀림없다.)
- The cabin crew **must be** alive. (그 승무원은 살아 있음에 틀림없다.)
- He **must be** a professor. (그는 교수임에 틀림없다.)

2 had better, should, ought to : 충고나 권고(~하는 편이 낫다)

(1) 긍정문

had better는 should, ought to와 의미상 비슷하지만 당위성 측면에서는 had better가 두 표현보다 더욱 강력한 표현이다. had better 역시 충고를 전달하지만, 만일 이를 따르지 않았을 때 예견될 수 있는 문제에 대한 책임은 주체에게 있다는 점을 전달한다는 점에서 had better는 충고와 동시에 경고를 전달한다. 따라서 had better는 should와 ought to보다 강한 충고의 의미를 전달하는 표현이라 할 수 있다.

[예]
- You **had better** wear a seat belt. (당신은 안전벨트를 착용하는 게 낫다.)
- We **had better** tell the truth to her. (우리가 그녀에게 진실을 말하는 게 낫다.)
- I **should** go to my office today. (나는 오늘 연구실에 가야 한다.)
- I **should** drink at least two cups of coffee everyday. (나는 매일 적어도 커피 두 잔은 마셔야 한다.)
- We **ought to** start at once. (우리는 즉시 시작해야 한다.)
- You **ought to** finish your paper by tomorrow. (당신은 논문을 내일까지는 마쳐야 한다.)

(2) 부정문 : 강한 부정의 권고, 경고

[예]
- Children **should not** play with matches. (아이들은 성냥을 가지고 놀아서는 안 된다.)
- You **should not** touch a hot stove. (당신은 뜨거운 난로를 만지지 않아야 한다.)
- You **had better not** forget your umbrella. (당신은 우산을 잊지 않는 게 좋겠다.)
  → '만일 우산을 챙기지 않아 비를 맞게 된다면 당신은 불편할 것이다.'라는 충고의 메시지 암시
  → '만일 우산을 챙기지 않는다면 안 좋은 일이 일어날 수도 있다.'라는 경고의 메시지 암시
- You **had better not** be late. (당신은 늦지 않는 게 좋겠다.)
  → '만일 늦게 되면 당신에게 좋지 않은 일이 생길 거야.'라는 충고 또는 경고를 암시하는 메시지

(3) 조동사 should의 활용

① '제주명소요결동의'류의 동사가 목적어를 종속접속사 that으로 시작하는 종속절을 취할 때, 종속절의 내용은 미래의 당위성을 담고 있으므로 종속절의 동사 앞에 조동사 should를 사용한다. 단, should는 생략할 수 있다. → 주어 + '제주명소요결동의' 동사 + that + 주어 + (should) + 동사원형

② '제주명소요결동의' 동사 : 제안(suggest, propose), 주장(insist, persist), 명령(command, order), 소망(hope), 요구(demand, require), 결정(decide), 동의(agree)

[예]
- The governor **suggested that** the highway **(should) be** improved. (주지사는 고속도로가 개선되어야 한다고 제안했다.)
- It is a pity that the rebels **(should) threaten** ordinary peaceful citizens. (반란이 평범하고 평화로운 시민들을 위협하는 일은 안타까운 일이다.)

3 can : 능력, 가능성, 허가

(1) 능력 : ~할 수 있다

'능력'의 의미로 사용될 때, 조동사 can은 구동사 표현인 be able to나 be capable of로 바꾸어 쓸 수 있다.

[예]
- I **can see** Ilsan Lake Park from my apartment. (나는 아파트에서 일산호수공원을 볼 수 있다.)
  → I **am able to see** Ilsan Lake Park from my apartment.
  → I **am capable of seeing** Ilsan Lake Park from my apartment.
- She **can speak** Korean. (그녀는 한국어를 말할 수 있다.)

(2) 가능성

can은 may(사실적 가능성)보다는 약한 가능성을 표현한다.

[예]
- You **can buy** a hammer at the hardware store. (당신은 철물점에서 망치를 살 수 있다.)
  → **It is possible** for you to buy a hammer at the hardware store.
- The road **can be blocked** in case of emergency. (그 도로는 위급 상황에서는 통제될 수 있다.)
  → **It is possible** for the road to be blocked in case of emergency.
- The road **may be blocked** in case of emergency. (그 도로는 위급 상황에서는 (실제로) 통제될 것이다.)
  → **Perhaps the road will be blocked** in case of emergency.

(3) 허가

비격식체 표현으로서 '~해도 된다'의 의미로 사용이 가능하나, 격식체 표현으로는 may나 be permitted to를 사용하는 것이 적절하다.

예
- **Can** I **take** a picture of your car? (제가 당신의 차를 찍어도 될까요?)
  → **Am** I **allowed to take** a picture of your car?
- You **can submit** your report before 9 p.m. (당신은 오후 9시 이전에 보고서를 제출해도 됩니다.)
  → You **are allowed to submit** your report before 9 p.m.

(4) 부정형 : 능력 · 가능성 · 허가 · 확실한 추측(필연)의 부정

① **능력의 부정** : ~할 수 없다

예
- I **can't make out** my case for this matter. (나는 이 문제에 대한 나의 입장을 밝힐 수 없다.)
- He **can't understand** what the thesis is in her paper. (그는 그녀의 논문에서 주제가 무엇인지 이해할 수 없다.)

② **가능성의 부정** : ~할 가능성이 없다

예
- It **can't be** raining. (비가 내릴 가능성이 없다.)
- This **can't be** the right address. (이것이 올바른 주소일 가능성이 없다.)
- This **can't be** the same recipe. (이것이 똑같은 요리법일 가능성은 없다.)
- She **can't be** older than what I expect. (그녀는 내가 예상한 것보다 나이가 더 들 순 없다.)

③ **허가의 부정** : ~해선 안 된다

예
- Visitors **can't take** photos inside the museum. (방문객들은 박물관 안에서 사진 촬영을 해서는 안 된다.)
- Kids **can't watch** the R rated movie. (아이들은 R 등급의 영화를 시청해서는 안 된다.)
- He **can't use** his mobile phone during the exam. (그는 시험 동안 핸드폰을 사용해서는 안 된다.)

④ **확실한 추측의 부정** : ~일 리가 없다

예
- There **cannot be** a motive for such a crime. (그러한 범죄에는 동기가 있을 리가 없다.)
- The cabin crew **cannot be** alive. (그 승무원이 살아 있을 리가 없다.)
- He **cannot be** a professor. (그가 교수일 리가 없다.)

4 may : 허가와 추측

(1) 허가 : ~해도 좋다, ~해도 된다

[예]
- You **may borrow** my car if you promise to drive carefully. (안전하게 운전한다고 약속한다면 내 차를 빌려도 좋다.)
- Students **may enter** the library during lunch hours. (점심시간 동안 학생들은 도서관에 출입해도 좋다.)

(2) 허가의 부정형 : ~해서는 안 된다(금지 = must not)

[예]
- You **may not leave** the house until your homework is done. (과제가 끝나기 전까지 집을 나가서는 안 된다.)
  → You **must not leave** the house until your homework is done.
- Students **may not use** their phones during the class. (학생들은 수업 중에 휴대폰을 사용해서는 안 된다.)
  → Students **must not use** their phones during the class.

(3) 추측 또는 약한 가능성 : ~일지도 모른다

① 추측

[예]
- He **may be** the new manager, but I need to confirm. (그가 새로운 관리자일지도 모르지만, 확인할 필요가 있다.)
- They **may take** a different routes to avoid traffic jam. (그들은 교통 혼잡을 피하기 위해서 다른 길로 갈지도 모른다.)

② 약한 가능성

[예]
- There **may be** delays due to the heavy rain. (폭우로 연기될 수도 있다.)
- The meeting **may start** earlier than scheduled. (그 모임은 예정보다 일찍 시작될 수도 있다.)

(4) 추측 또는 가능성의 부정형

① 추측의 부정 : ~ 아닐지도 모른다

[예]
- She **may not know** about the party. (그녀는 그 파티에 대해 알지 못할지도 모른다.)
- He **may not receive** the message. (그는 메시지를 받지 못할지도 모른다.)

② **가능성의 부정** : ~하지 않을 가능성이 있다

예
- The event **may not happen** if it rains. (비가 내리면 그 행사는 열리지 않을 가능성이 있다.)
- The train **may not arrive** on time because of the maintenance work. (유지 보수 작업으로 인해 기차가 정각에 도착하지 않을 가능성이 있다.)

(5) 공손한 제안

① **긍정** : ~하시는 것이 좋습니다
예 You **might visit** the museum when you go to Korea. (한국에 가셨을 때, 그 박물관을 방문하시는 것이 좋습니다.)

② **부정** : ~하지 않으셔도 좋습니다(괜찮습니다)
예 You **may not want** to eat that if you are allergic to nuts. (견과류에 알레르기가 있으시다면 드시지 않으셔도 괜찮습니다.)

(6) 특별 용법

① **목적** : ~하기 위해서
예 He works hard **so that** his family **may live** in comfort. (그는 가족이 편하게 생활하기 위해 열심히 일한다.)
→ He works hard **in order that** his family **may live** in comfort.
→ He works hard for his family **(in order) to live** in comfort.

② **양보** : 비록 ~라 해도, 과연 ~이지만
예 He **may be** a bright boy, **but** he is quite selfish. (그는 비록 머리가 좋은 소년이지만, 매우 이기적이다.)

③ **당연함** : ~하는 것은 당연하다
예 He **may well be** proud of being a self-made man. (그가 스스로 자수성가한 사람인 것에 대해 자랑스러워하는 것은 당연하다.)
→ He **has a good reason to be** proud of being a self-made man.

④ **may as well** : ~하는 편이 좋다
예 You **may as well go** there right now. (당장 거기로 가는 편이 좋다.)
→ You **had better go** there right now.

⑤ **may as well A as B** : B할 바에야 A하는 편이 낫다
예 You **may as well sleep** all night long **as miss** her. (그녀를 그리워할 바에야 밤새도록 자는 편이 낫다.)

5 will : 미래 의지(계획), 예견(예측), 즉각적 판단, 가정법, 확실함(믿음)

(1) 미래 의지(계획) : ~할 거야, ~하겠다

will은 평서문에서 주어의 의지나 의도를 표현한다. 단, 의문문에서 will이 사용될 때는 공손한 요청의 기능이 있다.

[예]
- I **will call** you tomorrow to discuss the project. (이 계획을 논의하기 위해 내일 제가 연락드리겠습니다.)
- We **will visit** the park this weekend. (우리는 주말에 그 공원을 방문할 거야.)
- **Will** you **help** me to open the door? (문 여는 데 도와주실 수 있는지요?)

(2) 예견(예측) : ~일 것이다, ~할 예정이다

will은 현재에 가능하거나 미래에 일어날 사건을 예견할 때 사용한다.

[예]
- It **will rain** later today, so take an umbrella. (오늘 늦게 비가 내릴 예정이니 우산 챙겨 가라.)
- The team **will win** the championship if they keep playing like this. (만일 그들이 지금처럼 계속 경기 한다면 그 팀은 결승전에서 승리할 것이다.)

(3) 즉각적 판단 : ~하겠다, ~할 것이다

[예]
- I'm hungry. I **will order** a pizza. (배고파요. 피자 주문할게요.)
- Are we out of milk? I **will go** to the store and get some. (우유 떨어졌나요? 제가 가게 가서 사 올게요.)

(4) 가정법 현재 : ~할 것이다

[예]
- If you study hard, you **will pass** the exam. (공부 열심히 하면 시험에 합격할 것이다.)
- If it does not stop raining, we **will cancel** the picnic. (비가 그치지 않으면 소풍을 취소할 것이다.)

(5) 확실함(믿음) : 틀림없이 ~일 것이다

[예]
- He **will** definitely **succeed** in his new job. (그는 새로운 직장에서 틀림없이 성공할 것이다.)
- The package **will arrive** by tomorrow. (소포는 내일까지 틀림없이 도착할 것이다.)

6 would, used to : 과거의 습관

(1) would : ~하곤 했다(과거의 규칙적 습관)

　[예]
- He **would** often **go** swimming in the river while he was in the country. (시골에 있었을 때, 그는 강으로 자주 수영하러 가곤 했다.)
- Every morning, we **would get up** before dawn. (아침마다 우리는 새벽 전에 일어나곤 했다.)

(2) used to : ~하곤 했다(과거의 불규칙적 습관)

　[예]
- I **used to ride** my bike to my school. (나는 학교 갈 때 자전거를 타곤 했다.)
- I **used to take a walk** in the park late at night. (나는 늦은 밤에 공원을 산책하곤 했다.)

7 be supposed to : 예정과 의무

(1) 예정 : ~할 예정이다

　[예]
- The weather **is supposed to improve** by tomorrow afternoon. (내일 오후까지는 날씨가 나아질 예정이다.)
- The train **is supposed to arrive** at 2 p.m. (기차는 오후 2시에 도착할 예정이다.)

(2) 의무 : ~해야 한다

　[예]
- You **are supposed to submit** the report by 10 p.m. (당신은 오후 10시까지 보고서를 제출해야 한다.)
- You **are supposed to obey** the rule. (당신은 규칙을 지켜야 한다.)

(3) 과거형(아쉬움, 이루지 못한 의도) : ~했어야 했는데 안 했다

　[예]
- He **was supposed to keep** his promise. (그는 약속을 지켰어야 했는데 안 지켰다.)
- You **were not supposed to share** that information with anyone. (너는 그 정보를 어느 누구와도 공유하지 않았어야 했는데 했다.)

(4) 보편적 상식 : ~라 한다, ~로 알려져 있다

예
- Keeping the rules **is supposed to be** people's responsibility. (규칙을 지키는 것은 사람들의 책임으로 알려져 있다.)
- Telling lies repeatedly **is supposed to easily lose** credibility. (반복적으로 거짓말하는 것은 신뢰를 잃기 쉽다고 알려져 있다.)

8 was going to + V / was + Ving + to + V / had + V의 pp + to + V(과거의 이루지 못한 의도) : ~하려고 했지만 하지 않았다

예
- She **was going to complete** this project yesterday. (그녀는 어제 이 업무를 끝내려고 했으나 하지 않았다.)
- We **were planning to discuss** her misbehavior on Wednesday. (우리는 수요일에 그녀의 비행에 대해 논의하려고 했으나 하지 않았다.)
- I **had hoped to visit** my parents. (나는 부모님께 인사드리고 싶었지만 그러지 않았다.)

9 조동사 have pp : should (not) have pp, could (not) have pp, would (not) have pp

(1) 과거의 유감, 후회

① should have pp : ~했어야 했는데 안 했다
② should not have pp : ~하지 말았어야 했는데 했다

예
- We **should have driven** the car more slowly. (우리는 차를 더 천천히 운전했어야 했다.)
- We **should not have driven** the care more slowly. (우리는 차를 더 천천히 운전하지 말았어야 했다.)

(2) 과거의 가능성

① could have pp : ~할 수 있었는데 안 했다
② could not have pp : ~할 수 없었을 텐데 했다

예
- You **could have married** her. (너는 그녀와 결혼할 수 있었는데 안 했다.)
- You **could not have married** her. (너는 그녀와 결혼할 수 없었을 텐데 했다.)

(3) 가상의 상황이나 과거에 일어났을지도 모르는 상황

① would have pp : 아마 ~했을 텐데 하지 않았다
② would not have pp : 아마 ~하지 않았을 텐데 했다

예

- I **would have been** happy to see her. (그녀를 보았다면 행복했을 텐데 행복하지 않았다.)
- I **would not have been** happy to see her. (그녀를 보았다면 행복하지 않았을 텐데 행복했다.)

제8장 실전예상문제

01 다음 우리말을 영어로 가장 적절하게 옮긴 것은?

> 그 배는 그들을 섬으로 데려가려 했지만 실패했다.

① The boat is to take them to the island.
② The boat was to take them to the island.
③ The boat would have taken them to the island.
④ The boat was to have taken them to the island.

해설
과거 특정 시점에서 미래에 있었던 사건을 언급할 때, 'was/were to + V' 또는 'was/were to + have pp'를 사용한다. 전자는 실제로 일어났던 사건을 표현하는 반면, 후자는 기대와는 다르게 실제로 일어나지 않았던 사건을 표현한다. 따라서 '그 배는 그들을 섬으로 데려가려 했지만 실패했다.'를 가장 적절하게 전달할 수 있는 표현은 ④이다.
① 은 be to 용법으로 '의무, 가능, 운명, 의도, 예정'의 해석이 가능하다.
② 는 과거에 실제로 일어났던 일을 표현한다.
③ 은 과거의 불확실한 추측을 표현한다.

해석
① 그 배는 그들을 섬으로 데려가야 한다(데려갈 수 있다/데려갈 운명이다/데려갈 예정이다).
② 그 배는 그들을 섬으로 데려갔다.
③ 그 배는 그들을 섬으로 데려갔을 것이다.
④ 그 배는 그들을 섬으로 데려가려 했지만 실패했다.

정답 ④

※ 괄호 안에 공통으로 들어갈 표현으로 가장 적절한 것은? (02~03)

02

> • Where (　) I put the cheese?
> • If you want my advice, I (　) go by train rather than car.

① could
② should
③ would
④ might

해설
wh-의문문에서 주어 행동의 당위성을 표현할 때, 조동사 should를 사용한다. 문장에서 조동사 should가 I와 함께 사용되면 상대에게 충고를 전달할 수 있다. 따라서 두 문장의 괄호 안에 들어갈 가장 적절한 조동사는 should이다.

해석
• 제가 치즈를 어디에 두어야 하나요?
• 만일 당신이 나의 충고를 원한다면 나는 차보다는 기차를 타고 갈 거야. (당신은 차보다는 기차를 타고 가는 게 낫다.)

정답 ②

03
- Over time poor posture (　　) cause back pain.
- I'm sure you (　　) know about the need to take regular breaks.

① would
② must
③ will
④ need

해설
사실을 토대로 미래의 일을 예측할 때나 확신 또는 믿음을 전달할 때 조동사 will을 사용한다. 따라서 두 문장의 괄호 안에 들어갈 가장 적절한 조동사는 will이다.
①은 과거의 습관이나 사실에 토대를 두고 과거의 일을 예측할 때 사용한다.
②는 당위성이나 의무를 표현한다.
④는 필요를 전달한다.

해석
- 시간이 지날수록 나쁜 자세는 허리 통증을 유발할 것이다. (미래 예측)
- 나는 당신이 규칙적인 휴식의 필요성에 대해 알 것이라고 확신한다. (확신 또는 믿음)

정답 ③

04 다음 대화에서 괄호 안에 들어갈 표현으로 가장 적절한 것은?

A : I heard that Jane is visiting. Do you know where she is staying?
B : She (　　) Jessica's house. Or maybe she is at her sister's.

① could be staying
② must be staying
③ is staying
④ stays

해설
조동사는 확실성 정도의 차이를 전달할 수 있다. 단순 현재는 100%의 확실성 또는 사실을 전달하고, must는 95% 정도의 확실성을 전달하며, may/might/could는 약 50% 정도의 확실성을 전달할 수 있다. B의 "Or maybe she is at her sister's."에서 알 수 있듯이 B는 Jane이 머무는 장소를 정확하게 알지는 못한다. 따라서 가장 적절한 표현은 ①이다.

해석
A : Jane이 방문하는 중이라고 들었어. 그녀가 어디에 머물고 있는지 알고 있니?
B : 그녀는 아마 Jessica 집에 있을지도 몰라. 그렇지 않으면 그녀의 동생 집에 있겠지.

정답 ①

※ 글의 내용상 괄호 안에 들어갈 표현으로 가장 적절한 것은? (05~06)

05

> Laura thinks that it is possible that Daniel left the sunglasses on the table at the restaurant. She says, "You (　　) have left them on the table at the restaurant, but I'm just guessing."

① ought to
② could not
③ might
④ should

해설
Laura는 Daniel이 식당 테이블 위에 선글라스를 두고 왔을지도 모른다고 추측한다. 확실성이 낮은 추측의 의미를 전달하는 조동사로는 might가 가장 적절하다.
①은 '~했어야 했는데 하지 못해 유감이다'의 과거 행동에 대한 아쉬움 또는 후회를 전달하며, ②는 '절대로 ~할 수 없었을 것이다'의 강한 부정의 확신을 표현하고, ④는 '~했어야 했는데 안 했다'의 과거의 유감 또는 후회를 나타낸다.

해석
Laura는 Daniel이 식당 테이블 위에 선글라스를 두고 왔을 수도 있다고 생각한다. 그녀는 "네가 식당 테이블 위에 선글라스를 두고 왔을지도 몰라. 하지만 이건 그저 나의 추측이야."라고 말한다.

정답 ③

06

> Jackson disagrees with Laura. He remembers seeing the sunglasses on the table, so he says, "You (　　) have left them there. That's the only logical explanation I can think of."

① could not
② must
③ should
④ might

해설
Jackson은 Laura의 추측에 동의하지 않는다. 그는 식당 테이블 위에 있던 선글라스를 보았던 것을 기억한다. 이러한 기억에 토대를 두고 Jackson은 논리적 추론을 하고 있다. 따라서 '선글라스를 테이블 위에 두었다.'라는 Jackson의 주장은 확실성이 높다고 할 수 있다. 확실성이 높은 상황을 설명할 때, 가장 적절한 조동사는 must이다.
①은 부정의 강한 확실성을 전달하고, ③은 과거의 아쉬움을 전달하며, ④는 추측을 전달한다.

해석
Jackson은 Laura의 의견에 동의하지 않는다. 그는 테이블 위에 선글라스를 보았던 것을 기억해서 이렇게 말한다. "너는 그곳에 선글라스를 두고 왔음에 틀림없다. 그게 내가 생각할 수 있는 논리적인 설명이다."

정답 ②

07 괄호 안에 들어갈 표현으로 가장 적절한 것은?

> We ( ) Korea three times during the 2024.

① would visit
② used to visit
③ had better visit
④ visited

해설
특정 과거 기간 동안 일어났던 일의 횟수를 정확하게 언급할 때, 단순 과거 시제를 사용한다. 과거의 습관을 표현하는 조동사 would나 used to는 이러한 상황에는 적절하지 않다. ③은 '~하는 편이 낫다'라는 강한 권고나 충고의 표현이다. 따라서 정답은 ④이다.

해석
우리는 2024년 동안 한국을 3번 방문했다.

정답 ④

※ 다음 문장 중 어법상 가장 적절한 것은? (08~10)

08 ① If you want my advice, I should have gone by train rather than car.
② I enjoyed the exhibition - but I don't think my grandmother could have approved of it.
③ I can't imagine what's happened to her. She should have been here by now.
④ The train journey was quite comfortable, although I should have preferred to fly.

해설
① "I should have gone by train rather than car"의 해석은 '나는 차보다는 기차를 타고 갔어야 했는데 그러지 않았다.'이다. 조건절의 내용으로 보아 이 문장은 내용상 적절하지 않다.
② "my grandmother could have approved of it"의 해석은 '할머니는 그것을 인정할 수 있었지만 그렇게 하지 않았다.'이다. 이 문장 역시 선행 문장의 내용과 어울리지 않는다.
④ 부사절 "although I should have preferred to fly"의 해석은 '비록 내가 비행기를 선호했어야 했는데 그렇게 하지 않았다.'이다. 이 문장 역시 주절 문장의 내용과 어울리지 않는다.

해석
① 만일 당신이 나의 충고를 원한다면 나는 차보다는 기차를 타고 갔어야 했다.
② 나는 그 전시회를 즐겼다. 하지만 할머니가 그것을 인정할 수 있었지만 하지 않았다고 생각하지 않는다.
③ 나는 그녀에게 무슨 일이 일어났는지 상상할 수 없다. 그녀는 지금까지 여기에 있어야 했다.
④ 비록 내가 비행기를 선호했어야 했는데 그렇게 하지 않았을지라도 기차 여행은 꽤 편안했다.

정답 ③

09 ① It was to take 48 hours to get to Japan but we managed to do it in only a day.
② The bridge was to have been completed this year, but many accidents have led to delays.
③ He had not better be late again or he will be in trouble.
④ We have been told that we need not to be work until ten tomorrow.

해설
① was to take 48 hours는 과거에 실제로 '48시간이 걸렸다.'의 의미다. 그러나 이어지는 등위절에서 '하루 만에 일본에 도착했다.'라는 문장은 선행 문장과의 호응 관계가 적절하지 않다. 따라서 was to take를 was to have taken으로 바꿔 써야 한다.
③ had better는 조동사이므로 이것의 부정형은 had better not이다.
④ '~할 필요가 없다'의 올바른 형태는 need not V원형, don't need to V원형, don't have to V원형이다.

해석
① 일본에 도착하는 데 48시간이 걸렸지만 우리는 하루 만에 일본에 도착했다.
② 그 교량은 올해 완공되었어야 했지만 많은 사고로 늦어졌다.
③ 그는 다시는 늦지 않는 편이 낫다. 그렇지 않으면 그는 어려움에 처할 것이다.
④ 우리는 내일 10시까지 회사에 있을 필요는 없다고 들었다.

정답 ②

10 ① You may as well be playing soccer as going shopping for clothes.
② Many students would rather studying on their own than going to classes.
③ We were supposed to reviewing for the test today, but we ran out of time.
④ He should have been home at midnight, but he stayed out until the early morning.

해설
① 'may as well V원형(A) as V원형(B)' 구문은 'B할 바에야 A하는 편이 낫다'의 표현이다. 따라서 going shopping을 go shopping으로 바꿔 써야 한다.
② 'would rather V원형(A) than V원형(B)' 구문은 'B하는 것보다 A하는 게 낫다'의 표현이다. studying을 study로, going을 go로 바꿔 써야 한다.
③ 'was/were supposed to V원형' 구문은 '~했어야 했지만 하지 못했다'의 의미를 가진다. reviewing을 review로 바꿔 써야 한다.

해석
① 당신은 옷 쇼핑하러 갈 바에야 축구하는 편이 낫다.
② 많은 학생들이 수업을 가는 것보다 스스로 공부하는 편이 낫다.
③ 우리는 오늘 시험을 위해 복습해야 했지만 시간이 부족했었다.
④ 그는 자정까지는 집에 있어야 했지만 아침 일찍까지 밖에 있었다.

정답 ④

주관식 문제

01 다음 괄호 안에 공통으로 들어갈 알맞은 조동사를 쓰시오.

> • At school he (　　) always sit quietly and pay attention.
> • During the war, people (　　) eat all kinds of things that we don't eat now.

해설
첫 번째 문장의 괄호 안에는 특징적 행동이나 습관을 전달하는 조동사가 필요하다. 두 번째 문장의 괄호 안에는 과거에 언제나 사실이었던 것을 전달하는 조동사가 필요하다. 따라서 괄호 안에 공통으로 들어갈 적절한 조동사는 would이다.

해석
• 학교에서 그는 언제나 조용히 앉아서 집중한다.
• 전쟁 동안, 사람들은 지금 우리가 먹지 않는 모든 종류의 것을 먹었다.

정답
would

02 주어진 문장을 같은 해석을 갖는 다른 문장으로 쓰려고 할 때, 괄호 안에 들어갈 가장 적절한 표현을 쓰시오.

> They will appoint a new managing director next week.
> = The appointment of a new managing director (㉠) (㉡) made next week.

해설

두 번째 문장은 첫 번째 문장의 동사 appoint의 명사형 appointment를 주어로 사용하여 수동태 문장으로 바꿔 쓰기한 문장이다. 조동사가 포함된 능동태 문장을 수동태 문장으로 바꿀 때, 능동태 문장의 조동사는 수동태에서 그대로 사용한다. 따라서 괄호 안에 들어갈 가장 적절한 표현은 will be이다.

해설

그들은 다음 주에 새로운 경영 관리자를 임명할 예정이다.
= 새로운 경영 관리자의 임명은 다음 주에 있을 예정이다.

정답

㉠ will, ㉡ be

03 자연스러운 대화가 되도록 가장 적절한 응답을 주어진 단어를 알맞게 배열하여 의문문으로 작성하시오.

A : I spent the night in the railway station.
B : (   )?
(you, anywhere else, to sleep, couldn't, find)

해설

'기차역에서 밤을 보냈다.'라는 A의 발화에 '어디에서도 잘 곳을 찾을 수 없었니?'라는 내용이 가장 적절한 응답이다. 조동사 could의 부정형인 couldn't를 이용한 부정의문문으로 작성해야 한다. 따라서 Couldn't you find anywhere else to sleep이 적절하다.

해석

A : 나는 기차역에서 밤을 보냈다.
B : 어디에서도 잘 곳을 찾을 수 없었니?

정답

Couldn't you find anywhere else to sleep

추록 Ⅲ | 제3편 독해 (1)

| 단원 개요 |

글의 결론을 묻는 문항은 주어진 글의 중심내용을 토대로 중심내용에 대한 글쓴이의 의견, 제안 등의 내용을 적절하게 추론해 내는 능력을 확인하는 유형이다. 얼핏 보면 중심내용, 주제, 요지 유형의 문항과 유사해 보이지만 해당 유형은 글의 중심내용에 대한 글쓴이의 의견, 제안, 해결 방안 또는 주제와 관련된 제언 및 예견 등의 내용이 결론부에 포함된다는 점에서 차이가 있다.

| 출제 경향 및 수험 대책 |

단락 또는 문단의 중심내용이나 요지를 정확하게 이해한다.
중심내용을 토대로 글쓴이의 의견, 제안, 예견 등의 내용을 추론한다.
연역 추론의 적절한 결과물을 찾는다.

제7장 내용이해 - 결론

1 단락의 구성

대부분의 단락이나 문단은 관심 유도문(Hook sentence), 도입문, 주제문, 뒷받침 문장(예시, 연구 결과, 통계 수치, 과학적 근거, 기사 등), 결론으로 구성된다.

2 결론부 구성

결론부는 앞부분에서 언급한 주제와 뒷받침 문장들을 정리하고 통합하는 부분이다. 따라서 일반적으로 결론부에서는 바꿔 쓰기를 통해 주제문을 다시 언급하고 주제문에 대한 필자의 의견, 제안, 대안, 예견 등을 언급한다.

3 결론 내용 찾기

결론부의 내용으로서 적절한 문장을 찾기 위해서는 ⅰ) 글의 중심내용 또는 요지를 정확하게 이해하고, ⅱ) 찾아낸 중심내용을 토대로 글쓴이의 의견, 제안, 예견 등을 추론한다. 빈칸 추론 유형의 문항을 풀어 보면서 연역 추론 연습을 한다.

제7장 실전예상문제

01 빈칸에 들어갈 다음 글의 결론으로 가장 적절한 것은?

> Toothed whales, as the name suggests, possess sharp teeth used primarily for hunting fish, squid, and other marine mammals. This group includes dolphins and porpoises. With approximately 66 species, toothed whales typically swallow their prey whole and employ echolocation as a hunting tool. Notable members of this group include the Sperm whale, Pygmy Sperm whale, and various species of beaked whales. Further delving into the taxonomy of whales reveals the diversity within each group. Toothed whales are divided into families such as Physeteridae (featuring the Sperm whale), Kogiidae (including the Pygmy and Dwarf Sperm whales), and Delphinidae (encompassing various dolphins like the Bottlenose Dolphin and Killer Whale). Understanding the taxonomy of whales provides insights into their _____.

① methods of interaction and the laws of survival in the ocean
② the cultural role in zoological research, and species mutations
③ evolutionary relationships and ecological roles in marine ecosystem
④ the attributes and characteristics of mammals in the Earth's ecosystem

해설
이빨고래의 사냥감과 그룹에 속하는 여러 종을 소개한다. 이빨고래의 다양한 과(family)에 속하는 여러 유형의 고래를 언급한다. 이빨고래가 먹는 먹잇감과 이빨고래에 속하는 다양한 고래 종류를 토대로 고래 사이의 진화 관계와 해양 생태계에서 고래가 맡는 생태적 역할을 미루어 짐작할 수 있다. 따라서 정답은 ③이다.

해석
이름에서 알 수 있듯이, 이빨고래는 날카로운 이빨을 가지고 있으며, 주로 물고기, 오징어, 그리고 다른 해양 포유류를 사냥하는 데 사용한다. 이 그룹에는 돌고래와 참돌고래가 포함된다. 약 66종이 속하는 이빨고래는 일반적으로 먹이를 통째로 삼키며, 사냥 도구로서 반향정위를 활용한다. 이 그룹의 대표적인 구성원으로는 향고래, 피그미향고래, 그리고 여러 종의 부리고래가 있다. 고래의 분류를 더 깊이 들여다보면, 각 그룹 내에서의 다양성을 알 수 있다. 이빨고래는 여러 과(family)로 나뉘는데, (향고래가 속한) 향고래과(Physeteridae), (피그미향고래와 난장이향고래가 속한) 꼬기향고래과(Kogiidae), 그리고 (큰돌고래와 범고래와 같은 다양한 고래를 포함하는) 돌고래과(Delphinidae) 등이 있다. 고래의 분류를 이해하는 것은 그들의 <u>진화적 관계와 해양 생태계에서의 생태적 역할</u>을 파악하는 데 중요한 통찰을 제공한다.

정답 ③

02 빈칸에 들어갈 다음 글의 결론으로 가장 적절한 것은?

> Anorexia is a serious eating disorder characterized by abnormally low body weight, self-imposed food restriction, an intense fear of gaining weight, and a relentless desire to maintain a thin physique. The primary objective is to address any immediate health concerns arising from the disorder, such as malnutrition and irregular heart rhythms. Additionally, treatment involves restoring weight to a healthy level through individualized dietary plans and education on normal eating habits. Psychological therapy plays a crucial role, helping individuals identify underlying issues contributing to their disorder, heal from past traumas, and develop healthier coping mechanisms. Addressing anorexia, therefore, involves _____.

① psychological stability and a passionate attitude
② integrative education for restoring normal eating habits
③ a multifaceted approach of nutritional and psychological interventions
④ complicated medications rather than psychological therapies

해설
거식증 치료에 도움이 되는 구체적 방안으로 식단 계획의 중요성과 정상적 식습관에 대한 교육의 필요성 그리고 심리 치료의 역할을 언급한다. 따라서 이 글의 결론으로 가장 적절한 것은 '거식증 치료의 영양학적 그리고 심리학적 개입의 다각적 접근 방법의 필요성'이라 할 수 있다.

해석
거식증은 비정상적으로 낮은 체중, 자발적인 음식 제한, 체중 증가에 대한 극심한 두려움, 그리고 지속적으로 다른 체형을 유지하려는 강박적인 욕구가 특징인 심각한 섭식 장애이다. 주요 목표는 영양실조나 불규칙한 심장박동과 같은 질환으로 인한 즉각적인 건강 문제를 해결하는 것이다. 또한, 개별화된 식단 계획과 정상적인 식습관에 대한 교육을 통해 건강한 체중을 회복하는 것이 치료 과정의 중요한 부분이다. 심리 치료는 핵심적인 역할을 하며, 개인이 자신의 장애를 초래한 근본적인 문제를 파악하고, 과거의 트라우마를 치유하며, 보다 건강한 대처 방식을 개발할 수 있도록 돕는다. 따라서 거식증을 치료하는 것은 영양학적 그리고 심리학적 개입의 다각적 접근 방식이 필요하다.

정답 ③

03 빈칸에 들어갈 다음 글의 결론으로 가장 적절한 것은?

> Legislative milestones during this period included the passage of the Civil Rights Act of 1964, which prohibited discrimination in employment practices and public accommodations based on race, color, religion, or national origin. The Voting Rights Act of 1965 was another significant achievement, restoring and safeguarding voting rights for African Americans. Additionally, the Immigration and Nationality Services Act of 1965 expanded immigration opportunities beyond traditional European groups, while the Fair Housing Act of 1968 prohibited housing discrimination. These legislative victories _____ _____.

① enabled the ideal integration of the South and the North
② ended racial discrimination against Black people and minority groups
③ empowered African Americans to re-engage in politics in the South
④ led to the complete assimilation of minority groups, including African Americans

해설

1960년대 미국 인권 운동은 인종차별 금지와 아프리카계 미국인의 투표권 보장 그리고 주택 차별 금지를 합법화하는 데 결정적인 역할을 했다. 이러한 점에서 입법적 승리는 대부분의 아프리카계 미국인들이 입법 이전까지 노예로 생활했던 남부에서 정치 활동을 포함하여 그들의 인권을 회복할 수 있도록 하였다. 따라서 결론에 위치할 내용으로 가장 적절한 것은 ③이다.

해석

이 시기의 주요 입법 성과에는 1964년 민권법의 통과가 포함되며, 이는 인종, 피부색, 종교, 또는 출신 국가를 이유로 한 고용 관행과 공공시설에서의 차별을 금지하였다. 1965년 투표권법 또한 중요한 성과로, 아프리카계 미국인의 투표권을 회복하고 보호하는 역할을 하였다. 추가적으로 1965년 이민 및 국적법은 전통적인 유럽계 이민 그룹을 넘어 더 넓은 이민 기회를 제공하였으며, 1968년 공정 주택법은 주택 차별을 금지하였다. 이러한 입법적 승리는 <u>아프리카계 미국인들이 남부에서 다시 정치에 참여할 수 있도록 힘을 실어 주었다.</u>

정답 ③

04 빈칸에 들어갈 다음 글의 결론으로 가장 적절한 것은?

> The scientific method is a step-by-step process that helps scientists explore questions, test ideas, and find answers. This approach is essential in many fields, from biology and chemistry to physics and psychology. The first step in the scientific method is observation, where scientists notice something interesting in the world around them. Next, scientists conduct experiments to test their hypothesis. After the experiment, scientists gather and analyze data, which are facts and observations collected during the experiment. Finally, _____.

① data is analyzed and results are collected
② they draw a conclusion based on their findings
③ the validity between the hypothesis and examples is verified
④ the effectiveness of the scientific method is logically demonstrated

해설
과학적 방법으로 질문에 대한 답을 찾아가는 네 단계를 언급한다. 네 단계 중 세 단계를 언급했으므로 빈칸에는 과학적 방법의 마지막 단계로서 '수집한 자료에 대한 분석 결과를 토대로 결론을 도출한다.'가 가장 적절하다. 따라서 정답은 ②이다.

해석
과학적 방법은 과학자들이 질문을 탐구하고, 아이디어를 시험하며, 답을 찾는 데 도움을 주는 단계별 과정이다. 이 접근법은 생물학, 화학, 물리학, 심리학을 포함한 다양한 분야에서 필수적이다. 과학적 방법의 첫 번째 단계는 관찰로, 과학자들은 주변 세계에서 흥미로운 현상을 발견한다. 다음으로, 과학자들은 가설을 검증하기 위해 실험을 수행한다. 실험 후에는 실험 중에 수집된 사실과 관찰을 포함한 데이터를 모으고 분석한다. 마지막으로, 과학자들은 연구 결과를 바탕으로 결론을 도출한다.

정답 ②

05 다음 글의 결론에 위치할 내용으로 가장 적절한 것은?

> Santa Claus, also known as Saint Nicholas, Father Christmas, Kris Kringle, or simply "Santa", is a beloved figure deeply ingrained in Western cultures, particularly during the festive season of Christmas. Nast's illustrations helped solidify the image of Santa Claus in the collective imagination, and this portrayal has been perpetuated through various forms of media, including songs, radio, television, and films. In the United Kingdom and Europe, Santa Claus is often referred to as Father Christmas, although his appearance and role remain similar to the American depiction.

① 산타클로스는 크리스마스의 마법을 상징하는 존재로, 전 연령대의 사람들에게 사랑받고 있다.
② 산타클로스는 과거나 지금이나 아이들에게 꿈과 희망과 기쁨을 주는 전설 속의 천사이다.
③ 산타클로스의 전설에 관한 주장은 분분하나 집단주의 사회에 대한 헌신적 역할에는 동의한다.
④ 산타클로스가 서구 문화에서 깊이 자리 잡은 이유는 다양한 매체 발전과 확산 덕택이다.

해설
서구 문화 속 크리스마스와 산타클로스의 긍정적인 관계 성립과 사랑스러운 이미지 구축 그리고 그의 외모와 사회적 기여를 언급한다. 이러한 내용으로 보아 결론에는 전 연령대의 사람들이 크리스마스의 상징으로 산타클로스를 떠올리고 그를 사랑스러운 존재로 여긴다는 내용이 가장 적절하다. 따라서 정답은 ①이다.

해석
산타클로스는 성 니콜라스, 크리스마스 아버지, 크리스 크링글 또는 간단히 '산타'로도 알려져 있으며, 특히 크리스마스의 축제 시즌 동안 서구 문화에서 깊이 자리 잡은 사랑받는 인물이다. 나스트의 묘사는 산타클로스의 이미지를 집단적인 상상 속에 굳건히 자리 잡게 했으며, 이 이미지는 노래, 라디오, 텔레비전, 영화 등 다양한 매체를 통해 계속해서 퍼져 왔다. 영국과 유럽에서는 산타클로스를 종종 '크리스마스 아버지'라고 부르지만, 그의 외모와 역할은 미국에서의 묘사와 유사하다.

정답 ①

06 다음 글의 결론에 위치할 내용으로 가장 적절한 것은?

> Pollution is the detrimental alteration of the natural environment due to the introduction of external substances, either directly or indirectly. At its core, pollution occurs when ecosystems become overwhelmed and cannot effectively eliminate introduced substances, leading to a breakdown in their natural processes. Addressing pollution and safeguarding the environment requires the application of principles rooted in sustainable development. This entails meeting current needs without compromising the ability of future generations to meet their own needs. Furthermore, there must be legal repercussions for environmental damage, with polluters held accountable for the harm they cause.

① 생태계 파괴의 심각성에 대한 인식 변화의 당위성
② 미래 세대의 필요를 충족시킬 수 있는 획기적인 환경 개선 정책의 필요성
③ 오염자들에 대한 엄격한 법적 책임을 부과할 수 있는 법제 개편의 시급함
④ 오염 개선을 위한 지속 가능한 실천과 오염 유발자에게 책임을 묻는 제도적 노력의 필요성

해설
오염은 생태계 파괴를 초래하여 자연의 처리 과정을 붕괴시키는 원인이다. 이에 대한 해결책으로 실천 가능한 지속 개발을 위한 노력과 오염 유발자에게 책임을 물게 하는 철저한 법적 조치의 필요성을 언급한다. 이러한 내용을 담고 있는 ④가 이 글의 결론으로 가장 적절하다.

해석
오염은 외부 물질이 직접적이거나 간접적으로 자연환경에 도입되어 발생하는 해로운 환경 변화이다. 본질적으로 오염은 생태계가 과도하게 부담을 받아 도입된 물질을 효과적으로 제거할 수 없을 때 발생하며, 이로 인해 자연적인 과정이 붕괴된다. 오염을 해결하고 환경을 보호하기 위해서는 지속 가능한 개발에 뿌리를 둔 원칙을 적용해야 한다. 이는 현재의 필요를 충족시키면서 미래 세대가 자신의 필요를 충족할 수 있는 능력을 훼손하지 않는 것을 의미한다. 또한 환경 피해에 대한 법적 책임이 필요하며, 오염자는 자신이 초래한 피해에 대해 책임져야 한다.

정답 ④

07 다음 글의 결론에 위치할 내용으로 가장 적절한 것은?

> Smoking, a prevalent form of recreational drug use, involves inhaling smoke from a burned substance containing the alkaloid nicotine. The history of smoking traces back to ancient times, dating as far back as 5000 BC, and has been observed in various cultures worldwide. Despite its long-standing cultural and social acceptance, smoking carries significant health risks. Smoke inhalation poses challenges to respiratory functions and is associated with numerous diseases. Statistics indicate that approximately 4.9 million people worldwide die annually due to smoking-related illnesses, making it a leading cause of death. Diseases linked to smoking include lung cancer, heart disease, erectile dysfunction, and birth defects.

① 흡연율을 줄이고 건강한 생활 방식을 촉진하기 위한 공공 건강 개입의 중요성
② 흡연을 수용했던 역사를 고려하여 흡연자의 권리 보호를 위한 사회적 공감대의 필요성
③ 흡연 관련 사망자들의 사망률을 낮추기 위한 과학과 의학의 통합적 접근의 중요성
④ 흡연이 건강에 미치는 원인과 영향을 과학적으로 검증하는 것과 흡연 대체제 개발의 필요성

해설

이 글은 흡연을 수용했던 과거 문화와 역사를 언급하면서 시작한다. 그러나 흡연에 대한 이러한 문화적 및 사회적 수용에도 불구하고 흡연이 건강에 미치는 해로운 영향을 결코 간과할 수 없다고 주장한다. 특히 흡연이 원인이 될 수 있는 다양한 질병 그리고 흡연으로 인한 꾸준한 사망 등을 주장의 근거로 제시한다. 이로 보아 결론에서는 '흡연에서 벗어나 건강한 생활 방식을 추구할 수 있는 공공의 노력과 개입의 필요성'이 언급되어야 글의 통일성이 유지된다. 따라서 정답은 ①이다.

해석

흡연은 알칼로이드 니코틴을 함유한 물질을 태워서 나오는 연기를 흡입하는 오락용 약물 사용의 한 형태이다. 흡연의 역사는 고대 시대로 거슬러 올라가는데, 기원전 5,000년까지 거슬러 올라가며 전 세계 여러 문화에서 관찰되었다. 오랜 문화적 및 사회적 수용에도 불구하고, 흡연은 중요한 건강 위험을 동반한다. 연기 흡입은 호흡 기능에 문제를 일으키며 여러 질병과 관련이 있다. 통계에 따르면, 전 세계적으로 매년 약 490만 명이 흡연과 관련된 질병으로 사망하며, 이는 주요 사망 원인 중 하나이다. 흡연과 관련된 질병에는 폐암, 심장병, 발기부전, 선천적 결함 등이 포함된다.

정답 ①

08 다음 글의 결론에 위치할 내용으로 가장 적절한 것은?

> While rap is closely associated with hip-hop culture and is a fundamental element of hip-hop music, its origins predate the emergence of hip-hop as a cultural phenomenon. The term "rap" itself has roots dating back to the 16th century, initially used to denote sharp or vigorous speech, before evolving to encompass the distinct musical style we recognize today. Over time, rap has evolved stylistically.

① 랩의 문화적 수용 정도와 사회적 역할
② 말, 시, 노래 사이의 경계를 흐리게 하는 랩 스타일의 탄생
③ 랩과 힙합의 결합으로 새롭게 탄생한 랩 문화의 대중성 확보
④ 문학작품과 노래와의 조화를 중요시하는 랩 스타일만의 고유성

해설
랩의 문화적 특징과 기원을 언급한다. 랩이 독특한 음악 스타일로 발전하게 된 배경도 언급한다. 이어서 시간이 지나감에 따라 랩은 진화하고 있다고 설명한다. 이러한 내용을 토대로 결론을 추측해 볼 때, 결론에는 '랩의 구체적인 진화 내용'이 언급되어야 한다. 따라서 정답은 ②이다.

해석
랩은 힙합 문화와 밀접하게 연관되어 있으며 힙합 음악의 중요한 요소이지만, 그 기원은 힙합이 문화적 현상으로 등장하기 이전으로 거슬러 올라간다. '랩'이라는 용어 자체는 16세기로 거슬러 올라가며, 처음에는 날카롭거나 격렬한 말을 나타내는 데 사용되었고, 이후 우리가 오늘날 인식하는 독특한 음악 스타일로 발전하게 되었다. 시간이 지나면서 랩은 스타일적으로 진화해 왔다.

정답 ②

주관식 문제

01 빈칸에 주어진 첫 자로 시작하는 가장 적절한 단어를 써서 다음 글의 결론에 위치할 문장을 완성하시오.

> When things are blackest, it is wise to forecast that they will be brighter; when things are brightest, it is wise to forecast that they will darken. If the world ever goes to destruction, it will proceed in random spurts and not by a nosedive. It is an unwise man who feels secure in the hope that events will continue to remain as good as they are, or who is transfixed with the fear that they will continue as bad as they are. The (㉠ w_____) man knows that eventually the tide will (㉡ t_____).

해설

글에 따르면, 지혜롭지 못한 사람은 좋든 나쁘든 현재의 상황이 지속될 것으로 예상한다. 다시 말해, 이러한 사람은 미래를 예견하는 능력이 부족하다. 이러한 점에서 이 글의 결론으로 가장 적절한 내용은 '현명한 사람은 결국 현재의 상황이 바뀔 수 있음을 알고 있는 사람이라고 할 수 있다.'이다. 따라서 첫 번째 빈칸에는 wise, 두 번째 빈칸에는 turn이 들어가야 한다.

해석

상황이 가장 어두울 때 앞으로 더 밝아질 것이라고 예상하는 것이 현명하며, 상황이 가장 밝을 때 앞으로 어두워질 것이라고 예상하는 것이 현명하다. 만약 세상이 파멸로 향한다면, 그것은 급격한 추락이 아니라 불규칙한 격변을 통해 진행될 것이다. 현재의 좋은 상황이 계속될 것이라며 안도하는 사람이나, 현재의 나쁜 상황이 지속될 것이라며 공포에 사로잡히는 사람은 지혜롭지 못하다. 현명한 사람은 결국 흐름(상황, 조류)은 바뀔 것임을 알고 있다.

정답

㉠ wise, ㉡ turn

02 빈칸에 주어진 첫 자로 시작하는 가장 적절한 단어를 써서 다음 글의 결론에 위치할 문장을 완성하시오.

> A recent study of identical twins has uncovered remarkable similarities. As expected, identical twins were quite similar in height, weight, and facial features. Their voices, laughs, and mannerisms were so alike their own families had difficulty telling them apart. When they were anxious, they experienced the same kinds of symptoms. If one twin was artistic, so was the other. Paradoxically, the twins who had the least contact were the most alike in personality. This suggests that when (㉠ i____ ____) are reared (㉡ t____), they and their families make an effort to differentiate them, and the effort succeeds.

해설

글에 따르면, 일란성 쌍둥이는 외모의 특징, 신체적 조건, 그리고 불안 증상에서 매우 유사함을 보였다. 한편 접촉이 가장 적었던 쌍둥이의 경우 성격에서 유사함을 보였다. 이러한 내용으로 미루어 보아, 결론으로 가장 적절한 내용은 '일란성 쌍둥이가 함께 자라게 될 때, 그들 자신과 가족들이 서로를 차별화하려는 노력을 기울이며, 그러한 노력은 성공한다.'이다. 따라서 빈칸에는 identical twins, together가 들어가는 것이 가장 적절하다.

해석

최근 일란성 쌍둥이에 대한 연구에서 놀라운 유사점이 밝혀졌다. 예상대로, 일란성 쌍둥이는 키, 몸무게, 얼굴 특징에서 상당히 비슷했다. 그들의 목소리, 웃음소리, 몸짓이 너무나도 닮아 가족들조차 구별하기 어려울 정도였다. 그들이 불안할 때는 같은 유형의 증상을 경험했다. 한 쌍둥이가 예술적이라면, 다른 쌍둥이도 마찬가지였다. 역설적으로, 접촉이 가장 적었던 쌍둥이들이 성격 면에서 가장 유사했다. 이는 일란성 쌍둥이가 함께 자랄 경우, 그들 자신과 가족들이 서로를 차별화하려는 노력을 기울이며, 그 노력이 성공한다는 것을 시사한다.

정답

㉠ identical twins, ㉡ together

03 다음 글의 결론 문장을 아래와 같이 쓸 때, 빈칸에 주어진 첫 자로 시작하는 가장 적절한 단어를 쓰시오.

> Stereotypes are standardized and simplified ideas of groups based on some prejudices. They may affect people negatively. This includes forming inaccurate and distorted images and opinions of people. Stereotypes may also be used for scapegoating or for making general erroneous judgments about people. Some stereotyping people may feel comfortable when they prevent themselves from emotional identification with the stereotyped group, which leads to xenophobic or racist behavior. Another serious consequence of stereotypes is the feeling of inferiority that the stereotyped people may have, which may impair their performance.
> → Generally speaking, (㉠ s____) are used to make (㉡ g____) about different groups of people.

해설

글에 따르면, 고정관념은 편견에 토대를 둔 집단의 표준화되고 간결화된 생각이다. 고정관념은 특정 집단에 대해 사람들이 왜곡된 이미지와 의견을 만들게 하거나 잘못된 판단을 내리게 하는 데 사용될 수 있다. 다시 말해, 고정관념은 나와는 다른 집단의 사람들을 부정적으로 일반화하는 데 사용된다. 따라서 빈칸에는 stereotypes, generalizations가 들어가는 것이 가장 적절하다.

해석

고정관념은 편견에 토대를 둔 집단의 표준화되고 간결화된 생각이다. 고정관념은 사람들에게 부정적인 영향을 미칠 수 있다. 이는 사람들에 대한 부정확하고 왜곡된 이미지와 의견을 형성하는 것을 포함한다. 또한, 고정관념은 희생양을 만들거나 사람들에 대한 잘못된 일반적 판단을 내리는 데 사용될 수도 있다. 일부 사람들은 특정 집단과 감정적으로 동일시하는 것을 피함으로써 심리적 안정을 느낄 수도 있는데, 이는 외국인 혐오나 인종차별적 행동으로 이어질 수 있다. 고정관념의 또 다른 심각한 결과는 고정관념의 대상이 된 사람들이 열등감을 느끼게 되는 것이며, 이는 그들의 성과를 저하시킬 수 있다.
→ 일반적으로 말해서, 고정관념은 다른 집단의 사람들에 대해 일반화하는 데 사용된다.

정답

㉠ stereotypes, ㉡ generalizations

추록 Ⅳ | 제3편 독해 (2)

| 단원 개요 |

본 장에서는 문장 사이의 함의, 동치, 대조, 모순 관계를 각 유형에 해당하는 연결사를 중심으로 살펴보고 유형별 실전예상문제를 통해 이해한다. 함의 관계는 두 내용 사이의 의미적 연결이나 인과관계, 시간의 전후 관계를 포함한다. 동치나 대조 관계 역시 연결어와 관련된 유형으로, 글의 흐름에 적절한 접속사나 연결사를 정확하게 찾아내야 한다.

| 출제 경향 및 수험 대책 |

빈칸을 중심으로 선행 문장과 후행 문장의 내용을 토대로 두 문장 간의 관계를 추론한다.
인과(원인과 결과)나 시간의 전후 관계 연결 표현을 이해한다.
동치 관계 연결 표현을 이해한다.
대조 관계 연결 표현을 이해한다.
문장 사이의 함의와 모순 관계를 이해한다.

제8장 문장 관계 - 함의, 동치, 대조, 모순

1 함의(인과관계)

보편적으로 문장에서의 함의 관계는 두 내용 사이의 의미적 연결이나 인과관계, 시간의 전후 관계를 포함한다. 첫째, 인과관계는 두 문장 사이의 관계가 원인과 결과로 연결된 경우이다. 둘째, 시간의 전후 관계는 사건이나 정보를 추가하거나 나열할 때 사건이 발생한 순서대로 내용을 기술하는 경우를 말한다.

함의 관계를 이해하는 데 추론은 필수적이다. 빈칸 부분을 중심으로 선행 문장과 후행 문장 사이의 함의 관계가 성립하는지 글에서 언급되는 맥락, 이와 관련된 어휘나 특정 표현의 의미를 토대로 문장 사이의 함의 관계를 추론한다.

(1) 인과관계 연결어

① 그러므로 : therefore, thus, hence, so
② 따라서 : accordingly, consequently
③ 결과적으로 : as a result, as a consequence, in consequence, in conclusion
④ 이러한 이유로 : for this(these) reason(s)
⑤ 그것의 이유는 ~ 때문이다 : That is because
⑥ 그 결과 ~하다 : That is why
⑦ ~ 때문에 : because of, owing to, due to, on account of, because, since, as, now that
⑧ ~ 덕분에 : thanks to

(2) 시간의 전후 관계 연결어
① 잠시 동안, 잠시 후에 : for a while, after a while
② 나중에 : afterwards, after, next, then, subsequently
③ 이전에 : before, earlier, previously
④ 또한, 게다가 : in addition, additionally, also, too, as well, besides, furthermore, moreover

2 동치(대등) 관계 연결어

(1) 다시 말해서 : so to speak, in other words, to put it another way, that is (to say), namely

(2) 요약하자면 : in short, in brief, in summary, to sum up

(3) 간단히 말해서 : to put it simply

(4) 이와 유사하게 : likewise, similarly, in the same way

(5) ~와 마찬가지로 : it is the same with, it is similar to

(6) 마치 ~인 것처럼 : just as, just like (that)

3 대조(contrast)와 모순(contradiction)

대조와 모순은 여러 사물이나 현상 간의 의미상의 차이나 반대 성향을 보여주는 개념이다.

(1) 대조는 두 가지 내용이나 문장 또는 사물 간의 서로 다른 점, 즉 차이점을 보여주는 관계이다. 문장 사이의 대조 관계 역시 연결어를 통해 이해한다. 따라서 글에서 대조 관계에 있는 문장을 찾고 이에 가장 적절한 연결 표현을 찾는다.
① 대조 관계 연결어
㉠ 그러나 : but, however
㉡ 그럼에도 불구하고 : though, although, even though, still, yet, despite, in spite of (that), nevertheless, nonetheless
㉢ 대조적으로 : on the contrary, in contrast, by contrast, contrary to

ⓔ 반면에 : on the other hand
ⓜ ~와는 반대로 : while, whereas, unlike
ⓑ 대신에, 그보다는 : instead, rather
ⓢ 오히려, 차라리 : rather
ⓞ 그렇지 않(았)다면 : otherwise

(2) 모순은 두 가지 진술이나 명제가 동시에 참일 수 없는 관계를 말한다.
① 대조 연결어를 활용해 두 문장의 모순 관계를 표현할 수 있다.
[예]
- She claimed to be a vegetarian, **but** I saw her eating a steak last night. (그녀는 자신이 채식주의자라고 주장했지만, 어젯밤에 그녀가 스테이크를 먹는 것을 봤다.)
- He said he would help us finish the project, **yet** he hasn't contributed anything so far. (그는 그 프로젝트를 마치는 데 도움을 주겠다고 했지만, 지금껏 아무 기여도 하지 않았다.)
- The weather forecast predicted clear skies; **however**, it started raining heavily in the afternoon. (일기예보에서는 맑은 하늘을 예보했지만, 오후에 갑자기 폭우가 쏟아졌다.)
- They promised to lower prices, **but** the cost of goods has only increased since then. (그들은 가격을 내리겠다고 약속했지만, 그 이후로 상품 가격은 오히려 올랐다.)

② 독립된 두 문장 사이의 모순 관계를 살펴보자. 문장 A는 'She went to the grocery store this morning.'이고, 문장 B는 'She did not leave her house all day.'이다. 문장 A와 문장 B는 동시에 참일 수 없다. 즉, A가 참이면 B는 거짓이 되고, B가 참이면 A는 거짓이 된다. 이처럼 모순은 양립할 수 없는 두 명제 사이의 관계를 말한다.

③ 문장 간의 모순 관계는 일반적으로 반의어나 부정어 사용으로 나타난다. 두 문장 사이의 반의어나 부정어 사용 또는 진술의 번복 등으로 본래 참인 문장을 부정하게 되어 발성하는 두 문장 사이의 의미 관계를 모순 관계라 한다.
[예] A : The cake is in the oven baking.
B : The cake has already been frosted and served.
→ 문장 A는 '케이크는 아직 오븐에서 구워지고 있다.'이다. 따라서 '케이크는 장식되거나 누군가에게 제공될 준비는 아직 안 되었다.'라는 내용을 암시한다. 반면 문장 B는 '케이크는 이미 장식되어 제공되었다.'이다. 이처럼 문장 A(또는 B)가 참이면 문장 B(또는 A)는 거짓이 되는 두 문장 사이의 의미 관계를 모순 관계라 한다.

제8장 실전예상문제

01 다음 글의 빈칸에 들어갈 가장 적절한 연결어는?

> Despite its cultural significance and artistic innovation, rap music has faced criticism, particularly regarding the themes tackled in its lyrics. While some artists use their platforms to address social issues, others have been criticized for glorifying themes of sex, violence, and drug use. _____, rap remains a vibrant and influential form of artistic expression, continually evolving and pushing boundaries within the musical landscape.

① Instead
② Likewise
③ Conversely
④ Furthermore

해설
빈칸 이전에는 랩 가사의 폭력성을 비판하는 내용이 언급된다. 빈칸 뒤에는 랩이 예술적 표현의 형태로서 음악적 경계를 넓혀 가며 발전하고 있다는 긍정적 영향을 언급하고 있으므로 빈칸의 앞과 뒤 내용은 대조 관계가 성립된다. 따라서 정답은 ③이다.

해석
그 문화적 중요성과 예술적 혁신에도 불구하고, 랩 음악은 특히 가사에서 다루는 주제에 대해 비판을 받아 왔다. 일부 아티스트는 자신의 플랫폼을 사용하여 사회적 문제를 다루지만, 다른 아티스트들은 성, 폭력, 약물 사용과 같은 주제를 미화하는 것에 대해 비판을 받기도 했다. 이와 대조적으로, 랩은 여전히 활기차고 영향력 있는 예술적 표현 형태이며, 음악적 경계를 계속해서 넓히며 발전하고 있다.

정답 ③

02 다음 글의 빈칸에 들어갈 가장 적절한 연결어는?

> Developing countries are often presented with a significant opportunity to advance their productivity and creativity by bridging this gap and integrating into the global digital economy. Enhancing information infrastructure and leveraging modern technologies can provide less developed nations with accelerated access to economic growth, potentially affording them a competitive advantage in certain industries. Furthermore, the twenty-first century has witnessed a significant increase in interaction between humans and computers. _____, digital literacy has emerged as a crucial skill for individuals seeking integration into the global society and economy.

① Similarly
② Consequently
③ Nevertheless
④ Otherwise

해설

글에 따르면 디지털 문해력, 즉 정보 인프라를 강화하고 현대 기술을 활용하는 일은 개발도상국 발전에 필수적이다. 또한 21세기에는 인간과 컴퓨터 사이의 상호작용이 점차 증가하고 있다. 따라서 글로벌 사회와 경제에 통합되길 희망하는 개인에게 디지털 문해력은 매우 중요한 기술이 되었다. 빈칸을 중심으로 앞과 뒤 사이에는 인과관계가 성립한다. 즉, 빈칸 앞에서는 디지털 문해력의 필요성을 언급하고, 빈칸 뒤에서는 디지털 문해력이 가져올 수 있는 결과를 언급한다. 따라서 정답은 ②이다.

해석

개발도상국들은 종종 이러한 격차를 해소하고 글로벌 디지털 경제에 통합됨으로써 생산성과 창의성을 향상시킬 수 있는 중요한 기회를 제공한다. 정보 인프라를 강화하고 현대 기술을 활용하는 것은 발전이 덜 된 국가들에게 경제성장에 대한 가속화된 접근을 제공할 수 있으며, 특정 산업에서 경쟁 우위를 제공할 수 있다. 또한 21세기에는 인간과 컴퓨터 간의 상호작용이 크게 증가했다. 따라서 디지털 문해력은 글로벌 사회와 경제에 통합되기를 원하는 개인에게 중요한 기술로 떠오르게 되었다.

정답 ②

03 다음 글의 빈칸에 들어갈 가장 적절한 연결어는?

> Mickey's popularity has grown around the world. This was due to his angelic nature. Mickey never does anything immoral. _____, in 2009 the Walt Disney Company announced that they would begin to re-brand the Mickey Mouse character by moving away from his pleasant, cheerful image and reintroducing the more devious side of his personality, starting with the upcoming Epic Mickey, a Mickey Mouse video game. The Walt Disney Company thus intends to show the mischievous side of Mickey's personality.

① Accordingly
② However
③ Additionally
④ In short

해설

미키 마우스의 전 세계적인 인기는 미키의 즐겁고 명랑한 성격에서부터 시작되었다. 그러나 2009년 월트 디즈니사는 이러한 미키의 본래 이미지에서 벗어나 교활한 면을 보여주기로 결정했다. 빈칸을 중심으로 미키의 대조적인 이미지를 언급한다는 점에서 빈칸 앞 내용과 뒤 내용 사이에는 대조 관계가 성립한다. 따라서 정답은 ②이다.

해석

미키의 인기는 전 세계적으로 확산되었다. 이는 그의 천사 같은 성격 덕분이었다. 미키는 결코 비도덕적인 행동을 하지 않는다. 그러나 2009년 월트 디즈니 회사는 미키 마우스 캐릭터의 이미지를 재편성하기로 발표했다. 이들은 미키의 즐겁고 명랑한 이미지를 벗어 버리고 그의 성격의 더 교활한 면을 다시 소개할 예정이었으며, 그 시작은 다가오는 미키 마우스 비디오 게임인 'Epic Mickey'에서 시작될 예정이었다. 따라서 월트 디즈니 회사는 미키의 장난스러운 성격을 보여줄 의도를 가지고 있다.

정답 ②

04 다음 글의 빈칸에 들어갈 가장 적절한 연결어는?

> The Beatles' journey began in the early 1960s, honing their craft in the vibrant music scenes of Liverpool and Hamburg. _____ initial lineup changes and struggles, they gained traction with their breakthrough hit "Love Me Do" in late 1962. This marked the start of "Beatlemania," a cultural phenomenon characterized by fervent fan devotion and unprecedented popularity.

① Because of
② Just like
③ However
④ Despite

해설
빈칸 뒤 주절에서는 1962년 말 비틀즈의 성공 사례를 언급한다. 그러나 빈칸의 목적어 내용을 보면 '초기 멤버 변화와 어려움'이라는 성공의 방해 요인이 언급된다. 따라서 빈칸 앞과 뒤 사이에는 대조 관계가 성립한다. 빈칸 뒤에는 명사구 목적어가 있다는 점에서 빈칸에는 대조(또는 양보)의 전치사 표현인 despite가 들어가는 것이 적절하다.

해석
비틀즈의 여정은 1960년대 초, 리버풀과 함부르크의 활기찬 음악 장면에서 그들의 기량을 갈고닦으면서 시작되었다. 초기 멤버 변화와 어려움에도 불구하고, 그들은 1962년 말에 발표한 돌파구가 된 히트곡 'Love Me Do'로 주목을 받기 시작했다. 이는 '비틀매니아'의 시작을 알리는 사건이었으며, 이는 열렬한 팬들의 헌신과 전례 없는 인기로 특징지어지는 문화적 현상이었다.

정답 ④

05 다음 글의 빈칸에 들어갈 가장 적절한 연결어는?

> A job typically falls under the broader umbrella of a career, which encapsulates an individual's journey through learning, work, and personal growth. Unlike a job, a career extends beyond employment, encompassing various life experiences. One key distinction is that a career concludes with retirement, whereas a job may end with resignation. Occupations vary in their duration, structure, and nature. Another dimension to consider is the distinction between paid and unpaid occupations, such as housework, volunteering, or mentoring. _____, occupations may require varying levels of training, from specific skills to academic degrees.

① Additionally
② In contrast
③ Subsequently
④ For these reasons

해설
직업에서 고려해야 할 여러 측면을 언급한다. 급여 유무를 기준으로 집안일, 자원봉사, 멘토링 등의 직업이 있으며 뿐만 아니라 특정 기술에서부터 대학 학위까지 다양한 수준의 훈련을 요구하는 직업도 있다. 따라서 빈칸을 기준으로 앞과 뒤 문장 모두 직업에서의 고려 사항을 언급하고 있으므로 빈칸의 앞과 뒤 문장은 시간의 전후 관계(첨가)가 성립한다. 따라서 정답은 ①이다.

해석
직업은 일반적으로 개인의 학습, 일, 그리고 개인적 성장을 통한 여정을 포함하는 더 넓은 범위의 경력 아래에 속한다. 직업과 달리, 경력은 고용을 넘어 다양한 삶의 경험을 포괄한다. 주요 차이점 중 하나는 경력이 은퇴로 끝나는 반면, 직업은 사직으로 끝날 수 있다는 것이다. 직업은 지속 시간, 구조 및 성격에서 차이가 있다. 고려해야 할 또 다른 측면은 집안일, 자원봉사 또는 멘토링과 같은 유급 직업과 무급 직업의 구분이다. 게다가, 직업은 특정 기술에서부터 학위까지 다양한 수준의 훈련을 요구할 수 있다.

정답 ①

06 다음 글의 빈칸에 들어갈 가장 적절한 연결어는?

_____ other organisms, humans are made of cells. All cells grow, develop, and eventually die. However, as far as we know, only humans are able to think about ideas, and only humans have a sense of self. An important reason for these differences is the human brain. Some animals have larger brains, but the human brain is much more complex than any other. It is the center of our thoughts, actions, feelings, dreams, and memories. Some organisms can make simple tools and communicate in basic language. However, the human brain makes it possible for us to do much more.

① Thanks to
② Contrary to
③ Just like
④ Despite

해설
글에 따르면 인간의 뇌는 수많은 세포로 구성되어 있으며, 이는 동물의 뇌와는 기능적인 면에서 큰 차이가 있다. 인간도 다른 생물들과 마찬가지로 성장, 발달, 소멸의 과정을 겪는 세포로 구성된다. 빈칸이 이끄는 문장과 빈칸 뒤의 주절 사이에는 대등(동치) 관계가 성립한다. 따라서 정답은 ③이다.

해석
다른 생물들과 <u>마찬가지로</u>, 인간도 세포로 구성되어 있다. 모든 세포는 성장하고, 발달하며, 결국 죽는다. 그러나 우리가 아는 한, 오직 인간만이 아이디어에 대해 생각할 수 있고, 오직 인간만이 자아를 가지고 있다. 이러한 차이점에 대한 중요한 이유는 바로 인간의 뇌이다. 일부 동물들은 더 큰 뇌를 가지고 있지만, 인간의 뇌는 어떤 것보다 훨씬 더 복잡하다. 인간의 뇌는 우리의 생각, 행동, 감정, 꿈, 기억의 중심이다. 일부 생물들은 간단한 도구를 만들고 기본적인 언어로 의사소통을 할 수 있지만, 인간의 뇌는 우리가 훨씬 더 많은 일을 할 수 있게 만든다.

정답 ③

07 다음 글의 빈칸에 들어갈 가장 적절한 연결어는?

Fortunately, embodying the essence of good citizenship extends beyond mere acknowledgment of rights and obligations; it necessitates the demonstration of civilized conduct and conscientious action. Within our community, spanning from the youngest to the eldest, collaboration is essential. Cooperation need not demand monumental efforts; _____, simple gestures and considerate behaviors can elevate our quality of life.

① rather
② however
③ similarly
④ namely

해설

훌륭한 시민정신을 실천하는 데 협력의 중요성을 언급한다. 빈칸 앞에서는 '협력은 거대한 노력이 필요하지 않다.'라고 하며, 빈칸 뒤에서는 '간단한 제스처와 배려 있는 행동과 같이 작은 노력으로 협력을 실천할 수 있다.'라고 주장한다. 빈칸을 중심으로 앞 문장과 뒤 문장 사이에는 대조 관계가 성립한다. 다만 선행하는 내용과 완전히 반대의 내용이 아니라 부분적으로 반대되는 내용을 언급하고 있다는 점에서 정답은 ①이 가장 적절하다.

해석

다행스럽게도, 좋은 시민정신의 본질을 구현하는 것은 단순히 권리와 의무를 인정하는 것을 넘어선다. 그것은 문명화된 행동과 양심적인 실천을 보여주는 것을 필요로 한다. 우리 공동체 내에서, 가장 어린 사람부터 가장 나이 많은 사람까지 협력은 필수적이다. 협력은 거대한 노력을 요구하지 않으며, 오히려 간단한 제스처와 배려 있는 행동이 우리의 삶의 질을 향상시킬 수 있다.

정답 ①

08 다음 글의 빈칸에 들어갈 가장 적절한 연결어는?

> Juvenile delinquency, characterized by antisocial or illegal behavior among children and adolescents, poses a significant challenge worldwide. Lacking adequate education and societal integration, these youth often find themselves on the fringes of society, devoid of dignity and self-esteem. _____ legal systems typically provide mechanisms for dealing with juvenile offenders, such as detention centers and punitive measures, addressing the underlying causes of delinquency requires a multifaceted approach.

① Because
② So
③ Afterwards
④ While

해설

법적 시스템으로 청소년 범죄 주체를 처벌할 수는 있으나, 이는 청소년 비행의 근본적인 원인을 해결할 수 있는 방안은 아니라고 주장한다. 빈칸을 중심으로 앞과 뒤의 내용은 대조 관계를 보인다. 따라서 빈칸에는 대조 관계의 접속사로서 while이 적절하다.

해석

청소년 비행은 어린이와 청소년들 사이에서 발생하는 반사회적이거나 불법적인 행동으로 특징지어지며, 전 세계적으로 중요한 문제를 제기한다. 적절한 교육과 사회적 통합이 부족한 이들 청소년은 종종 사회의 변두리에 위치하게 되며, 존엄성과 자존감을 잃게 된다. 법적 시스템은 일반적으로 구금 시설이나 처벌 조치와 같은 방법으로 소년범들을 다루기 위한 수단을 제공하는 반면, 비행의 근본적인 원인을 해결하려면 다각적인 접근이 필요하다.

정답 ④

09 다음 글의 빈칸에 들어갈 가장 적절한 연결어는?

> Cancel culture, also referred to as call-out culture, is a prevalent practice wherein individuals are ostracized from social or professional circles, typically occurring online through social media platforms or in real-life interactions. In contemporary society, cancel culture serves as a digital manifestation of ostracism. Those subjected to cancel culture are said to be "canceled," signifying a withdrawal of support or endorsement from individuals or groups. This phenomenon involves public figures or entities facing repercussions, such as loss of reputation, income, or social standing, _____ perceived objectionable behavior or statements. Cancel culture operates as a form of societal boycott, targeting individuals who are deemed to have transgressed social or moral norms.

① just as
② due to
③ despite
④ unlike

해설
빈칸 부분에서는 개인 또는 집단으로부터 지지나 승인 철회를 당하는 소위 '취소당했다'의 현상이 발생하는 원인을 언급하고 있다. 따라서 정답은 ②이다.

해석
취소 문화 또는 콜아웃 문화는 개인들이 사회적 또는 직업적 관계에서 추방되는 일반적인 관행으로, 주로 소셜 미디어 플랫폼을 통해 온라인에서 혹은 실제 상호작용에서 발생한다. 현대 사회에서 취소 문화는 추방의 디지털 표현으로 작용한다. 취소 문화에 처해진 사람들은 '취소당했다'고 불리며, 이는 개인이나 그룹으로부터 지지나 승인 철회를 의미한다. 이 현상은 공인이나 기관들이 불쾌한 행동이나 발언 때문에 명성, 수입, 사회적 지위를 잃는 등의 결과를 맞이하는 상황을 포함한다. 취소 문화는 사회적 또는 도덕적 규범을 위반한 것으로 간주되는 개인들을 대상으로 하는 일종의 사회적 보이콧으로 작용한다.

정답 ②

10 다음 글의 빈칸에 들어갈 가장 적절한 연결어는?

> The consequences of obesity extend beyond mere aesthetics, significantly increasing the risk of various diseases such as heart disease, type 2 diabetes, sleep apnea, certain cancers, and osteoarthritis. While excessive dietary intake and sedentary lifestyles are primary contributors to obesity, genetic predisposition, endocrine disorders, medications, and psychiatric conditions can also play a role in its development. _____ common misconceptions, obesity is not solely attributed to overeating, as some individuals may have a slower metabolism or medical conditions that contribute to weight gain. However, managing obesity typically involves lifestyle modifications such as dietary changes and increased physical activity. In cases where these interventions are ineffective, anti-obesity medications or surgical procedures may be considered to aid in weight loss.

① In addition to
② Because of
③ Contrary to
④ Like

해설

글에 따르면 비만의 주요 원인으로 과식과 좌식 생활 방식을 떠올리는 것이 일반적이지만 사실 유전인자, 내분비 장애, 약물, 정신 건강 상태 등도 비만을 유발시키는 주요 요인이다. 비만 발병의 주요 요인에 대한 이러한 일반적인 오해와는 달리 신체, 유전, 신진대사 등도 비만 발생에 기여할 수 있다. 따라서 빈칸의 앞과 뒤 문장 사이에는 대조 관계가 성립한다.

해석

비만의 결과는 단순한 미용적 측면을 넘어, 심장병, 제2형 당뇨병, 수면 무호흡증, 특정 암, 골관절염 등 다양한 질병의 위험을 크게 증가시킨다. 과도한 음식 섭취와 좌식 생활 방식은 비만의 주요 원인이지만, 유전적 소인, 내분비 장애, 약물, 정신 건강 상태 등도 비만 발병에 영향을 미칠 수 있다. 일반적인 오해와 대조적으로, 비만은 단순히 과식에 의해 발생하는 것이 아니며, 일부 개인은 느린 신진대사나 체중 증가에 기여하는 의학적 상태를 가질 수 있다. 그러나 비만 관리에는 일반적으로 식이 변화와 신체 활동 증가와 같은 생활 습관의 수정이 필요하다. 이러한 개입이 효과가 없는 경우, 체중 감소를 돕기 위해 비만 치료 약물이나 수술적 절차가 고려될 수 있다.

정답 ③

11 다음 중 모순 관계의 문장으로 가장 적절한 것은?

① He went for a walk even though it was raining.
② The movie was long, but it was extremely exciting.
③ She claimed to be an expert in cooking, but her dishes were terrible.
④ He studied hard for the test, while his classmates did not prepare at all.

해설
①·②·④는 두 가지 반대되는 사건을 언급하거나 두 가지 다른 요소를 비교하여 서로 다른 점을 부각하는 대조 관계의 문장이다. 반면에 ③은 동일 사건에 대해 양립할 수 없는 내용이거나 두 가지 상황이 서로 충돌하는 상황을 언급한다. 따라서 모순 관계의 문장은 ③이다.

해석
① 비가 내리고 있었지만, 그는 산책을 갔다.
② 그 영화는 길었지만, 매우 흥미진진했다.
③ 그녀는 요리 전문가라고 주장했지만, 그녀의 요리는 끔찍했다.
④ 그는 시험을 위해 열심히 공부했지만, 그의 동급생들은 전혀 준비하지 않았다.

정답 ③

12 다음 중 모순 관계의 문장으로 가장 적절한 것은?

① I always wake up early, but today I slept in.
② I wanted to go hiking, but it was too cold to go outside.
③ He is very outgoing, while his brother is shy and introverted.
④ The desert is dry and hot, while the rainforest is humid and lush.

해설
②·③·④는 상반되는 두 가지 사건을 언급하는 대조 관계의 문장이다. 반면 ①에서 '늘, 항상 일찍 일어난다.'라는 사건과 '오늘은 늦잠을 잤다.'라는 사건은 양립할 수 없으므로 이 문장은 모순 관계에 있다. 따라서 정답은 ①이다.

해석
① 나는 항상 일찍 일어나지만, 오늘은 늦잠을 잤다.
② 나는 하이킹을 가고 싶었지만, 밖에 나가기에는 너무 추웠다.
③ 그는 매우 외향적인 반면, 그의 형은 내성적이고 수줍어한다.
④ 사막은 건조하고 덥지만, 열대 우림은 습하고 울창하다.

정답 ①

13 다음 중 모순 관계의 문장으로 가장 적절하지 않은 것은?

① He claimed to be a vegetarian, but he ate a hamburger.
② He told me he was fine, but he looked extremely tired.
③ The teacher said the test was easy, but many students failed.
④ The city is bustling with life, while the countryside is peaceful and quiet.

해설
①·②·③은 동시에 양립할 수 없는 사건을 언급하는 모순 관계의 문장이다. 반면 ④는 도시는 활기찬 반면 시골은 평화롭고 조용하다는 점에서 두 문장은 대조 관계에 있다. 따라서 정답은 ④이다.

해석
① 그는 채식주의자라고 주장했지만, 햄버거를 먹었다.
② 그는 괜찮다고 말했지만, 그는 매우 피곤해 보였다.
③ 선생님은 시험이 쉽다고 했지만, 많은 학생들이 실패했다.
④ 도시는 생기로 활기차지만, 시골은 평화롭고 조용하다.

정답 ④

14 다음 중 모순 관계의 문장으로 가장 적절하지 않은 것은?

① She promised to be home by 6 p.m., but she arrived at 8 p.m.
② His car is old and worn out, while mine is new and shiny.
③ She said she wanted to help, but she didn't do anything when the time came.
④ The instructions said to add two cups of water, but I accidentally added four.

해설
①·③·④는 동시에 양립할 수 없는 사건을 언급하는 모순 관계의 문장이다. 반면 ②는 그의 자동차는 오래되고 낡았지만 내 자동차는 새 차이고 반짝인다는 점에서 두 문장은 대조 관계에 있다. 따라서 정답은 ②이다.

해석
① 그녀는 오후 6시까지 집에 오겠다고 약속했지만, 8시에 도착했다.
② 그의 차는 오래되고 닳았지만, 내 차는 새것이고 반짝인다.
③ 그녀는 도와주고 싶다고 말했지만, 시간이 되자 아무것도 하지 않았다.
④ 지시에서는 물을 두 컵 넣으라고 했지만, 나는 실수로 네 컵을 넣었다.

정답 ②

15 다음 중 모순 관계의 문장으로 가장 적절하지 않은 것은?

① He claimed he didn't need any help, but he kept asking for assistance.
② The beach is full of tourists, whereas the mountains remain peaceful and quiet.
③ She told me she had already finished her work, but it was still incomplete.
④ I was planning to get up early, but I ended up sleeping in until noon.

해설
①·③·④는 동시에 양립할 수 없는 사건을 언급하는 모순 관계의 문장이다. 한편 ②는 해변은 관광객들로 붐비는 반면 산은 평화롭고 고요하다는 점에서 두 문장은 대조 관계의 문장이다. 따라서 정답은 ②이다.

해석
① 그는 도움이 필요 없다고 주장했지만, 계속 도움을 요청했다.
② 해변은 관광객들로 가득하지만, 산은 여전히 평화롭고 조용하다.
③ 그녀는 이미 일을 끝냈다고 말했지만, 여전히 끝나지 않았다.
④ 나는 일찍 일어날 계획이었지만, 결국 정오까지 늦잠을 잤다.

정답 ②

주관식 문제

01 다음 각 문장이 모순 관계의 문장이 되도록 빈칸에 공통으로 들어갈 단어를 쓰시오.

- He says he is always honest, _____ he just lied to me.
- He claims to be a vegetarian, _____ he ate a hamburger yesterday.

해설
두 문장은 각각 중문이다. 앞의 내용이 참이고, 뒤의 내용이 이와는 반대일 때, 두 문장 사이에는 모순 관계가 성립한다. 따라서 선행하는 문장의 내용과 반대의 문장이 뒤에 위치하므로 두 문장을 연결하는 등위접속사 but이 들어가는 것이 가장 적절하다.

해석
- 그는 늘 정직하다고 말하지만, 그는 방금 내게 거짓말을 했다.
- 그는 채식주의자라고 주장하지만, 어제 햄버거를 먹었다.

정답
but(또는 yet)

02 다음 각 문장이 함의 관계의 문장이 되도록 빈칸에 들어갈 가장 적절한 단어를 쓰시오. (단, 주어진 첫 자로 시작하는 단어를 쓸 것)

- If you heat water to 100℃, it follows that it will (㉠ b____).
- If the sun sets, it follows that it will soon get (㉡ d____).

해설
두 문장은 각각 조건절과 주절로 이루어진 복문이다. 앞 문장은 조건절, 뒤 문장은 주절이다. 첫 번째 문장에서 물을 100도씨로 가열하는 것은 물이 끓는 것의 원인임을 추론할 수 있다. 두 번째 문장에서 태양이 지는 것은 어두워지는 것의 원인임을 추론할 수 있다. 따라서 각 문장의 주절과 부사절은 인과관계를 형성한다.

해석
- 물을 100도씨로 가열하면, 물이 끓을 것이란 점은 자명하다.
- 태양이 지면, 곧 어두워질 것이라는 점은 분명하다.

정답
㉠ boil, ㉡ dark

03 다음 글의 빈칸에 들어갈 가장 적절한 연결어를 쓰시오.

> The significance of Father's Day lies in acknowledging the contributions of fathers to their families. Whether through festive gatherings, heartfelt phone calls, or thoughtful greeting cards, people express gratitude for the invaluable role of paternal figures. _____, schools often engage children in crafting handmade gifts for their fathers in the days leading up to the occasion.

해설
글에 따르면, 아버지 역할에 감사한 마음을 전하기 위해 축제, 전화, 인사 카드 등을 준비한다. 빈칸 뒷부분에서도 학교에서 아버지를 위해 직접 아이들에게 선물을 준비하게 한다는 내용이 나온다. 이러한 점에서 빈칸에는 시간의 전후 연결어, 즉 첨가의 연결어가 필요하다.

해석
아버지의 날의 중요성은 아버지가 가족에게 기여한 바를 인정하는 데 있다. 축제 모임, 진심 어린 전화, 또는 사려 깊은 인사 카드 등을 통해 사람들은 아버지 역할의 소중함에 감사의 마음을 전한다. 뿐만 아니라, 학교들은 종종 아버지의 날을 맞이하여 아이들이 아버지를 위해 손수 만든 선물을 준비하도록 한다.

정답
moreover(또는 in addition, additionally, also, too, as well, besides, furthermore)

부록

최종모의고사

최종모의고사 제1회
최종모의고사 제2회
정답 및 해설

교육이란 사람이 학교에서 배운 것을 잊어버린 후에 남은 것을 말한다.

– 알버트 아인슈타인 –

제1회 최종모의고사 | 고급영어

제한시간: 50분 | 시작 ___시 ___분 – 종료 ___시 ___분

정답 및 해설 488p

※ 밑줄 친 단어와 그 뜻이 가장 가까운 것은? (01~04)

01

Coral is a very primitive life form, but it plays an important role in the ecosystem.

① original
② simple
③ complex
④ specific

02

The historians tried to pinpoint the underlying cause of the revolution.

① erupt
② diagnose
③ inflame
④ identify

03

The Amazon River Basin has suffered degradation due to the actions of miners.

① reduction
② disgrace
③ humiliation
④ degeneration

04
All the attendees in the conference heard the staggering news.

① upsetting
② mismanaging
③ shocking
④ weaving

※ 다음 괄호 안에 들어갈 말로 가장 적절한 것은? (05~06)

05
In any given Fortune 500 company, it is the CEO who typically (   ).

① rules the roost
② paves the way
③ is struggled with
④ is deprived of

06
The financial status of the firm began to (   ) after it made a deal with a Chinese company.

① set about
② be bunched up
③ turn over
④ be clear cut

※ 밑줄 친 부분과 그 뜻이 가장 가까운 것은? (07~08)

07
I cut out the article from the paper to learn how to go about finding a job.

① examine
② begin
③ repeat
④ disclose

08

He prevailed on me to believe in his innocence.

① flattered
② forced
③ persuaded
④ suffocated

※ 다음 괄호 안에 들어갈 말로 가장 적절한 것은? (09~12)

09

It is not right that you laughed at his mistakes.
= You (   ) at his mistakes.

① should have laughed
② must have laughed
③ may not have laughed
④ should not have laughed

10

The hostage sat on the chair, with his eyes (   ).

① bandage
② badaging
③ bandaged
④ to bandage

11

(   ) has to deal with young children soon learns that too much sympathy is a mistake.

① Whoever
② What
③ Whatever
④ That

12

A huge amount of oil was spilled, the effects (   ) are still being felt.

① of whose
② of which
③ of this
④ of that

※ 다음 밑줄 친 부분 중 어법상 가장 적절하지 않은 것은? (13~14)

13

A house without books ① is a mindless and characterless house, ② no matter how ③ rich the Persian carpets and how the furniture ④ elegant.

14

He does nothing but ① complaining when he is asked ② to do anything ③ that he doesn't feel like ④ doing.

※ 우리말을 영어로 옮길 때, 괄호 안에 들어갈 표현으로 가장 적절한 것은? (15~16)

15

항상 남에게 의존하는 사람은 인생의 성공을 기대할 수 없다.
→ Those who always rely on others (   ) to succeed in life.

① cannot hardly expect
② can hardly expect
③ hardly can expect
④ cannot expect hardly

16

당신 말을 인정은 하지만 당신의 제안에 찬성할 수는 없다.
→ (　　), I cannot approve of your proposal.

① Being admitted what you say
② Although admitted what you say
③ Admitting what you say
④ Having been admitted what you say

※ 대화의 괄호 안에 들어갈 말로 가장 적절한 것은? (17~18)

17

A : Will you please bring it here?
B : Johnny will bring it to you.
A : I want you to bring it to me.
B : I (　　), but he is not busy.

① cut it out
② am engaged now
③ stick to my guns
④ beat a dead horse

18

A : Can I talk to you?
B : Sure, What's wrong?
A : I am really depressed. I had an argument with her. She is going to (　　) me.
B : What? What happened?
A : She got really jealous when she saw me talking to my friend Cathy.

① break up with
② confess her ardent love
③ bring up with
④ make head or tail of

19 다음 글의 제목으로 가장 알맞은 것은?

> The Pilgrims did not come directly to America when they left England. They went first to Holland, where they could worship according to their belief, but they were not happy in Holland because they found it too hard to make a living. They worked from morning till night and then often did not have enough money to buy food for their families. But what made them even more unhappy was the fact that they soon saw that their children were forgetting how to speak the English language. They spoke the Dutch language, and some of them were marrying Dutch husbands and wives. Therefore the Pilgrims decided to move to America, where they could have the kind of church they wanted and still remain English.
> *Pilgrim 순례자

① The travels of the Pilgrims
② The religious backgrounds of the Pilgrims
③ The Pilgrims' settlement in Holland
④ The causes for the Pilgrims to move

20 다음 글의 내용과 가장 일치하지 않는 것은?

> Since you cannot read all the books which you may possess, it is enough to possess only as many books as you can read. You should always read standard authors; and when you long for a change, fall back upon those whom you have read before.

① 장서는 많을수록 좋다.
② 책은 읽을 만큼만 가지면 된다.
③ 양서는 되풀이해 읽을 가치가 있다.
④ 기분 전환을 원할 때도 전에 읽었던 책을 읽는 편이 좋다.

21 다음 글의 내용을 한 문장으로 요약하고자 한다. 빈칸 (A)와 (B)에 들어갈 말로 가장 적절한 것은?

> To the students of history and of religious thought, the New Testament is the most important part of the Bible; yet, as literature, it is on the whole inferior to the earlier writings. By the time of Christ, the Greek language, as spoken by the Jews of the Levant, had lost its purity. Not even the sincerity and enthusiasm of the New Testament writers could make it a perfect medium for literary art. Moreover, between words and thought a natural harmony exists only if the ideas which a people develop are expressed in their own tongue. When Jewish religious understanding was poured into a Greek mould, such harmony was marred. Throughout the New Testament there are passages which are astonishingly fine, but, generally speaking, we miss the sustained excellence of many Old Testament books.
> *the Levant 동부 지중해 연안의 나라들 / *mould 틀, 주형

> The __(A)__ of the New Testament could not be made for literary art, though its __(B)__ were sincere and enthusiastic enough.

  (A)   (B)
① religion prayers
② culture people
③ language writers
④ art   artists

22 다음 글에서 전체 흐름과 관계없는 문장은?

> It is impossible to draw up a balance sheet of the goods and ills of industrialism. There would be no agreements as to whether its ills, or goods, are increasing or decreasing. ① Some enthusiasts would identify industrialization and civilization. ② They would say that industrialization has replaced a natural by an unnatural way of life. ③ But most people allow that its results are both good and bad. ④ In most parts of the world industrialism has meant an advance in material civilization, a rise in the standards of living, and greater power for the humbler classes.
> *industrialization 산업화

23 주어진 글 다음에 이어질 글의 순서로 가장 적절한 것은?

Our civilization today is completely different from life in the days of Columbus. Most of the changes were possible because of science. But what is science? It is an orderly system of facts that have been learned from a careful study of the world around us.

(A) But science is more than this orderly system of facts learned from a careful study of the world.
(B) These facts have been divided into several separate sciences, each dealing with a different part of learning - the study of plants, the study of the stars, the study of what all things are made of and how they act under different conditions.
(C) It is also a method of thinking and reasoning, a way of seeking the truth. When we speak of the science spirit, we mean the love of learning and the desire to use this learning to help all men.

① (A) - (B) - (C)
② (B) - (A) - (C)
③ (C) - (B) - (A)
④ (C) - (A) - (B)

24 다음 글의 괄호 안에 들어갈 말로 가장 적절한 것은?

The last half of my life has been lived in one of those painful epochs of human history during which the world is getting worse, and past victories which had seemed to be definitive have turned out to be only temporary. When I was young, Victorian optimism was taken for granted. It was thought that freedom and prosperity would spread gradually throughout the world by an orderly process, and it was hoped that cruelty, tyranny, and injustice would continually diminish. Hardly anyone was haunted by the fear of great wars. Hardly anyone thought of the nineteenth century as a brief interlude (   ).
*throughout 동안 내내, 통하여 / *interlude 간주곡, 사이에 생긴 일

① between past and future prosperity
② between barbarism and civilization
③ between past and future barbarism
④ between painful and victorious epochs

주관식 문제

01 밑줄 친 the latter가 가리키는 것을 우리말로 쓰시오.

> Public men are nearly always being overblamed or overpraised, and the more knowledge they have of themselves, the less likely they are to be unduly depressed by the former or to be unduly elated by the latter.

02 다음 글의 요지를 우리말로 쓰시오.

> In order to attend an American college, thorough knowledge of English is required, and this point cannot be overstressed. Too often foreign students have assumed that they can learn English quickly after getting to the United States, only to find that, in order to gain sufficient knowledge of the language to profit from their studies, they may lose as much as a year's work. If a student's knowledge is inadequate, therefore, he should spend as much time as possible before departure, reading books and speaking English. Reading and speaking English as well as understanding spoken English are equally important, because the foreign student will compete with American students on an equal basis

03 문장 (가)를 단락 (나)에 넣고자 할 때, 어느 문장 뒤에 오는 것이 가장 적절할지 쓰시오.

(가)

> Readers will remember incidents of a similar character which have occurred in the same locality on previous occasions.

(나)

> Two similar accidents were reported to the public this week. Yesterday at two o'clcok a car centering the main road from a narrow street overturned. The car was seriously damaged but fortunately all the passengers escaped without injury. Earlier this week a taxi overturned at a traffic junction near the church. The local authorities do not appear to be aware of their responsibility for the safety of the public. With very few exceptions, our roads are too narrow, and even when the volume of traffic is relatively small, incidents of the kind described are likely to occur frequently until an intelligent attempt is made to deal with the problem.

04 다음 글의 주제문을 아래와 같이 작성할 때, 빈칸에 들어갈 가장 적절한 단어를 주어진 첫 자로 시작하여 쓰시오.

> It is unlikely that many of us will be famous or even remembered. But no less important than the brilliant few that lead a nation or a literature to fresh achievements, are the unknown many whose patient efforts keep the world from running backward; who guard and maintain the ancient values, even if they do not conquer new; whose inconspicuous triumph it is to pass on what they inherited from their fathers, unimpaired and undiminished, to their sons. Enough, for almost all of us, if we can hand on the torch, and not let it down; content to win the affection, if possible, of a few who know us, and to be forgotten when they in their turn have vanished.
> *inconspicuous 눈에 띄지 않는 / *unimpaired 손상되지 않은 / *torch 횃불, 전통
>
> → Great men alone cannot k_____ up a high level of c_____

제2회 최종모의고사 | 고급영어

제한시간: 50분 | 시작 ___시 ___분 – 종료 ___시 ___분

정답 및 해설 495p

※ 밑줄 친 단어와 그 뜻이 가장 가까운 것은? (01~03)

01

The little brown bat of North America is adept at migrating long distances.

① dexterous
② resolved
③ entitled
④ assorted

02

The multinational corporation amplified both its domestic and overseas business last year.

① accented
② amended
③ enlarged
④ devaluated

03

He has had a perverted sense of righteousness since his childhood.

① complimented
② twisted
③ idealistic
④ scoffed

※ 다음 괄호 안에 들어갈 말로 가장 적절한 것은? (04~05)

04 He lost his job but (　　) by finding a better one.

① engaged in
② was divined from
③ landed on his feet
④ compensated for

05 He (　　) walking three miles to buy bread and a newspaper.

① made nothing of
② was up to
③ kept after
④ went back on

※ 괄호 안에 들어갈 말로 가장 적절하지 않은 것은? (06~08)

06 He held his mother in his arms and (　　) her on the sudden death of her sister.

① soothed
② consoled
③ condoned
④ calmed

07 The fighting has (　　) some nations to develop weapons technology.

① prompted
② stimulated
③ provoked
④ heightened

08

Our dress code about what to wear at work is ( ) in the summer.

① relaxed
② loosened
③ eased
④ appeased

※ 다음 괄호 안에 들어갈 말로 가장 적절한 것은? (09~12)

09

Christopher Columbus was the man who discovered America.
→ Christopher Columbus is well known for ( ) America.

① discovering
② having discovered
③ being discovered
④ having been discovered

10

We were greatly relieved to learn that the child was safe.
→ ( ), we learned that the child was safe.

① To our great relief
② To us greatly relieved
③ To our greatly relieved
④ To us great relief

11

I had no sooner started washing my car than it started raining.
→ (　　) washing my car than it started raining.

① As soon as I had started
② No sooner had I started
③ In starting washing
④ On starting washing

12

No one is so occupied with his own business that he can't find time to give his attention to his lover.
→ (㉠) he is (㉡) business, he can still find time to give his attention to his lover.

㉠	㉡
① Whatever much	interested in
② However much	tied up with
③ No matter what much	preferred to
④ No matter how much	fed up with

※ 다음 밑줄 친 부분 중 어법상 틀린 것은? (13~14)

13

① <u>Accustoming to</u> playing the host in the ② <u>highest</u> circles, he charmed and dominated ③ <u>all whom</u> he approached: there was something ④ <u>winning and authoritative</u> in his address.

14

The first water from the hills ① <u>was</u> cold, swift and ② <u>frightening</u>. It was too cold and busy ③ <u>to have invited</u> the naked body of a boy. ④ <u>Alone, or in a group</u>, a boy would stand on the bank of a ditch.

※ 우리말을 영어로 옮길 때, 괄호 안에 들어갈 말로 가장 적절한 것은? (15~16)

15

> 인생에서 가장 먼저 알아야 할 것은 자신 외에 아무도 의지할 사람이 없다는 사실이다.
> → The first thing for you to learn in life is that there is nobody (   ).

① to fall back on myself
② to depend on yourself
③ to be dependent of but myself
④ to rely on but yourself

16

> 세월이 흐르면 우리 중 누가 옳고 잘못되었는지 알 것이다.
> → Time will show (   ).

① us who right or wrong is
② us who is right or wrong
③ who right or wrong is to us
④ who is right or wrong for us

※ 대화의 괄호 안에 들어갈 말로 가장 적절한 것은? (17~18)

17

> A : Thanks for meeting with me to revise the company budget.
> B : No problem.
> A : With the increase in rent for office space this year, we're definitely over budget right now.
> B : Yes, we'll have to find areas to (   ).

① put a hold on
② pull off
③ cut back on
④ poke fun at

18
A : Before I start scanning your items, did you bring any reusable bags for me to put your groceries in?
B : Oh, no. I didn't. Was I supposed to bring my own bags?
A : It is our store policy, but you could (   ) one of our membership cards. You'd receive a reusable bag for free with your membership, and it only takes a few minutes to register.

① take something out on
② shop around
③ pick up on
④ sign up for

19 다음 글의 제목으로 가장 적절한 것은?

Satisfying and creative work is actually one of the greatest aids to good health and a right mental attitude. More and more older people are realizing this every day, as they are retired at the age of sixty-five or even earlier. As medical science makes it possible for us to live longer, it becomes increasingly clear that merely having no work to do is not the solution of anyone's problems. Many retired older people solve their dilemma by doing volunteer work in such organizations as hospitals, the Red Cross and various social work agencies. Others find creative occupation in absorbing hobbies - gardening, photography, modeling and painting. It is true that for those who are not well or who have lived too long under great strain, the first month, at least, of retirement may prove to be a real blessing. However, in the long run, endless hours of idleness can prove to be only a burden. Perhaps the most fortunate people in the world are those work is creative and rewarding.
*idleness 게으름, 나태함

① Happiness and Leisure
② How to Live a Retired Life
③ Old Age and Social Service
④ Creative Work for Happiness

20 다음 글의 내용을 한 문장으로 요약하고자 한다. 빈칸 (A)와 (B)에 들어갈 말로 가장 적절한 것은?

> Differences in eating hours for lunch are based on the life style of the country and its climate. Warm countries, such as Italy, have more leisurely lunch hours than cooler countries, such as England. In Rome, the majority of businesses close during the lunch period, which may last anywhere from two to three hours. Most people go home or to restaurants for relaxed meals of many courses. Everyone takes time to eat and to appreciate his lunch in Rome. Countries such as the United States and England have cooler climates and take more conservative attitudes toward society and the business day. Therefore, you will find that most lunches range from one hour to one hour and a half. Most businesses in New York allow their employees from 45 minutes to an hour for lunch. This is also true for businesses in London.
> *conservative 보수적인

> The __(A)__ of time people usually take to eat lunch varies from country to country, __(B)__ evidently making quite a difference.

	(A)	(B)
①	custom	the culture
②	amount	the climate
③	duration	the attitude
④	range	the businesses

21 다음 글의 요지로 가장 적절한 것은?

> Painters, not unnaturally, have always resented writers expressing their opinions on pictures. They have insisted, often with great vehemence, that only the painter can speak of painting with authority, and that the man of letters, looking at a picture from his literary point of view, can know nothing of its specific value. His part is to admire in silence and, if he has the money, buy. This seems to me a narrow way of thinking. Doubtless they are right when they claim that only painters should discuss technique, but technique is not the whole of painting. You might as well say that only a dramatist can appreciate a play.
> *vehemence 격렬함, 맹렬함

① Even men of letters can discuss technique of pictures.
② It is quite true that only a dramatist can appreciate a play.
③ You might say that writers can appreciate a picture as well as painters a play.
④ Writers can appreciate pictures and then discuss their opinions with others.

22 다음 글의 괄호 안에 들어갈 말로 가장 적절한 것은?

> Most substances expand, that is, occupy more space, when they are heated, and contract, and occupy less space, when they get cold. Water does exactly the opposite. When water gets so cold that it freezes it expands. For example, an amount of liquid water that occupied a space of eleven cubic inches would expand and occupy a space of twelve cubic inches if it was frozen and became ice. This means that water is lighter in (　　) when it turns into ice, and because ice is lighter than water, it floats on the surface of the water.
> *cubic 세제곱의, 입방

① weight
② volume
③ width
④ space

23 다음 글의 괄호 안에 들어갈 말로 가장 적절한 것은?

> One day in the winter of 1928 I lay in bed with a bad attack of influenza, listening to my wife in the kitchen washing up the breakfast things. I had posted copies of the typescript to a publishing company about ten days before, and I was now resigned to a long delay. Hadn't I waited last time nine months for a refusal? Anyway, uncertainty was more agreeable to live with than the confirmation of failure. The telephone rang in the sitting-room and my wife came in and told me, "There's a Mr. Evans wants to speak to you." "I don't know anyone called Evans," I said. "Tell him I'm in bed. Tell him I'm ill." (   ), and I ran to snatch the telephone.
> *snatch 낚아채다

① Nothing in a novelist's life later can equal that moment.
② Who was of chief importance to you in those days?
③ My influenza was gone at that moment and never returned.
④ Suddenly a memory came back to me: Evans was the chairman of the publishing company.

24 다음 글의 내용과 가장 일치하는 것은?

> Shaking hands is an old custom in almost every part of the world. In feudal times it was the symbol of homage and loyalty. Today the glad hand is an exchange between equals, but there are shades of variation in its use. In Holland and England the handshake is reserved for introductions. In France and Portugal employers shake hands daily with each employees. In Italy, Turkey, and Greece, everyone shakes hands everywhere – in street, cafe, office, home – on meeting and leaving his friends. The American who is proud of his firm grip, and normally uses energetic one, may find it wise to ease off in many countries. In the Middle East, for example, the proper handshake is just a gentle pressure. And in the Orient, beware of personal contact, including shaking hands. Holding the arm or tapping the shoulder is an insult. Instead, practice a bow and you'll have as firm a grip on the situation as is required.

① An energetic handshake is recommended throughout the world.
② In some countries shaking hands is done on every conceivable occasion.
③ It is best to avoid making a personal acquaintance with the Orientals.
④ In former days the handshake was never practiced except between very close friends.

주관식 문제

01 다음 글의 중심내용을 아래와 같이 요약할 때, 괄호 안에 들어갈 적절한 단어를 쓰시오.

> There has come about a situation which is novel in the history of the world. The essence of it is that, for the first time, the six continents of the world really matter to one another. For at least a good time to come bad harvest or economic depression in any one of them will affect all the others; a war beginning anywhere can soon become a war which is happening everywhere.
> *novel 새로운 / *depression 불경기, 침체
>
> → According to the above passage, the world has now become a (　　) village.

02 밑줄 친 it이 가리키는 것을 영어로 쓰시오.

> We all acknowledge, in words at least, that ability to think is highly important; it is regarded as the distinguishing power that marks man off from the lower animals. But since our ordinary notions of how and why thinking is important are vague, it is worth while to state explicitly the values possessed by reflective thought. In the first place, it emancipates us from merely impulsive and merely routine activity. Put in positive terms, thinking enables us to direct our activities with foresight and to plan according to purposes of which we are aware. It enables us to act in deliberate and intentional fashion to attain future objects or to come into command of what is now distant and lacking.
> *emancipate 해방하다

03 밑줄 친 부분에서 언급하는 두 가지 유형의 교사에 대해 우리말로 자세하게 쓰시오.

> <u>There are two types of teachers to whom we have reason to be grateful.</u> There are those who teach us facts, who introduce us in a systematic way to a subject, lay solid foundations in it, and on these foundations raise the tower of knowledge, foursquare and firmly built. We owe much to them. But there is another, rarer type, to whom we owe more still - those teachers who have an attitude to life, an outlook on the world, that we have not met before, who open our eyes to a new point of view and teach us to see life in a new way. That is the most valuable education one ever gets; and one can recognize it not so much by the impression it makes at the moment as by the way in which the mind comes back with growing understanding and gratitude to an inspiration which the passage of time does nothing to dim.
> *foursquare 정사각형의, 단호한, 견고한

04 문장 (가)를 단락 (나)에 넣고자 할 때, 어느 문장 앞에 오는 것이 가장 적절할지 쓰시오.

(가)

Yet they have got means of communication.

(나)

Many animals are able to communicate with one another, although, of course, none of them can talk as we do. No animals use words. Take birds, for example; a hen with chickens gives a warning noise and all her chicks crouch down motionless until the mother makes another call which collects them together. Wild birds, when migrating at night, cry out; these cries may keep the birds together. If one of the migrating birds strayed, it could hear the others and return to the flock. We ourselves have more ways of communicating with one another than just by talking. Animals cannot talk, they use no words or sentences, but some of them do make noises corresponding to our exclamations of surprise and so on.
*stray 길을 잃다, 벗어나다 / *corresponding to ~에 상응하는

제1회 정답 및 해설 | 고급영어

01	02	03	04	05	06	07	08	09	10	11	12
②	④	④	③	①	③	②	③	④	③	①	②
13	14	15	16	17	18	19	20	21	22	23	24
④	①	②	③	②	①	④	①	③	②	②	③

주관식 정답	
01	지나치게(과하게) 칭찬받는 것
02	미국 대학으로 유학 전, i) 미국 학생들과 대등하게 경쟁할 수 있기 위해서는 ii) 영어를 완벽하게 구사할 수 있도록 준비해야 한다.
03	"Earlier this week a taxi overturned at a traffic junction near the church."의 뒤
04	keep, civilization

01 정답 ②

해설
② simple : 단순한, 기초적인
① original : 본래의, 원래의
③ complex : 복잡한
④ specific : 구체적인, 특정한

해석
산호는 매우 기초적인 생물의 형태이지만 그것은 생태계에서 중요한 역할을 한다.

02 정답 ④

해설
④ identify : 확인하다, 규명하다, 찾아내다
① erupt : 분출하다
② diagnose : 진단하다
③ inflame : 격양시키다

해석
역사가들은 그 혁명의 근본적인 원인을 정확히 찾아내기 위해 노력했다.

03 정답 ④

해설
④ degeneration : 쇠퇴, 악화
① reduction : 감소, 축소
② disgrace : 불명예, 망신
③ humiliation : 굴욕

해석
아마존 강 유역은 광부들의 행위 때문에 악화를 겪어 왔다.

04 정답 ③

해설
③ shocking : 충격적인
① upsetting : 속상한, 기분 나쁜
② mismanaging : 실수하는
④ weaving : 비틀거리는

해석
회의에 참석한 모든 참가자들은 충격적인 소식을 들었다.

05 정답 ①
해설
① rule the roost : 지배권을 쥐다
② pave the way : 길을 열다
③ be struggled with : 고군분투하다
④ be deprived of : 박탈당하다

해석
어떤 Fortune 선정 500대 기업이든, 전형적으로 지배권을 쥐는 사람은 최고 경영자이다.

06 정답 ③
해설
③ turn over : (상황이) 바뀌다
① set about : 시작하다
② be bunched up : 함께 모이게 되다
④ clear cut : 명백한

해석
중국의 한 기업과 거래 후 그 회사의 재정 상태가 뒤바뀌기 시작했다.

07 정답 ②
해설
② begin : 시작하다
① examine : 살펴보다
③ repeat : 반복하다
④ disclose : 폭로하다, 공개하다

해석
나는 일자리 찾는 것을 시작하는 법을 알기 위해 신문 기사를 잘랐다.

08 정답 ③
해설
③ persuade : 설득하다
① flatter : 아첨하다
② force : 강제로 ~하게 하다
④ suffocate : 숨차게 하다, 압박하다

해석
그는 내가 그의 구고함을 믿도록 나를 설득했었다.

09 정답 ④
해설
④ should not have laughed : 비웃지 말았어야 했는데 비웃었다
① should have laughed : 비웃어야 했는데 비웃지 않았다
② must have laughed : 비웃었음에 틀림없다
③ may not have laughed : 비웃지 않았을지도 모른다

해석
당신은 그의 실수를 비웃지 말았어야 했는데 비웃었던 일은 옳지 않다.

10 정답 ③
해설
부대 상황의 with가 쓰인 문장이다. 'with + 목적어(사람 신체) + 과거분사'이므로 "with his eyes bandaged"(눈을 감은 채)가 적절하다.

해석
인질은 눈에 붕대가 감긴 채 의자에 앉아있었다.

11 정답 ①
해설
괄호 안에 들어갈 적절한 표현은 문장에서 주어의 역할을 하는 복합관계대명사, whoever(= anyone who)이다.

해석
어린아이를 다루어야 하는 사람들이라면 누구나 너무 많은 동정은 실수(잘못)란 것을 곧 알게 된다.

12 정답 ②

해설

관계대명사는 두 개의 문장(절 또는 구)을 연결하는 접속사 역할과 함께 후행하는 문장(관계사가 이끄는 문장)에서 대명사나 형용사(주어나 목적어 또는 주어를 수식하는 형용사) 역할을 한다. 특히, 관계사가 연결하는 문장의 주어를 수식하는 형용사 역할을 하는 관계대명사를 소유격 관계대명사라 한다. 소유격 관계대명사에는 whose 또는 of which가 있다.

① '전치사 + 소유격 관계대명사' 형태는 문법적으로 적절하지 않다.
③ 문법적으로는 적절한 표현이나, 빈칸 앞과 뒤 문장 모두 주어와 동사로 구성된 절이므로 주어진 문장 안에는 두 개의 문장을 연결할 접속사가 반드시 필요하다.
④ 관계대명사 that 앞에는 전치사를 사용할 수 없다.

따라서 괄호 안에는 대명사와 접속사 역할을 동시에 하는 소유격 관계사(of which)가 적절하다.

해석

막대한 양의 기름이 유출되어 그로 인한 영향은 아직도 계속되고 있다.

13 정답 ④

해설

④ 복합관계부사 no matter how가 사용된 문장에서 형용사 보어나 부사가 후행하는 문장에 있을 때, 형용사 또는 부사를 복합관계부사 no matter how의 바로 뒤로 도치시킨다. 따라서 ④의 elegant는 "how elegant the furniture"와 같이 바꾸어야 적절하다.
① 주어와 동사 사이에 수를 일치시켜야 한다. 주어는 A house이므로 단수주어 is는 적절하다.
② no matter how는 복합관계부사로서 문맥 의미상 자연스럽고 문두에 위치했으므로 적절하다.
③ 후행 문장의 the Persian carpets의 보어인 rich를 도치시킨 것이므로 적절하다.

해석

책이 없는 집은, 아무리 비싼 페르시아산 양탄자가 깔리고 아무리 우아한 가구가 있다 해도, 지성이 없고 특징이 없는 집에 불과하다.

14 정답 ①

해설

① 'do nothing but + V원형'(~하기만 하다)이므로 적절한 형태는 complain이다.
② ask가 5형식으로 사용될 경우, 'ask + 목적어 + to부정사' 구조를 취한다. 이를 수동태로 바꾸면, '목적어 + be asked + to부정사' 구조가 된다.
③ 목적격 관계대명사로서 동사구 feel like doing의 목적어는 that 앞의 선행사 anything이다.
④ feel like + Ving : ~하고 싶다

해석

그가 하고 싶어 하지 않는 어떠한 것을 요청받았을 때 그는 불평하기만 한다.

15 정답 ②

해설

빈도부사 hardly는 문장에서 위치가 중요하다. 빈도부사는 'be동사와 조동사 뒤, 일반동사 앞'(일명 'Be/조/뒤/일/앞' 으로 기억하자!)에 사용한다. 또한 hardly는 부정의 빈도부사이므로 문장에서 부정부사 not과 함께 사용되면 해당 문장은 긍정문이 된다. 따라서 주어진 우리말을 가장 적절하게 영어로 바꾼 표현은 "can hardly expect"이다.

16 정답 ③

해설

부사절을 분사를 이용하여 부사구로 전환하는 분사구문을 활용한 표현이다. 분사구문을 만들 때, 접속사를 생략하고(Although 생략), 주절의 주어(I)와 부사절의 주어(I)가 일치할 때 부사절의 주어를 생략하고, 동사의 원형을 찾아 -ing를 붙인다(admitting). 따라서 ③이 "당신 말을 인정은 하지만"에 가장 적절한 표현이다.

17 정답 ②

해설

② 지금 바쁘다
① 그만하다
③ 나의 주장을 고집하다
④ 이미 끝난 일을 다시 문제 삼다

해석

A : 당신이 그것을 여기에 가져다주실래요?
B : Johnny가 그것을 당신에게 가져다줄 겁니다.
A : 전 당신이 그것을 제게 가져다주셨으면 좋겠네요.
B : 전 지금 바쁘지만 그는 한가합니다.

18 정답 ①

해설

① 헤어지다
② 애틋한 사랑을 고백하다
③ 주입시키다
④ 이해하다

해석

A : 이야기 나눌 수 있니?
B : 물론, 무슨 문제야?
A : 나 정말 속상해. 그녀와 다퉜어. 그녀는 나와 헤어질 결심인가 봐.
B : 뭐라고? 무슨 일이 있었던 거야?
A : 그녀가 내가 Cathy와 이야기하는 걸 보았을 때 매우 질투가 났었나 봐.

19 정답 ④

해설

순례자들이 네덜란드에서 정착해 살았을 때 그들의 삶은 척박했다. 생활고와 그들의 정체성 중 하나인 영어를 잊어가고 있는 후손들의 문제로 순례자들은 결국 미국으로 이동하여 그들이 원하는 종교 활동과 그들의 언어를 지킬 수 있었다. 이 글의 중심내용은 순례자들이 미국으로 이동하게 된 이유에 대한 것이다. 따라서 글의 제목으로 적절한 것은 ④이다.

해석

순례자들이 영국을 떠났을 때, 그들은 곧장 미국으로 오지 않았다. 그들은 처음에 네덜란드로 갔고, 그곳에서 그들의 신앙에 따라 예배를 볼 수 있었다. 그러나 그들은 먹고 살기가 너무 힘들었기 때문에 네덜란드에서 행복하지 않았다. 그들은 아침부터 밤까지 일했고 그때에도 종종 그들의 가족을 위해 식품을 살 만큼 충분한 돈을 벌지 못했다. 그러나 그들을 더욱 불행하게 만든 것은 그들의 아이들이 영어로 말하는 법을 잊어가고 있는 것을 그들이 곧 알게 되었다는 사실이었다. 그들의 아이들은 네덜란드 말을 했고, 그들 중 일부는 네덜란드 사람과 결혼했다. 그러므로 순례자들은 미국으로 가기로 결심했고, 그곳에서 그들이 원하는 종류의 교회를 가질 수 있었고, 여전히 영국인으로 남아 있을 수 있었다.

20 정답 ①

해설

"책은 읽을 만큼만 소유하면 충분하다."에서 "장서는 많을수록 좋다."라는 진술이 적절하지 않다는 것을 쉽게 알 수 있다.

해석

당신이 소유하고 있는 책을 모두 다 읽을 수는 없으므로, 당신은 읽을 수 있을 만큼의 책을 소유하면 충분하다. 항상 권위 있는 작가의 책을 읽어야 한다. 그리고 기분 전환을 바랄 때도, 전에 읽은 작가의 작품을 읽어라.

21 정답 ③

해설

신약 성서 저자들의 성실함과 열정만으로는 신약을 문학적 예술을 위한 완전한 매개체로 만들 수는 없었다.

해석

역사를 공부하는 학생과 종교적 사상을 공부하는 학생에게 신약은 성경의 가장 중요한 부분이다. 그러나 문학으로서, 그것은 전체적으로 구약보다는 못하다. 그리스도 시대쯤에는, 희랍어는 Levant의 유태인들이 그 말을 썼는데, 이미 그 순수성을 잃었었다. 신약 저자들의 성실함과 열정조차도 그것을 문학적 예술을 위한 완전한 매개체로 만들지 못했다. 더군다나 말과 사상 사이의 자연스러운 조화는 한 민족이 발전시킨 사상이 그들 자신의 언어로 표현될 때에만 존재한다. 유태인의 종교적인 이해가 희랍어의 주조틀에 부어졌을 때, 그러한 조화는 손상되었다. 신약 전체에 걸쳐서 놀라울 정도로 뛰어난 구절이 있다. 그러나 일반적으로 말해서, 구약성서의 많은 곳에 계속 유지되어 온 우수성을 우리는 볼 수 없다.

→ 비록 신약의 <u>저자들</u>이 성실하고 충분히 열정적이었을지라도 신약 <u>언어</u>는 문학적 예술을 위해 만들어질 순 없었다.

22 정답 ②

해설

②가 산업화가 초래한 부정적 영향 중 하나를 언급한다는 점에서 산업주의에 열광하는 사람들이 말할 내용이라고 보기에는 적절하지 않다. 따라서 ①에 이어 이를 뒷받침할 문장으로는 적합하지 않다.

해석

산업주의의 선과 악의 대차 대조표를 작성하는 것은 불가능하다. 그것의 선이나 악이 증가하고 있는지 또는 감소하고 있는지에 관한 의견이 일치할 수 없을 것이다. 어떤 열광주의자들은 산업화와 문명을 동일시하려 할 것이다. <u>그들은 산업화가 자연스러운 삶의 방식을 부자연스러운 것으로 대체시켰다고 말할지도 모를 일이다.</u> 그러나 대부분의 사람들은 그것의 결과가 선하면서 동시에 악하다는 것을 인정할 것이다. 세계의 대부분의 지역에서 산업주의는 물질문명에서의 진보, 즉 생활수준의 향상과 서민층을 위한 더 큰 힘을 의미해왔다.

23 정답 ②

해설

(B)에서 These facts는 제시문에 있는 orderly system of facts 부분을 가리킨다. 따라서 제시문 다음에 가장 먼저 위치한다. (A)에서 과학의 범주를 확장하면서 주의 깊게 연구해서 얻어진 사실로 이루어진 체계 이상이 과학이라 말한다. 이를 뒷받침하는 문장 (C)가 그 뒤를 잇는 것이 적절하다.

해석

오늘날 우리의 문명은 콜럼버스 시대의 생활과는 완전히 다르다. 그 변화의 대부분은 과학 때문에 가능했다. 하지만 과학이란 무엇인가? 그것은 우리들 주위의 세계를 주의 깊게 연구하여 얻어진 사실들의 정돈된 체계이다. (B) 이들 사실들은 여러 개의 독립된 과학으로 나누어졌으며, 각각의 과학은 학문의 다른 부분 – 식물에 대한 연구, 별들에 대한 연구, 모든 것들은 무엇으로 이루어져 있으며 다른 조건하에서는 어떻게 작용하는가에 대한 연구 – 들을 취급한다. (A) 그러나 과학은 세계를 주의 깊게 연구해서 얻어진 사실들의 정돈된 체계 이상이다. (C) 그것은 또한 사고와 추론의 방법이고 진리를 찾는 방법이다. 과학적 정신에 대해 이야기할 때, 우리는 학문에 대한 사랑과 모든 사람들을 돕는 데에 이 학문을 사용하고자 하는 소망을 의미한다.

24 정답 ③

해설

잔인함, 폭정, 불의, 그리고 전쟁에 대한 두려움이 점차 사라지고 있었다는 점에서 19세기를 과거와 미래의 야만(잔인함, 폭정, 불의, 그리고 전쟁 등) 함이 만연해 있었던 그러한 시대로 생각하는 사람은 거의 없다는 것으로 볼 수 있다.

해석

내 인생의 후반부는 세계가 점점 나빠지고 확정적인 것처럼 보였었던 과거의 승리가 단지 일시적인 것으로 판명되었던 인간 역사의 고통스러운 기간 중 한 기간이었다. 내가 젊었을 때, Victoria 낙관주의는 당연한 것으로 받아들여졌다. 자유와 번영이 체계적인 과정을 밟아 점차로 세계 전체에 퍼질 것이라고 생각했고, 잔인함, 폭정, 불의는 계속해서 사라지리라고 바랐다. 큰 전쟁은 두려움에 사로잡혀 있던 사람은 아무도 없었다. 19세기를 <u>과거와 미래의 야만 사이의 짧은 간주곡</u>으로 생각한 사람은 아무도 없었다.

주관식 해설

01 정답

지나치게(과하게) 칭찬받는 것

해설

전자가 가리키는 내용은 "과도하게 비난받는 것"인 반면, 후자가 가리키는 것은 "지나치게 칭찬받는 것"이다. 따라서 the latter가 가리키는 내용은 "지나치게(과하게) 칭찬받는 것"이다.

해석

공인은 거의 항상 과도한 비난과 과찬을 받고 있는데, 그들이 자신을 보다 잘 알면 알수록 전자에 의해 공연히 부당하게 풀이 죽거나 후자에 의해 공연히 우쭐해할 것 같지는 않다.

02 정답

미국 대학으로 유학 전, i) 미국 학생들과 대등하게 경쟁할 수 있기 위해서는 ii) 영어를 완벽하게 구사할 수 있도록 준비해야 한다.

해설

미국 대학에 유학 가기 전, 미국 학생들과의 대등한 경쟁을 위해 완벽한 영어 구사 능력을 준비할 필요성을 언급하는 글이다. 따라서 정답에는 위 두 가지 내용이 포함되어야 한다.

해석

미국의 대학에 다니기 위해서는 철저한 영어 지식이 필요한데, 이 점은 아무리 강조해도 지나치지 않다. 외국인 학생들은 너무나 흔히 미국에 간 후에 영어를 빨리 배울 수 있다고 간주해 버리는데, 결국 그들은 그들 공부에 유익한 언어의 충분한 지식을 습득하기 위해서 일 년 공부만큼이나 많은 손실을 보게 된다는 것을 알게 될 뿐이다. 그러므로 만약 어떤 학생의 지식이 불충분하다면, 그는 출발에 앞서 가능한 한 많은 시간을 영어 책을 읽고 영어로 말하는 데 할애해야만 한다. 영어를 듣고 이해하는 것뿐만 아니라 영어를 읽고 말하는 것도 중요하다. 왜냐하면 외국인 학생은 미국 학생과 대등한 입장에서 경쟁해야 하기 때문이다.

03 정답

"Earlier this week a taxi overturned at a traffic junction near the church."의 뒤

해설

(가)에서 사용된 the same locality는 이전 문장에서 언급된 "the main road from a narrow street"을 가리킨다. 글 초반부에 유사한 두 사건을 언급한 뒤 문장 (가)가 위치하는 것이 내용상 자연스럽다.

해석

두 거의 유사한 사고가 금주에 경찰에 보고되었다. 어제 2시에 좁은 도로에서 주 도로로 진입하던 차가 전복됐다. 그 차는 심하게 손상되었으나 다행히도 승객들은 모두 다치지 않고 탈출했다. 금주 초

에도 택시가 교회 근처의 교차점에서 전복됐다. 독자들은 전에도 같은 장소에서 일어났던 유사한 성격의 사건들을 기억할 것이다. 지역 당국은 일반 대중의 안전에 대한 책임을 알지 못하는 것 같다. 극소수의 예외가 있지만 우리들의 도로는 너무 좁아서 교통량이 비교적 적을 때조차도, 이 문제를 다루기 위해 현명한 조처를 할 때까지는 위에서 말한 그런 사고는 빈번하게 일어날 가능성이 있다.

04 **정답**

keep, civilization

해설

세상(소수의 위대한 사람이 세상을 위해 했던 업적, 즉 높은 수준의 문명)을 퇴보하게 하지 않고 유지시키는 것은 위대한 소수가 아니라 다수의 일반인이란 점을 언급하는 글이다. 따라서 'keep' (keep up : 유지하다)과 'civilization'(문명)이 들어가는 것이 적절하다.

해석

우리 대부분은 유명해지거나 심지어 기억될 것 같진 않다. 그러나 세상이 역행하는 것을 막으려 했던 많은 무명인들의 노력이 한 나라 또는 문학을 새로운 업적으로 이끌었던 소수의 유명인보다 덜 중요한 것은 아니다; 비록 옛 가치가 새로운 가치를 지배하지는 않았더라도 옛 가치를 지키고 유지하는 사람, 조상으로부터 물려받은 것을 손상되거나 줄어들게 하지 않은 채 후대에 전하는 눈에 보이지 않는 업적들. 우리 대부분에게는 만일 우리가 그 횃불(전통)을 끄지 않으면서 후세에 전할 수만 있다면 그것만으로도 충분하다. 만일 가능하다면, 우리를 아는 약간의 사람들의 관심을 받는 것과 그들 차례에서 사라질 때 잊혀지는 것에 만족한다.

→ 위대한 사람들만이 높은 수준의 <u>문명</u>을 <u>유지시</u>킬 수는 없다.

제2회 정답 및 해설 | 고급영어

01	02	03	04	05	06	07	08	09	10	11	12
①	③	②	③	①	③	④	④	②	①	②	②
13	14	15	16	17	18	19	20	21	22	23	24
①	③	④	②	③	④	④	②	④	①	④	②

주관식 정답	
01	global
02	thinking
03	첫 번째 유형의 교사는 우리에게 사실을 가르쳐 주는 교사이다. 우리에게 체계적으로 어떤 문제를 해결하고 기초를 제공하고 그 기초 위에 지식을 세워 주는 교사이다. 두 번째 유형의 교사는 인생을 새롭게 보도록 이끌어 주는 교사이다. 우리들이 전에는 몰랐던 인생관, 세계관을 갖고 우리로 하여금 새로운 견지로 눈을 뜨게 해주는 교사이다.
04	"Take birds, for example;"의 앞

01 정답 ①

해설
① dexterous : 능숙한
② resolved : 단호한, 결심이 굳은
③ entitled : 자격이 주어진
④ assorted : 분류된

해석
북아메리카에 서식하는 작은 갈색 박쥐는 먼 거리를 이동하는 데 능숙하다.

02 정답 ③

해설
③ enlarge : 확장하다, 확대하다
① accent : 강조하다
② amend : 개정하다, 수정하다
④ devaluate : 평가절하하다

해석
다국적 기업은 작년 국내와 해외 사업 모두 확장했다.

03 정답 ②

해설
② twisted : 왜곡된
① complimented : 칭찬하는
③ idealistic : 이상적인
④ scoffed : 비웃는, 조롱하는

해석
그는 어렸을 때부터 정직에 대한 왜곡된 의식을 가지고 있었다.

04 정답 ③

해설
③ land on his feet : 난관을 극복하다, 어려움을 이겨내다
① engage in : 관여하다
② be divined from : 신에게서 부여받다
④ compensate for : 보상하다, 보충하다

해석
그는 실직을 했지만 더 나은 직업을 찾아서 어려움을 이겨냈다.

05 정답 ①

해설

① make nothing of : 이해하지 못하다, 대수롭지 않게 여기다(= fail to understand, treat lightly)
② be up to : 달려있다, (나쁜 일을) 꾸미다
③ keep after : 잔소리하다
④ go back on : (약속, 협정 등을) 어기다

해석

그는 빵과 신문을 사기 위해 3마일을 걸어가는 것을 이해하지 못했다.

06 정답 ③

해설

③ condone : 용서하다, 눈감아주다
① soothe : 달래다, 위로하다
② console : 위로하다
④ calm : 진정시키다

해석

그는 팔로 엄마를 감싸 안고 그녀의 여동생의 갑작스러운 죽음에 대해 그녀를 위로했다.

07 정답 ④

해설

④ heighten : 고조시키다(heighten + 목적어)
① prompt : ~하도록 촉구하다, 원인을 제공하다 (prompt + 목적어 + to + 동사원형)
② stimulate : 자극하다(stimulate + 목적어 + to + 동사원형)
③ provoke : 원인을 제공하다(provoke + 목적어 + to + 동사원형)

해석

그 싸움은 몇몇 나라들이 무기 기술을 개발시키는 데 원인을 제공해왔다.

08 정답 ④

해설

④ appease : 달래다, 진정시키다
① relax : 완화하다
② loosen : 완화하다
③ ease : 완화하다

해석

회사에서 무엇을 입어야 할지에 대한 복장 규정이 여름에는 완화된다.

09 정답 ②

해설

콜럼버스가 미국을 발견했던 과거 사건을 현재 시점으로 기술하고 있으므로 완료 능동 동명사인, 'having PP' 형태가 적절하다. 따라서 정답은 having discovered이다.

해석

콜럼버스는 미국을 발견했던 바로 그 사람이다.
→ 콜럼버스는 미국을 발견했던 것으로 잘 알려져 있다.

10 정답 ①

해설

'To + one's + 형용사 + 명사'는 'one's가 명사하게도'를 의미한다. 따라서 To our great relief가 적절하다.

해석

우리는 그 아이가 안전했다는 것을 알고 마음을 놓았다.
→ 다행스럽게도, 우리는 그 아이가 안전했다는 것을 알았다.

11 정답 ②

해설

'~하자마자 ~하다'는 '주어 + had + no sooner + PP + than + 주어 + 과거동사' 구문으로서 이는 도치 구문으로 바꿀 때, 'No sooner + had + 주어 + PP + than + 주어 + 과거동사' 구문이 된다.
I had no sooner started washing my car than it started raining.
→ No sooner had I started washing my car than it started raining.
→ As soon as I started washing my car, it started raining.
→ On starting washing my car, it started raining.

해석

세차를 시작하자마자 비가 내리기 시작했다.

12 정답 ②

해설

'부정주어 + so + 형용사 + that + S + can't + V원형'은 '너무 형용사해서 V할 수 없는 사람은 없다' 또는 '아무리 형용사한다 할지라도, V할 수는 있다'로 해석할 수 있다. be occupied with는 '사로잡히다'를 의미하며, 주어진 문장은 복합관계부사 however(또는 no matter how)로 시작하는 문장으로 바꾸어 쓸 수 있다. 과거분사(즉, 형용사) occupied with는 정도를 나타내는 동사구 표현이므로 부사 much로 수식한다. 따라서 주어진 문장을 "No matter how(However) much he is tied up with business"로 바꿀 수 있다.
• be interested in : ~에 관심이 있다
• be preferred to : 선호되다
• be fed up with : 싫증을 내다, 진저리 내다

해석

자기 일에 아무리 바쁜 사람이라 해도 사랑하는 사람에게 관심을 줄 시간조차 없는 사람은 없다.

13 정답 ①

해설

① 'be accustomed to + Ving' 표현이 사용된 분사구문이다. 이 문장은 본래 부사절인 "As he was accustomed to playing the host"를 분사구문으로 전환한 것이다. 분사구문에서 being 또는 having been은 생략이 가능하므로 "Accustomed to"가 정확한 표현이다.
② 최상급 표현으로 '정관사 + 최상급'을 활용하며, 문맥상 "상류층 모임"을 뜻한다.
③ all whom은 '선행사 + 목적격 관계대명사'로서 관계대명사 whom은 he approached에서 동사 approached의 목적어 역할을 한다.
④ 명사 something을 수식하는 형용사구 winning and authoritative는 '분사 and 형용사'로 구성되어 병렬구조를 지키고 있다.

해석

상류층 모임에서 주인 역할을 하는 데 익숙해 있었으므로, 그는 접근하는 모든 사람들을 개혹시키고 지배했다. 그의 사람 접대에는 매력적이고 권위 있는 무언가가 있었다.

14 정답 ③

해설

③ 주어진 글은 과거 경험했던 사건을 묘사하고 있다. 따라서 전체 문장의 시제는 과거이다. ③에서 완료부정사를 사용했다면 이는 "옷을 벗고 물속에 들어갈 수 없었던 사건"은 대과거에 일어났다는 점을 알려준다. 따라서 ③의 완료부정사를 단순부정사 to invite로 바꾸어 써야 한다.
① 주어-동사 수 일치를 확인하는 문제로 the first water가 주어이므로 단수동사 was가 적절하다.
② 보어 형태를 확인하는 문제로 해당 문장의 주어가 사물(the first water)이므로 현재분사형태가 보어로 사용되어야 한다.

④ 분사구문으로서 해당 문장의 본래 부사절은 "As a boy was alone, or in a group"이었다. 이를 분사를 사용하여 부사구로 바꿀 때, '접속사(As) 생략, 주어(a boy) 생략, was의 원형인 Be에 분사 ing를 붙여' 본래 부사절은 부사구 "Being alone, or in a group"으로 바꾸어 쓸 수 있다. 다만 분사구문에서 being 또는 having been은 생략이 가능하므로 "Alone, or in a group"은 적절한 표현이다.

해석

언덕에서 내려오는 첫 물은 차갑고 빠르고 무서웠다. 그 물은 너무 차가워서 아이들이 옷을 벗고 물속에 들어갈 수 없었다. 한 소년이 혼자서 혹은 무리로 개울둑에 서 있곤 했다.

15 정답 ④

해설

명사를 수식하는 부정사의 형용사적 용법과 '~을 제외하고'란 의미로 사용될 수 있는 전치사 but의 쓰임, 그리고 재귀대명사의 사용을 묻는 문제이다. 해당 문장에는 의미상의 주어 for you가 사용되었으므로 재귀대명사는 yourself를 써야 한다. 따라서 "to rely on but yourself"가 적절하다. depend on(= fall back on, be dependent of, rely on)은 '~에 의존하다'를 의미한다.

16 정답 ②

해설

간접의문문과 4형식 동사 show의 쓰임을 묻는 문제이다. 간접의문문은 문장 중 주어 또는 목적어 자리에 위치하는 의문문으로서 '의문사 + 주어 + 동사' 어순으로 사용한다. 4형식 동사 show는 'show + 간접목적어 + 직접목적어' 또는 'show + 직접목적어 + to + 간접목적어' 어순으로 사용된다. 따라서 "us who is right or wrong"이 정답이다.

17 정답 ③

해설

③ 비용을 줄이다
① 보류하다
② (어려운 일을) 잘 해내다
④ 조롱하다

해석

A : 회사 예산을 수정하기 위해 이렇게 만나 주셔서 감사해요.
B : 별말씀을요.
A : 올해 사무실 임대료가 올라서 우리가 지금 확실히 예산을 초과하고 있거든요.
B : 맞아요, 비용을 줄일 수 있는 부분을 찾아볼게요.

18 정답 ④

해설

④ 서명하다, 신청하다
① ~을 ~에게 화풀이하다
② 여기저기 다니며 가격을 비교하다
③ 이해하다

해석

A : 제가 상품을 스캔하기 전에 여쭤보는데, 식료품을 담을 장바구니를 가지고 오셨는지요?
B : 아, 아니요. 가지고 오지 않았어요. 제 개인 가방을 가지고 왔어야 하나요?
A : 그게 저희 가게 정책입니다만, 저희 회원 카드 중 하나를 신청하시면 됩니다. 회원 가입을 하시면 장바구니를 무료로 받게 되실 거예요. 그리고 가입하는 데 몇 분밖에 안 걸립니다.

19 정답 ④

해설

이 글은 창조적인 일을 해서 무료한 시간을 가치 있게 보내는 것이 행복에 한 걸음 더 다가갈 수 있다고 주장하는 글이라는 점에서 "Creative Work for Happiness"가 가장 적절한 제목이다.

해석

만족스럽고 창조적인 일은 건강과 올바른 정신 자세에 실질적으로 가장 큰 도움이 되는 것 중의 하나이다. 노인들이 65세나 혹은 그보다도 더 이른 나이에 은퇴하게 되므로 이 사실을 더욱 많은 노인들이 매일 깨닫고 있다. 의학이 우리를 더 오래 살도록 함에 따라 단지 할 일이 없다는 것이 어떤 사람의 문제의 해결이 아니라는 것이 점점 분명해지고 있다. 은퇴한 많은 노인들이 병원, 적십자, 그리고 여러 가지의 사회 활동 기관 같은 기구에서 자원봉사를 함으로써 그들의 딜레마를 해결한다. 다른 노인들은 – 원예, 사진촬영, 모형 만들기와 그림 그리기와 같은 – 매우 재미있는 취미에서 창조적인 일을 찾는다. 건강하지 못하거나 너무 오랫동안 심한 긴장감 하에 살아온 사람들에게는 적어도 은퇴한 첫째 달은 진정한 축복일 수 있다는 것이 사실이다. 그러나 결국 끝없이 이어지는 할 일 없는 시간은 단지 무거운 짐이라는 것을 알게 된다. 아마도 세상에서 가장 운이 좋은 사람들은 그들의 일이 창조적이고 보람이 있는 사람들일 것이다.

20 정답 ②

해설

나라마다 점심 식사 시간이 다른 이유는 각 나라의 생활 방식과 기후에 토대를 두고 있다. 따라서 이 글의 핵심내용은 각 나라의 고유한 기후가 점심시간의 양에 의미 있는 차이를 만든다고 요약할 수 있다.

해석

점심 식사 시간의 차이는 그 나라의 생활 형태와 기후에 기초를 두고 있다. 이탈리아 같은 따뜻한 나라는 영국 같은 추운 나라보다 더 여유 있는 점심시간을 갖는다. 로마에서는 대다수의 기업체가 점심시간 동안에는 문을 닫는데 어느 곳에서나 2~3시간 동안 계속된다. 대부분의 사람들은 다양한 코스의 느긋한 식사를 위해 가정이나 식당으로 간다. 모든 사람이 로마에서는 서두르지 않고 점심 식사를 하며 음미한다. 미국이나 영국 같은 나라들은 더 추운 기후를 갖고 있으며 직장과 일하는 날에 대해 더 보수적인 태도를 견지하고 있다. 그러므로 대부분의 점심시간은 1시간에서 1시간 30분 범위 내라는 것을 알게 된다. 뉴욕의 대부분의 기업체들은 그들의 직원들에게 점심시간으로 45분에서 1시간을 준다. 이것은 또한 런던의 기업체에서도 마찬가지이다.

21 정답 ④

해설

글쓴이는 화가만이 그림의 기법을 논해야 한다는 주장에는 일부 동의하지만 기법이 그림의 전부가 아니기에 문학가들이 그림을 감상하고 그들의 의견을 자유롭게 피력하는 일은 필요하다고 주장한다. 따라서 ④가 이 글의 요지를 잘 표현한 문장이다.

해석

화가들은 언제나, 자연스럽게, 그림에 대한 자신들의 의견을 표현하는 작가들에게 분개해 왔다. 그들은, 종종 매우 격렬하게, 화가만이 권위를 가지고 그림에 대해 이야기할 수 있고 문학가는 그림을 문학적 견지에서 보기 때문에 그림의 독특한 가치에 대해 아무것도 알 수 없다고 주장해 왔다. 문학가의 역할은 조용히 탄복하여 바라보는 것이고 만약 돈이 있다면 그림을 사는 것이라고 말이다. 이러한 주장은 내게는 편협한 사고방식인 것처럼 보인다. 그들이 화가들만이 기법을 논해야 한다고 주장할 때는 의심할 여지 없이 그들이 옳다. 그러나 기법이 미술의 전부는 아니다. 차라리 극작가만이 연극을 감상할 수 있다고 말하는 것이 낫다.

22 정답 ①

해설

물이 얼음으로 변할 때, 물은 본래의 무게보다 더욱 가벼워진다. 따라서 괄호 안에는 무게를 뜻하는 weight가 적절하다.

해석

대부분의 물질들은 열을 받으면 팽창한다. 다시 말해, 더 많은 공간을 차지하게 된다. 그리고 차가워지면 수축하고 따라서 더 좁은 공간을 차지하게 된다. 물은 꼭 반대로 된다. 물이 아주 차가워서 얼면 그것은 팽창한다. 예를 들면, 11입방 인치의 공간을 차지하는 양의 물이 얼어붙어서 얼음이 되었다면 팽창해서 12입방 인치의 공간을 차지하게 될 것이다. 이것은 물이 얼음으로 변하면 무게가 더 가벼워진다는 것을 의미한다. 그리고 얼음이 물보다 더 가볍기 때문에 얼음은 물의 표면에 뜬다.

23 정답 ④

해설

괄호 이전 문장의 내용은 에반스로부터 온 전화를 알려주는 아내의 말에 에반스라는 사람을 모르니 그에게 내가 아프다고 전해달라는 것이다. 반면 괄호 뒤 문장의 내용은 곧 달려가서 수화기를 움켜잡았다는 것이다. 두 문장의 내용에서 우리는 에반스가 누구인지 갑자기 기억이 났다는 내용을 추론할 수 있다. 따라서 괄호 안에 들어갈 적절한 문장은 ④이다.

해석

1928년 겨울의 어느 날, 나는 독감이 심해 누워서 나의 아내가 부엌에서 아침 설거지를 하는 소리를 듣고 있었다. 나는 약 열흘 전에 어떤 출판사에 타이프로 친 원고 사본을 부치고 이제는 오랜 지체에 체념한 상태였다. 지난번에는 거절한다는 답신을 받기 위해 9개월이나 기다리지 않았던가? 어찌됐든 실패의 확증을 갖고 지내는 것보다는 불확실성이 더 나으니까. 응접실에서 전화벨이 울렸고 아내가 들어와서 내게 말했다. "에반스 씨라는 분에게서 온 전화예요." "나는 에반스라는 사람을 모르는데, 그에게 내가 누워 있다고, 내가 아프다고 해요."라고 말했다. 갑자기 나에게 어떤 기억이 떠올랐다. 에반스는 그 출판사의 사장이었다. 그래서 나는 뛰어가 수화기를 낚아챘다.

24 정답 ②

해설

② 몇몇의 나라에서는 악수하는 것은 상상할 수 있는 모든 상황에서 이루어진다. (O) → 이탈리아, 터키, 그리스에서는 어디에서나 악수한다는 점에서 상상할 수 있는 모든 상황에서 악수가 이루어진다고 볼 수 있다.
① 정력적인 악수는 전 세계에서 추천된다. (X) → 미국의 악수 유형에 해당한다.
③ 동양인과의 개인적 접촉을 피하는 것이 최선이다. (X) → 개인적 접촉을 조심하라는 내용은 언급되어있으나 피하는 것이 최선이라는 내용은 언급되지 않았다.
④ 예전에는 매우 가까운 친구들 사이를 제외하고는 악수를 절대 하지 않았다. (X) → 악수하는 것은 세계의 모든 지역에서 오래된 관습이며, 수직관계(봉건시대) 또는 대등한 관계의 사람 사이에서 악수는 보편적이다.

해석

악수하는 것은 거의 세계 모든 지역에서 오래된 관습이다. 봉건시대에는 그것은 경의와 충성의 상징이었다. 오늘날 환영의 악수는 대등한 사람 사이에 주고받지만 그 사용에 있어 여러 종류의 변형이 있다. 네덜란드와 영국에서는 소개될 때만 악수한다. 프랑스와 포르투갈에서 고용주들은 그들의 직원 한 명 한 명과 매일 악수한다. 이탈리아, 터키, 그리고 그리스에서는 모든 사람이 친구와 만날 때, 그리고 헤어질 때, 어디서나 – 길, 카페, 사무실, 집, 어디에서나 – 악수한다. 자신의 강한 손아귀 힘에 자부심이 있어 보통 정력적으로 악수하는 미국인은 다른 많은 나라에서 가볍게 악수하는 것이 현명한 일이라는 점을 알게 될 것이다. 가령, 중동에서는 적당한 악수는 부드럽게 누르는 것이다. 그리고 동양에서는 악수를 포함하여 사람과 접촉하는 것을 주의해라. 팔을 잡거나 어깨를 두드리는 것은 모욕이다. 대신, 몸을 굽혀 인사를 해라. 그러면 당신은 마치 손에 힘을 주어 악수한 것처럼 그러한 상황에서 필요한 것에 잘 대처하게 될 것이다.

주관식 해설

01 정답

global

해설

주어진 글은 세계 여섯 개 대륙이 상호 밀접한 관계를 맺고 있어 한 나라의 농사, 경제, 전쟁 등 여러 분야에서 발생하는 일이 다른 나라에도 영향을 줄 것이라는 내용이다. 이러한 관점에서 이 글의 중심내용은 "세계는 이제 지구촌이 되었다."는 것이다.

해석

세계 역사상 새로운 상황이 발생했다. 그것의 본질은 처음으로 세계의 6대 대륙이 서로 중요한 관계를 갖게 되었다는 사실이다. 적어도 앞으로 오랫동안, 어느 한 대륙에서 흉년이 들거나 경제적 불경기가 오면 나머지 다른 대륙에 영향을 미칠 것이고, 어디에서 전쟁이 일어나건 이것은 곧 세계 어디에서나 일어나는 전쟁으로 번질 수 있다.

02 정답

thinking

해설

밑줄 친 it은 선행하는 맥락에서 사고하는 것을 말한다. 즉, 충동적이고 정형화된 행위에서 우리를 해방시켜 주는 것은 바로 생각하는 것에서부터 비롯된다는 점을 말한다. 따라서 it이 가리키는 것은 thinking이라고 할 수 있다.

해석

우리는 모두, 적어도 말로는, 생각하는 능력이 매우 중요하다는 것을 인정한다. 그것은 인간을 하등 동물과 구별하는 두드러진 능력으로 간주된다. 그러나 생각이라는 것이 어떻게 해서, 또 왜 중요한 것인가에 관한 우리의 일반적 개념이 막연하므로, 사려 깊은 생각이 갖는 진가를 명백하게 진술하는 것은 가치 있는 일이다. 우선 무엇보다도 생각은 단순히 충동적이고 단순히 판에 박힌 행위에서 우리를 해방시켜 준다. 분명하게 표현하면, 생각을 함으로써 우리는 선견지명을 가지고 우리의 행동에 지침을 줄 수 있고, 우리가 인식하고 있는 목적에 따라 계획을 세울 수 있다. 그것은 우리가 미래의 목표를 달성하거나 지금은 멀리 있고 부족한 것을 얻기 위해 의식적이고 의도적인 방법으로 행동을 할 수 있게 한다.

03 정답

첫 번째 유형의 교사는 우리에게 사실을 가르쳐 주는 교사이다. 우리에게 체계적으로 어떤 문제를 해결하고 기초를 제공하고 그 기초 위에 지식을 세워 주는 교사이다.
두 번째 유형의 교사는 인생을 새롭게 보도록 이끌어 주는 교사이다. 우리들이 전에는 몰랐던 인생관, 세계관을 갖고 우리로 하여금 새로운 견지로 눈을 뜨게 해주는 교사이다.

해설

이 글에서는 두 가지 유형의 교사를 "지식과 사실을 가르쳐 주는 교사"와 "새로운 인생관과 세계관을 가르쳐 주는 교사"로 언급한다.

해석

우리가 당연히 감사드려야 할 두 가지 유형의 교사가 있다. 우리에게 사실을 가르쳐 주는 교사들이 있는데, 그들은 체계적으로 우리를 어떤 학과로 인도해주고 그 안에서 확고한 기초를 쌓아 주고, 그리고 그 기초 위에 견고하고 굳게 세워진 지식의 탑을 올려준다. 우리는 그들에게 많은 것을 빚지고 있다. 그러나 또 다른 더 드문 유형이 있는데, 그들에게는 훨씬 더 깊은 것을 신세지고 있다. 그들은, 우리가 이전에 만나 보지 못한 인생관과 세계관을 가지고 있는 교사들로, 그들은 새로운 관점에 우리의 눈을 뜨게 하고, 새로운 방법으로 인생을 보도록 가르쳐 준다. 그것은 사람이 얻는 가장 가치 있는 교육이다. 그리고 그것은 그 순간에 그것이 주는 인상에 의해서라기보다는 차라리 점점 깊어 가는 이해와 감사의 마음과 함께 시간이 흘러가도 지워지지 않는 영감이 마음속에 되살아나는 방법에 의해 알 수 있다.

04 **정답**

"Take birds, for example;"의 앞

해설

(가)에서 사용된 접속사 yet을 통해 앞 문장과 뒷 문장은 상반된 이야기를 전개하고 있다는 점을 알 수 있다. 따라서 동물이 단어를 가지고 있진 않으나 의사소통을 할 수는 있다고 주장하는 문장 (가)는 단락 (나)에서 "Take birds, for example;"의 앞에 위치한다.

해석

많은 동물들이, 물론 어떤 동물도 우리가 말하는 것처럼 말할 수는 없지만, 서로 의사소통을 할 수 있다. 어떤 동물도 단어를 사용하지는 않는다. 그러나 그들은 의사소통의 방법을 가지고 있다. 새를 예로 들어 보자. 병아리를 거느린 어미 닭이 그들을 불러 모으는 다른 소리를 낼 때까지 움직이지 않고 웅크리고 있다. 야생의 새들은 밤에 이동할 때, 큰 소리로 울어 댄다. 이러한 울음소리가 새들을 함께 모여 있게 하는 것 같다. 만일 이동 중인 새들 중의 한 마리가 일행에서 떨어지면 다른 새들의 소리를 듣고 그 무리로 돌아올 수 있다. 우리들 자신도 단지 말하는 것보다 더 많은 상호 간의 의사 전달 방법을 가지고 있다. 동물은 말할 수 없고, 낱말이나 문장을 사용하지는 않으나 어떤 동물들은 우리의 놀람의 외침 등에 상당하는 소리를 실제로 낸다.

년도 전공시험과정인정시험 답안지(객관식)

컴퓨터용 사인펜만 사용

★ 수험생은 수험번호와 응시과목 코드번호를 표기(마킹)한 후 일치여부를 반드시 확인할 것.

전공분야

성명

수험번호

과목코드

교시코드

응시과목				
1	①	②	③	④
2	①	②	③	④
3	①	②	③	④
4	①	②	③	④
5	①	②	③	④
6	①	②	③	④
7	①	②	③	④
8	①	②	③	④
9	①	②	③	④
10	①	②	③	④
11	①	②	③	④
12	①	②	③	④
13	①	②	③	④
14	①	②	③	④
15	①	②	③	④
16	①	②	③	④
17	①	②	③	④
18	①	②	③	④
19	①	②	③	④
20	①	②	③	④
21	①	②	③	④
22	①	②	③	④
23	①	②	③	④
24	①	②	③	④

답안지 작성시 유의사항

1. 답안지는 반드시 컴퓨터용 사인펜을 사용하여 다음 보기와 같이 표기할 것.
   보기 잘된표기: ●
   잘못된 표기: ⊗ ⊕ ⊙ ○◐
2. 수험번호 (1)에는 아라비아 숫자로 쓰고, (2)에는 "●"와 같이 표기할 것.
3. 과목코드는 뒷면 "과목코드번호"를 보고 해당과목의 코드번호를 찾아 표기하고, 응시과목란에는 응시과목명을 한글로 기재할 것.
4. 교시코드는 문제지 전면의 교시를 해당란에 "●"와 같이 표기할 것.
5. 한번 표기한 답은 긁거나 수정액 및 스티커 등 어떠한 방법으로도 고쳐서는 아니되고, 고친 문항은 "0"점 처리함.

[이 답안지는 마킹연습용 모의답안지입니다.]

※ 감독관 확인란

관리번호
(연번)
(응시자수)

년도 전공심화과정 인정시험 답안지(주관식)

전공분야

성명

답안지 작성시 유의사항

1. ※란은 표기하지 말 것.
2. 수험번호 (2)란, 과목코드, 교시코드 표기는 반드시 컴퓨터용 싸인펜으로 표기할 것
3. 교시코드는 문제지 전면의 교시를 해당란에 컴퓨터용 싸인펜으로 표기할 것.
4. 답란은 반드시 흑·청색 볼펜 또는 만년필을 사용할 것. (연필 또는 적색 필기구 사용불가)
5. 답안을 수정할 때에는 두줄(=)을 긋고 수정할 것.
6. 답란이 부족하면 해당답란에 "뒷면기재"라고 쓰고 뒷면 '주기답란'에 문제번호를 기재한 후 답안을 작성할 것.
7. 기타 유의사항은 답안지의 객관식 유의사항과 동일함.

[이 답안지는 마킹연습용 모의답안지입니다.]

○○도 전공심화과정인정시험 답안지(객관식)

컴퓨터용 사인펜만 사용

★ 수험생은 수험번호와 응시과목 코드번호를 표기(마킹)한 후 일치여부를 반드시 확인할 것.

전공분야	
성명	

수험번호

(1) 3 - 1 - 1 -
(2) ① ● ② ④

과목코드 / 응시과목

과목코드	교시코드	응시과목

1 ① ② ③ ④
2 ① ② ③ ④
3 ① ② ③ ④
4 ① ② ③ ④
5 ① ② ③ ④
6 ① ② ③ ④
7 ① ② ③ ④
8 ① ② ③ ④
9 ① ② ③ ④
10 ① ② ③ ④
11 ① ② ③ ④
12 ① ② ③ ④
13 ① ② ③ ④
14 ① ② ③ ④
15 ① ② ③ ④
16 ① ② ③ ④
17 ① ② ③ ④
18 ① ② ③ ④
19 ① ② ③ ④
20 ① ② ③ ④
21 ① ② ③ ④
22 ① ② ③ ④
23 ① ② ③ ④
24 ① ② ③ ④

※ 감독관 확인란

(응시자수)
관리번호
(역번)

답안지 작성시 유의사항

1. 답안지는 반드시 컴퓨터용 사인펜을 사용하여 다음 [보기]와 같이 표기할 것.
   [보기] 잘된 표기: ● 잘못된 표기: ⊙ ⊕ ⊗ ○ ◎
2. 수험번호 (1)에는 아라비아 숫자로 쓰고, (2)에는 "●"와 같이 표기할 것.
3. 과목코드는 뒷면 "과목코드번호"를 보고 해당과목의 코드번호를 찾아 표기하고,
   응시과목란에는 응시과목명을 한글로 기재할 것.
4. 교시코드는 문제지 전면의 교시를 해당란에 "●"와 같이 표기할 것.
5. 한번 표기한 답은 긁거나 수정액 및 스티커 등 어떠한 방법으로도 고쳐서는
   아니되고, 고친 문항은 "0"점 처리함.

[이 답안지는 마킹연습용 모의답안지입니다.]

년도 전공심화과정
인정시험 답안지(주관식)

전공분야

성명

과목코드

교시코드 ① ② ③ ④

수험번호

답안지 작성시 유의사항

1. ※란은 표기하지 말 것.
2. 수험번호 (2)란, 과목코드, 교시코드 반드시 컴퓨터용 싸인펜으로 표기할 것.
3. 교시코드는 문제지 전면 의 교시를 해당란에 컴퓨터용 싸인펜으로 표기할 것.
4. 답란은 반드시 흑·청색 볼펜 또는 만년필을 사용할 것. (연필 또는 적색 필기구 사용불가)
5. 답안을 수정할 때에는 두줄(=)을 긋고 수정할 것.
6. 답란이 부족하면 해당답란에 "뒷면기재"라고 쓰고 뒷면 '추가답란'에 문제번호를 기재한 후 답안을 작성할 것.
7. 기타 유의사항은 객관식 답안지의 유의사항과 동일함.

※ 감독관 확인란

[이 답안지는 마킹연습용 모의답안지입니다.]

절취선

참고문헌

- 송성문, 『성문 종합영어』, 성문출판사, 2005.
- 이동국, 이성범, 『ENGLISH grammar』, KNOU PRESS, 2009.
- Betty S. Azar & Stacy A. Hagen, 『UNDERSTANDING AND USING English Grammar』 Fifth Edition, 2017.
- George Yule, 『Oxford Practice Grammar_Advanced』, OXFORD UNIVERSITY PRESS, 2017.
- Jessica Williams, 『PRISM READING 4』, Cambridge University Press, 2018.
- Kent Richmond, 『Inside Reading 4(2nd Edition)』, 2012.
- Martin Hewings, 『Advanced Grammar in Use』, Cambridge University Press, 2014.
- Nigel A. Caplan & Scott Roy Douglas, 『Q: Skills for Success 5: Reading and Writing』, OXFORD UNIVERSITY PRESS, 2020.
- 『TOEFL iBT Codebreaker Reading_Intermediate』, YBM, 2014.

얼마나 많은 사람들이 책 한 권을 읽음으로써 인생에 새로운 전기를 맞이했던가.

– 헨리 데이비드 소로 –

시대에듀 독학사 영어영문학과 3·4단계 고급영어

개정1판1쇄	2025년 06월 05일 (인쇄 2025년 04월 22일)
초 판 발 행	2023년 08월 09일 (인쇄 2023년 07월 21일)
발 행 인	박경일
책 임 편 집	이해욱
편 저	한승훈
편 집 진 행	양희정
표지디자인	박종우
편집디자인	차성미 · 고현준
발 행 처	(주)시대고시기획
출 판 등 록	제10-1521호
주 소	서울시 마포구 큰우물로 75 [도화동 538 성지 B/D] 9F
전 화	1600-3600
팩 스	02-701-8823
홈 페 이 지	www.sdedu.co.kr
I S B N	979-11-383-9199-3 (13740)
정 가	25,000원

※ 이 책은 저작권법의 보호를 받는 저작물이므로 동영상 제작 및 무단전재와 배포를 금합니다.
※ 잘못된 책은 구입하신 서점에서 바꾸어 드립니다.

··· 1년 만에 4년제 학위취득 ···

시대에듀와 함께라면 가능합니다!

시대에듀 전문 교수진과 함께라면 독학사 시험 합격은 더 가까워집니다!

수강생을 위한 프리미엄 학습 지원 혜택

 최신 동영상 강의 +  기간 내 무제한 수강 + 모바일 강의 + 1:1 맞춤 학습 서비스

 동영상 보러가기 →  시대에듀 동영상 강의 | www.sdedu.co.kr

시대에듀 독학사
영어영문학과

왜? 독학사 영어영문학과인가?

4년제 영어영문학과 학위를 최소 시간과 비용으로 단 **1년** 만에 초고속 취득 가능!

1. 현대인에게 필수 외국어라 할 수 있는 영어의 체계적인 학습에 적합
2. 토익, 토플, 텝스, 지텔프, 플렉스 등 공무원/군무원 시험 대체검정능력시험 준비에 유리
3. 일반 기업 및 외국계 기업, 교육계, 언론계, 출판계, 번역·통역, 관광·항공 등 다양한 분야로 취업 가능

영어영문학과 과정별 시험과목(2~4과정)

1~2과정 교양 및 전공기초과정은 객관식 40문제 구성
3~4과정 전공심화 및 학위취득과정은 객관식 24문제 + **주관식** 4문제 구성

2과정(전공기초)	3과정(전공심화)	4과정(학위취득)
영어학개론	영어발달사	영어학개론 (2과정 겸용)
영문법	영어통사론	고급영어 (3과정 겸용)
영어음성학	고급영어	영미문학개관 (2+3과정 겸용)
중급영어	고급영문법 (근간)	영미소설 (2+3과정 겸용)
영국문학개관	20세기 영미소설 (근간)	
19세기 영미소설	미국문학개관 (근간)	

시대에듀 영어영문학과 학습 커리큘럼

기본이론부터 실전문제풀이 훈련까지!
시대에듀가 제시하는 각 과정별 최적화된 커리큘럼에 따라 학습해 보세요.

STEP 01 기본이론 — 핵심이론 분석으로 확실한 개념 이해
> **STEP 02 문제풀이** — 실전예상문제를 통해 문제 유형 파악
> **STEP 03 모의고사** — 최종모의고사로 실전 감각 키우기

| 1과정 교양과정 | 심리학과 | 경영학과 | 컴퓨터공학과 | 국어국문학과 | **영어영문학과** | 간호학과 | 4과정 교양공통 |

독학사 영어영문학과 2~4과정 교재 시리즈

독학학위제 공식 평가영역을 100% 반영한 이론과 문제로 구성된 완벽한 최신 기본서 라인업!

START

2과정

▶ 전공 기본서 [전 6종]
- 영어학개론
- 영문법
- 영어음성학
- 중급영어
- 영국문학개관
- 19세기 영미소설

3과정

▶ 전공 기본서 [전 6종]
- 영어발달사
- 영어통사론
- 고급영어
- 고급영문법 (근간)
- 20세기 영미소설 (근간)
- 미국문학개관 (근간)

4과정

▶ 전공 기본서
- 영어학개론 (2과정 겸용)
- 고급영어 (3과정 겸용)
- 영미문학개관 (2+3과정 겸용)
- 영미소설 (2+3과정 겸용)

※ 표지 이미지 및 구성은 변경될 수 있습니다.

GOAL!

➕ 독학사 전문컨설턴트가 개인별 맞춤형 학습플랜을 제공해 드립니다.

시대에듀 홈페이지 **www.sdedu.co.kr**   상담문의 **1600-3600**   평일 9~18시 · 토요일 · 공휴일 휴무

시대에듀 동영상 강의 | www.sdedu.co.kr